国家社科基金
后期资助项目
GUOJIA SHEKE JIJIN HOUQI ZIZHU XIANGMU

从伦理之政到伦理之治

古代儒学变迁之研究

The Study of the Transformation of the Ancient Confucians
From Ethicized Politics to Ethicized Governance

陶 磊 著

ZHEJIANG UNIVERSITY PRESS
浙江大学出版社
·杭州·

国家社科基金后期资助项目
出版说明

后期资助项目是国家社科基金设立的一类重要项目,旨在鼓励广大社科研究者潜心治学,支持基础研究多出优秀成果。它是经过严格评审,从接近完成的科研成果中遴选立项的。为扩大后期资助项目的影响,更好地推动学术发展,促进成果转化,全国哲学社会科学工作办公室按照"统一设计、统一标识、统一版式、形成系列"的总体要求,组织出版国家社科基金后期资助项目成果。

全国哲学社会科学工作办公室

东西比较如何可能？
代　　序

在关心东西文明比较的学者中，关于东西比较是否可行有两种声音：一种是可以比较，至于如何比较，各人自有见解；一种是不可以比较，东西方关切的是完全不同的东西。笔者倾向于可以比较，只是比较的目的不是达到一个关于文明简单的高下、早晚的优劣判断，而是希望达到对两种主要文明的理解。

笔者近年一直关注如何比较的问题，自觉从中受益匪浅，以下是笔者从事比较工作的若干心得，或有助于更好地认识比较工作。论述不当之处，请方家指正。

一、文明类型与东西哲学

从近年的工作实践中，笔者体会，法国学者马松-奥塞尔讲的比较哲学的范围是普遍的历史和宇宙论的观点非常重要，①不过，真正要基于普遍历史与宇宙论展开比较研究，首先要注意文明类型的差异，认识不同的文明类型是开展比较工作的基础。每一种成熟的文明形态，都是一个整体，有经济基础问题，有上层建筑问题，有精神价值问题。从不同的文明整体中抽离某一方面出来，而不考虑文明类型的差异，比较往往很难进行，因为文明类型不同，往往意味着其各组成部分在整体结构中所承担的功能不同，而这种功能的差异，又会影响到这个具体方面在实践中的呈现样式。

举个简单的例子。在西方文明中，哲学通常承担的是批判的功能，而在古代中国，哲人们将"和"作为核心价值来看待。因为要批判，所以在文明进展过程中，西方哲学也一直在演变，在创新；而中国古代哲学尽管也有形态与学理变迁，但始终以继承为首要使命，一直到今天，中国学者似乎主要还是在做哲学史的工作。

---

① 见其 1923 年发表的《比较哲学》一书，转引自王森洋、范明生主编：《东西方哲学比较研究》，上海：上海教育出版社 1994 年版，第 7 页。

单纯看东西哲学，比较工作确实不好进行。西方哲学因为要承担批判功能，所以其发展出了很强的本体论意识，很强的知识论方法，而这在中国哲学中均不够强大。笔者以为，要认识清楚中国哲学在中国文明中的地位，将其与西方哲学进行比较，需要从文明整体出发，首先认识东西文明的不同类型与属性，才能真正看清楚二者的差异。

苏格拉底临终前讲，是城邦法律养育了他，所以他不愿意逃跑以求生，因为那违反法律(柏拉图《申辩篇》)。在《理想国》(或译《王制》)中，苏格拉底认为，没有城邦与技艺两种智术，也就没有哲学的上升与下降。这个判断合乎唯物主义存在决定意识的基本原理。西方哲学其所以能产生，是与古希腊的社会经济生产方式密切联系在一起的。《理想国》中，城邦构成被分为三个部分：统治者、辅助者、工匠。所谓的技艺，是与工匠阶层联系在一起的。"城邦代表着统治者、辅助者以及工匠之间的一种妥协"，"正义就是使统治者的灵魂结构适合于其他两个阶级的原则"，而"认为统治者的灵魂结构与城邦的阶级结构一样，就是个错误"。① 这些论述提醒我们，古希腊哲学产生的文明基础，是以手工业工匠为主要社会构成的社会，统治者的灵魂不是城邦阶级结构的反映，而是辅助者(城邦的保卫者)与工匠原则的体现，由此灵魂出发，构建了城邦的上层建筑。哲学就是在这样的社会经济基础与上层建筑的文明结合体中产生的。这种文明，笔者称其为工正型文明。

这种哲学一产生，西方文明就获得了一个针对自身的批判者。柏拉图的理念，是工匠技艺的提升。因为技艺划分显然具有与属于自然性别的男女划分相交叉的特性，即不存在男性技艺与女性技艺的问题，从技艺提升上来的理念，也就超越了现象界的差别。所谓城邦也不是男性与女性表面上所形成的整体，② 这从一开始就规定了古希腊哲学不会是现象学。现代西方哲学现象学的兴起，是因为科学形而上学的刺激。

因为哲学关注理念，关注存在的本质，现实世界永远是其观察的对象。柏拉图讲，现实不符合理念，那是现实有问题，这个坚定的观念铸就了西方哲学的批判者的性格，也推动着西方哲学不断去创新。

中国文明显然不是工正型文明，笔者界定其以臣正型文明为主要特征。臣正型文明的主要原则，不是以超越现实世界的理念为引导，而以服从统治

---

① [美]伯纳德特，《苏格拉底的再次起航——柏拉图〈王制〉疏证》(黄敏译)，上海：华东师范大学出版社 2015 年版，第 99—100 页。

② 这是对[美]伯纳德特所著《苏格拉底的再次起航——柏拉图〈王制〉疏证》(黄敏译)第 126 页一段文字的概括，该书由华东师范大学出版社于 2015 年出版。

者为主要原则。有若讲,孝弟为仁之本,仁固然是好的价值,但以孝弟为本,则凸显出了中国文明的特征,因为孝弟首先是对长上的服从,然后才是爱人的具体的内容。孝弟处理的首先是现象界不同存在的关系问题,父母与子,兄与弟,身份差别是现象界的内容,上升到本体,则用同与异来表述。因为不能上升到本体存在层面,对于现象界的处理只能遵循经验原则。一般来说,长上较幼小有更多的经验,所以选择服从是题中应有之义。

依据这个原则,政治关系中的君臣,显然也是要求臣服从于君。这样的处理原则,事实上使古代中国不可能出现类似古希腊哲学作为智术对象的城邦,不可能出现亚里士多德的与伦理学相区别的政治学。雅典城邦其所以能作为智术对象,是因为其工匠的社会生产基础决定了统治者的灵魂结构不是简单的城邦阶级结构的反映,而是辅助者与工匠技艺的灵魂的原则的反映。这种灵魂结构要求统治者要像处理哲学问题一样来处理城邦治理。民主、辩论、法治成为雅典城邦政治的基本内容,是完全可以理解的。

古代中国统治者的灵魂结构,其实就是构成国家的阶级结构的反映。整个古代中国始终没有出现超越具体阶级而构成的国家理念,即便像商鞅变法后的秦国,尽管法治意识很强,但其依然没有形成具有超越特征的国家理念,反而在统一后皇帝获得了至上地位。在古希腊,城邦具有追求真理的使命与责任,在古代中国,国家与真理从来没有关系。

当然,古代中国,国家也有自身使命的设定,即所谓和谐。这是由其文明类型所决定的。臣正型文明虽然将服从视为重要原则,但这个服从不是没有条件的。儒家讲汤武革命,顺乎天应乎人,如果这个秩序已经天怒人怨,那么推翻这个秩序就是正当的。孟子讲君臣关系,君视臣如手足,则臣视君如腹心;君若视臣如草芥,则臣视君如寇仇。服从不是无条件的服从。这个理解也符合现象界的规则,所有的服从关系中的存在,都可以视为阴与阳的关系,理想的阴阳关系是和谐共生。但这个和谐共生关系并非一成不变。古代哲学的最重要经典之一《周易》,就是一部表述阴阳各种关系状态的书,当阴阳不再和谐,就意味着整个秩序已是穷途末路,"穷则变,变则通,通则久",这是一句到今天依然为中国人所乐道的话。只不过,我们似乎没有意识到,这个过程具有无限止的特性,也就是所谓历史的周期律。这本是现象界的常态,古代史官早就看清楚这一点。只是,这种常态与中国文明的本质追求相背离,事实是,在现象界的循环往复中,文明的本质追求也在渐渐消亡。

什么是臣正型文明的本质?这种本质与服从原则的优先性是什么关系?这是一个必须认真处理的问题。工正型文明的本质追求是真理,是理性，其国家构建同样遵循了这个本质追求。理论上讲，中国文明的展开方式也应该是由其本质追求决定的。颠覆秩序的合法性根源，也在于这种本质追求。西方文明因为追求真理，所以，其社会形态变迁，有章可循。而中国古代社会形态的变迁，至今说不清楚，其根源也在于其本质追求不同于西方文明。

笔者判断，臣正型文明的本质追求是人性，尽管古代中国有很强的专制特征，但民本观念始终未断。只有在人性追求的基础上，专制与民本才能结合为一个整体。人性是现象界的存在，尽管儒学试图将其作为本体来立说，但其混沌特征，以及可塑造性或可被塑造的特征，决定了儒学不可能构建出逻辑严密、实践可行的学说。这也决定了儒学的变迁过程，必然也是逐步蜕变的过程，究其本质，其依然是现象界的存在。以现象界的存在物作为追求目标，其塑造统治者灵魂的只能是经验原则，而以经验塑造灵魂，其结果只能是专制。所谓集体经验，最终也必然要集中到一个人的身上，只有这样，才是有效的经验。

经验与理性的不同之处在于，理性原则允许作无结果判断，因为看不到真理，不如什么都不做；经验原则不存在无结果判断，因为智慧的根源在人自身，其必然会产生一个判断，无论对错，如果没有判断，则被视为无能。这本也是人性的特征。

专制只是这种文明追求的一个结果，另一方面就是民本。因为追求人性实现，其也必然要将整个百姓群体作为国家的根本。人性与理性的差异，在于人性直属于人本身，而作为技艺上升的理性属于神，任何人都不能掌握全部的技艺，但任何一个人都可以有全部的人性。所以苏格拉底将工匠作为城邦的基础，因为工匠群体涵括了全部技艺。而人性的对应存在就是整个百姓群体。

这种本质追求，也塑造了中国哲学。如所周知，《老子》哲学具有女性特征，对应的儒家哲学则具有男性特征，这种二分在西方哲学中看不到，当然，这样的哲学与西方哲学也无法比较。古代中国哲学的这种特点是与文明的人性追求联系在一起的，只是人性本身天然有阴阳之别，即所谓女性与男性。人性这个概念表面上将男性与女性统一在一起，但作为现象界之存在，男性与女性，其追求各不相同。儒道两家的学说的歧异，体现了男性与女性不同的智性呈现样式。

这种追求，也塑造了古代中国对于国家的认知方式，形成了古代中国的政治哲学。因为是经验塑造统治者的灵魂，古代中国对国家的理解是国由家构成。西哲亚里士多德也承认国由家构成，但承认国由家构成，并不等于将家的构成原则等同于国的构成原则,在亚里士多德那里,家与国是一个冲突的关系,所谓情感与理性的冲突。古代中国并非没有人看到家与国的冲突,所谓门内、门外之治的划分,当是看到二者的冲突才提出来的。但人性追求的文明本质,决定了这种理性意识无法成长,门内门外只是治理原则的界限划分,而不是治理原则的本质不同。仁与义虽不相同,但其根源都是人性。所谓正义,不像古希腊哲学理解的按照才能分配各人的工作,这是理性的理解;古代中国的门外之义指向公平的生存机会,即孔子讲的不患贫而患不均,孟子讲的井田制。这种正义理解,本质上是人性关切。所以,虽能看到门内门外的差别,但却不可能由此差别看出国与家的本质区别。

事实上,智性不能脱离现象界,也不能对国与家作出本质的区别。子路讲,有土地,有人民,何必读书,在他看来国家就是土地与人民的结合体,这是典型的停留在现象界的国家认识。孔子虽讲恶夫佞者,不承认子路的观点,但他的国家认识也没有脱离现象界水平,只是赋予国家以人性的灵魂,所谓去食与兵,民无信不立,将国家建构的基础理解为各部分的信任关系。这里的信不是西方基于契约的信用,而是基于人性的信服,其以统治者的德性为基础,所谓政者正也。

对国与家不作本质区别,在学说上就是不作政治学与伦理学的区分,修身、齐家、治国、平天下,这里分辨不清伦理与政治的界限。政治有古典、世俗的区分,儒学也有从伦理之正向伦理之治转变的问题。

以理性为文明追求的目标,是以手工业生产为基础;以人性为文明追求的目标,笔者判断,是以畜牧业与农业生产为基础。单纯比较东西哲学,确实不好深入,但要考虑到文明类型的差异,作比较文明史的工作,从构建未来好文明的立场出发,则比较工作大有可为。

二、东西哲学中的神秘主义

在柏拉图研究史上有一桩公案,所谓"未成文学说",或以为有,或以为没有。① 这个"未成文学说",很容易让人想起孔子的述而不作。柏拉图的著作都以对话体形式出现,与一般理解的论著也不相同,这个中间似可一比。而这又涉及东西神秘主义与哲学的关系问题,进而又与哲学的演进前途发生牵连,其重要性不言而喻。

---

① 参〔德〕费勃(Rafael Ferber),《哲人的无知》(王师译),北京:华夏出版社 2010 年版。

如所周知，近代科学哲学兴起后，西方哲学的整体性就被消解了，对存在本质的追问，就不再是哲学家的事情，而成为科学家的使命，以致有学者哀叹，人的本质就是无本质，当然也就有了韦伯这样的针对虚无主义的战士。后现代的西方哲学，本体论罕有人问津，这确实是很吊诡的事情，因为西方哲学兴起是从叩问存在的本质开始的，自然科学在亚里士多德那里只是第二哲学，第一哲学是神的学问，也就是关于存在的学问。今天，第二哲学彻底颠覆了第一哲学的地位。

再看中国古代哲学。按照本书的观点，中国古代哲学也有一个整体的断限问题，晚明的刘宗周，其时代与西方近代文明发端大致相当，实现了中国古代哲学的一个轮回，以意根独体作为学说的基础。

如果作一比较，西方的第一哲学到近代，就渐渐退出了历史舞台；而中国哲学到近代将启之时，似乎又回到了最初出发的地方。这恐怕也得从文明整体的角度看，才能看清楚，其中的关键，又在于揭示神秘主义与东西哲学的关系。

我们知道，西方神秘主义的重要派别灵知主义是介于新柏拉图主义与基督教之间的一个派别，某种意义上可以认为，新柏拉图主义已经有神秘主义的观点。如果不承认柏拉图有"未成文学说"，神秘主义的地位就很容易得到理解。

"未成文学说"是关于存在的本质的，承认其存在，意味着柏拉图已经获得了对于存在的认识；不承认其存在，则意味着其没有获得对存在本质的认识，也就是哲人的无知。

笔者没有能力直接讨论柏拉图是否存在"未成文学说"，但从历史变迁看，其没有的可能性更大，否则无法说清楚灵知主义的来历。灵知主义实际上是借外力达到哲学论辩所无法达到的对存在本质的认识。灵知某种意义上代表了对存在本质的认识，获得灵知也就获得了自由。

刘小枫先生在给《哲人的无知》写的推荐语中提到，该书"对理解何谓'哲学'也不无裨益"。确实如此，爱智者，不是爱某一种技艺的学问，而是对关于整全的知识的爱，这就是哲学。但这种爱只能不断去接近这个整全，而不能真正得到她，所谓只能接近真理，却不能完全得到真理，一般工作所获得的只是真理的一个组成部分。

但据费勃论，柏拉图承认，关于存在的本质并非完全不可能认识，但这种认识不能言表，只能在与事实本身朝夕相处、大量交谈中，由灵魂之光来照见。这种照亮，与中国古代讲的只可意会、不可言传有类似的地方，只是在柏拉图那里，这种意会是单方的意会，无法传递给他人。这种理解否定了

"未成文学说"的存在，也为神秘主义的登场预留了空间。神秘主义只是变换了照亮的途径，对此境界的追求是相同的。

准此，灵知主义与西方哲学的关系，就是为其画上了句号，有了灵知主义，可以不用哲学。这或可以解释，基督教兴起后，经院哲学为何能长期统治西方知识界。也可以解释，科学哲学兴起后，第一哲学为何必然要退场。

中国古代哲学与神秘主义的关系与其不同，神秘主义不是终结哲学，而是开启了古代哲学。

孔子的述而不作，与柏拉图"未成文学说"问题，有一点相似，即孔子也认为自己是无知的，所谓"有鄙夫问于我，空空如也。我叩其两端而竭焉"，他也要从论辩开始。与柏拉图不同的是，孔子虽认为自己无知，但他却有东西可传，只是不是自己"作"，所谓"述"。其所述，就是诗书礼乐这些经典。

诗书礼乐背后显然不是真理问题，而是圣王之学与道，所谓"祖述尧舜，宪章文武"。在圣学、圣道的背后有一个中心，即前文讨论的文明的本质追求，即人性。所谓"吾道一以贯之"。孔子讲，"兴于诗，立于礼，成于乐"，讲的就是人性的自我神化过程。《书》的核心是德性，德性是人性成德之后的称呼，关切的是同一个问题。孔子讲"志于道，据于德"，道是有德性的人实践出来的，不是通过哲学论辩辩出来的，所以孔子对佞者始终很反感。这个基本立场奠定了中国哲学的实践品格。

然实践与学说终究是两个问题，孔子用了一生的精力去实践，终于在七十岁时达到从心所欲不逾矩。这种单纯的实践显然不能迎应文明的需求，前文提到的子路的国家与政治观，说明当时的儒学还不具备理论形态。孔子本人并没有完成儒学理论形态构建的任务，那是"作"的工作。

"作"本是很艰难的工作，据前论，柏拉图的作品也不是严格意义上的著作，儒学的理论形态的出现也不是很容易的事情。真理固然只能接近，人性又何尝就可以直接把握？有性善，有性不善，或善或不善，人性作为现象界中的一种，也没有本质规定性，本身需要实践来引导塑造。孔子关注人的性情转化，但直接讨论性的文字很少。前者是实践问题，后者是理论探讨。

更关键的问题在于，西方哲学的最高追求是获得对存在本质的认识，那个对象高于现象界，是恒定的。对这种对象的认识诉求，本是理性自身发展的问题，而理性是可明确界定与表述的，所以，尽管神秘主义可以以其自身的方式终结哲学，但并不能真正宣告以后没有人再讨论哲学，发展哲学。也正因为西方哲学的这个特点，所以会有《理想国》这样的基于同质性的典范城邦。

中国哲学追求人性完满,人性是现象界中的事物,不具有恒定性,古人讲"魂随气而变,魄随形而止"(邵雍),近朱者赤,近墨者黑,要以此为对象展开理论探讨很困难。孔子本人未能写出立足于同质性的理想国理论,只是提出最高的理想是大同,但说得很简单。如果立足差异性,像柏拉图晚年作《法义》、亚里士多德写作《政治学》,儒家也不能写出符合自身关切的理论著作,因为处理差异性,也以理性为最高明,运用于国家治理,就是法律。而儒家从来不能也不可能完全接受法治,即便是立足于差异性的荀子。

事实上,因为关切的是人性的完满,儒学不能丢掉圣人,以圣人作为逻辑前提是儒家理论能够展开的条件,不管是哪一种形态。圣人是人性完满的典范,某种意义上,可以将其与西方哲学关切的存在的本质相等同。按照圣人天德的讲法,圣人也可以说具有超越特征,是他完成了天道与人性的综合,完成了人心与道心的综合,从而为人世立法。圣人一出,天下大同。但这只是理想,孔子虽达从心所欲不逾矩的境界,也只是他个人成圣,但不等于说他就是圣人。尽管他也作了《春秋》,立了法,但现实历史表明他不能算是真圣人。当然,尧舜禹汤文武周公都不是。其所以会有这么多圣人,因为儒学需要,不仅在理论上需要这个前提,实践中也需要榜样。

既然圣人不能丢弃,儒学便不能完全摆脱神秘主义,只有基于神秘主义,人性完满的典范才能确立,尤其是儒者自己要追求成德之后。孔子的学说以"述"为主,他没有"作"的冲动,因此也不会很在意神秘主义,在他那里,圣人还具有神性。但到了思孟的时代,"作"的意识明显增强,而同时因为时代的进步,圣人的神性被祛魅,神秘主义也同步登场。赋予圣人神性是从外在宗教背景的角度维系圣人的地位,而神秘主义则是从个体修炼的角度维系圣人的地位,其间区别类似于灵知主义与基督教的区别。

只不过,东西方神秘主义之与哲学的关系完全不同。灵知主义某种意义上可以说是以特定形式终结了哲学,而神秘主义之于儒家哲学,则是其展开的基础。《大学》的"格物""慎独",孟子的"浩然之气",荀子的"精合感应",在他们的理论中都具有基础地位,而这些都与神秘主义相关。

这样讲,不是说儒学以神秘主义为主要关切,而是说古代中国哲学不能实现完全的祛魅,这是由其文明的本质追求所决定的。这种不能完全祛魅的学说形态,事实上又决定了其不能像西方哲学那样,将核心关切先交给宗教、再交给科学来解决,而只能是轮回之路。

东西方的这种差异,是由不同的文明问题意识决定的。对存在本质的追问,可以等同于发展理性。而理性本身又决定了其对于解决问题手段的选择的开放性,如果科学能够更好地揭示存在的本质,哲学论辩的方式就应该退场,不退场意味着非理性,与其本质追求相悖。古代中国文明的问题意识是人性,这种问题意识决定了其实践中解决问题手段选择上的开放性,但在学说上,其则是封闭的。

人性问题的本质是实践问题,而非理论问题。这在某种程度上造就了古代中国文明的领先地位。但要基于人性展开理论论述,如果不能向社会科学开放,其本身是没有出路的。然而人性本身又不可能进入社会科学,社会科学同样是受理性支配的,尽管现在有很多学者反思社会科学的价值中立问题,但反过来,不价值中立,还能称之为科学吗?谈人性必须讲善恶,不讲善恶的人性论说,不符合中国文明的问题意识。

有价值追求的人性论说,事实上不能脱离圣人的先验设定。现实中的人性是变动不居的,西方理性文明之所以能稳定向前进展,除了坚持以理性为学说的中心外,其同时还将善综合进了存在的本质。作为宗教形态,上帝的本质虽然是理性,但上帝也是善的化身。近代哲学,真善美还是要被综合在一起的。只是现代西方似乎已不存在这种综合体,但社群主义、女性主义等学说的兴起实际上起到了替代的作用。以理性为基础,而不放弃人性追求,构成了西方文明稳步前进的学术基础。

古代中国,人性问题优先,理性得不到展开,实践中重视发展生产,改善民生,确实发挥了积极作用。但在理论上,价值设定要求存在一个人性完满的预设,初期神秘主义的神性自我,刘宗周的"意根",都是这样的预设。脱离了这样的设定,就会陷入心本与性本的纠葛。这样的争论在理论上其实意义不大,因为不论是心本还是性本,最终还是要回到先验预设的问题上。真正的问题是,这个先验预设是内在的,还是外在的。

本书提出,古代儒学的变迁,其先验预设存在一个由内在向外在的转变过程,而这个变迁与古代政治实践从关切正向关切治的转变联系在一起。关切正,这个预设就是神性自我;关切治,这个预设就是三纲五常的天理。而刘宗周的"意根"的提出,表面上又回到了内在根源,其本质依然是外在根源。其所以要将其转向内在,应与王阳明的学说近似于"泛神论"有关。[①] 儒家的圣人本是通过告别泛神论凸显出来的,刘宗周的"意根"也是针对王阳明的"泛神论"提出的。

对东西哲学作直接比较,确实有困难,但将其理解为各自文明的组成部

_____

① 将王阳明的良知说理解为泛神论,是邓艾民先生的观点,见邓艾民,《朱熹王守仁哲学研究》,上海:华东师范大学出版社 1989 年版,第 130—142 页。笔者称明清以后的政治文化具有萨满主义的特点,这种学说特点当是政治文化的反映。

分,有一些问题还是可以比较的,而这种比较对于各自文明的自觉,对于开展文明对话,应该是有益的。

三、古今之争

笔者关注西学研讨,印象最深的大问题莫过于古今之争。简单地讲,古今之争就是德性与权利之争,古代人重德性,现代人重权利,而所谓权利,又主要对应于人性中的欲望部分。

德性在西方哲学中指的是理性,尽管柏拉图与亚里士多德都有理性、性情、欲望的三层灵魂说,①似乎与中国古代儒学的人性内容可以对应起来,但实际上不能作简单对比,因为二者的理性指向不同。西哲中,人的理智虽可以对应于理性,但理性本质上是外在于人的。古代儒家的理性则需要就不同派别作具体分析,但本质都不外在于人。尽管理学的德性的根源是外在的,但这个外在实际上指的是区别于个人的国家层面的外在,而不是西方哲学的高于现象界的外在。这里,东西方似乎也很难比较。不少学者看到亚里士多德讲中庸,儒家也讲中庸,似乎可以比较,实际上这个比较也不好直接处理。儒家的中庸指向于性情发用合乎亲疏远近之节,其指导原则是现象界的经验原则;亚里士多德的中庸虽也是讲性情发用问题,然其指导原则是理智。理智是理性在人身的对应物,因此,他的中庸实际上是将情感置于理性的统治之下,只是说他还重视情感罢了。

但若是遵循前面提到的结合文明整体作比较的方法,或许同样可以看到一些有益于文明对话、有益于中国文明维新之命的东西。

单纯看西学中的古今之争,意义其实也不大,如果接受尼采对于古代狄俄尼索斯精神或酒神精神的发掘,古希腊人并非不重视欲望,只是这种欲望没有成为哲学关切的核心。现代西学关注权利欲望,本是文明与学术进步的表现。哲学的核心关切已由科学来承担,借用庄子的一句话,"道术将为天下裂",对于整体存在的本质的探求,已转化为对存在的具体部分的基础结构的认识,在儒家哲学中,这叫"致曲"。整体存在的本质无法获得,所谓诚者难得,退而求其次,就是"致曲"。现代西方科学确实是达到了"无曲不致"的地步。事实上,今天的人类已经形成了对于科学的信仰,世界上没有说不清楚的问题。儒家讲"曲能有诚",人类终将获得对于存在本质的认识。

科学对应的是哲学上升的问题,其对应于前文讲的技艺的智术;苏格拉

---

① 性情,在柏拉图那里表述为激情,严格讲,是有区别的。

底讲哲学还有下降的问题，其对应的是前文讲的城邦智术。这种智术在近现代以来西方文明的演进历程中同样体现得很充分，就是强势国家的形成。所谓对于权利欲望的现代学术关切，是与强势国家的建构并行的。学术的宗旨最终要服务于人本身，科学不例外，国家也不例外。

《理想国》是哲学的理想的下降结果，因此需要哲人王。理想国固然不切实际，但从中可以归纳出哲学下降的关键原则，即正义，这也是城邦智术的核心关切。然回答何谓正义，并不容易，柏拉图晚年作《法义》，说明哲人王式的正义并不现实。正义不仅仅是哲学的问题，也是历史的问题，还是人性的问题。所谓历史的问题，是说人类对正义的追求受制于生产力的历史水平，马克思的唯物史观于此揭示最为明晰。当然，正义还是人性问题，即社会制度是否切人性。马克思主义的兴起，说明了近代以来的西方文明对于哲学的下降问题的处理，进入了一个新的时代。当然，对于人性的关切，是西方近代文化的基本内容之一，在城邦智术中关注权利，与马克思主义的兴起一样，只是这种文化的表现之一。

才能固然根植于我们的人性之中，但其对应物是理性，仅仅关注才能实现的理想国并不理想。人性成长不仅仅是理性的训练问题，同时也应该包括性情转化与欲望满足。如前所论，性情转化是一个综合的社会实践问题，学术构建离不开圣人预设。这样的学说自然不可能在理性主导的西方学术中成长起来。亚里士多德关注性情，但他在西方哲学中是少数派，并且他也是将其置于社会交往中谈，不以圣人为榜样。

从此，近代西方学术在生产力快速进步、科学代替了对理性的训练之后，追求人的全面发展，似乎只剩下对权利与欲望的关切了。这样看古今之争，其争的意义不大。现代西方文明的真正问题，是对理性与欲望追求的两极化，这个两极化不仅仅是社会问题，同时也是人在追求全面发展过程中出现的问题。

中国历史上也有古今之争，发生在战国时代，当时有所谓"法先王"还是"法后王"之争。先王是古，后王是今。先王代表礼治，后王代表法治，古今之争，实为礼法之争。礼法之争背后也存在理性与欲望的争论，当然，前文已提到，古代中国的理性不是西方哲学的理性。儒家讲礼，目的在转化人的性情，性情要合乎所谓理性。法家讲法，法以尊重人的欲望为前提。荀子二者兼顾，只是他不说性情自然向善，而说化性起伪，因为他讲的性其实也是欲望。

表面上看，东西方的古今之争有可比之处，但实际上也不好比。西方的古今之争是在理性文化的基础上，是以追求人的发展为主线呈现出来的。

古代追求理性是人的灵魂的追求，近代以来重权利欲望，则是对人全面发展的追求。中国古代的古今之争，表面上看是理性与欲望的冲突，实质是早期中国东西方两种不同的理性之争。礼转化性情，指向于心灵理性的养成；法尊重欲望，指向于建构国家的理性。前者的理性可以建构好社会、好天下，却不能建构好国家。后者的理性则直接服务于国家的强大。这个争论，是就现象界论现象界，是现象界中具有不同关切的人的意见争论，而不是在共同的真理追求下的争论。严格讲，二者不应该发生争论，因为二者各得一面之真理。从社会层面上讲，儒家显然是有益的学说；从国家层面上讲，法家显然更好。但若想面面俱到，在当时的历史条件下是不可能实现的。

但这种争论在古代中国又不可避免，因为古代中国没有发展出类似西方哲学的具有超越特征的理性。孔子很少谈性与天道，笔者认为即是二者如何结合的问题，今天看，被后世奉为圣人的他，其实也不可能谈好这个问题。从西方文明看，西方人用了两千年的时间，才慢慢试图接近这个问题。儒学后来的董仲舒与宋明儒家，都试图解决这个问题，但越讲越坏。从文明变迁的角度看，古代儒学的变迁，并没有起到学术应该承担的责任，相反，起到了不好的作用，不知不觉中沦为专制统治的祭司。

理性要求一切从事实出发，而古代的儒者似乎一直停留在理想中，头脑无法挣脱圣人的光环。这当然不能怪古代的学人，因为文明的特性决定了他们的头脑，只能说他们对自身文明的反省能力不够。伯纳德特在为《理想国》作疏证时讲过一段话：

> 如果城邦不妨碍男性与女性在表面上达到整体，如果技艺划分没有与显然属于自然的划分相交叉，我们还会想当然地认为，我们直接就可以通达事物的本性。如果没有技艺与城邦这一对智术，哲学的上升是不可能的，而哲学的下降是不必要的。偏离真理的道路，只有通过城邦才会与真理汇合。①

这段话中的两个假设犹如针对古代中国讲的。古代中国将国建立在家上，家由男女构成，所谓国，其实就是男性与女性表面上的结合体；而古代中国讲男耕女织，也缺乏一个与自然分工相交叉的技艺。古代中国学人虽然意识到天下是最高的理想，但在学术上只能建构低一级的小康世界，所谓礼

---

① ［美］伯纳德特，《苏格拉底的再次起航——柏拉图〈王制〉疏证》（黄敏译），上海：华东师范大学出版社 2015 年版，第 126 页。

治对应的就是小康层面。为什么缺乏这种上升能力，今天我们可以反思，在于古代人对国家的理解只停留在经验表象的层面。相反，古代学人确实也认为自己可以直接通达事物的本性，《中庸》讲"尽万物之性"，孟子讲"万物皆备于我"，理学家讲"仁者与天地万物为一体"。这种自信实际上是想当然。因为哲学不能上升，他们也从来没有真正考虑过哲学下降的问题，只能借用法家的治理手段，形成所谓外儒内法的统治之术，而这种统治术最终均以失败告终。

法家的注意力虽在国家，但其也存在致命的缺陷。其虽然能理性地处理现实问题，也很重视技艺的价值，但其只能解决向下的问题，却不能处理上升的问题。这种学说本是在绝地天通的宇宙论背景下发展起来的，其属于重地的一派。虽然可以引入墨家、引入《老子》，以使理论与实践看起来更完整，但这种结合只是表面上的，并不能真正解决哲学上升的问题。墨家自身重视技艺，但他们对天的关切却不是由技艺为基础上升的理性，而是接受早期中国西方重天的文明关切，是立足于人性关爱基础上的上升。《老子》虽属天，讲天道，但因为天地分离，脱离实践，其始终不能摆脱玄学的本质，并不能帮助法家取得实质意义上的上升。

只能下降、不能上升的法家，对国家的思考自然不能达到完全理性的认识。从秦的历史实践看，法家对国家的认识也还是停留在现象层面上。韩非子的"法国"虽然与柏拉图的城邦理念很像，但其对"法国"的内涵认识则几乎没有展开。援引《老子》虽然使他有了形上意识，但他却不能赋予这个形上概念以具体的内涵，结果对"法国"的认识还是只能停留在现象界。

"偏离真理的道路，只有通过城邦才会与真理汇合"（见前引文），今天中国文明想获得维新之命，首先应该认真思考国家如何构建的问题。从个人的修身齐家，到最高的平天下，国家是一个中间环节，但却是最关键的环节。古代的儒者想当然地从个人出发，由个人推出国家建构原则，从一开始就偏离了真理的道路。

四、人性、天道、社会形态

前文说孔子无法谈好性与天道的问题，借助比较，可以看出其原因在于他不能发展关于国家的智术。简单追求天人合一，并不能发展出有益于文明发展的好学术。孔子本人并没有追求天人合一，他继承的是子产的"天道远、人道迩"的主张，所以他不谈天人汇通的问题。他的弟子们显然对此不满足，所以，子贡才会有夫子之言性与天道不可得而闻的遗憾。

不少学者认为《中庸》与郭店儒简是发展孔子的性与天道问题的论述，这恐也不妥。性与天道的认识是天人合一问题，《中庸》、郭店儒简包括孟子谈的都是天人一的问题。《中庸》讲诚者天道，成的是天命之性，此所谓天道实非"天道远、人道迩"之天道。这个区别以往学者不注意，所以会那样认为。从宇宙论的角度看，这事实上不是同一个问题，两个天不同，天人合一的天是整个宇宙，而天人一的天是与地相区别的天。天人合一的关切，某种意义上可以理解为与康德的两个敬畏对应，一是浩瀚的星辰，包括地球，一是人的心灵。天人一是早期中国西方文明人属于天而不属于地的观点，孔子也属于天人一论者，他讲"唯天为大，唯尧则之"，讲"知我者其天乎"，都是天人间具有一致性的认识。

孔子弟子中有一派发展性与天道学说的，即传承《春秋》的学者。孔子晚年作《春秋》，某种意义上可以说是他关于国家的智术，只是极其隐晦，后人甚至认为是断烂朝报。但从这一支尤其是公羊学家董仲舒的学说看，他是天人合一论者，他想解决天道与人性如何结合的问题。孔子作《春秋》，想解决的同样是这个问题。

天与人之间是国家，儒家的这种基于历史褒贬的国家智术能否成功，其实是值得追问的。从公羊学家董仲舒的学术看，以三纲六纪作为国家的构建原则，其实并不符合儒学的人性文明的本质。人性文明要求"壹是皆以修身为本"，而不是以主辅关系服从原则来发展人性文明。主辅服从关系的构建，前文已经指出，以经验为原则，而人性的道德化以理性为原则，这个理性即康德讲的道德理性。尽管康德认为道德情感与道德理性无法统一，但在儒家这里是统一的，神性自我与良知都是二者的统一。且不论这种学说合不合乎理性，但三纲肯定不符合儒家原则是可以断言的。

当然，孔子作《春秋》，未必是要推出三纲六纪的国家智术，但如果不提出三纲六纪，是不是有可能提出好的国家智术？这本身就是一个问题。因为这中间存在一个理论上无法解决的问题。

孔子选择依托历史褒贬来讨论国家智术，是看到了国家智术的展开当以差异性为基础，即现实社会的构成存在差异，即便立足于人性，也有从其大体与从其小体的差异。这种差异是社会生产分工过程中自然形成的，魂随气而变，社会的生产决定了社会意识。观察历史可以看到社会的全貌，而不会只从自身存在的立场去讨论国家如何构建。古代中国的国家治理普遍重视修史，这是古代中国在国家智术上具有理智的表现。

但仅仅重视历史显然不够，重视历史对于统治者灵魂的塑造，结果便是国家阶级构成的简单反映。而如果统治者的灵魂是阶级构成的简单反映，三纲六纪之说就是必然的选择。因为国家阶级构成最重要的划分就是孟子讲的劳心与劳力的划分，就是官与民的阶级划分。这中间必然也必须有主辅与服从的关系。

古代天道多为史官所掌，太史公有"究天人之际"的夙愿，性与天道的问题其实也是天人之际的问题，董仲舒关切的也是天人之际的问题。问题是古代中国的这些思想家与学者，因为缺乏理性，不能看出在当时的历史条件下不可能解决这个问题。人在现实中的遭遇是正义问题，这在根本上取决于国家智术是否足够成熟发达。而好的国家智术不能仅仅停留在对历史的观察上，而需要上升到理性的层面。历史中学到的永远是经验，而经验对于迎接未来永远是不够的。这里没有否认历史对于发展国家智术的重要性的意思，但历史如果不能与哲学结合，使历史本身成为文明之体的构成部分，而未来文明需要理性去建构，也就不可能从历史中获得对于未来文明有益的智慧。

历史使人明智，对于个人来讲，完全可以成立。但国家显然不是个人的简单结合，也不是各阶级版块的拼合，国家是一个文明体，不仅超越于个人，也超越于各阶级。国家内的各阶级，更不用说是具体个人，都要服从统一的国家意志。而国家意志是由民族精神与理性精神共同构建的，处理二者共建的最佳的办法就是法律。亚里士多德讲理性即法律，法律即理性。

古代中国的三纲六纪显然背离了儒家文明精神，这样的国家智术，经由法律儒家化的强化，结果是不仅丢了民族精神，从秦继承来的理性的法治原则也被慢慢丢弃了，导致这个文明精神自己人都很难接受。

所谓天道本身也是现象界的存在，古人讲"天道多在西北"（董叔）。天道是可见之物，其本身并不代表理性。理性是六合之外的存在，是自在统一的，天道却不是。所谓取盈余以补不足，固有表示天道有均平要求的意思，但其内涵本身却是人赋予的，是从人性文明的要求出发赋予天道的。前文提到孔孟均有同质性的社会主张，这是人性的内在要求。所谓性与天道的结合，事实上只能赋予国家智术以重视人性、重视伦理，导致伦理与政治无法截然分开，出现中国特色的伦理政治。而其同质性的要求，则与国家智术立足差异性，必然产生冲突。然国家处于人与天之间，国家智术不可能不走向那样的结果。而这种国家智术的结果又必然是均平、差异、对立、崩溃的国家演变历程，所谓周期律不外如是，古代中国社会形态的演进呈现出与欧洲文明完全不同的样貌。

过去的儒家一直不愿意放弃井田制作为基本经济制度，就在于这种制度符合人性内在趋向同质性的要求。但过去的时代，这种同质性不可能实现,简单地讲就是生产力不够发达。个人可以做到无恒产而有恒心,但社会不可能,国家不可能,以为人人修身就可以构建好国家,是对国家作简单的经验判断的结果。

古代法家对此看得比儒家清醒,国家建立在社会分工的基础上,有分就有差异,立国的最好原则就是法律,通过法律实现国家面前人人平等的结果,即所谓正义。法家也是立足于人性文明,只是其关切的是基础人性,而不是儒家所关切的积极人性。当然,法家作为一种国家智术,也不够成熟,所以秦"二世而亡"。而儒家的天下理想只能是乌托邦。从这个意义上讲,古代中国文明的道路其实有其必然性。

目　　录

导　论　人性·儒学·政制

　　儒学自其产生之日起,直至晚近,经历了多种形态的变迁,[①]如何认识这些不同的形态,这些不同的形态能否用一种结构或特征或内在精神统一起来,学界已有一些思考,比如崔大华先生《儒学引论》即提出天命层面、心性层面、社会层面三种论说贯穿了不同时代的儒学。又比如干春松先生《制度化儒家及其解体》提出制度化儒家的概念,试图将各个时代的儒学整个融入中国传统的政治文化中。前者从儒学的内在结构,后者从儒学的外部环境,分别对儒学作出了整体把握,对于认识儒学均有裨益。此外,陈来先生《仁学本体论》以仁学贯通儒学,可以理解为以核心范畴为基础的儒学史。

　　目前学界对儒学变迁动因的阐释,与整个古代思想史、哲学史的变迁放在一起论述,主要有三种理论:一是社会存在决定社会意识论,以侯外庐先生等的《中国思想通史》为代表;二是唯物与唯心斗争论,冯友兰先生的《中国哲学史新编》与任继愈先生主编《中国哲学发展史》以及冯契先生的《中国古代哲学的逻辑发展》,都遵循此线索;三是时代命题时代思潮论,以张立文先生的《中国哲学思潮发展史》为代表。第一与第三种理论可归为外因论,第二种理论可归为内因论。这里内因论运用的理论工具是基于西哲的成果。还有一些学者基于中国学术自身的逻辑探索古代学术的变迁,其中对于从汉代哲学到魏晋玄学的讨论成果比较丰富,从玄学到理学的讨论相对比较薄弱,对于战国到汉代哲学的变迁的讨论则更少。截至目前,尚未形成基于古代学术自身逻辑的内因论的完整阐释理论。

　　笔者近年关注古希腊哲学,认识到亚里士多德的人性或灵魂的三个组成部分的理论对于整体认识儒学有提纲挈领的作用。[②] 简单地讲,儒学是讲

---

　　① 汤一介、李中华主编,《中国儒学史》(九卷本),北京:北京大学出版社 2011 年版。该书对贯通古今儒学有很大贡献。

　　② 在《尼各马可伦理学》中,亚里士多德明确将欲望与性情视为灵魂的组成部分的论述几乎不见,只是在特定版本中才有,这里所据是邓安庆注释、翻译的导读本,见[古希腊]亚里士多德,《尼各马可伦理学》(注释导读本,邓安庆译),北京:人民出版社 2010 年版,第 234 页。不过这并不影响我们借此结构观察儒学。

人的学说,讲人就不能脱离人性,不论从什么角度认识人性,这种认识都构成了不同时代儒学的基础。亚里士多德认为,人性由三个部分组成:欲望、性情、理性。中国不同时代的儒学只是选择了其中不同的内容作为自己学说的出发点,提出自己的学术主张,构建自己的学术体系。比如说理学认为性即理,实际上将人性与理性画等号;而荀子讲性恶,则是以人性为欲望;郭店简的时代立足于性情,则将焦点集中在性情转化上。而其他的儒家思想家,或又选择更为复杂的认识,展开自己的论说,比如说董仲舒讲仁贪两在于身,以民性为基础说性,其学说则以此作为立足点。总之,从不同的人性观出发认识儒学,可以获得举一反三的效果。

当然,具体问题没有这样简单,儒家谈人性,目标是政治,所以,不同的人性观还涉及对于不同的正义精神的领悟,涉及不同政制的安排,涉及对不同文明的认同。古代政治变迁是儒学变迁的最直接的动因,但这当归为外因,其内在线索,笔者以为当是古代文明宇宙论基础的变化,为不同时代的儒学所提供的理论根基的差异。这些问题,学界少有论说,这里不揣谫陋,试为论说,以为导论。

一

在《斯文及其转型研究》中,笔者提出,古代政治经历了由以正为中心向以治为中心的转变,古代政治也从德礼政治形态转变为道法政治形态。这个转变中有一个重要问题笔者未及讨论,即从德礼政治转变为道法政治,其中对正的精神的追求是一脉相承的,法是对正治的追求,但正治之正与其身正不令而行之正,其内涵是否相同,笔者并未注意。如果内涵不同,那么从德礼政治到道法政治的转变,就不是简单的政治线性发展的问题,其间或伴随着文化的变迁,以及对于不同文明精神的追求。

从今天的理论观点出发,德礼之正与法治之正是两种不同的正,前者与人性联系在一起,带有宗教性,其指向于对于礼乐文化或文明的认同。《礼记·乡饮酒义》讲者得也,身之所得谓之德。因为身有所得,故能待人以礼。也正因为身有所得,才有了人的自觉。因为身有所得,才有了对于文明的追求。这里的文明不是今天特别重视的物质科技文明,而是带有信仰色彩的对人的存在样式的规定,它是与人的精神文明、交往文明密切相关的。西洋学者讲终极关怀,这种文明就带有终极关怀色彩,但它不是超越的,而是此在的。依据此要求样式的存在,就是正。所谓德礼之正,实际包含了两个方面,一是精神自觉或道德自省,二是交往文明,所谓日常的衣食住行言行规范。

这里有一个问题需要辨析,即个人的衣食住行是否属于交往文明。今天看似乎是个人问题,但在古代这同样属于交往文明的范畴,不过不是与人交往,而是与神交往。从发生学上讲,古代文明好正,有一个假设,即神也好正。只有正,才能得到神的青睐。这在形式上有一点类似苏格拉底将真理归于神,只有神掌握真理,人言说的只能是意见,最多是真实意见。如果观察春秋时代以前的古礼,确实能发现礼逐渐繁杂的趋势。这个过程其实就是古人不断追求正的文明的过程。

但不同的儒家在文明问题上的认识并不相同。早期的孔孟之学,笔者判断他们有所谓神性自我的认知,①孔子讲仁,必须与礼联系在一起,不复礼则不能成仁,仁与礼构成了前面所论的两个方面。孟子讲四端,笔者判断是对神性自我的祛魅,其中也包含这两个方面。《中庸》讲诚,成的是圣人典范的人性,而此典范人性中,同样有神性自我,所谓慎独。这一派儒家讲的人性,其所指的是人的自然情欲,②孟子讲口之于味,目之于色,耳之于声,性也,君子谓之命。这个思想同样很重要,其与西洋天赋权利的观念有相通之处,成为儒家重民生的政治观的基础。但这种人性观并不必然可以开出德性,只有圣人可以生而具有德性。圣人天德,普通人并不能轻易成德,孟子之所以能讲出良知良能,与他是从神秘主义讲神性自我而来密切相关,但这个祛魅后的神性自我即良知依然是天铄我也,所以他讲尽心知性所以知天也。也就是说,儒家的这种文明观必须有天命观,必须被信仰,离开了天命信仰,这种文明没有根基。

当然,需要被信仰并不一定意味着像宋明儒那样追求内在超越,不管怎么讲,这种文明是人的文明。事实上,孔子的弟子子夏、子贡,以至后来的孟子,都试图论证仁与礼义是人的内在需要,而不是对外在超越对象的服从。所谓天命,就是生之自然,所谓"天命之谓性",而不是高不可及的超越性的存在。前面讲神好正,这个神也不是超越的神,而是人可以与之交往的神,这是具有萨满主义基质的文明对神的理解。

---

① "神性自我"是笔者援引自灵知主义的一个概念,笔者判断早期儒家有神秘主义的背景,详参拙文《早期儒家与神秘主义》,《古典研究》2016 年夏季卷(总第二十六期),收入拙著《神秘主义与中国古代哲学研究论稿》,杭州:浙江大学出版社 2019 年版。

② 情欲包含性情与欲望,从孔子到子思,侧重于关注性情,而郭店简往后,便将重点向欲望转移,告子讲食色性也。也正是在那个时代,人欲与义理之间的对立开始形成。情的问题逐渐丧失了重要性。这当与历史变迁过程中礼乐文明的衰落联系在一起。孟子的心性学也当是基于这个历史背景出现的。

德礼之正从根源上看源于神性自我，其落脚点则是人性。孔孟都持自然人性观，这样的人性观并不必然导向于贪婪与争夺，神性自我是一种可以令其保持自足自在的力量。儒家还有一种理论，即人性中本有理路，遵循这种理路，自然人性也不会导向于贪婪与争夺。但这种内在理路说，将人欲与天理对立起来，认为好恶无节，不能反躬，天理就会灭失。这种对立实际上将人与神对立起来。所谓天理，类似于亚里士多德讲的理性，①只不过这种理性是人性自带的，只有音乐或者神秘感应才可以使其激发，基于这种理性的发扬，人可以成为圣人，成为神。

宋明儒去古已远，对于神秘主义不甚了了，但他们提出的复性的办法，与古人并没有本质的不同，或者格物穷理，或者静坐。格物穷理是希冀于外在理性的发展激发人性的内在之理，从而臻于圣境。静坐则是希望通过与外界隔离，实现"体贴"天理的目的。"体贴"到天理，天理发扬出来，便是知行合一。这是从人性等同于理性的认识出发，追求成圣，实践中则是人被排斥出文明。理性固然是文明，但理性若以三纲为核心，就很难说是好文明了。朱熹说吃饱是天理，吃好是人欲，这带有超越性特征，只不过促使其超越的根源是内在的。

天理论与神性自我不能相提并论。用现代西洋人格理论讲，神性自我讲的是自我，天理论讲的是本我（早期）或超我（宋明）。基于自我创造的文明是人的文明，基于超我创造的文明是神的文明。②如果超我是扭曲的我，其文明必然是变态的。在 20 世纪出现的反传统的思想与文明实践，所要告别的正是自宋以来近千年的变态的文明。

当然，神性自我并不排斥理性，相反也追求理性，比如孟子就讲心之所好，义也理也。他还讲，"养心莫善于寡欲"，似乎也已经将义理与人欲置于对立的位置。不过，从他讲舜窃负而逃，讲当与民同乐看，他并没有像宋明天理论者那样要彻底贬黜人欲。

亚里士多德讲，性情处于欲望与理性的中介地位，是将欲望导向理性的媒介。这在早期儒学中也有体现，孔子讲的"兴于诗，立于礼，成于乐"，其关切点就在性情。后来郭店简《性自命出》的论说，就是对这个关切的进一步阐述。

---

① 《乐记》中的天理同样是一个未经辨析的概念，笔者判断其只是偏重于形式上的理，但其并未脱离情，所谓"合情饰貌者，礼乐之事也"。这与后来理学家讲的天理，是有区别的。

② 如果目光放长远，人工智能发展到一定程度，其也能创造文明，并且比超我论者创造的文明还要理性。但就其文明的性质而言，恐怕已不能称其为人的文明。

　　郭店简作者也主张民生是天赋权利，但他与不别性情者有一点不同，他提出了情的问题。这个新材料的重要性，学界已给予了相当大的关注，但关注的方向似乎不甚准确。笔者以为，当从亚里士多德的三结构说来认识郭店简论情的意义。

　　人欲与理性有冲突，儒家自始至终都是很清楚的，事实上，不同时代的儒家都试图解决这个问题。但唯有郭店时代的儒家，找到了问题的要害。按照亚里士多德的分析，理性只有掌握真理的神可以完全掌握，宋儒倡导读书求理，二者认知模式是相通的。而人欲是普遍存在的，要想实现有效转化，实践中将二者对立起来不是好的办法。对立固然是事实，而普遍与稀缺也是事实，要求普遍存在的东西都转化到只有少数人可以达到的境界，其实是空想。真正有效的办法是立足于普遍事实，追求有限转化。而要有限转化，就要找到从欲望到理性的中介，这个中介基于欲望又高于欲望，为进一步达到理性提供基础。亚里士多德揭出性情，郭店简在性的基础上揭出情，同样是这样的中介。

　　情就是《中庸》讲的喜怒哀乐，与欲望密切相关，好色、恶臭，可以使人有情的变化。但情又高于欲望，因为情还与他者的生存状况联系在一起，所谓恻隐之心，也是恻隐之情。而恻隐之心或恻隐之情，用孟子的话说，是"仁之端"，也就是说，理性是以情为基础的。欲望只负责索取，而情还与存在的样式联系在一起，不仅仅是与他者的共存问题，也包括自身存在的合理性问题。立足于情，不仅可以有效地限制对欲望的无节制满足，引而伸之，则可以使人到达理性。所以，规范的制定立足于情。如果人能有意识地调节自己的情，就能做到节制贪婪，实现理性。所谓道始于情，礼作于情。

　　郭店简对于情的思考，对于今天的学人所掌握的儒学知识来讲，可谓叹为观止。这些思考说明作者确实是以情作为推行教化实践的抓手与理论思考的关键点的。立足于情，会导向两个不同的方向，一是对欲望的限制，二是对理性的追求。从郭店简的内容看，作者对欲望的限制或者对理性的追求并未作太多论述，其关切点还在于基于情的实践。但问题都已经提出了，所谓"门外之治欲其制也"，实际上包含了对人性欲望的限制与对政治理性的追求。讲学者逮其心为难，则为以义逮心、心志集于义的理性追求的出场，提供了铺垫。

　　从神性自我到郭店简言情的发展，类似于从柏拉图的理念论到亚里士多德的实践论的发展。尽管从孔子开始，类似的实践比如重礼乐，早已开始，但真正在理论上加以论述的，则要到郭店简的时代。并且与亚里士多德放弃理念说不同，郭店简并未完全放弃对神性自我的追求，在其《五行》的基础上又生出了孟子的四端。这不难理解，西哲讨论的是真理问题，而儒学讨论的是文明问题。而儒家的文明从一开始就要求其被信仰，尽管郭店简重视实践理论的探讨，但神性自我却不能丢，圣人天德不能丢，就像过去的西洋文明不能丢了上帝。

二

基于上述讨论，德礼政治追求的正，主要指向于礼乐文明，这种文明基于个人的人性成长与发扬而产生。按照亚里士多德的理解，孔孟儒学所追求的文明，其实践中的人性基础落实于性情；其所对应的正义精神，指向于性情之正。然性情本身只是中介，尽管人不能脱离性情存在，但性情本身并不稳定，远不如欲望与义理方向明确，也就是说，这种文明本身缺乏稳定的人性根基。在古代，没有信仰的支撑，这种文明难以维系。从中国几千年的文明史看，这种文明在逐渐丧失，宋儒虽以继承斯文为己任，但他们自己常讲，其时能够弘扬斯文的只有讲义理。从人性的结构看，义理居于最高层次，而能够真正掌握义理的人也是少数。加之他们所讲的义理本身既不全面也不正义，所以，虽有几百年的新儒学，同样不能阻止文明的流失。

如果看西洋文明，从自然德性到自然权利的古今变迁，其文明似乎没有与这种礼乐文明相对应的阶段。当然，在轴心时代以前西洋文明是否也曾有过这个阶段，今天不得而知，从西洋哲学重自然看，可能性不大。而中国的这种文明也是在轴心时代之前存在的，在孔孟之间，这种文明事实上断裂了。

宋儒所欲弘扬的文明，其实不是孔孟讲的那个文明，宋明儒的文明的人性基础是理性，而非性情。因为基础稳定，所以文明反而显得稳定。但这种以理性为基础的文明又必然会限制人性，甚至以理杀人。宋儒的真正问题不在于专讲义理，而在于他们还试图影响政治，这里的影响政治，不是今天讲的影响政治决策，干涉政治运行，而是说他们仍抱着古典政治的理想，希望政治复归三代。这个问题就比较严重，因为这混淆了不同的正义精神。事实上他们不仅不能影响政治，反而沦为政治的帮凶。

德礼政治的基础是身正，身正首先是个人问题，而关键又在于人是否有德性。道法政治的追求是正治。治是否正，不在为政者的个人德性好坏，不能依据为政者个人德性的好坏评价社会国家治理的好坏。个人德性好，只能保证为政者只做好事，不做坏事，但这与好的国家治理是不同的问题，好愿望并不必然带来好结果。

根据笔者对道法政治的理解,这种政治不是从个人出发的,而是从群体出发的,或者说是从国家整体出发的。从国家整体出发与从个人出发的政治,其正义精神显然不同。

由个人出发的正义,首先是文明认同问题,其核心价值本质上是伦理的小善,而不是政治的大善。今天之所以也称其为政治,是因为那个时代社会发展程度有限,国家治理很大程度上依赖于文明的塑造。当社会发展到春秋战国时代,对文明的塑造与追求,对于国家治理已没有太多的意义,今天讲的世俗意义的政治才渐渐发展成熟。德礼政治的正义精神首先是服务于塑造人,卜辞讲立人,《诗经》讲退不作人,宋儒讲求学的主要目的是学做人,周敦颐讲要立人极,这些都是对古典文明精神的追求。

对于道法政治来说,这些内容并非必需,作为人只要不丧失人性就行,因为道法政治是从国家出发考虑问题的。国家虽然也是由人组成的,但从国家出发,首先考虑的不是每个个体的德性好坏,而是群体如何有效构建。在法家韩非的视野中,仁义这些德性被视为蠹,从儒家的立场看,这很难接受。但从法家的立场看,国家能否持续发展强大,不取决于个人的德性,而在于国家结构是否稳固。

强调国家结构的稳固,必然强调分,因为只有职权清晰,结构才能清晰,才易于维系。结构有两种,一是垂直结构,二是平面结构,受法家影响的儒家如荀子重视前者,而法家重视后者。但不论是哪种结构,其所追求的正义精神与身正之正均不相同。重结构关切的是人的关系性,群体的安排形式才是问题的关键,而不是个人的德性。

从重视分的思维出发,对人性的认识会指向性恶,典型的是荀子。这里要注意一个问题,重视分的思维并不必然认为人性恶。如果认为分是自然的特征,依然可以秉持自然人性观,并且对人性提出基础要求,秦律惩治不仁应该包含着这样的思考。那么,荀子为什么反而要讲性恶?这恐怕跟儒家对文明的追求是联系在一起的。

从定分止争的角度可以预设性恶,但也可以不预设性恶,如果分是自然的本来样子,法是规矩权衡,为自然所固有,定分也是遵循自然的要求,不一定要说性恶。但如果既要讲定分止争,又要讲文明追求,就是另外一个问题了。

从早期儒家的观点看,文明是基于性情的文化认同,是比性情更高的理性,这种理性由人发展出来。定分也是理性,但它在法家的视野中不是从人发展出来的,而是从自然发展出来的。从自然发展出来的理性并不必然要求规定人性是恶的。因欲而争是理智不够所致，就中国文明论，理智不是人性问题。荀子不认可礼是因人之情为之节文的理论，主张礼是法之大分，是规定好的。情转而与欲结合，对礼法构成挑战，故被规定为恶。

两种理性如何统合，这是区分这种结合形态属于儒家还是法家的枢要。荀子，后人认为还是儒家，而他的学生李斯、韩非则被归为法家。其所以有这样的区分，就在于荀子讲的还是人的文明，他的学说还有人性基础。在法家那里源于自然的法，在他这里首先解决的是人的无节制的欲望索取所必然造成的冲突，而不是对权利的分配。对权利的分配以人的才能为基础，而对欲望的节制以身份为基础，在形式上，这与早期儒家的文明形态很接近。而这种用于为节制欲望而立法的理性，已经不再是基于自然的，而是基于社会本身。君子小人的基本分疏也成为财富分配的基本框架。如果把这个结果作为荀子的理想社会样式，人性恶就是他的理论必需的逻辑起点，否则法无所附丽。

从另一角度看，前文注释中提到郭店简以后，儒家讲生之谓性，主要侧重于欲望，荀子即是基于这一派观点，援引法家学说来讨论王霸之道。只不过，在援引的过程中，理性的来源也发生了变化。而韩非则转向尚自然的老学，其对理性来源的认识更偏向于道法家。尽管他也讲人性恶，但因为理想社会样式与荀子不同，基于此的理性更接近于自然。

这里还有一点必须指出，承认人有欲望，也不一定要讲性恶，就像人性有善的萌芽，不一定要讲性善。按照亚里士多德的三结构说，讲性善需要发展到理性，讲性恶则是任由欲望泛滥，中间都有一个认同的问题。而认同虽有价值指向，尽管有自觉不自觉之别，①但都脱离不了性情。荀子要从人性的角度说明定分止争的必要性，就必须讲性恶。而定分的必要性前面讲不一定非要从人性的角度去认识。

严格说来，孟子与荀子的追求都是儒家的基于性情认同的文明，而非法家的义理价值优先的文明。不能说孟子讲性善、荀子讲性恶，就说孟子的理想更容易实现，这样说只是因为他将文明与人性结合得更紧一些。这其实是古人的一厢情愿。前面讲性情转化为理性，不是大多数人可以做到的，孔子四十不惑，孟子四十不动心，心志集于义，这说明恒定的价值认同不是一

---

① 亚里士多德讲奴隶不能管理自己，儒家讲小人肆无忌惮，欲望的无节制似乎不能算是认同。这里东西洋学说有一点不同，儒家讲小人见君子而后厌然，说明小人是能够意识到肆无忌惮的问题的，只是他在肆无忌惮过程中控制不了自己。笔者判断小人的这种意识能力，与精神结构中的魂魄划分有关，魄主应，看到君子才能意识到自己的问题，君子是作为镜子存在的。而没有君子时，他就控制不住。能否控制自己与能否意识到行为的正当与否是两个问题。

件很容易的事。荀子虽讲性恶,但其价值认同内容与孟子并无根本不同,只是实现的方式有异。他不是基于性情自身的转化,而是通过学习,积累到一定程度,通过感应相通而实现认同,其所以如此,因为价值的根源是他理想的国家社会样式。孟子虽未讲基于性情转化,但从他讲养浩然之气看,他还是从性情的角度切入的。

关键的问题不在这里,当历史发展到春秋战国,文明的养成已不完全是个人的事情。个人固然可以遵循孔孟之学,立足于性情转化,实现价值认同,但群体文明如何实现? 真正愿意独善其身的又有几人? 事实上,没有国家的治理,儒家文明的衰退不可避免。历史也正是如此。从文明延续的角度讲,理性地看,荀子的对策将国家治理置于优先考虑的地位,显然要优于孟子。主流的道统排斥荀子,只能从正义精神的不同追求去把握,因为荀子对正义精神的理解,转向了政治之大善,而非基于个人德性的伦理之小善。

三

宋儒虽然在表面上认同孔孟之学的正义精神,实质上以源于外在秩序的正义原则代替了孔孟基于性情认同的正义精神,因此历史没有给宋儒加分;荀子虽然将国家治理置于优先考虑地位,历史同样也没有给他加分。传统中国的历史,政治越来越坏,文明越来越糟,个中原由,还得从政治与学术的关系中去寻找。

首先,从学理上看,宋儒的斯文理想脱离了实践。前文讲,实践的最佳层面是性情,立足于性情转化是早期儒学的基本宗旨。而宋儒唯义理是求,实际上并不能真正解决人的德性问题。其所以选择这样的道路,在于所谓求圣心切。但他们并没有真正领悟早期儒学对圣人的理解。圣人就像古希腊哲学讲的掌握理性的神,但这个神不是虚幻不可及的,而是可以列举出来的历史人物。按照郭店简的理解,圣人之性与中人之性初始未有不同,同样是天命之性,但在成长后,其变得不可及。且不论为什么会变得不可及,圣人之所以为圣人,本身不脱离人性的践履。《中庸》讲“率性之谓道”,道在循性实践的过程中体现出来,脱离了实践的道或义理,如镜中花、水中月,是空中楼阁。其既不能起到转化欲望走向理性的目的,也不能真正解决文化价值的认同问题。口头大谈义理,而行如庸人甚或禽兽,儒家谓之为伪。与伪相对的诚,也是在性情的层面上成,君子贵成之,成之者人道,所欲成的即是典范的性情人格,所以有诚者终始的讲法。因为性情人格是一辈子的事情，孟子讲君子有终身之忧而无一朝之患，也是这个意思。

从性情向上达到义理，也不是很简单的事情，这就是圣人不可及的地方。但对于中人来讲，绝不是孟子讲的回到良心那样简单，良心说只是一个理论，并不能代替实践。孟子有讲得很简单的地方，也有讲得很难的地方，如讲不要揠苗助长。宋儒终日讲义理，谈心性，以为可臻圣境，与孟子寓言中那个揠苗助长的宋人相似。

义理讲多了还有一个问题，即会将人欲置于对立的位置。亚里士多德的三结构说只有层面的高低，没有善恶的界分。人欲本身不是恶，无节制的人欲所谓贪婪才是恶，贪婪会导致性情的虚伪以及理性的丧失。人欲与义理犹如跷跷板的两端，抬高了义理，就必然会贬低人欲。而通过贬黜人欲追求义理，就是内在超越。

这种内在超越，本质上讲，不能与西洋的外在超越相提并论。外在超越是超越了人类，而内在超越只是超越了自己，或者说消灭了自己，然后投入到三纲五常的所谓天理践履中，使原本丰富的生命变为纯精神的存在。天理又是不公正的天理，宋儒之学之祭司之学的色彩很明显。祭司为神偶服务，根本算不上超越。近世反儒学也是从理学戕害生命、斲伤性情的角度契入，但却将棍子打到孔、孟的头上，毫无道理。

其次，从政治与学术的关系看，历史没有给荀子加分，是因为荀子没能对二者进行有效界分。

从德礼政治到道法政治，其正义精神并不相同，前者立足于个人德性，后者立足于群体关系。荀子的工作试图在实践上将二者统合在一起，其虽可以在理论上解决利用国家法制力量保持文明的延续问题，但在实践中却不能成功。荀子区分了两种正义精神，并且在他的理论中，可以看出两种正义精神的冲突。所谓人性恶，所谓人性之伪，所谓积善成德，都说明荀子将他的重点放在基于外在秩序的正义精神上。其在实践中虽追求斯文，但却放弃了其内在的德性基础。

毫无疑问，德礼政治有自己的对于群体关系的认识，这种认识今天称之为伦理政治。郭店简《六德》讲六位，其中讲"道御"，君臣、父子、夫妇的安排是道的要求。《成之闻之》讲"天登大常，以理人伦"，六位就是最基本的人伦。这个群体关系是由天确定的。这符合政治当从群体角度切入的要求，所以将其源头溯及天。

为什么要将群体关系界定为人伦关系，笔者判断，这应是德礼政治的必然，因为这种政治追求的正义，是身正，是德性之正。基于德性的身正，只有在人伦中可以找到参照点。德性关切指向于成人，而成人又不仅仅是个体事务,涉及群体文化认同,对于重血统的中国人来讲,亲疏远近的人伦规则是集体自然意识,个人德性的养成因而也不能脱离人伦关系的建构。

德性是性情的德性,是依赖于性情培养起来的。在成德之前,德行着眼于性情提升的生活实践。所以孔子有孝乎惟孝,友于兄弟,施于有政,是亦为政的话。有德行的生活就是政治,政治不能脱离生活。① 所以这种政治必定会将群体关系界定为人伦关系,必定会有以人治人的原则。有必要指出的是,后世的君臣关系并不是人伦关系,但在早期中国宗法分封社会中,君臣关系与后世的天子与臣民不是一回事,有地者皆为君,而其家人亲属则为臣,这样的君臣,则是人伦关系。

荀子想在道法政治时代延续这种文明,他必然要接受道法政治的精髓,即主分之法治。前文已论,作为儒者接受主分之法治,必然以人性恶为基础,而群体关系则仍是基于人伦的关系,即他讲的礼法之枢要。这样一个处理,表面上看,并不奇怪,因为这是延续了早期儒家德礼政治对群体关系的把握。但这带来了政治理论的很大变化。

早期儒家的群体关系根源也在于天,也就是说,在群体之上还有一种力量规范群体关系,当然这可以理解为集体意志的外在表述。这是“君君臣臣父父子子”的基础,群体中每一个组成部分都要接受群体之上的力量的制约,即便是群体顶端的天子,所以儒家有天子一爵的讲法。而荀子的理论取消了这个天,群体关系的界定由君主所代表的国家来执行,由君子来阐述。而由受法家影响的君子阐释的群体关系的根基则是人性恶,因此需要有人立法止争,君自然成为法之原。尽管他认为礼法本身有范型存在,但并不影响政治由此完全变成了世俗事务,完全得人欲的人只有群体顶端的君主。这种理论为专制政治准备了条件,尽管他本人不赞成专制。

荀子的理论很难讲是真正意义上的道法政治,因为真正意义上的道法政治,对于群体关系的理解,也承认群体之上还有力量,即存在集体意志,这个力量就是法,即便是居于顶端的天子也要服从于法。秦政就是按照这个理论实践的,笔者已有论述,这里不再赘述。而荀子的理论,法不再是集体

---

① ［丹麦］摩根斯·赫尔曼·汉森总结雅典民主的 160 个论点,其中第 145 条讲,雅典民主并不只是一部大法和一套机构,而是一种生活方式。不过,按照希腊人的思维方式,正是政治机构决定了“民主的人”和“民主的生活方式”,而不是反过来;换句话说,是民主城邦的这些机构教化了人民,并塑造了公民生活,要想获得最好的生活,就必须拥有最好的机构。见其著《德摩斯提尼时代的雅典民主:结构、原则与意识形态》(何世健、欧阳旭东译),上海:华东师范大学出版社 2014 年版,第 500 页。

意志，而是代表集体的个人或少数人的意志表现。当然，荀子也讲君子大儒圣人可通于道，所以他也用规矩权衡比拟法。不过，这只是立足于工具之法的论述而已。集体意志，或源于天，或本于民。

再看荀子对文明根源的理解，也与早期儒家不同。早期儒家认为文明是基于个人的德性而生的，没有德性也就没有文明。荀子因为讲性恶，先天德性无从谈起。相反，因为礼法互训，礼具有范型意义，文明问题因之而转化为真理问题。苏格拉底讲，政治德性是不可以通过学习获得的。德礼政治所追求的那些德性其实都是政治德性，在荀子的思想中，这些德性必须通过学习而得。即便具有圣人潜质，不学习也不能成为圣人。因为是通过学习，领悟范型，所以，礼或文明的根源反而被溯及太一，所谓以归太一。文明的根源是至上神，倒是解决了文明需要信仰的问题，但它同时带来了文明化的强制，一方面为政治专制打开了方便之门，另一方面为强制文明作好了理论铺垫，传统中国的历史正是循着这样两条线索前进。近人讲，二千年之学，荀学也，就理论层面讲，是对的。

最后要讲的是，经过法律的儒家化，经过新儒学的宣讲，古典的人伦政治理想，成为了所谓中国文化之体。晚清中体西用论盛行，民族文化派的学人，大多立足于此。笔者以为，这种立场并不能真正延续民族文化。所谓中体，不过是荀子所论礼法之枢要，后来董仲舒对其增补，表述为三纲，名义上是孔学，实质上是理学。实践是检验真理的标准，两千年的历史已经证明，这样的体运用于政治，不是好的选择。这种人伦结构，在德礼政治中以正为价值追求，在世俗政治中则以治为价值追求，因此六位就成了三纲。这种体不仅不利于追求正的德性的养成，也不利于追求治的正义精神的传播。

毫无疑问，这也是一种分的结构，只不过更重视垂直结构。从群体正义的角度讲，垂直结构并不利于政治正义的实现。孔子讲德之流，速于置邮而传命，且不论他是针对什么样的政治讲的，但他提出的德之流的问题，对于政治好坏却很重要。政治好坏，不在于少数精英，而在于民众的整体政治素质的高低，而民众的政治素质又取决于他们是否有政治之德。正义精神就是政治之德，能够有效传播正义精神的结构，应该就是好的结构。两千年的政治实践已经证明，在传统政治结构中，正义精神的传播非常有限。即便不考虑腐败等负面影响，正义精神也很难从上向下有效传递，尤其是培育正义的民众。据最近发布的秦简资料显示，秦之司法权力高于行政权力，御史高于丞相，监御史高于郡守，这是维护法之地位的制度设计，而法保障了其政治的平面结构。

对于德礼政治来说，使民"有耻且格"是目标，也就是说，政治的最终目标，是使所有的民众都能达到具有政治之德。但德礼政治的基础是德性身正，因此这种政治必须是从个人出发。垂直结构是与这种政治相适应的，在这种结构中，政治之德可以比较有效地传播。然其有效性仅限于宗法制度形式。这种政治之德，与道法政治不是充分必要关系，道法政治之德是从群体出发考虑的。要想让这种德传播到民众中，①使民众养成政治之德，事实上必须给民众参与政治参与国家治理的机会，也就是说，政治应该采取平面结构。中国历史上并非没有这种平面结构，秦政就采用了平面结构，其立法、行政、民众，三者除了垂直管理关系外，又具有平面关系的维度。对于秦国来说，法决定一切，而民众参与法的制定。这对于养成民众的正义精神，显然比荀子讲的由君子立法的理论要好。

亚里士多德讲，人是政治的动物，如果把德礼政治考虑进来，传统中国事实上也一直在追求培养有政治之德的民众，只是结果很不理想。其所以不理想，就在于古代政治存在两种不同的政治之德，古代学者首先是荀子将两种政治之德讲混了，所谓的中体，其实并不利于培养群体好政治所需的正义的民众。只有有了群体好政治，有了正义的民众，古典的斯文，儒家追求的好文明，才有可能实现。

四

沃格林在总结奥古斯丁在理论上的贡献时说，总之，民族及其文明是一件事情，民族的法律组织形式是另一件事，正义的精神又是一件事情。②奥古斯丁的这个判分，对于认识传统中国政治与学术的关系有很大的启发意义。就中国历史论，贯穿着文明与政治的是两种不同的正义精神，一个是从个人出发，一个是从群体或者从天出发。从理性的角度分析，这两种精神应该各行其道，各司其责，也就是说，政教应该分离。这个教不是西洋的宗教，而是对人的教化。不过，这种教化的内容也需要被信仰。但传统中国所实践的，一直是试图将二者合而为一的学说。

荀子讲混了正义精神，其实他是想实现二者的合一。他将定分止争的

---

① 法家文献中并未提到民应具有的德性，相反讲"民愚则易治"，这里提出其也有德，这个德是人性质朴之德，只是，人性质朴是自然之性，并非因为得到什么而变得质朴，民愚所指也是这个意思。不过，今天我们知道，质朴之性并非所有人天生如此，所以，这里也将其视为一种德。

② ［美］沃格林，《政治观念史稿（第一卷）：希腊化、罗马和早期基督教》（谢华育译），上海：华东师范大学出版社 2007 年版，第 280 页。

必要性诉诸人性恶，前面讲过，人性恶同样是认同的问题，它与人有欲望不能相提并论。但荀子又从生之自然讲性，所谓性是生之不得不然，这就将人性的认同转化为天然如此。性恶就不再是人的问题，而是天生如此了。这样，定分止争的政治与儒家文明的根源都可以归于太一。

荀子没有明确说出天人合一的话，明确讲出这个话的是董仲舒。董仲舒的立场与荀子不同，但其学理结构却与其很相似。他也认为性是生之自然之资，讲性者质也。不过，他既不像荀子那样将性设定为恶，也不像孟子那样将性设定为善，他讲"人之诚，有贪有仁，仁贪之气，两在于身"。这种人性观，与郭店简以及告子的有善有不善、可善可不善相似。他把性比为禾，善比为米，以说明他的人性观点。他对礼的认识与荀子也不同，他认为，"礼者庶于仁文，质而成体者也"。"庶"，清人苏舆已指出，当读为"摭"。礼是从善性与文仪中选择制定而成的，在文指文仪上，二者相同，但基本观点与荀子立足于性恶制礼的理论正相反。这种学说同样不符合孔孟儒家之道，孔孟之学立足于性情制礼，而不是立足于仁来制礼，仁是义理范畴，高于性情。他说礼，"质而成体者也"，"体情而防乱者也"，这两个体字，意义不相同，前面的体与后人的中体西用之体，意涵一致，体中已包含了善，设计了文。后面的体是体量之义，与荀子讲的称情立文之称义同。在理论上，董仲舒比荀子高明，他的礼，且不论实践效果，毕竟是立足于义理之善的，同时又具有防乱的功能。也就是说，早期儒学的目标与荀子的问题意识，在他这里得到统一。

这种统一同样是要将文明问题与政治问题统合在一起，只不过统合的方式与荀子略有不同。前文讲，荀子把正义精神讲混了，董仲舒也没有讲正确。要使礼具有防乱的功能，这个礼必须用在群体政治上，那么制定礼之基础的仁，就不是从人出发的义理，而是从天出发，他讲"天，仁也"。又讲"以仁安人，以义正我"。这与郭店简对仁与义的安排正好相反，群体之治的规范义理是义，所谓"门外之治义断恩"。正我之义的来源，他说，"人之德行，化天理而义"，转向于抽象的义理。这样就可以理解他为什么要冥灭性情之间的差异了，所谓"性情相与为一瞑，情亦性也"。他认为人的德行必须以天理为基础，在早期儒学中被视为中介的性情其实没有意义。

这种讲法，虽然没有混淆群体政治与社会文明价值的来源，但对于政治与文明价值的理解却不对。群体政治的价值立足于分，以公平正义为上，而不是为了安人。社会文明的价值在于人性尊严与个体幸福，而不是为群体政治服务。董仲舒把二者颠倒了。其所以出现这种颠倒，与荀子混淆正义精神的来源，根源相同，就是要将两种正义精神统合在一起，企图实现天人合一。关于天人之分，荀子与董仲舒都很清楚，荀子讲"天道有常"，董仲舒讲"察天人之分"，但在政治与文明的精神上，他们不免讲错，只能说当政治转向以治为核心的追求时，早期儒学追求的正，已很难在政治与社会中保持其独立的地位。

宋儒对于天人合一的追求，远过于以前的儒者，他们对斯文继承的意识与抱负也强烈于过去的儒者。而历史实践证明，宋儒不仅未能改善文明，改变政治，相反，最终连自己的合法性也受到了质疑。

宋儒虽看到了斯文或德礼政治不同于荀子所论，事实上他们也并没有看到古典政治的本质。二程批判王安石的恢复圣王政治的努力，其实是对塔说相轮。从前文论述看，他们自己其实也是对塔说相轮，他们把心性义理等同于圣王政治，本身是不通政治的表现。确实，心性义理是古典政治之本，但对政治而言，政治理论固然重要，政治实践更重要。对于古典政治而论，实践的基础是性情，手段是礼治；对于传统中国而言，实践的落脚点是事务，手段是法制。董仲舒讲事在性外，古典德礼政治与道法政治的分疏原本在此，但宋儒非要将二者统合在一起，遵循《说卦传》讲的"穷理尽性以至于命"的思路，讲格物求理，以为遍历诸事，就可以求得天下之理，从而实现正命。不仅如此，他们所讲的心性义理也不是早期儒学讲的身心德性，而是基于外在名教的心性义理。也就是说，他们虽进入了塔，但依然没有说到相轮。

《易传》的学理与孔孟之学不同，这里不必赘言，用今天的话讲，理性可作所谓形式理性与实质理性的划分。孔孟之学讲的基于性情转化而达到的理性，属于实质理性；而孔子自己讲的为政必先正名，以求名正言顺事成，其中的名，属于形式理性。当然，不存在脱离实质理性的形式理性，但形式理性却是保证实质理性实现的重要媒介，没有形式理性，很难实现实质理性。群体政治所依存的理性首先是形式理性，讲分，讲公平，首先在形式上要保证公平。这与从人性情出发上升的理性不能相提并论。谈性情，必然有亲疏，如果将亲疏带到群体政治中，形式理性根本不可能实现。

先秦儒者讲格物自讲格物，讲穷理自讲穷理，格物不为穷理，宋儒的格物穷理是基于他们对格物的新阐释后的连接。这个连接，事实上使他们成为运用儒学为专制统治服务的帮凶。《大学》的格物所致之知，指向于诚意正心，是服务于性情之正的；《易传》的穷理，指向于天理。一主人，一主天。二者的连接，也是天人的连接，混淆了古代儒学的不同派别，事实上造成了既不明古典政治，也不通世俗政治的结果。这使得其不仅不能促进世俗政治的改善，反而对人构成精神上的奴役。

　　亚里士多德讲的性情提升后的理性，也可以称之为天理，而他讲的性情，据论，是"非理性之海中的理性之岛"。① 按照实质理性与形式理性的划分，天理更强调形式理性，而性情更重视实质理性，性情是人的，理性或天理是神或天的。古代的两种政治就是基于这两种存在而展开的。不过，需要指出的是，古代中国思想者讲的天理，也与人相关。笔者判断，墨家与老子都属于道术派，学说的共同的基础是人之魄，是人之魂的基础。所谓的自然、天理，其实并没有脱离人，这是中国古代学术不同于古希腊哲学的地方。② 当然，亚里士多德讲的基于性情的理性也不是属神的理性，而是指向于处理伦理关系的理性。从古代历史的演进看，重魂的儒家与重魄的道术派，在时间上有后先之别，中国古代学术的演进呈现出线性演变的特征，这与古希腊哲学的超越性突破不同，这也是古希腊哲学之所以比中国古代学术高明的原因。

　　不过，高明也罢，不高明也罢，在处理文明与政治的问题上，都没有达到满意的效果。西洋把文明的问题交给了上帝，经历了近代的再祛魅，今人发现有必要把上帝再找回来。这说明他们并不能很好解决社会文明的问题。传统中国的文明也没有搞好，强制文明的问题近年又有复活的苗头。要解决文明问题，笔者以为还是应该从历史中寻找智慧。既然是逐步发展而成，不妨分层次解决，普遍主义与历史主义并非绝对不能统一。传统中国的思想者开出的纠合天人为一的做法，应该放弃。而对于西洋，或许不是找回上帝，而是向早期中国学习，将超越还原为基于不同性别的文明层次，建立文明的人性根基。在此基础上，方可进一步推进人性文明的发展。

　　亚里士多德讲生殖，父亲赋形，母亲禀形，人能获得的理性只能是形式理性。这与早期中国神秘主义者讲的天赋其精，地赋其形相比，少了精。圣经中的上帝也反对人崇拜马纳，按人类学的观念，中国古人讲的精，即相当于马纳。而中国古代的德性内在的根基就在于这个精，所谓格物，格的也是

① 张伯伦(Charles Chamberlain)《亚里士多德为什么称伦理学为 Ethics——〈欧德谟伦理学〉(2.2)中关于性情的定义》(黄瑞成译)，收入刘小枫编，《城邦与自然——亚里士多德与现代性》，北京：华夏出版社 2010 年版，第 257 页。笔者按：引文题目中"性情"原为希腊文，这里径按中文译名输入，特此说明。
② 这里讲自然与人的离合的古代中国与古希腊的不同，主要指人的理性层面的灵魂，有所谓道德理性与理论理性的差别，理论理性不属于人，道德理性基于人的情感而生，属于人。在欲望层面，古希腊与古代中国的人与自然都是一致的。

这个精。这个精也是孔孟儒学人性文明的基础。① 这是由萨满主义的文明基质造就的。

五

讲儒学不能脱离人性,讲政治不能离开儒学,前引奥古斯丁的民族文化、法律、正义精神的分析固然给了我们不少启发,但要讲清楚中国古代政治与学术的互动与变迁,仅凭此分疏还不够,中国还有中国的特点。在《德礼·道法·斯文重建:中国古代政治文化变迁之研究》一书中,笔者提到了灵魂、政体、治体的三分法,② 囿于主题不同,其未能充分展开,这里试为详论。

灵魂与人性具有对应关系,西洋将灵魂交给上帝,所以奥古斯丁讲民族文化是一回事,法律是一回事,二者分析得很清楚。中国古代二者事实上很难分清楚,加之灵魂在中国古代有魂魄二分的结构,问题就显得更复杂。

前揭书中,笔者讲儒家法律与法律儒家化的分疏,将用法律束缚灵魂视为是法律儒家化的关切。这里的灵魂指向孔孟关切的积极的人性,但忽略了一点,即儒家法律也有灵魂关切,只是关切的灵魂内容与后来的法律儒家化不同。笔者曾提到《二年律令·田律》有《日书》入律的问题,在前揭书中,笔者也论及《日书》与政治的关联。《日书》也是灵魂关切,其对应的是魄。魄与自然联系在一起,老庄的学术基础是魄,老庄重自然。自然之法由《日书》体现,来规范百姓日常生活,其中体现的是《老子》正善治的观念。正是灵魂追求,日常生活遵循自然之法,是如何管理个人日常事务的问题,这二者统一于《日书》。③ 而《日书》着眼于个别人生,与老子所谓不受干扰的自然人生诉求也正吻合,这是其与一般讲求吉凶推断的数术不同的地方。

然《日书》在秦没有入律,至少目前没有证据。其所以如此,就在于法律的本质不是对灵魂做调整,而是对国家社会事务进行调整,也就是所谓治理

---

① 现代人工智能技术已经证明,纯粹的理性确实可以不要精,并且其能力远胜于人类,但笔者判断,无论人工智能如何发展,总不可能开出人性的文明。情感虽然可以模拟,但基于理性的情感一定指向于争强好胜,辞让、羞恶这些体现人的文明的情感,机器是不能习得的。

② 参拙著《德礼·道法·斯文重建:中国古代政治文化变迁之研究》,杭州:浙江大学出版社2016 年版。

③ 关于《日书》的精神信仰,笔者概括为"小体向道",见拙著《宇宙论与古代文明研究》,杭州:浙江大学出版社 2020 年版,第八章。

问题。① 秦律对基本人性有规范，但不意味着其要塑造积极意义的灵魂。对于自然之法的服从，虽不同于儒家孔孟的仁义，但其具有主动适应的意向是一定的，秦人对此的态度只能说有提倡之意，但没有要求绝对服从的意思，入律意味着绝对服从。

《二年律令》出现《日书》性质的条文，说明两个问题，一是汉初文化延续了秦楚文化，汉初黄老思想也是对秦楚思想文化的延续；二是汉初的法律精神是儒家法律的精神。《日书》虽不是儒家文化提倡的内容，但儒家法律精神具有重视灵魂的特点。荀子讲占卜，小人以为神，君子以为文，虽只是文，而没有德性根基，但法律也要保护，所谓礼法。《日书》入律，不能说儒家法律承认老子的自然之德，如果那样，其法律中就应该大量出现才对，如后来的法律儒家化后的法律。其显然只是将其视为文的一种而偶然出现，毕竟秦楚文化中，这些内容确实与人灵魂有关。

真正体现儒家法律灵魂内容的是《月令》入律，《月令》中有灵魂意义的内容，所谓顺时布政，天人合一。其入律当与独尊儒术有关。在本书讨论董仲舒的章节中，笔者指出，董仲舒的名教其实是在荀子的基础上向前推进一步，两人的宇宙观基础其实相同，都是天人分，但又承认天人可以合一。《月令》据过去学者论，也是今文经学作品，其宇宙观基础也是天人合一，而不是天人一。尽管篇中讲"凡举大事，毋逆大数，必顺其时，慎因其类"，这种一致只是外在形式的一致，与天人一所要求的内在实质的一致不是一回事。以秋后决囚论，只是秋气主杀，所以杀人也要在秋后，这显然与法律的内在正义要求没有关系。

这种灵魂的基础，也可以诉诸魄，只是这样的灵魂入律，并不能真正作用于灵魂。按照笔者理解，基于魄的灵魂与政治结合，只能是初民时代，即老子讲的小国寡民状态。秦人也只是运用于个人之治，而不上升到国家政治。运用到国家政治上，其指向依然是服务于政体塑造。文法中朝律、葬律服务于塑造政体，那是作用于个人的礼仪规范的，而《月令》则是作用于群体的，这个群体主要指向于执政群体，而不是普罗大众。尽管其与灵魂直接相关，却并不能塑造个人的灵魂，或许可以用塑造国家灵魂来理解。这个思路与董仲舒强调国家合法性是一致的，与后来的法律儒家化希望塑造个体生

---

① 新近发表的《岳麓秦简》（五）有一条律文似乎是日书形式，"自今以来，禁毋以壬癸哭临，葬以报日。犯令者赀二甲。"壬癸五行配水，故禁哭。然据此律文格式，应是秦统一之后，甚至二世时代的新令。与五德终始说是否联系在一起，是值得考虑的。岳麓法律简中常见"执法"，笔者判断也与五德终始说有关。这样看，这条日书式律文就是特例。

命的灵魂,不是一个层面上的事情。

这样看,秦律构建治理体系,汉代儒家法律服务于塑造政体,魏晋以后儒家化的法律服务于塑造个体灵魂,古代法律三个演进阶段的判断依然可以成立。并且,荀子与儒家法律的混淆灵魂与政治的特色可以看得更加清晰。

中国古代政治,因为正、治二分,灵魂的二分,呈现出的样式则是另一幅景象。如所周知,儒家有义利之辨,这如果是自然状态下的结果,本无可厚非,只是一个价值认同问题。但如果与财产制度结合,就很值得关注。所谓有德此有土,有土此有财,在荀子的文法体系中,在《二年律令》关于财产分配安排上,就呈现出两极分化的模式。在汉代生产恢复达到顶点时,社会已经是"富者田连阡陌,贫者无立锥之地"。用阶级分析法,这当然是地主阶级的贪婪本性造成的。但问题并没有这么简单,因为这种问题贯穿了中国历史的全过程,地主阶级与农民阶级始终无法获得调和,冲突自始自终都非常惨烈。这恐怕就不仅仅是单纯的阶级斗争问题了。因为阶级矛盾本是文明进步的动力,这在西洋文明中看得比较清楚,而传统中国的地主与农民两阶级的斗争并没有带来多少文明的进步。

这与古代中国的理论学说密切相关,正的基础是德性,而德性养成要有财产保障,不论是孟子的井田制,还是荀子的两极分化的分配模式,都指向于这样的目的。也就是说,财产安排要服务于德性建设。西洋学说将灵魂归属于上帝,政治不需要考虑灵魂塑造。财产制度也是遵循自然占有的原则来处理,生产方式的达成则遵照自愿协议原则,奴隶是不能自我管理的人(亚里士多德的观点),附庸则是自愿服从领主的人。今天固然可以批判这种财产制度不公正,但在生产力低下条件下,什么是好的财产制度,或者说有没有理想的财产制度,本身就是问题。孟子的理想显然是乌托邦,而荀子的学说以及后来的法律儒家化中的儒家学说,也只是掩饰占据权力之集团的贪婪本性的意识形态。儒家法律塑造政体,就是塑造的这个群体;法律儒家化,说是塑造灵魂,但根本上也是为维护占据权力之集团的利益。中国古代的阶级斗争,与其说是基于财产制度的阶级斗争,不如说是基于权力分配的阶级斗争。每一次阶级斗争的结果,都是如何更好地巩固权力,而不是抑制权力,寻求文明进步。

人的问题与事务问题,本有不同的处理原则,在文明发展的低级阶段,要实现较好统一,恐怕只有秦政的模式,低的生产力与低要求的灵魂相统一。秦政某种意义上做到了遵循事务处理的自身要求来展开,比如有初级民主,严格法制,严厉打击盗徒封的行为,严格管束租税征收环节,等等,所有这些都是努力做到人的问题与事务处理的统一。事务不法必然伤人。反过来，在生产力不高的时代，过度强调德性，则必然妨碍到事务，所谓迂阔不及事情。但据前论，秦并非完全不讲灵魂，事实上，正是对于基本人性的重视，秦才强化了法治的意识。《商君书》讲以法为治，民之命也。天下，天下人之天下也，没有基本的财产保障，何以保证天下人共享天下？秦人非常重视农业生产过程中的信息搜集，能够做到对于最终产量的提前预估，这种预测应当是为后续政策服务的。法家有所谓平籴之法，丰年平价购粮，灾年平价出售，以平抑粮食价格，保障平民利益。这其实都是基于对人性的关注。

法律是政治的展开形式，也就是所谓道，法自然的道，其质料必然同时包含了人性关切与事务处理，两者不能背离。秦律对罪犯权利也有关切，因为罪犯也是人。儒家法律也是道，但不是法自然的道，而是法圣王的道，这样的政治展开形式，其质料本不包括所有人及相关事务，或者说，它不符合政治的以所有人及相关事务为质料的要求，庶民与罪犯严格地讲被排除在政治之外，是完全意义上的被统治阶级。

也就是说，法家法律与儒家法律相对于政治的关系，不完全相同，法家法律对应的是完整意义上的政治，而儒家法律所对应的不是完全意义上的政治。事实上，儒家也正是这样看待法律的，所谓治之本与治之末，法律只是治之末，仁义道德才是治之本。这也意味着，在儒家思想背景下，根本不可能产生法治国家。法治国家，政治与法律应该有完整的对应关系。这样讲，意味着要将积极的仁义道德的塑造从国家政治中剥离，遵循自愿向上的原则，交给个人自己解决。法律儒家化走的是相反的路，以国家力量推动个人德性的养成，而这个德性又是单向的要求，这不能不说是为强化儒家法律所建构的以君主为中心的统治集团之利益的不完全的政治统治。

老子讲正善治，政治之善要以善治来体现，善治也不是脱离基本人性的治。这里涉及人性规定性的不同理解。道家的灵魂以魄为基础，其对人性的要求不如儒家积极，而对于西洋文明，自由、自然、理性构成了其对人的德性规定的核心。这种不同的理解，决定了政治能否实现人的问题与事务处理的统一，以及以什么方式统一。儒家不能实现统一，不仅不统一，在传统中国，事实上还相害，导致文明渐丧；西洋将二者分开，但两者并不相害，而且，在自由德性的追求上，这二者又是统一的。中国历史上，唯有秦政是二者统一的。在《德礼·道法·斯文重建：中国古代政治文化变迁之研究》中，笔者提到《日书》似乎有与法律共出的现象，官吏不仅主治事务，同时还是灵魂导师。

好的政治展开形式,取决于好的灵魂。不论东方与西洋,政治的质料都一样,但追求的灵魂不同,展开的政治可能完全不同。儒家的灵魂显然不能作为政治展开的动力因,用义理去讲灵魂,只能是形式上的灵魂。儒家的灵魂塑造只能以性情认同为基础,而性情本身并不稳定,个体差异无法统一。很多是非本不是观点的问题,而是性情差异造成的。以其作为政治展开的动力因,显然并不合适。

六

本书另外一个要交代的问题是,除基于政治变迁讨论儒学变迁外,本书还特别重视宇宙论作为古代学术之理论基础的决定作用。

本书是第一次运用早期文明东西异制的格局研究古代儒学变迁的尝试。[①] 东西异制表现在很多方面,基础是宇宙观的差异,东方重地,西方重天;东方绝地天通,西方保留天人之间的交流。这种宇宙观的差异,衍生出宗教、国家形态、政治文化、社会组织、思想等等方面的差异,中国文明即便只考虑黄河流域,也不是单一的民族国家文明,而是由两种文明构成,中国历史也从来不是单一民族国家的历史。只不过,中国大约五千年前,各地域文明已经在寻求"中",寻求不同文明之间的融合,其时的中国至少在宗教上已经成为一个共同体。整个中国文明史都可以从求中与传中的角度去把握,这是中国之成为中国的根据。

孔子所倡导的儒学的产生,同样离不开东西文明的融合。如所周知,《中庸》将"喜怒哀乐之未发"界定为"中",宋人出于特定的问题意识,将其理解为先天之理,这个理解固然不对,但要说其与求"中"的道统有关联,现在看来可以成立。道统的内涵并非像宋儒理解的那样是不偏不倚,而当是东西文明之"中",服务于文明融合之"中"。

东方文明重地,柏拉图讲属地的人不重灵魂,而重肉体;荀子讲性恶,关注的就是人的肉体欲望。清华简《保训》讲舜恭求中,弗违于民之多欲,关注的也是欲望。西方重天,柏拉图说属天的人重灵魂。按照笔者对《易经》的解读,其中讲的有孚维心,是周人的话,这个解读与周人重灵魂正相吻合。

---

① 关于早期中国文明的东西异制,参拙文《东西异制:早期中国研究新范式论纲》,收入牛鹏涛、苏辉编,《中国古代文明研究论集》,北京:科学出版社 2018 年版。要提请注意的是,本书中讲的西方或西方文明,指的是早期中国的黄河中上游的文明,而称通常意义上讲的以古希腊罗马为代表的文明为西洋文明。

这里会产生一个有趣的东西，两者求"中"，实际上就是亚里士多德讲的将欲望转化为理性的性情。孔子创立的儒学，其核心关切确实是性情。《论语》并非不讲人性，只不过孔子讲的人性不存在善恶问题，他关注的是通过礼乐转化人的性情。儒学以西周的礼乐政治文明为基础产生，现在看，孔子的儒学是对礼乐政治文明的理论自觉。如果周公所制礼就是《仪礼》，那么这种礼就可以用"因人之情而为之节文"来解释。清华简《保训》讲文王临终传保，这个"保"一般理解为"中"，这则文献说明，周人有"中"的意识。周公制礼作乐，可以理解为是基于西方文明而求中的努力。

作为祭司之学基础的文本《乐记》，其间讲人身固有天理，也应该是周人的作品。《乐记》也讲性情：

> 是故先王本之情性，稽之度数，制之礼义，合生气之和，道五常之行，使之阳而不散，阴而不密，刚气不怒，柔气不慑，四畅交于中，而发作于外，皆安其位而不相夺也；然后立之学等，广其节奏，省其文采，以绳德厚，律小大之称，比终始之序，以象事行，使亲疏、贵贱、长幼、男女之理皆形见于乐。故曰：乐观其深矣。

这段文字同样可以理解为是对周公制礼作乐的解释，其也选择了性情作为阐释的立足点。篇中也讲"中和"，所谓"乐者，天地之齐，中和之纪，人情之所不能免也"。也就是说，作者通过乐想达到的目标与《中庸》没有什么不同，只是他将孔子倡导的礼乐实践的理想，浓缩提炼其精华，赋予了乐。他讲"乐者所以象德也"，乐成为一种推动人践履礼的力量，最终可以使人成为神一样的存在，所谓"致乐以治心，则易直子谅之心油然生矣。易直子谅之心生则乐，乐则安，安则久，久则天，天则神"。

乐不仅"象德"，其中还包含礼，尽管篇中对礼乐有明确分疏，但作者明确讲"乐者通伦理者也"，前引文则讲各种理皆形见于乐，而礼本以理为基础，所谓"礼也者，理之不可易者也"。孔子的理想是德礼政治，《乐记》作者也是这个理想，只不过孔子不敢脱离实践，只是讲最后要"成于乐"，而《乐记》显然完全寄托在了"致乐"上。

与孔子相同，《乐记》作者的目标也是为了转化民之性情。篇中讲"是故先王之制礼乐也，非以极口腹耳目之欲也，将以教民平好恶，而反人道之正也"，好恶是性情的问题。讲"夫民有血气心知之性，而无哀乐喜怒之常"，又讲"乐也者，圣人之所乐也，而可以善民心。其感人深，其移风易俗[易]，故先王著其教焉"。

君子施教也立足于情，所谓"君子反情以和其志，广乐以成其教，乐行而民乡方，可以观德矣"，又讲"是故情深而文明，气盛而化神，和顺积中而英华发外，唯乐不可以为伪"，还讲"是故情见而义立，乐终而德尊，君子以好善，小人以听过。故曰：生民之道，乐为大焉"。

昭二十五年《左传》子大叔有"礼，上下之纪，天地之经纬也，民之所以生也"的讲法，《乐记》与之关切不同。尽管《乐记》也讲尊卑长幼之序，但作者将贯穿其中的理，同样赋予了乐。作者讲"乐由天作，礼以地制"，又讲"乐者敦和，率神而从天；礼者别宜，居鬼而从地。故圣人作乐以应天，制礼以配地"。这意味着子大叔是以礼统天地，而《乐记》是以乐统天地，所谓"乐者，天地之和也。礼者，天地之序也""大乐与天地同和，大礼与天地同节"。同样是统天地，乐与礼存在着关切上的明显差别，乐重视和，礼重视节、序。

这种不同的重视，导致了对人道之正的不同理解。重乐者，更重视民之性情和顺，而重礼者，更强调外在秩序的调节。这里涉及对孔子思想的一个理解，即孔子讲礼，其是否也重视外在秩序的调节，还是说他与《乐记》立场相同，更强调民之性情和顺？

在前文的论述中，事实上已经对此问题给出了回答，孔子应该与《乐记》立场相同，他讲立于礼，成于乐，礼只是修养成德过程中的一个阶段，它并不比乐所追求的目标更高。《乐记》讲"治定制礼"，礼不是求治的工具，而是对治的修饰。孔子同样是这个态度，子贡欲去告朔之饩羊，孔子讲"尔爱其羊，我爱其礼"，羊对于治没有实质意义，子贡想取消，而孔子反对，在孔子的思想中，羊是对治的修饰，也就是所谓"文"。孔子并非不讲秩序，但我们几乎找不到孔子将秩序绝对化的证据，秩序本身服务于个体成德，没有秩序，也就没有个体的成德。

因为孔子从不脱离群体讲个体，所以他讲"志于道"，道是群体秩序，当个人走在道上时，他就不再是孤立的人，所谓五达道，都是人与人共处之道。而立于礼后的成于乐，又指向于个体成德，前面引用《乐记》的像神一样的存在状态，就是个体成德的状态。对于孔子来说，君臣上下的秩序，不可能获得地义的绝对性。有子讲，"礼之用，和为贵，先王之道斯为美"，这句话可以说是得到了德礼政治的精髓，对于秩序的维护不是靠刚性的法律，不是可杀不可使不顺，而是希冀通过性情的转化，达到和谐一体的目标。孔子并非不维护秩序，但他的手段不够强硬，所以并不能达到目标。反过来讲，他的手段具有迷惑性，所以堕三都功败垂成。这是处于时代变迁、秩序更迭期间的孔子的政治理论与实践的必然结果。

与此相关的一个问题，《乐记》中的天理也不可能像宋儒理解的那样具有绝对的地位。理之所以被称为天理，因为理在《乐记》中是与乐联系在一起。《乐记》讲灭天理穷人欲，只是讲出了人欲的膨胀会对天理构成破坏，但并没有为维护天理而提出灭人欲。理固然可以与礼或秩序联系在一起，但前文已讲，德与礼的精神实际上被作者浓缩在了乐中，"乐统同，礼辨异，礼乐之说，管乎人情矣"，德与礼都要落实到对人情的塑造上。这个人情的塑造不光讲顺，更重要的是讲和、乐、德、和显然较礼、理、顺居于优先地位。这意味着，三纲不可能作为这个天理的具体内容，三纲的核心价值是顺从。

事实上，《乐记》讲礼，除了讲理、节、序这些义项外，还讲"礼也者，报也""而礼，反其所自始""礼报情，反始也"。这与《中庸》论礼精神相通，《中庸》讲"郊社之礼，所以事上帝也。宗庙之礼，所以祀乎其先也。明乎郊社之礼，禘尝之义，治国其如示诸掌乎"。我们知道，郊社、宗庙，都是报始反本精神之体现，正是《乐记》所讲的礼的精神。而《中庸》将其与治国联系起来，对于理解天理在《乐记》中的地位是重要启发。所谓理、节、序这些服务于治的范畴，都是从礼的报本反始的精神衍生出来的。因为以天与先王作为本始，因此人也形成了尊卑亲疏之序，在这种精神的统摄下，成德或者塑造人情，不可能脱离这套节序。《中庸》讲"武王末受命，周公成文武之德，追王大王、王季，上祀先公以天子之礼。斯礼也，达乎诸侯大夫，及士庶人"，后面还有具体的讲礼之节序的内容，不具引。

这意味着，《乐记》讲天理，与宋儒讲的以三纲为具体内容的服务于统治的天理，地位上有本质的差别，其与礼之节序一起，服务于报本反始的礼的实践，其同样指向于培养德性，塑造性情。孔子的儒学讲的礼，同样讲节序，郭店简《性自命出》讲"当事因方而制之，其先后之序则宜道也。又序为之节，则文也。致容貌，所以文节也"，又讲"君子美其情，贵［其序］，①善其节，好其容，乐其道，悦其教，是以敬焉"。郭店简的礼显然是要塑造典范性情，《乐记》的天理、节序的功能，亦当如是理解。

以三纲为具体内容的天理，严格意义上讲不能算是天理。从宇宙论的意义上讲，这样的理是从地义推导出来的。《乐记》将其称为天理，是因为理与乐联系在一起。前面提到两种对礼的认识，子大叔的礼中，君臣上下来自地义，三纲在宇宙观上当属地。将君臣、父子、夫妇之礼隶属于天，早期儒家中也有，即《乐记》与郭店简《成之闻之》。《成之闻之》讲，"天登大常，以理人伦，制为君臣之义，作为父子之亲，分为夫妇之辨"。《乐记》虽未明确将这三

---

① "其序"是笔者拟补，其他学者有不同的补法，如李零《郭店楚简校读记》，北京：北京大学出版社 2002 年版补"其义"，亦通。

种单列讲,但其同样讲尊卑贵贱之序,天理包含这些应无问题。

　　分属于天与分属于地的区别在于,分属于天的伦理秩序目的不在自身,而是要反人道之正,以性情为基础养成和谐群体。"天命之谓性",性情同样为天赋予,属天的人道之正本应以个体生命的养成为目的,只是这个养成不能脱离伦理秩序,所以孔孟之儒同样强调秩序。属地的伦理秩序目的在于秩序自身,这套秩序本质上是为社会生产服务,《中庸》讲,"人道敏政,地道敏树",将社会结成具体的组织,原本都是为生产服务,这是属地文明的特点。抛开人情讲伦理,伦理也是一种组织,只不过与平面整齐的社会组织形式不同而已,而呈现为立体的分散的样貌。指向于生产的群体,组织秩序优先于个人的性情成长,其所需要的群体特征也不是和谐,而是有序。

　　荀子未讲三纲,只讲尊卑贵贱,他的秩序属于地义范畴。韩非提到了三组关系,但也未将其归属于天,只讲天下之常道。明确把三纲纳入天的范畴的是董仲舒,他的天的内涵与早期中国天地分离的天有差别,但本质上没有区别。到宋儒则直接用天理来指称。某种意义上讲,将三纲理解为天理,也是东西文明求中的体现。从范畴的宇宙论属性上看,这种混淆是错乱,将对个人生命之道的追求,窜乱为对群体秩序的追求。

　　如何将个人发展与群体之治集合起来,是人类学术的永恒话题,也是文明的核心关切。就中国古代东西方的两种文明论,西方文明更重视个人得正命,但其中并非没有群体秩序的关切,群体秩序内涵被理解为个人正命的组成部分,圣人的责任指向的即是群体秩序的构建。这里要注意一点,孟子将仁爱也理解为命,其与指向于群体秩序的礼存在差别。仁爱是个人德性,如果每人都有仁爱之心,会出现好天下,好社会。但这不是群体秩序,因为仁爱只是个体心性行为,即便人人都能推己及人,同样不是群体秩序。个体德性有助于群体和谐,但未必能实现好的群体秩序。用亚里士多德的分法,仁爱是道德德性,秩序是理论德性。① 东方文明更重视生产、重视组织,秩序意识强是这种文明的特点。

　　中国的文明之道,就是东西文明相互学习,相互借鉴的过程。在早期文明阶段,生产力低下,虽讲组织生产,但能力总是有限,而基于这种生产力水平所达致的个体意识水平也有限。这样,基于天命的西方文明影响力强于

---

① 亚里士多德的道德德性,或译为伦理德性。从具体内涵看,伦理德性的译法可能更好,因为亚里士多德主张德性在实践中养成,并且是得到相互认可的结果,因此伦理德性的译法更准确。儒家讲的道德是天生内在的,与亚里士多德的理解不同,这里因为是用来讲儒家,故选择道德德性的译法。这是首先要讲明的。

东方文明，中国早期的政治形态也表现为以正为核心价值追求。但进入铁器时代，生产力发展突飞猛进，谁能有效组织生产，谁就强大，因此法家学说开始盛行。最终，法家学说贯彻最彻底的秦国统一天下，开启了中国文明的新时代。也正是从此时开始，东方文明影响力转而盛于西方，政治转向以国家社会治理为核心关切。

在求正的基础上统合东方文明，与在求治的基础上统合西方文明，产生的学说自然不同。求正归根结底是个人主义，尽管也讲秩序，但这个秩序是服务于个体成德的；求治归根结底是群体主义，尽管也讲个体成德，但个体成德是为群体秩序服务的。前者不能达致真正有效的秩序，孔子的失败是明证；后者不能实现真正意义上的个体成德，末流及于以理杀人。古代儒学的变迁，就在东西文明的推移中逐渐走向没落。

早期求中，建立了以性情为基础的儒学，后期求中，建立了以理为基础的儒学。古代儒学的变迁，也可以理解为学术关切由性情转向了理，用亚里士多德的概念来描述，就是以道德德性为核心关切，转向以理论德性为核心关切。只不过，因为是求中，早期所求的道德德性并不完善，比如丧服中父母服制的差异；①后期所求的理论德性也不符合理论德性的真实要求，建构群体所需的理论德性在古代中国只有法家具备。这个变迁与政治的变迁息息相关，从这个意义上讲，古代儒学的变迁又是从个人主义转向群体主义的过程。不过，无论是个人主义，还是群体主义，都未能实现两个方面的完美统一，变迁的结果是文明两丧。

七

宇宙论不仅对于认识早期中国学术的分疏很有帮助，对于认识从早期中国到传统中国的学术变迁同样很重要。学者早已注意到宋代理学很重视宇宙论，从汉代到魏晋的学术变迁有从宇宙论到本体论的变迁，也就是说，儒学在传统中国的两个重要阶段汉代与宋代，都很重视宇宙论。只是目前学界没有意识到，讨论早期中国的学术，其实也可以从宇宙论的角度契入，而古代学术的变迁，首先应该从宇宙论的变迁的角度去把握。

前文已经提到宋儒的天理不同于《乐记》的天理，后文中还会讲到董仲舒的天志不同于墨子的天志，名词相同，内涵却不同，其间即是宇宙论的

---

① 父母服制的相对平等，在魏晋南北朝时期实现了。参张焕君，《魏晋南北朝丧服制度研究》，清华大学博士学位论文，2005年。

差别。

　　早期中国的天，是天地人神之宇宙构成中的一个要素，只是其是最大的要素，所谓"唯天为大，唯尧则之"。重天尽管在内涵上与重地不同，但其并不对重地的内涵构成排斥性，《乐记》是重天一派的，但其天地并叙，很重视生于地的礼的作用。神同样是早期文明的重要关切，但这个神与世界的关系不是浮离或超越于世界之上的，而是直接参与世界的生成，他们参与的方式借助萨满巫师来实现。从理性的角度观察中国文明，其核心关切其实是人，无论是重天还是重地，最后都是归结到人身上，到了春秋时代便有了人得天地之中而生的讲法，这其实是人自我意识的觉醒，是古代文明长期发展的结果。神也可以理解为是为人服务，当人自我意识觉醒之后，神自然要退去，所谓敬鬼神而远之。

　　人的自我意识觉醒之后，中国学术就面临着如何处理人与天地神的关系问题。这个时代，东西洋都出现了自然的观念，但各自内涵并不相同。西洋哲学在整体自然上获得超越的突破，这种突破方式与他们的工正型文明精神是一致的。古代中国因为原先即有的绝地天通，原先的人本文明特质，尽管也出现了自然一词，并且其构成也包括天地人万物，但其并未将其引向作为独立于人之外的自然界的认识，而是万物各得其一而自生的宇宙观。这种宇宙观，是从对人自身的关切出发而形成的对于自然的认识。

　　与道家的这种自然观不同，儒家对于自然的关注不很明显，在儒家这里，因为人的主体性得以确立，人事实上成了宇宙的中心，他们的关切在于如何使人更像人，最终达到神圣的境界。从这个理念出发，自然在儒家的学说中是为人走向神圣服务的，最典型的例子就是思孟之间的《五行》，神秘的五行之德，为人所得，人即可成圣。自然被德化，而为人服务，是儒家对于自然的定位。

　　除此之外，还有将天地自然数理化，为人的行为立法的思想派别，如《管子·四时》《礼记·月令》等。落实到人的日常生活，就是《日书》。所有这些对于自然的认识与处理，都是以人为中心展开的。

　　这些认知方式有一个共同特点，即依然保留着天地并列的特点。因为各家侧重不同，讲出来的学说也各不同。但这种状态到战国中后期发生了变化，因为天下的形势已经呈现出必须定于一方能太平的迹象，学术上综合的迹象也显出了苗头。比较粗糙的像《吕氏春秋》，稍微精致的像《荀子》。但荀子并没有真正完成学术综合的任务，书中后文还会讲到，此略。真要实现综合，首先需要宇宙论上的综合。古希腊文中宇宙论与理论内涵相通，一个新的理论需要一个新的宇宙论。

战国中后期已经具有了这样的宇宙论，只是当时条件下，现实政治还没有提出这样的要求。这个新宇宙论就是《易传》的宇宙论。然现实政治的趋向是尚法，荀子的学说，就其政治实践部分论，与其说是儒家，不如说是法家。历史的结果也是如此，尚法的秦统一了天下。真正对学术综合有需求，要到汉代，汉惩于秦之速亡，试图以儒术救之，因此而有了对于重天与重地的学术进行综合的真正需要。而宇宙论已由《易传》准备好了。董仲舒虽未明确提到《易传》，但他的宇宙观跟《易传》基本是相同的。他不用"太极"而用"天"，因为他的"天"要包含"十端"，用"太极"显然不伦不类。然其"十端"中天地阴阳的主辅关系显然来自《易传》，《易传》的天地阴阳已经有了尊卑关系。他讲的"天志"之"天"，是总包"十端"的"天"，是综合了整个自然存在的"天"，与墨子"天志"之"天"已不可相提并论。

正是基于这个宇宙论的综合，经过制度阴阳论的转化，董仲舒才有可能展开他全部的学说论说。而当这个学说融入法律，之后的中国学术，事实上就与早期中国彻底告别了。宋儒讲的天理，用的词虽本于《乐记》，但他们理解的"天"，其实是经董仲舒综合过的"天"。

西洋逻辑之学的产生与自然之学的产生是联系在一起的，带有超越特征的宇宙论塑造了他们的学术文化。中国其实也一样，只不过，古代中国的宇宙论，根本上讲是以人为中心的，所以人的逻辑决定了学术的逻辑。而不同时代不同文化的人的逻辑不同，基于求正与基于求治的逻辑也不相同。从早期中国的天向传统中国的天的转变的背后，其实是不同文化不同时代的人的逻辑的变化，是求正与求治的逻辑的变化。这种逻辑与西洋基于自然理性的逻辑是完全不同的。中国之为中国，西洋之为西洋，根本上讲是文明背后支配其运行的逻辑的不同。

不论是基于理性的逻辑，还是立足于人本身的逻辑，都需要处理个人、社会与国家三个层面的问题。西洋的文明与学术在处理这些问题上均运用理性，其文明进展也因此呈现出连续发展的脉络。而立足于人本身的逻辑，处理这些问题就会出现冲突。儒家讲由修身出发的学说，其只注意到人性光辉的一面，由光辉的人性出发，影响感染其他人，从而实现家齐国治天下平；然他们没有注意到另外一面，即社会与国家的历史性，这种历史性决定了不可能使每个人都先从事修身，在特定的历史阶段，有些人注定要成为牺牲者。但从人的逻辑出发，以光辉的人性为基点，事实上又不允许使他者成为牺牲者，于是等差亲疏的原则被提出来。当然，这还只是问题的一面，即和谐的一面，另外冲突的一面，儒家是无法解决的。这是在世俗利益的层面上发生的问题，当亲人与他者发生利益的冲突时，儒家比如孟子就选择放弃自己的利益保护亲人，从人的逻辑出发，这可以讲通，但其显然伤害了另外一位冲突人的利益，而这就与人性逻辑自相矛盾了。儒家无法解决这个问题，这个问题西洋哲人很早就看得很清楚了，即家与国的逻辑是冲突的，而不是一贯的。他们用公正统摄国家，而不考虑是否一张桌子或一个灶台的问题。

笔者判断，只有在生产力水平比较低，社会交往比较少，因此冲突也比较少，或者，生产力水平比较高，社会制度进入社会主义阶段，利益冲突因此也比较少，在这两种历史条件下，儒家的学说才能成立。前者是低水平的和谐，后者是高水平的和谐。而处于此两阶段中的历史时期，儒家的理想其实是乌托邦。

当然，历史在变，学说也会变，儒家也不例外。当生产力水平进入铁器时代，中国文明也进入了千年未遇之变局，原先的天下共同体向统一国家转变，秦完成了这个历史转变，只是秦未对儒家转型提出需要，前文已讲，到汉代才有了这个需要。

儒家的转型必须考虑国家的逻辑，也就是说，古代政治从正到治的转变，要求儒家改变仅从单一的从人性的光辉出发构建学术的逻辑，必须考虑国家治理。笔者注意到，事实上，孔子晚年作《春秋》，说明他已经意识到这个问题，但他显然并没有解决这个问题。他对颜渊的死那么伤心，也许他曾瞩望颜渊能回答这个问题，因为颜渊智慧很高。当然，这是猜测，我们只知道，后来的儒家都没有解决这个问题。今天看，只有马克思主义可以回答这个问题，此不论。

当然，传统中国的儒家给出了一个解答，而这个解答必须改变原先的宇宙论。既然要加入国家治理的逻辑，原先的重天的宇宙论已不够用，那只是对单纯精神性的崇尚，天落实到人就是光辉的人性。国家治理的逻辑是属地的，人民要生活美好，国家就得组织生产，而组织生产必须有序，那么就得有法则。由遵循法家学说的秦统一天下，有其必然性。

单纯地追求国家治理不是儒家的理想，儒家的最终关切是人本身的文明，引入国家治理逻辑，这个目标也没有放弃。只不过，其也必须对自己原本的单纯重天的宇宙论作出调整，因为由纯粹的精神性出发，无法解决国家治理中的现实问题。但属地原则的引入只能居于次要位置，否则就会丧失儒家的根本宗旨。于是，《易传》的"天尊地卑、阳主阴辅"的宇宙论自然就成为新时代的儒学的基本精神。与一统的要求相对应，就是形式上一元实质上二元的宇宙论的登场。在这个宇宙论中，德主刑辅，儒家的关切居于主导地位，但刑罚也很重要。

　　但这里也有冲突，因为两个逻辑不对等。以光辉人性为逻辑根本上讲是自由原则，选择为善，还是为恶，是个人选择问题。但国家治理的逻辑不是自由问题，国家不可能想怎么治就怎么治。说起来固然是人性光辉为主，因为国家治理之上还有文明问题，而国家治理又最终为人的发展服务。但在特定的历史实践中，尤其是家天下的阶段，国家治理无疑是主导。董仲舒的学说讲起来是"天尊地卑、阳主阴辅"，但在实践中却是"阴主阳辅、地尊天卑"。这个倒置因为有形式上的一元，表面上看不出来，只有看其具体的内容才能看出来。三纲说看起来符合这个"天尊地卑、阳主阴辅"的秩序，但其实质是属地原则，因为强调德性只是表面，强调顺从才是关键。历史演进证明了这一点，构建这种秩序靠礼仪，这些礼仪后来都法制化，其属地性很清楚。①

　　这里还有一重宇宙论背景，即所谓制度阴阳的新宇宙论，②这种新宇宙论是汉初出现的，其与崇尚法制的国家智术联系在一起，董仲舒学说中大量的阴阳五行就是受这种新宇宙论影响的结果。以治为中心的政治实践，决定了董仲舒学说实质上的属地性。正是因为事实上的属地性，才有了后来基于此而展开的法律儒家化问题。而法律儒家化，又为此后的中国学术发展提出了问题，玄学、理学都是基于此问题而发展出来的。

　　法律儒家化意味着属天文明的缺失，儒家本是属天的，法制本是属地的，法律儒家化使得原本表面上天地兼顾的文明完全属地化，只不过比法家的属地文明多一层仪式幻象。这在根本上不符合中国人本文明的精神，人本文明总是要讲精神的，玄学的发生一方面固然是对儒家被纳入法制的反动，另一方面，也是更重要的一方面，是要重建中国人的精神世界。

　　重建本是要从头开始的，所以必须要先有玄学，然后宋儒的天理才能出现。《二程集》有这样一则对话：

> 或谓"惟太虚为虚"。
>
> 子曰："无非理也，惟理为实。"
>
> 或曰："莫大于太虚。"
>
> 曰："有形则有小大，太虚何小大之可言？"（第 1169 页）

---

① 关于重法属地，参拙文《宇宙论与古代学术》，《浙江社会科学》2018 年第 5 期。

② 详参拙文《制度阴阳：一统文明下的宇宙新论》，收入贾晋华、曹峰编，《早期中国宇宙论研究新视野》，上海：上海人民出版社 2021 年版。

尽管这则对话是针对张载讲太虚讲的,其事实上揭示出了玄学与理学的最根本的差异,一尚虚,一尚实。只是这个虚与实已经不是早期学术中的虚与实,而是作为形式上超越于现实世界的本体的虚与实。这两种学术形态,从宇宙论的角度讲,都是对董仲舒的宇宙观的延续。董仲舒那里多少还保留着与早期学术的一点联系,其讲阴阳五行,对应的是早期学术的重天重地。而到玄学、理学的时代,重天与重地之学被扭合为一,玄学与理学的共同命题即是在此基础上重建精神世界,而这个精神世界已经不能再用早期学术所重的天为本,而只能在天地之外另外寻求。所以,玄学的无不是《老子》的无,理学的天理不是《乐记》的天理。

必须说明的是,无论是玄学还是理学,它们的本体都不再像早期学术的本体那样具有生成性。早期学术以人性自身的虚与实为本体,它们的学术主张都是由其本体生发出来。玄学与理学的本体并不生成,它们的主张与其说是由其本体生成,不如说是为现实世界的合理合法进行论证。真正的本体是现实世界,是国家治理体系,只不过这个体系令人窒息,所以需要在精神上另立一本体,从而可以与令人窒息的现实保持一点疏离,维护个体精神的一点独立与自由。

这与西洋文明又形成了鲜明的对照。西洋将精神交给上帝,上帝永远高于现实,西洋人永远不会使精神屈从于现实,以至最后甘于做奴才的地步。在传统中国,这是真实历史。其所以出现这样的结局,跟传统中国的文明与学术密切相关。传统中国,因为政治关切的转变,事实上不允许有高于现实的精神存在,主导文明的属地精神,不允许有真正的属天学术存在。尽管玄学与理学都在现实世界之外确立了新的本体,但它们并不敢以这个本体批判挑战现实秩序,它们能做的只是以现实世界的法则衡量现实,而不能对现实世界的法则提出根本的质疑。

属地的法则同样有正的问题,所谓国家治理也有正不正的问题,这一点法家很重视,而道家、儒家都不重视。它们都是属天的学说,更重视人的精神性。当然,不能说它们不关切国家治理,但它们的对策都不具现实可行性,小国寡民不现实,井田制同样不现实。而法律儒家化的治理体系表面上符合儒家的追求,只是这种符合是逆向的,是从国家治理的角度出发去迎合儒家的理想,这彻底颠覆了儒家的学术理路,当然也颠覆了道家的学术理路。在这种现实中,无论建立什么本体,个体精神都不能真正建立起来。

理学家有堂堂正正做个人的宏愿,这看似很符合早期儒家的理念,但他们讲的正,已不同于早期学术的正。早期学术讲正,必须从我出发,没有我,没有未发之中的人性根基,“正”是无从谈起的。理学家讲正,从无我角度讲,所谓"正者,虚中无我之谓也"(《二程集》,第 1212 页)。没有我,当然也不可能对外在秩序提出批判。

理学讲理性,但其理性不是西洋哲学带有超越特征的理性,而是综合天地之后的现实治理体系的理性,对这种理性,作为个体无论如何习得,都不可能对现实秩序提出批判,而只能去感应去体贴现实秩序。所谓天理,不过是现实秩序的概念化的表述。相反,要习得这种理性,首先要去我。因为"我"与满足于治理需要的现实秩序不可能吻合。孔子讲人能弘道,是立足于个体自我讲的,现在道是固定的,不可挑战的,对所有人都是一致的,那么"我"就不能存在了。所以慰藉者,只有精神世界中的自然与天理。

从文明传承的角度看,玄学与理学有它们的贡献,当然也有它们的过错,后者比前者更大些,因为它们与现实之间的距离更近。当然,这里没有责怪这些学者的意思,文明的特质如此,决定了古代中国很难产生能够将个人、社会、国家都兼顾的学术。无论是伦理之政,还是伦理之治,都是将伦理与政治简单地直接关联在一起,这样的简单关联伦理与政治的学术模式决定了儒学必然要随政治的变迁而发生变迁。这样的模式中,必然是两个结果,一个是圣人型的政治,个人凌驾于国家之上;另一个则是专制型的国家,个人屈从于专制统治。事实上,董仲舒的学术明确讲要屈人以伸天,屈臣以伸君,总之,卑微者要屈从于尊贵者,个人要屈从于国家。传统中国以举国皆奴才终结,其实有其必然性。毕竟,让个人挑战成形的国家秩序,非圣徒不能如此。不能挑战,选择回避或许就是理性的。若迎合,问题就比较大。

八

最后,谈一下本书的章节安排。

本书是将哲学阐释与历史变迁相结合进行古代儒学变迁研究,既不是完全的儒学的哲学研究,也不是儒学史的编撰工作。其所以这样处理,在于儒学不同于西方哲学的一个重要之处,是它直接参与古代文明的演变进程,是古代文明的一部分,其对于古人的日常生活、社会交往,以至国家运转,都发生影响。这与古代西洋哲学致力于讨论存在的本质,而对现象世界很少关切,将对现象世界的关切作为哲学的下降来处理,有很大的不同。有鉴于此,本书的内容整体上可以分为两大版块,一半处理儒学变迁问题,即第三到六章;一半是儒学自身的理论问题,第一、二、七、八章皆可归为此类问题。当然,所有问题的选择与论述,都是基于笔者对于古代文明与儒学的认知进行的,基于对文明自觉与文明传承的关切展开的。①

　　笔者认为,理论阐释应该深入到宇宙论的层面,而儒家之学以人之心性为本,故有第一章宇宙论与古代心性学的讨论。其所以特别关切《易传》,在于这篇文献对于宋明儒学的建构起到关键的作用。没有《易传》的论理结构,就不可能出现宋明理学。孔子本人关于天道是继承子产天道远、人道迩的认识,《易传》则是推天道以明人事,理学其所以能讲出性即理,追根溯源,即在《易传》。穷理尽性以至于命,这个理是可以描摹天地的易理,宋儒理解为太极之理,即"理一分殊"的"一"。

　　第二章谈心性与政治,是为接下来讨论儒学变迁的内在线索做理论阐释的准备。不同的心性认识对应于不同的政治关切,正是因为儒学内部有对心性的不同理解,可以面向不同的政治关切,才有了古代儒学从伦理之正到伦理之治的变迁。

　　第三章开始讨论儒学变迁问题,讨论的方式,是围绕因政治变迁而出现的变迁前后的若干命题的差异进行的,其指向同样是儒学变迁的内在线索。

　　第四章是讨论古代儒学变迁的关键阶段,即董仲舒新儒学的出现。本章的讨论基于三个立足点:中国古代文明的二元性、大一统政治、一元宇宙论。有了这三个立足点,加上制度阴阳宇宙论,可以解释其后儒学变迁的全部历程。

　　第五章讨论玄学在儒学变迁中的地位问题。玄学之所以重要,在于古代文明的二元性决定了古代东西异学的基本状况。董仲舒的儒学是进入传统中国的东方形态的儒学,其与荀子更接近;而理学从表面上看,与孔孟更接近,这两种学术形态与孔子晚年重视的两部经典《春秋》与《易》存在对应关系。如何从董学形态转变为理学形态,其实离不开玄学的中介作用。董学的纲常法则经过法制化,其本身已经是政治社会实践之法,玄学是其精神上的对应物,只是其还不够完善。理学是玄学的作为纲常法制化之对应物的完善形态。从玄学到理学,与古代的先有老学再有孔学的进程类似,只是它们相对于政治的地位有不同,玄学与理学服务于现实政治,而老学与孔学是作为现实政治建构原则而出现的,或者说是古典政治的精神自觉。

　　第六章讨论宋明理学及其对文明传承的意义。讨论方式是从整体观照的角度契入,强调其相对于先秦孔孟、董氏新儒学以及玄学的变迁,最后归结到神秘主义的探讨上。标题中的文明传承实际上关切的是学术在古代文明中所扮演的地位与作用,正是在这个意义上,笔者对宋明理学持否定态

① 从文明的角度研究中国哲学史的方法,笔者另有专书讨论,此略。

度，其没有起到早期儒学的批判政治的功能。

第七章又回到理论探讨，因为宋明理学主要是心性之学，中间又有理学、心学的分疏，所以，从文明传承的视角看儒学变迁，有必要厘清心与性作为儒学的不同基础在人生实践中所起的不同的作用。

第八章实际上是从比较的角度对儒学的总体特征所作的论述。比较视角是本书的基调，总体上看，儒学的核心关切离不开神秘主义，孔子曾讲圣人立象以尽意，反过来，要掌握圣人之意，要借助易象，这是神秘主义。实践理性决定了儒学不能发展神秘主义，那么只能进行综合。西洋哲学也会衍生出神秘主义，只是，神秘主义的发生在逻辑上后于哲学。而中国古代的神秘主义在逻辑上则先于儒学，所以，综合特征是其相对于西洋哲学的主要的形态差别。特别提到康德，是因为他关心哲学的综合是否可能的问题，并不意味着有将儒学的综合与其进行比较的意思。

结语处理的是比较的问题，带有文明反思的意思。既然儒学参与了古代文明的建构，而文明演进的历程则是每况愈下，那么，儒学在理论上的问题就必须认真检讨。

第一章　宇宙论与古代心性学：
《易传》的来历

宇宙论与古代心性学,学界关注较多的是宋明理学的宇宙论背景,而宋明理学与《易传》关系密切,所以欲更好地认识宋明理学的地位,不能不讨论《易传》,看清《易传》心性学在古代心性学中的地位。《易传》的讨论,也须从宇宙论的角度切入。不过,这里关注的不是《系辞传》"易有太极"章讲的宇宙论,而是古代中国文明展开的基本的宇宙论背景,涉及的问题也不仅限于《易传》,而是以此为基本线索,观察早期文明中心性学的复杂样式。

第一节　儒、墨之辨

笔者讨论宇宙论与古代政治文化的关联,曾经提到儒墨的基本差异,儒家讲天仁地义,墨家讲天义地仁,[①]这里显示出的差异,其实首先是心性学的差异。其中仁义德目名称相同,但与天地的配置关系相反。这其中是否隐含着什么信息,很值得关注,这也是讨论古代心性学与宇宙论关系的最为基本的问题。

如所周知,墨家很少谈论人性善恶问题,从与墨家关系较近的告子的观点看,他持无善无恶的观点,郭店简类似,墨家应该也类似。孟子后来讲天下不归杨则归墨,有他的道理。但告子与郭店简显然都不能归入墨家,他们讲门内门外,与墨家兼爱有基本的差别。据学者讨论,墨家在人性善恶问题上确实不持立场,他们的基本认识是人有趋利避害的特性,但又认为趋利不应该违犯义的原则,应用知来约束自己。[②]

对人性善恶不持立场,不能为孟子接受,而在更早的儒家的论说中,如孔子,虽很少谈人性问题,但因为承认存在神性自我,对于人的认识实际上以承认孟子所言之大体的存在为基本预设。

①　参拙著《德礼·道法·斯文重建：中国古代政治文化变迁之研究》,杭州：浙江大学出版社2016年版,第一章。
②　参杨建兵,《先秦墨家眼中的人性图景》,《中州学刊》2014年第5期。

　　儒家与墨家在人性问题上显然存在分疏。问题是,这个分疏与前面提到的仁义与天地配对的相反,二者有无关联? 如果有关联,古代心性学有宇宙论背景的论断就可以成立。

　　心性学关切的首先是人的自我认识问题,对于特别重视人禽之辨的儒家来说,要将人与禽兽区别开,人性就不能无规定。而如何规定,其本身有一个历史发展过程,只是到孟子,才落实到良心上来。其前,《诗经》讲人而无礼,人而无仪,都不能算是人,这是从行为上规定人。后来孔子、孟子都很重视礼对于人的规定性,这也是从历史上继承来的。

　　既然人的自我规定有一个历史过程,那么,其与宇宙论就不能完全割裂开。如所周知,早期中国东方有颛顼氏绝地天通,目的是将人神分离,民事与神事分开,其中人被归为地。但在西方,人与天仍保留联系,但只能由领袖一人来执行,巫师的权力被限制了。这种保持天人之间联系的领袖就是儒家圣人的原型,笔者讲的神性自我,即从这种圣人身上推论出来。

　　这里需要注意的是,圣人具备神性自我,并不等于普通人性就是善的,也就是说,在孟子之前,儒家并没有明确的人性善的认识。圣人之所以为圣人,是因为他介于人神之间,他既有人性,又有神性,他的不可思议的美德来自于天,所谓天德。这里面有一个重要的暗示,德原属于天,而不是属于地。在绝地天通的框架中,人属于地,本身是无美德的。只有将人理解为属于天,良知说才有可能出现。柏拉图讲人有灵魂是因为人是属天的,属地的是恶人。古希腊哲人在认识人自身的问题上也有宇宙论的背景,并且基本判断相通。

　　"仁者,人也",仁是对人的最重要的规定,其是归属于天,还是归属于地,直接影响到对人性的认识。天仁还是地仁,决定了人生来是否有美德的判断。儒墨对人性认识的差异,可以从这个区分中获得解释。人性本于天,人天生就能有美德;人性本于地,人不可能天生就有美德。毫无疑问,宇宙论对心性学是有影响的。

　　从宇宙论的源流看,墨家的观点更接近于颛顼绝地天通的天地结构。尽管其与儒家都是春秋以后人得天地之中而生的立场,但他将仁归属于地,与绝地天通对人的安排相同。儒家将仁归属于天,则是以圣人为基础。东西异制框架中,东方人属于地,西方人属于天。

　　这又引申出儒墨的另一个重要分疏,墨家思想立足于小人,儒家思想立足于君子。这个分疏对心性学同样有影响。

　　孔子讲,"不知命,无以为君子";而墨子非命。从表面看,互相之间有牴牾,但要深入到各自的立足点的不同,二者所言其实不冲突。孔子这里讲的是指向于成为君子的命，是从大体的意义上立论，后来孟子讲的仁义礼智圣之于父子、君臣等，是所谓命，孔子讲的知命也当从此角度去考虑。墨子讲的命是从小人角度去考虑的，出身、地位，皆为命，与之密切相关的食色性也诸问题，也一并被理解为命，墨子反对这些，他一方面讲兼爱，另一方面提出用知克制自己的欲望，他不认为这些与生俱来的东西应当束缚人，所以非命。

如果我们进而承认古代心性学与政治有关，基于这种不同，也可以看出儒墨政治主张的差异。儒家讲德礼政治，德本于天，所谓德礼政治一定具有宗教性。而对于世俗政治最重要的义，儒家将其归属于地，则意味着法依附于人事。墨家将义归属于天，法自天出，所以墨家讲法如规矩权衡。后来儒家的荀子，接受墨家的影响，认为礼也如规矩权衡，但他依然认为"有治人，无治法"，法不可以独行。这也是儒墨的重要差异。

在墨家此说的基础上，古代中国开出了民主政治，秦政中民参与立法、基层官吏必里相推是其证；而在儒家语境中，民主则不可能出现。

从德礼政治到世俗政治，儒墨的分疏是一贯的。荀子在《礼论》中认为，"人一之于礼义，则两得之矣；一之于情性，则两丧之矣。……是儒墨之分也"，以为儒家的礼义会使物欲两得，而墨家以情性为本，则会使物欲两丧。这其实是不对的。他自己立足于君子立说，推崇礼义，本无可厚非，但他不了解墨家的小人立场。在小人的眼里，情性满足是基本需求，即西洋思想中讲的自然权利，是最需要平等的地方。

当然，荀子所言儒墨之分，并非孔、孟之儒与墨家之分，而是他自己与墨之分。在孔孟之儒那里，性情与礼义不是冲突的关系，而是自然向上发展的关系，在性情的抒发中，获得礼义的自觉。荀子主性恶，情是喜怒哀乐，欲则是情之应，喜怒哀乐因欲而生，欲因此成为情性的主要内容。在墨子那里，即便承认欲是情性的主要内容，也不会出现礼义与情性的冲突。因为对于墨家来说，法或所谓礼义的规定排斥情性介入，立法者不考虑人的喜怒哀乐，而只考虑正义。正义本于天，所谓天义、天志。荀子所见的儒墨之分，是基于他自己的思想观察的结果，或者说是受了法家思想影响后的儒家所必然遇到的问题。

这里作一下比较，或许更有助于加深对儒墨之分的认识。我们知道，亚里士多德在《尼各马可伦理学》中谈到两种德性，道德德性与理论德性，[1]前

---

① 参［美］泰西托雷(Aristide Tessitore)，《亚里士多德对最佳生活的含混解释》(李世祥译)，收入刘小枫、陈少明主编《政治生活的限度与满足》，北京：华夏出版社 2007 年版。

者基于性情上升而得,后者则依赖于沉思。如果将儒墨讲的礼义与之比附,孔孟的礼义相对于道德德性,而墨子的天义相对于理论德性。法律属于理论德性。儒墨之分不在所主是礼义还是情性的不同上,而在于哪种德性优先的差别上。儒家讲天仁,道德德性居于优先地位;墨家讲天义,理论德性居于优先地位。

亚里士多德讲,德性服务于三个层面的目的:个人美好的生活、家政学、政治学。古代儒家也有这三个层面:修身以为君子、齐家、治国。而墨家只有一个层面,即好国家的政治学。这里东西洋差异很清晰,亚里士多德将两种德性结合在一起讲,而古代中国分开讲。亚里士多德也讲中庸,讲性情如何获得中的德性,如何获得个人幸福,其立足于理智立论,应该说是成功的。两种德性,在亚里士多德那里不存在冲突的问题,理性是二者的共同基础。

古代的儒墨似乎不可调和,这种不可调和性,应该与宇宙论的对立联系在一起。这种对立导致中国古代的两种德性无法获得共通的基础。古代儒家的道德德性不以理性为基础,尽管他们讲天仁,但根本在人心,基于人的情感认同。情感认同不同于理性计算,亲疏贵贱都是情感认同,在传统中国成为立法精神,其不可能达到理性自不待言。而墨家的天义,讲法犹规矩权衡,其以自然理性为基础。

受法家影响的荀子,尽管也讲礼法犹规矩权衡,但实践中却将维护尊卑贵贱秩序视为礼法之枢要。很显然,他对两种德性做了综合,但这种综合的结果却使道德与理论均丧失了其原先的德性基础。维护尊卑贵贱秩序只是使各阶层得其所当得欲,情感认同不再是向上发展出德性,而是向下满足欲望需求;而所谓的法也不再以公平公正为追求核心,而是以尊卑贵贱为体。在这样的理论中,礼义与性情就成了对立的关系。

调和还存在另外一种方式,即郭店儒家提出的门内门外,这应该是调和的最佳办法,其至少在形式上保障了两种德性基础都可以存在。不过,这种调和在形式上具有不确定性,其在理论上也不能自洽。

第二节 《乐记》与《易传》

宇宙论与古代心性学的关联不仅仅表现在儒墨之别上,儒墨已经是思想学派,实际上在文明的初期,天地的分离首先是宗教领域中的事情。也就是说,在宗教派别上也有属天与属地的区别。而这些派别在春秋战国时期,也经历了哲学化的过程,提出了自己独特的心性论。

　　笔者讨论理学的来源,认为他们学理上主要是受《易传》《乐记》的影响。① 事实上《易传》与《乐记》本身也有不同,这种不同也应该从宇宙论的角度去理解。

　　《乐记》讲得很清楚,乐归属于天,礼归属于地,《乐记》主要谈论音乐对于教化的作用,它的理论应该是属天的。《易传》的归属从表面上看不甚清晰,易与天地准,似乎无明确归属,而其中有明显的崇天卑地的意识,认定其为属地,肯定不妥。当然,也不能认为它属天,事实上《易传》有太极的观念,简单地判定其属天属地都是不妥当的。

　　参照前文的讨论,天地分疏对应的是心或者灵魂与身体的区别,《乐记》讲音乐作用于心,使天理得以保存,其在理前冠以天字,也说明其属天。

　　《易传》讲穷理尽性,这个理是阴阳之理、天地万物之理,不纯粹是天理。它虽然是形而上的范畴,但不专属于天,相反更多的是指向于地与人。按照《易传》的讲法,"八卦以象告",象,也就是卦体,本身不具备灵魂,用神秘主义的解释,它是由精气构成的。"精气为物",精气所成之卦何以告人,笔者以为可以用荀子的"精合感应"的理论来解释,精合而得象之理,可以知吉凶。荀子的精合是要得大形之正,从而知仁义法正。《大象传》当即以精合感应理论为基础,所以不太容易懂。这样看《易传》,其宇宙论背景就更复杂,精气既不属天,也不属地,而是天地万物的基础。

　　以精气为基础理解《易传》,可以更好地理解其中对于知的重视。其有"知崇礼卑"的观点,并将知与天联系起来,所谓"崇效天"。这个其实也不能作为判断其属天还是属地的根据,因为"乾以易知,坤以简能",知与能本质上都是知。天有天的知,地有地的知,因为它们都以精气为基础,而精气是知的真正基础。神秘主义文本《管子·内业》讲,智慧是精气之极的结果。荀子规定圣人,以圣人有神性之知为基础,而他讲的"精合感应""思乃精",都是圣人之所以为圣人的基础。

　　如此看,尽管《易传》中有宇宙论的框架,但其真正的宇宙论基础是神秘主义的宇宙论,而不是属天或者属地的问题。

　　准此,同样是讲性有理,属天的《乐记》与以神秘主义为基础的《易传》,讲法上是否有不同,就很值得关注。

　　这里想援用西洋哲学"理念"的观念来讨论这个问题。

---

　　① 参拙文《〈易传〉〈中庸〉与宋明理学》,《古典研究》2015 年夏季卷(总第二十二期),收入拙著《神秘主义与中国古代哲学研究论稿》,杭州:浙江大学出版社 2019 年版。

　　首先谈一点对中国古代哲学与西洋哲学的不同的个人理解。① 据论,西洋哲学是从"灵魂之思"开始的,只不过他们思考的对象是思考本身。中国哲学也可以认为是从"灵魂之思"开始的,但中国古人思考的对象是人性。西洋哲人思考的方式首先是去除思考的质料,辨别出纯粹思考的存在。《乐记》的思考则是辨别出纯粹人性的存在,所谓人生而静的状态。

　　西洋哲人的思考是从理念开始,《乐记》的思考是从赋予人性以天理开始。具有天理的人性就是人性的理念。西洋哲人认为理念与数学有关系,《乐记》认为天理需要音乐激发,而音乐是基于数理的。这都是可以类比的地方。

　　但二者又有本质差别,西洋哲人形上思考的对象是纯粹的,只有落在经验界才会不纯粹。《乐记》的思考只具有表面上的纯粹性,人性是现实的人性,它同时承认君臣贵贱的存在,也就是说,作者并没有脱离经验界进行思考,他的思考本质上是为经验界服务的,这是笔者称其为祭司之学的缘故。但这给我们一个启发,西哲中哲学与神的关联紧密,故有发达的形而上学。中国古代哲人的思考不彻底,故形而上学不发达。

　　《易传》不讲纯粹的人性,作者为了解决通天下之故的问题,引入了神秘的精气。柏拉图的思考除了假定了可以认识的、永恒不变的范本,以及变化不居、有形可见的、依照范本创造的摹本外,还引入了神秘难测、难以言表的四元素的本源之物,②也就是说,柏拉图的论说中也有神秘主义。这也是东西哲学可以类比的地方。据学者所论,"柏拉图的理念论中,存在着从理念向理念有神论的逻辑演变。理念不仅是宇宙永恒不变的逻辑的实在和法则,而且与充满了生命的'精神'本然相关,是作为一切生命原型的'永恒的神'"。③ 柏拉图引入神秘的本源之物,与这个目的是否相关,很值得关注。

　　对于《易传》来讲,八卦相当于天地人的范本,所谓"易与天地准"。八卦由精气构成,其则构成易卦之神性的基础。神秘主义为易所固有,但它的思考结构依然值得关注。《易传》也有人性的理念,但不是纯粹的,而是赋予了善的人性理念。固有善的人性如何变成现实的人性,也就是理念如何创生

---

　　① 古希腊哲学有柏拉图与亚里士多德的不同,前者唯心主义的色彩更重,而其理念论,与中国古代哲学对形的重视,可以比较的地方较多,这里以柏拉图为基础作比较。
　　② 这是柏拉图在《蒂迈欧》中的表述,参赵广明,《理念与神:柏拉图的理念思想及其神学意义》,南京:江苏人民出版社 2008 年版,第 109 页。
　　③ 赵广明,《理念与神:柏拉图的理念思想及其神学意义》,南京:江苏人民出版社 2008 年版,第 88 页。

经验,①这是神秘主义的用武之地。当然,对于《易传》来说,善先验存在,保存在"天下之故"中,这个"天下之故"不是荀子的调节物欲的伪故,而是所谓"德之华"。《易传》给这个"德之华"确立了根源,即被赋予了圣人之意的卦象。这也是预设,并且也是神秘主义的产物。这比柏拉图的思考结构复杂。

同样讲性有理,《乐记》与《易传》显然属于不同的学派,因为它们所预设的人性的理念不同。表面上看,《乐记》对人性有天理的预设更符合"理念"的观念,而《易传》的预设一开始就不纯粹,赋予了人性先验的善,然两者的指向相同,即最后都要合乎礼的规范,只是达到这个目标的方式不同罢了。《乐记》希望每个人都养成和顺之德,从而实现贵贱等、上下和,礼的主分异的特征被掩饰了。《易传》则希望通过学习易,领会圣人之意,实现圣人之治。

但进一步辨析,《易传》中也有纯粹人性的预设。作者的预设其实有两重,一重是卦体卦象有德,就是所谓乾健、坤顺、震动、艮止、离丽、坎陷、兑说、巽入,通过卦德,作者建立了卦象卦辞之间的关联。这个是第一重预设。对应于人性,就是基本的动静之德,也是纯粹的自然之性。

仁义之于人性,是《易传》的第二重预设。卦体卦象中本无仁义,仁义是人之德,其所以依据卦象可以感通天下之故,是因为圣人将其意赋予了卦象。这个圣人,笔者理解不是作八卦的伏羲,而是一般认为的作《易经》的文王。《易经》中有天下之故,而在《易传》作者眼中,经与体象联系在一起。《彖传》之所以没有谈圣人之意,因为那是他的预设,事实上也不可能谈清楚。很明显,《易传》的第一重预设与《乐记》的预设事实是相同的,都是纯粹的人性。只是一与卦象所代表的天地系统关联在一起,一与圣人关联在一起。基于圣人作易,这两重预设结合在了一起。

不仅如此,《乐记》讲"乐者所以象德也""德音之谓乐",与卦象可以导出卦德一样,乐也有德。这个乐德,当就是《乐记》开始讲的噍以杀、啴以缓、发以散、粗以厉、直以廉、和以柔。六者非性,但因与心相通,可以激发性之理,从而成德。并且,《乐记》还讲"礼乐皆得,谓之有德,德者得也",作者对成德的理解并没有脱离现实,这与《易传》也相通,只是他没有将其作为人性的预设,而《易传》则通过第二重预设解决这个问题。

《易传》的两重预设,与早期儒家对人性的认识结构相吻合。性与心的

①　固有善的人性与现实善的人性表现,二者的关系或许更近于亚里士多德的质料与形式的关系,即潜在具有的原则与现实具有的原则的关系,但若考虑圣人之意即神性自我的存在,而自我其实是一种理念,因此用理念与经验的关系来理解或许更贴切。

分离是早期儒家对人性的基本认识,将圣人之意与自然人性分离,与这个结构一致,圣人之意相当于笔者讲的神性自我。也就是说,《易传》将神性自我预设为人性的构成。从这个意义上讲,《易传》心性学的宇宙论背景应是天地统一的完整宇宙,这与通常所理解的《易传》的宇宙论相同。

从前文的讨论看,《易传》心性学的宇宙论背景其实有两重,第一重是对人性的预设所暗含的天地统一的宇宙论,第二重是神秘主义的精气论;一是结构论,二是生成论。结构论对应的人性结构,如果没有生成论,本身没有意义。没有以精气为基础的感应,预设的人性毫无意义。

《易传》有天地之心的讲法,宋儒将其与生生之谓易联系起来,是对的,但进一步指认其为仁,则不对。宋儒那样讲,可以理解,因为他们讲性即理,必须要打通《易传》的两重预设。但在《易传》,这个两重预设虽都可以理解为纯粹的人性,因为人性中本可以包含这两个面向,但却不能打通,一打通,人的中心地位就不存在了。"圣人立象以尽意",人是中心,易为辅助;一打通,易便不再是辅助,而是本体,性则居于被生成的地位,而穷理便成为宋儒心中最重要的事情。这是必须分辨清楚的。

第三节　纯粹之知

对于《易传》来讲,精气论无疑更重要一些。《象传》只是静态的阐释,其并不意味着从卦象卦德自然就引出《易经》,若没有神秘感应的引入,其本身很难读懂。而这个感应环节,作者讲得很少。另外还有一个儒家文本,也是以精气论为基础的,但对精气则未置一词,即《大学》。①

这两个文本有一个共同特点,特别强调知的重要。《大学》诚意、正心的基础在致知,致知在格物,没有格物致知,就不可能有后面的一系列的修齐治平行为。《易传》中的知(智)也很关键,没有知,穷理无从谈起,不能穷理,如何感应易象呢?

按宋儒的解读,这看起来似乎有矛盾,在《大学》,格物穷理再致知;在《易传》,知是穷理的前提。笔者判断,问题在于宋儒对于知的理解不准确。宋儒将知理解为学习,自然讲不通,但如果知本身即是感应之知,当然就不存在矛盾。感应本身也是一种知,但不是显知,而是冥知,这符合易的神秘性质。同样,《大学》的致知也不是显知,而是冥知,格物致知某种意义上类

---

① 这里对《大学》的解读,是笔者基于神秘主义作出的,参拙著《神秘主义与中国古代哲学研究论稿》,杭州:浙江大学出版社 2019 年版,第二章。

似于亚里士多德的沉思。宋儒不关注神秘主义，所以讲不通，就将意理解为心之发，而对于为什么诚意在正心之先，只好曲为辩说。

《乐记》也讲到知，所谓"物至知知，然后好恶形焉。好恶无节于内，知诱于外，不能反躬，天理灭矣"。"知知"，前一个知是名词，后一个知是动词，意思是说物来人会产生知。这个知，与墨子以及荀子衡断物欲张力的知，所指当相同，都是衡断好恶之知。好恶是表现出来的情，这个知则是它们产生的基础。《大学》讲诚意必先致知，诚意就是毋自欺，如好好色，如恶恶臭，好恶的基础就是所致之知。可以认为，《乐记》的知，与《大学》要致的知相同。对于《乐记》来说，如果决定好恶的东西以物为标准，则是人化于物，就是灭天理。

同样是知，在《乐记》与《大学》中的意义不同。在《乐记》中，知指向于天理，知与天理联系在一起，因为知诱于外，所以天理灭。《大学》中的知与诚意联系在一起，是对神性自我的知，神性自我确立了，好恶也就有了标准。

宋儒将致知理解为穷天理，实际上混淆了《乐记》《大学》与《易传》。《乐记》中只是讲出知的问题，但如何作用于知，作者未展开讨论，相反，天理的保存对于知有保护的作用。通过音乐对人心发生作用，进而反馈于人性，养成和顺之德，知就不会被诱于外。天理维系着人性的自足与平衡，好恶的标准就不取决于外。

《易传》的穷理，穷的是自然之性理，也可以理解为易的阴阳动静之理，在这个意义上，人与自然相通，也不牵涉对圣人之意的知。对圣人之意的知是感应的结果，但已不是穷理的问题。宋儒将致知理解为读书学习以穷理，多少是受了墨子、荀子的影响。

前面讲墨子、荀子的衡断好恶、平衡物欲的知，与《乐记》《大学》的知相同，但如何获得这种知，各家方式不同。对于普通人来说，荀子认为只有读书学习才能获得这种知，而圣人对这种知则具有天生的感知能力。这种知具有独立性，如同荀子的礼也已经具有了独立性，不完全取决于人。荀子与墨子的不同，在于荀子获得知以后制定礼义，而墨子则直接用知来衡断物欲，所谓"一之于礼义"与"一之于情性"的差别，根源在此。

这种知接近于西洋哲学的纯粹的思考，而不是知识，只不过其不能独立存在，并且其指向的首先是人对于物的关系，而不是物之理，后者通往科学的认知。墨家科学优于儒家，在于其除了将这种知用于衡断物欲，还将之用于认识物；墨家的法治精神优于儒家，也在于此，其与儒家以己度物的立法原则不同。墨家也有对这种纯粹思考的思考，所谓《墨辩》，这是古代中国可以与西洋哲学逻辑之学对应的内容。

不管怎么说，朱子对格物致知所作的读书学习或即物以穷理的解释站不住脚，但《易传》与《乐记》《大学》在知的认识的关系上仍需要进一步厘清。

《乐记》中天理与知的关系，是以存天理作为维护知的平衡的基础，得到和顺之德的性在与物接触时，其所表现出来的好恶依然是和顺的，就像亚里士多德的经过中庸计算获得中和性情的美好的个人一样。知在这个过程中并没有发生倾侧，这里其实有性理为本的意思，而性理为本也是自然为本，人的好恶之知都得服从于性理。

《易传》与《大学》都没有这个意思，相反，知在它们那里起着关键作用，《大学》若没有致知，诚意就没有可能。当然，《大学》里居于基础地位的是神性自我，可以认为，知指向的是神性自我，神性自我成立，也就是成德。知虽不是基础，但却是关键。

《易传》中知也居于关键地位，其中的知，我们很难讲是指向于天理，还是指向于神性自我，因为卦象综合了此二者。知在这里发挥的是使人性与卦象相互感应的作用，感应实现，天理、神性自我皆得实现，也就是穷理尽性。也就是说，《易传》将《乐记》与《大学》做了综合，只是方式发生了变化。

这里讲的知都是纯粹的思考，这样的纯粹思考，如果与理性预设结合，实际上就是古希腊哲人的纯粹思考，而那种思考是与工正文明的社会基础联系在一起的。古代中国人性文明奠基，没有理性预设，纯粹思考本身也不指向于揭示理性。事实上，中国古代思想家很少谈论纯粹的思考，大部分的讨论都是建立在经验思考的基础上。齐《论语》较古论多《问王》《知道》二篇，今天海昏侯墓发现了《知道》篇。《知道》当是论知之道，旨在培养三达德中的知，就《论语》中孔子论仁的表述看，其论知应该也是基于经验思考。《乐记》《易传》《大学》都谈到经验思考，即所谓心，其在各自理论中的地位也不完全相同。

《乐记》中心的地位很重要，它要去感知乐理，获得感知后，才能激发性理。但成德不在心，而在性，所谓"德者，性之端也"。《易传》讲"洗心"，心在君子成圣的过程中明显没有作用，成圣通过所谓"感应"去实现。这里对于成德的理解与《乐记》就有不同，《乐记》的成德离不开心，而《易传》的成德不在心，而在于性本身获得"感应"与否。而"感应"的前提，需要一个外在的规范，所谓天下之故，成德的检验标准就是看与外在之故的吻合程度，而不需要考虑心的感受。

《大学》讲"正心"，从形式上看，与《易传》的"洗心"差不多，都是要求去除经验内容。但从内容上看，二者还是有差别。

《易传》的"洗心"，是为了进入易象的世界中，而易象表面上看也就是阴阳刚柔之理。圣人之意完全靠感通连接,心不需要处理圣人之意所赖以建立的经验基础,习易者不需要这些经验基础,在进入实践前就知道如何去实践。

《大学》不是这样。《大学》的实践者在致知后获得神性之知,进而诚意。然后这个已明乎善的知必须进入经验界,才能表现得像圣人一样,其中没有天下之故的预设。心的纯净,只是为了更好地去实践,去处理经验界的问题。这个模式与孟子的模式很相似,孟子不讲神性自我,而是讲良知。他批评"天下之言性也,则故而已矣","则",当理解为效法。他自己其实有时也讲则故,所谓服尧之服,诵尧之言,就是则故。但这不是孟子言性的重点,他的重点在于豪杰之士虽无文王犹兴,没有天下之故,大丈夫一样可以担当天下的道义,依据自己的良知讲话。他讲养心莫善于寡欲,也是要保持心的纯净。

也就是说,对于《易传》来讲,心的内容是稳定的天下之故,而对于《大学》来讲,心的内容是开放的,其在实践中不断丰富成长。

这里,《大学》与《易传》《乐记》形成了一个对照,《易传》与《乐记》心的地位与内容虽然都不相同,但它们的心都是闭合的心,心的内容预先都有限定,只是《易传》比《乐记》要丰富一点。而《大学》的心是开放的心,这应该就是正统儒家与祭祀之学的关键差别。

从宇宙论的角度看,《乐记》属天,故其重视心的作用,心与灵魂对应,灵魂属于天;《易传》《大学》都以精气论为基础,故它们重视纯粹的知的作用,可见纯粹的知是与精气联系在一起的。中国古代哲学虽未提出纯粹之知的理念,但《易传》提出以纯粹之知为基础认知卦象,使卦象某种程度上具有了纯粹之知的范本的意义,后来易对中国古代科学产生影响,就是可以理解的了。当然,易象作为理念,是确定的,无法与其有开放性的西洋哲学的真理理念相比。

后来宋明理学,因受佛学的影响,提出了纯粹知觉的问题。

二程引医书言手足痿痹为不仁,讲"仁者以天地万物为一体,莫非己也,认得为己,何为不至"(《二程集》,第 15 页)。据此可以将天理与知觉挂钩。罗钦顺《困知记》(三续)有一条讲,"但以知觉为天理,则凡体认工夫,只是要悟此知觉而已。分明借天理二字,引入知觉上去。信乎教之多术也"(第 127 页)。尽管理学家以辟佛老为己任,但对于这种讲法并未明确否定。

理性一点的朱熹讲,"医者以顽痹为不仁,以其不觉,故谓之'不仁'。不觉固是不仁,然便谓觉是仁,则不可"(《朱子语类》,第 2562 页)。尽管他否定了将知觉等同于仁,但依然承认不觉为不仁。其所以如此讲,无非要为心留出作用的空间，他讲"知觉便是心之德"（同上，第 465 页），又讲"所谓'静中有物'者，只是知觉便是"（同上，第 2470 页）。他不赞成伊川的"不当于喜怒哀乐未发之前求中"的讲法，而接受延平"看未发之前气象"的讲法，说"未发之前，须常恁地醒，不是瞑然不省。若瞑然不省，则道理何在？成甚么'大本'"（同上，第 2649 页）。他讲"为学之要，只在著实操存，密切体认，自己身心上理会"，①他显然承认知觉为心。程颢明确讲，"不当以体会为非心，以体会为非心，故有心小性大之说。圣人之神，与天为一，安得有二？至于不勉而中，不思而得，莫不在此。此心即与天地无异，不可小了佗，不可将心滞在知识上，故反以心为小"（《二程集》，第 22 页）。

王阳明也承认体认之说，他在《与马子莘》中讲，"明道云：吾学虽有所受，然天理二字，却是自家体认出来。良知即天理，体认者，实有诸己之谓耳，非若世之想像讲说者之为也"（《王阳明全集》，第 184 页）。他还讲"圣人可学而至，谓吾心之灵与圣人同也。然则非学圣人也，能自率吾天也"（同上，第 1103 页）。他对圣人之为圣人的讲法，与程颢的理解本质上一致，心之灵与体会之心，实质上是一样的。

这里需要特别留意，我们讲早期儒家有神秘主义，讲圣人有神性自我，然宋儒对此已不熟悉，但他们同样要解释圣人何以能"不勉而中、不思而得"，这样，纯粹知觉就被提了出来。尽管引的是医书，然就其实，来源于佛学。罗钦顺《困知记》有一条，"《居业录》云：娄克贞见搬木之人得法，便说他是道。此与'运水搬柴'相似，指知觉运动为性，故如此说"（第 51—52 页）。

据罗钦顺讲，"二程教人，皆以知识为先"（《困知记》，第 27 页），这里又可以看出儒家偏向于理性的性格。尽管承认神秘的东西，程颢自己讲天理都是自家体贴出来，但在教育上，仍然以理性居先。这与早期儒家承认有神性自我，但在学说上强调对礼的实践，是一样的。

这种纯粹之知之能被提出，与理学的宇宙论基础应是一致的。与早期儒家相比，理学宇宙观在天理的统照下，冥灭了物我界限，所谓"万物无一物失所，便是天理时中"（《二程集》，第 77 页），程颐之批评宋哲宗于春天折树枝，理据亦在于此。王阳明也讲，"仁者以天地万物为一体，使有一物失所，便是吾仁有未尽处"（《王阳明全集》，第 23 页）。

按照这个宇宙观，人不是万物之最尊贵者，人其所以有纲常伦理，只是其所当然，天理是自然，人分得天理便是名教纲常，是当然的，而不是因为人有义。这实际上是道家的万物自然，人亦是法自然而生的思维方式的运用。

---

① 朱熹，《答窦文卿》（二），见李纨，《朱子晚年全论》，北京：中华书局 2000 年版，第 263 页。

因为按照早期儒家的宇宙观，人是宇宙的中心，伦理上亲疏远近是以自我为中心开出来的，即便承认物也是构成要素，但首先要考虑人，亲亲仁民，仁民爱物；而不是理学的先将天地万物理解为一体，再将天理纲常理解为自然，人行天理纲常是当然的思维方式，以此来弥缝这种弥漫式的宇宙观与儒家学说的矛盾。杨时在给程颐关于《西铭》的回信中，即曾注意到这个问题，他说，"前书所论，谓《西铭》之书，以民为同胞，长其长，幼其幼，以鳏寡孤独为兄弟之无告者，所谓明'理一'也。然其弊，无亲亲之杀，非明者默识于言意之表，乌知所谓'理一而分殊'哉？故窃恐其流遂至于兼爱，非谓《西铭》之书为兼爱而发，与墨氏同也"（《杨时集》，第 452 页）。

这种宇宙观下，圣人之为圣人的理据自然也发生变化。早期儒家以人为本，故有神性自我。理学是天地万物一体皆本于天理的宇宙观，天地万物一体共通的是知觉，用王阳明的话讲就是"只是一个灵明""天地鬼神万物离却我的灵明，便没有天地鬼神万物了。我的灵明离却天地鬼神万物，亦没有我的灵明"（《王阳明全集》，第 109 页）。不回到知觉层面，不落到灵明上，天地便不是一气流通的，便不能以天地万物为一体。援引佛学，揭出知觉，实也是其宇宙观所决定的。

当然，从哲学的角度看，纯粹的感应之知与纯粹的知觉是两种不同的知，知觉是与经验世界不可分割的知，而感应之知则可以独立出来。笔者判断，这种变化是与早期哲学向传统哲学变迁，出现了形式上的超越存在有很大关系。没有形式上的超越存在，独立纯粹的知可以提出来；而有了形式上的超越存在，独立的知反而消失了。因为形式上超越的存在，本质上仍然是经验的，但其被赋予了本体的地位，对于内容是经验的而形式上超越的本体之知，提出的纯粹的知觉便不可以独立，其必须是经验性的，因为知所面向的内容是确定的经验的东西。相反，尽管早期哲学之知面向的对象不具超越地位，但其内容并不确定，反而有了独立的知的提出。西洋哲学与科学则是将独立纯粹之知与超越而开放的真理结合在一起，经验现象被置于这个认知框架中展开。这是比较东西洋哲学必须注意的。

第四节　见与闻

德穆革在西洋哲学文化中是工匠之神（柏拉图《蒂迈欧篇》），这很容易让人想起中国古代的墨子，通常认为，墨子的思想体现了工匠阶层的利益诉求。而据前所论，墨子学说与西洋哲学可以类比的东西比儒家多，其中即有对纯粹思考的关注与思考。可不可以认为，《大学》《易传》对纯粹思考的重视,是受了墨子的影响？这种可能性当然很大,孟子讲"不归杨则归墨",在孟子之前,墨子学说的影响应该很大。

纯粹的思考,在主流儒家中并不占重要地位,儒家讲学习,基本都是经验思考,但这并非从一开始就如此。孔子说,"仁者必有知,知者未必有仁",这句话现在看来,应该是指出了儒、墨、道之分或者中国与西洋之分的关键要害。

孔子有时将仁知并提,其弟子也时常并提。《荀子·子道》篇中讲子路认为"知者使人知己,仁者使人爱己",子贡讲"知者知人,仁者爱人",颜渊讲"知者自知,仁者自爱",三人所言之知,皆指向于人,而非指向于自然,这是儒墨在知的问题上的重要分疏。指向于自然,容易产生范型或者理念的观念;而指向于人,则更容易形成历史的智慧,这当然也是智慧,但不是西洋式的哲学智慧。比如说,亚里士多德讲中庸,讲基于性情的理性,是在对立的性情之间寻找中间状态。儒家讲性情之中,则是讲节制,表现为量的中,并且这种中通过连续的事件过程呈现出来,表现出很强的历史性。

博学可以知古通今,但"不足以知善"(郭店简《尊德义》),知善是哲学智慧。至于孔子有没有神性之知的观念,还没有足够的材料可以说明。然知者未必有仁,这个知者应该是指向于自然的知,其中可以包含人,但人也应被视为自然的一部分。爱自然爱哲学,对人的爱自然就会少(这句话当是针对道家讲的)。

仁学始终是儒家的主干,但仁很难界定,不纯粹是一个爱人的问题,同时还应有爱智慧的问题。[①] 而爱智慧者,则未必爱人。儒家的传统形成以后,爱人的学说始终延续,但爱智慧则没有发展出来,流为所谓博学,"博学不足以知善",已经指出了仁学传承固有的缺陷。

什么可以知善？荀子给出的回答就是纯粹的知。圣人之知的过于常人,就在于圣人几乎一直用纯粹之知来实践,所以始终能得到善。郭店简其实也是这样认识的,《性自命出》讲爱类七、智类五、恶类三,爱恶就是好恶,这里的智类,应该就是《乐记》的决定好恶的纯粹的知。

郭店简《五行》提到三种思,仁之思、智之思、圣之思:

> 仁之思也精,精则察,察则安,安则温,温则悦,悦则戚,戚则亲,亲则爱,爱则玉色,玉色则形,形则仁。

> 智之思也长,长则得,得则不忘,不忘则明,明则见贤人,见贤人则

---

① 儒家的爱智慧,应该指向于制礼作乐,当礼乐文明断裂后,这种智慧也不再需要。

玉色,玉色则形,形则智。

　　圣之思也轻,轻则形,形则不忘,不忘则聪,聪则闻君子道,闻君子道则玉音,玉音则形,形则圣。

　　这三种思,都是神秘主义修炼过程中的思,其中唯有仁不需要经验对象,所谓"我欲仁,斯仁至矣"。而圣与知都需要经验对象,所谓贤人与君子道。在接触经验对象前,智与圣都是纯粹思考,接触经验对象后,就是经验思考。儒家的博学,大多是指向经验思考,而不重视纯粹思考,这本是神秘主义的领域。前面讲《乐记》《易传》《大学》都有纯粹思考,它们都与神秘主义有关联。

　　这里值得关注的是智之思与圣之思的差别,智之思是通过"见贤人"而成智德,圣之思是通过"闻君子道"而成圣德。贤者相当于智者,君子道相当于圣人之道,以神秘的方式与这两种经验对象接触,就会在内心形成所对应之德。关键在于,它们接触的方式不同,一是"见",一是"闻"。

　　这种差别的意义,在中国文化中看得不是很清楚,但对照西洋哲学,差别就很有趣。"理念"的希腊文对应的词,就是看的意思,柏拉图在使用理念与表示看的意思的词的另外一个变格时,不作明确区分,学者由此判断,"看"与"视觉"的含义,在古希腊思想尤其在柏拉图理念思想中是极为重要的因素。① 作为中国古代的可以与西洋哲学纯粹思考对应的智,也是与见联系在一起的,这应该不是偶然。

　　智者,通常将他们理解为道家的信徒,而今天看到的道家哲学,其思考相对而论确实也比较纯粹。《五行》的神秘主义给我们一个重要暗示,孔子讲的"仁者必有知",是可靠的,仁之思进展到"玉色",智之思也是进展到"玉色",二者在境界上有相通之处。仁者之爱,并没有明确的规定对象,既可以是人,也可以是智慧。这意味着,所谓道家本可以包容在儒之中。过去胡适讲老子是大儒,笔者判断存在女性之儒,在儒道分裂之前,两者原为一体,应该是有道理的。这是题外话。

　　圣之思,以"闻"获知"君子道","闻"就是听,圣字的构成从耳(聖),原先就是主听。听作为一种修养方式,首先是与听音乐联系在一起的,这就与《乐记》的心性学发生了关联。

　　从常识判断,应该是先有《乐记》式的成圣之路,然后才有听"君子道"而

　　① 赵广明,《理念与神:柏拉图的理念思想及其神学意义》,南京:江苏人民出版社 2008 年版,第 74 页。

成圣的路径。这意味着，可以将"闻"与"见"作为古代两种通向于道的认知方式，而不同的认知方式，决定了其是否能够获得哲学意义上的纯粹思考。《乐记》主听，在它的语境中，纯粹之知开不出来，尽管作者认识到了纯粹之知，但在其中的意义并不大，只是说知诱于外，天理灭。这并不意味着纯粹之知就是天理，也不意味着纯粹之知是天理的基础，只是说丧失了好恶的标准，会导致性理丧失，二者是相互依存的关系。但在修养方式上，作者则从存天理切入，方式就是听音乐。

由见而进于道的方式，之所以重视纯粹思考，应该从范型本身的角度去理解。从慎求于己的圣人典范切入，要求人必须见到自己，只有见到深藏于内心中的自己，才有可能做到像圣人一样顺从天常。《大学》讲明德，明服务于见，致知所致的是可以见的知，只有见到神性自我，才能做到诚意。《中庸》讲明乎善可以诚身，明乎善就是见善，只不过这个见不是视觉之见，而是灵魂之见。

《易传》的感应，也可以理解为是一种见，卦象以形体呈现，对卦象的感应，以先见卦象为条件。圣人系辞之先，也有观象的阶段，圣人不需要洗心去感应，而是自然精合感应。君子虽然是先洗心，然后去感应，但感应之先，观象必不可少，见包含在感应之中。这样再来理解《易传》与《乐记》，它们应该是属于不同的派别。

回到本节开始的问题，《大学》《易传》对纯粹之知的重视，不一定是受墨子的影响。不过，荀子对纯粹之知的重视，与墨子的关联可能更多一些。

荀子的礼形式上独立于圣人而存在，本身具有范型意义，只不过是作为结果而存在，没有对经验材料进行抽象。这种思考方式与墨家更接近。从见的内容上看，荀子见到的是尺度，他将礼与规矩权衡类比，足以说明这一点。《大学》《易传》见到的是"德之华"，这是儒家与墨家的差异。当然，荀子与墨家又不完全相同，荀子的尺度不统一，他之所以还算是儒家，是因为他讲尺度之华。

现在可以解释儒家为什么发展不出纯粹的知的问题，因为他们的纯粹的知只有在神秘主义语境中才有意义，这是由他们所欲见的对象决定的，对神性自我的见，只能立足于神秘主义。脱离神秘主义，见就变成了读书观礼，而这种知一开始就是经验之知。

荀子之所以转向墨家的纯粹之知，很重要的原因，应该就在于博学不足以知善。君子要成为立法者，必须心中养成尺度意识，才能做到齐法教之所不及。养成尺度的知，也就是具有范型意义的知，这是墨家才有的，也是西洋哲学的擅场。如所周知，柏拉图有三把椅子（或说三张床）的譬喻，没有神秘主义，儒家只能见到现实的椅子，荀子要求见到画家的椅子，西哲追求见到上帝的椅子。

前面提到，《易传》《大学》的纯粹的知，与墨家、荀子纯粹的知相同，那是在功能意义上讲的。从性质上看，《易传》《大学》的纯粹的知，具有神秘难测的特征，非博学所能解决问题。墨家、荀子的纯粹的知，是一种理性之知，是可以通过学习获得的知，这又是他们不同的地方。稍有复杂的是，荀子与《易传》都不是单纯的神秘或者理性之知，他们都将这两种知进行了综合，只是荀子侧重于理性，《易传》侧重于神秘。

最后，将上述复杂的叙述梳理一下。主流儒家的知，在荀子以前，以博学知人为主要目的，这种知只能导向历史智慧，而不能形成哲学智慧。神秘主义派别，与女性之儒共享神秘的纯粹之知，这种知可以指向于人，也可以指向于自然。指向于人就出现了《大学》这种理想的模式化的政治，以及郭店简的对于性情的条理化的认识；指向于自然，就是道家的相对纯粹的哲学化的智慧。

纯粹之知与见的认知方式联系在一起。墨家的知指向于自然，也主要依赖于见的认知方式，其发展出了范型的理念；荀子的知除了儒家固有的资源外，主要是受墨家的影响。

主流儒家之知也是以见的认知方式获得，只是其主要指向于人，而不是自然，其所结出的智慧之果就不是哲学的。对自然的观察才是科学与哲学兴起的基础，而以闻的认知方式获得智慧的《乐记》，纯粹的知发展不出来。这只能说明，所谓智慧，是从观察材料、反思材料而来的。闻是一种去除材料而相对抽象的认知方式，《五行》以闻作为成圣的认知方式，也说明其应该是一个神秘主义文本。《乐记》属天，圣也指向于天，这是二者的相通之处。简单地说，早期中国西方重天的宇宙论更重视闻，东方重地的宇宙论更重视见。

到了宋明理学阶段，这个问题很少再有人关注，其中缘由，就是前节所论，有了一个形式上的超越存在，没有了纯粹的独立的知的意识，关于知的开掘，自然也不如早期哲学丰富。

第五节　早期儒家与《易传》

前文讨论了《易传》的宇宙论背景、人性的预设以及知的特征，其中的第二重预设是将圣人之意赋予卦象，而圣人之意为儒家所独有，这是《易传》本质上归属于儒家的证据。而所谓道家的神秘之知，也可以为儒家所共享。

《易传》真正不能为儒家所理解的，是所谓洗心感应的方式，这种方式是南方道家神秘主义的内容，这是笔者判断《易传》作者为楚人馯臂子弘的基础。

虽然在孔子的时代，儒家的学派规定性并不严格，早期儒家接受南方的修炼学说完全有可能，但《易传》如何产生依然是一个值得讨论的话题，其中还涉及对礼的认识问题。西洋灵知主义有所谓反律法主义的内容，《易传》虽然不反礼，但它讲"知崇礼卑"，就值得深究了。

《易传》又称《十翼》，传统讲法是孔子作《十翼》。然自欧阳修以来，坚信这个讲法的人已不多，极端疑古论者，甚至怀疑孔子是否读过《易》。这里不想就此问题作详细讨论，因为帛书《周易》经传的发现，持此极端观点的人已经不多，只是如何认识孔子与《十翼》的关系，依然是一个见仁见智的问题。笔者的观点比较明确，《易传》成于楚人馯臂子弘，但具体内容与孔子有关，尽管作者对《易经》的解读方法未必能为孔子所接受。

孔子关于《易》的两个主张在《易传》显然得到了发展，一个是好其德义，《易传》的这个指向非常清晰，不必多论。另外一个跟儒学相关的，即所谓圣人立象以尽意的观点，这是《系辞传》引的"子曰"的内容，这里的"子"，笔者理解就是孔子。这一点过去学者不是很注意，但从笔者关切的神秘主义的角度看，其实非常重要。

圣人之意即儒家神性自我，因为无法言说，只能借助象来表达，当然，这里易象与《易经》是一体的。这个命题本身就是神秘的。孔子本人尽管通过实践成圣，但他在思想上并没有达到完全的理性，所谓"河不出图，洛不出书，吾已矣夫"。这里讲的圣人立象以尽意，也承认圣人之意具有神秘而无法言说的特性。后来程颐讲，"圣人之道，如《河图》《洛书》，其始止于画上便出义"（《二程集》，第157页），则是在承认孔子讲法的基础上，将圣人之意，换作圣人之道，并且走得更远。

孔子本人在这个认识上前进到什么地步，今天不得而知，可以确定的是，《易传》是顺着这个观点向前发展的。作为神性自我的圣人之意在早期儒家学说中居于本体的地位，但对于重实践的儒家来说，这个本体不是很好言说，事实上对于这种神秘的本体也很难言说，儒家更关注现实世界的修齐治平。

据神道立教的《易经》，为这个本体提供了论说的可能。易象经过阴阳哲学化后，本身也脱离了巫史所好的层次，原本的借用模式在教化需要学理支持时又得以延续。天德之意借助阴阳之象，成为了世间所当然的本源。"一阴一阳之谓道，继之者善也，成之者性也"，包含了善与阴阳之道的性，从学术形式上讲，确实具有本体的色彩。我们知道，西哲谈本体，或将存在与动静结合,或将存在与同异结合。圣人之意的本质是善,阴阳实质就是动静,《易传》的这个性,从形式上看,与西哲的本体很相似。其所以不讲同异,因为西哲要为整个现象界确立本体,会有同异问题,儒家讲人,而天下一人,不存在同异问题。而这个本体论述很明显与圣人立象以尽意是一致的,只要将象与意作一综合,就是道与善结合的性。

除了孔子,早期儒家中与《易传》相关的还有颜渊。《易·系辞传》记的"子曰"的话中提到了颜氏之子,"颜氏之子,其殆庶几乎!有不善未尝不知,知之未尝复行也"。这话本身并不包含太多的信息,但这是唯一一位被提及的孔子的学生,这就值得关注,其指向颜渊可能与易之传承有关联。

笔者曾指出,古代神秘主义中有一种重视魄的修行的派别,这个派别进行的就是灭人欲的修行,①颜渊的"一箪食、一瓢饮",是否是这种修行,很值得关注,因为《庄子》中记载的颜渊确实进行了这样的修炼。笔者过去接受郭沫若先生的看法,认为《庄子》所记,与颜渊存在关联。借此,首先可以将《易传》与颜渊联系起来。②

关于颜渊对礼的认识,《论语》中没有记载,只是讲他闻一知十,其心三月不违仁,在十哲中,他德行优良。《论语》中有三处同时提到颜渊与礼:

> 颜渊喟然叹曰:"仰之弥高,钻之弥坚,瞻之在前,忽焉在后!夫子循循然善诱人:博我以文,约我以礼。欲罢不能,既竭吾才,如有所立卓尔;虽欲从之,末由也已!"(《子罕》)
>
> 颜渊问仁,子曰:"克己复礼,为仁。一日克己复礼,天下归仁焉。为仁由己,而由人乎哉?"颜渊曰:"请问其目?"子曰:"非礼勿视,非礼勿听,非礼勿言,非礼勿动。"颜渊曰:"回虽不敏,请事斯语矣!"(《颜渊》)
>
> 颜渊问为邦,子曰:"行夏之时,乘殷之辂,服周之冕,乐则韶舞。放郑声,远佞人;郑声淫,佞人殆。"(《卫灵公》)

这三条材料都指向于一点,即孔子教颜渊约礼。熟悉孔子教学的都知道,孔子对学生因材施教,学生缺少的东西往往是他强调的东西,由此可以

---

① 参拙文《萨满主义与早期中国哲学中的神秘主义》,《学术月刊》2016年第9期,收入拙著《神秘主义与中国古代哲学研究论稿》,杭州:浙江大学出版社2019年版。

② 钱穆先生也曾注意到颜渊与《易传》及道家的关系,其《庄老的宇宙论》有云:"《易·系传》成书,大较《老子》为晚出,故其陈义多汇通老庄,殆可为晚周末叶后起之新儒学,而《易·系传》于孔门,亦独称引颜渊。此证颜渊于庄学有相通也。"收入其著《庄老通辨》,北京:生活·读书·新知三联书店2002年版,引文见第133—134页。

推断颜渊对于礼大概不怎么重视。他自己也讲,对于孔子的教育,"虽欲从之,末由也已",这说明他自己的学习方法与孔子所教的内容显然不相合;所谓"回虽不敏,请事斯语矣",也有强勉而行的意思。

孔门中还有一位弟子明显与《易传》有关联,即曾子,他讲的"君子思不出其位"的话也见于《易传》。有趣的是,曾子似乎也不甚重视礼,《论语》记载了他临终时的话:

> 曾子有疾,孟敬子问之。曾子言曰:"鸟之将死,其鸣也哀;人之将死,其言也善。君子所贵乎道者三:动容貌,斯远暴慢矣;正颜色,斯近信矣;出辞气,斯远鄙倍矣。笾豆之事,则有司存。"(《泰伯》)

这里讲了动容貌、正颜色、出辞气,一般认为指的是礼容,似乎与礼相关,但更准确地讲是一个人的修养问题,是性之德或德之华的问题。这些问题贯穿生活的全过程,不仅仅是在需要礼的场合。对于礼,他认为具体的礼仪问题,应交给有司处理。这跟《乐记》讲的"铺筵席,陈尊俎,列笾豆,以升降为礼者,礼之末节也,故有司掌之",对礼的认识旨趣相同。在《礼记》中则有曾子论礼不及子游的记载。①

我们知道,旧说所谓十哲没有曾子,从《论语》记载的曾子的情况看,他应与颜渊同属于长于德行的人。《论语》中曾子曾提到他的一位朋友:

> 曾子曰:"以能问于不能,以多问于寡,有若无,实若虚,犯而不校,昔者吾友尝从事于斯矣。"(《泰伯》)

曾子这里提到的朋友,一般认为是颜渊。这里"有若无,实若虚",在《淮南子·精神训》中被表述为真人的特征,"所谓真人者,性合于道也,故有而若无,实而若虚";《诠言训》篇则有"有智若无智,有能若无能,道理为正也",也是有若无。颜渊有类似道家神秘主义的修炼的可能性很大。

曾子是否有神秘主义的修炼,没有材料可以说明,但有神秘主义背景的《大学》提到曾子,这或许可以从他们都属于重视德的一派的人的角度来考虑。当然,需要说明一点,重德一派,也有重虚与重实的不同,颜渊是重虚的,《大学》是重实的。《易传》中的神秘主义有两派,这正可以与颜渊、曾子对应。

---

① 见《礼记·檀弓上》"曾子袭裘而吊"章。

　　回到《易传》,其明确讲"知崇礼卑",这与颜渊、曾子显然也属于同一派别;而《易传》又明显与此二人有关联,这应该不是偶然的。《象传》发明卦德说,成为解易的基础,显然属于重德一派的延伸。

　　如果没有孔子的"约之以礼",颜渊的修炼最终可能导致对礼的毁弃。《易传》接受的应该是颜渊的观点,不采用这种观点,便不存在经由易象去感通天下之故的问题。也正是因为采用这种观点,《易传》并未完全放弃礼,只不过将其视为天下之故的一部分。相反,颜渊觉得欲从之而无门的问题,在《易传》中得到顺利解决。

　　这里有一个问题值得注意,《易传》固然解决了颜渊的难题,但对礼卑的认识似乎并不是以其性理观为基础得出来的,相反,这种性理观为感通天下之故提供了理论可能。但问题没有这么简单,因为颜渊本人可能即有德崇礼卑的认识,而考虑到颜渊的智慧高明(闻一知十),他很可能同时又有知崇礼卑的认识。

　　这里问题的关键也许在于对于人性主体的理解上的差异。子贡讲夫子仁且智,孔子也将仁与智相提并论,所谓仁者乐山,智者乐水。他有时又将智者与愚者并论,所谓智者过之,愚者不及。颜渊应该属于智者,而非仁者,尽管他是唯一被孔子称为"其心三月不违仁"的学生。孔子不赞成智者,所谓过犹不及。他教育颜渊,除了博之以文,更要约之以礼。

　　同样是讲人性、讲德,智者与仁者的关切存在差异。仁者侧重于人情,智者侧重于智慧,颜渊与曾子都重德,曾子应属于仁者型,而颜渊应属于智者型。对于智者来讲,所谓知性生命,是他们侧重发展的对象。礼的主要功能是约束人情,而一些作为礼的故俗,则有反智的倾向。① 从知性的角度看,礼卑是情理之中的事情。在西洋思想语境中,智慧、灵魂都是自然的产物,修炼神性之知则是反自然,所以灭人欲的修炼本身必然导向反律法主义,律法也是自然的一部分。颜渊的修炼关切点在于神性之知,他不看重礼是可以理解的。

　　就《易传》来讲,其所穷之理、所尽之性,其中有多少是情性,多少是知性,本身即值得深究。从内容上判断,其明显侧重于知性方面,无论是观象制器,还是《大象传》讲的治国平天下,都是知性方面的问题,伦理问题并未受到重视。从这个角度出发,我们又不能讲《易传》的知崇礼卑与其性理观没有关联。

　　性气一动,便是情、欲,对于追求穷理的学说来讲,灭人欲是穷天理的最

---

① 见《礼记·檀弓下》"季康子之母死"章。

好选择，而灭去人欲的同时，也省去了对心的修炼的工夫。这与克己复礼为仁是不同的思路。如果能灭去人欲，礼即为多余。

《乐记》也有"乐尊礼卑"的认识，其虽没有明说，但"天尊地卑"的观念决定了它对礼的认识不可能与主流儒家相同。《易传》明确讲"天尊地卑"，若像《乐记》一样，礼属于地，"知崇礼卑"就更容易得到解释。从前引颜渊问仁的话看，非礼勿视听言动的礼具有法的性质，而从早期中国存在东西文明的分疏看，具有法的特征的礼应该是属地的，其限制的主要是人的欲望。对于相当于《易传》中的天下之故的礼来说，其需要洗心之后去感通，其也不是作为内在德性之外化表现的礼，否则不需要通过感通来习得。德性属天，作为其外化形式的礼也属天，而需要感通的天下之故，结合颜渊对礼的感受，其当归属于地。

现在的问题是，《乐记》与《易传》在这个问题上的认识有没有差异。前面提到，颜渊与曾子分属于重实与尚虚的派别，而曾子对礼的认识与《乐记》接近，从虚与实的角度看礼，看法应该会有不同。

从实的角度看礼，礼应该以人情为基础，人的情性是制定礼的基础。《乐记》虽讲"礼者，理之不可易者也"，但重点不在礼有理，而在于礼有实，有对人性的关切，即便讲理，也不能脱离对人性的关切。《乐记》讲乐自中出，乐者为同，乐近于仁，讲理讲秩序讲尊卑，并不能突破人人都是人这个底线，这中间依然有儒家的关切在。

从虚的角度看礼，礼更多的是指理，更多偏向于知性成分。《易传》虽也讲仁义，但它讲洗心，在此基础上的通天下之故，极易变成对天下之故的服从。穷天下之理就会演变为对既定之理的研判与讲求。

同样是讲理，《乐记》的礼主要是交往之礼，而《易传》的礼更多是制度之礼。交往是人与人的事情，制度虽规范人的活动，但其不是为促进交往而设的，而是界分人与人的边界而设的。前者主和，后者主分。交往之礼有人性关切，而制度之礼则首先考虑正义。正义虽不排斥人性，但其首先是一个智慧问题。智慧需要虚心，这与《易传》的主张一致。

这种差别也可以从不同的宇宙论背景得到解释。属天的《乐记》，关切的主要是灵魂问题，人成为神，是因为性理和谐，灵魂和顺，是实实在在的人通向于神；基于神秘感应的《易传》，没有对人的灵魂关注，它也讲成为神，而其基础是精合感应。这里虽然没有对人性的否定，相反也讲尽性，但尽性的逻辑前提是穷理，而理由天下之故规定，所谓尽性实际上首先是对现实秩序的服从。

《乐记》的礼不等于天下之故，《乐记》讲"中正无邪，礼之质也"，是从人性的角度去看礼,其所暗含的"乐崇礼卑",是真实的人性高于律法的观念。天下之故对于作者来说,笔者推想,应是礼之末节。《易传》之礼是天下之故的重要组成部分,其中蕴含的理,不是说要人在行礼时同时追求情理交融,而是要建立感通的外在影像,以备向内探求人性之理。若据此说,则礼的本质是理,其也是为感通天下之理的修炼服务。其虽言"知崇礼卑",也只是人的知性高于律法的意识体现,而并不包含人性高于律法的意思。

神秘主义中原有两个截然不同的派别,一个讲去思与故,一个讲思之不殆。《易传》将这两个派别综合在了一起,感应方式取之前者;通天下之故取之后者,但是以感应为基础。而这个认知方式又决定了,原本可由知性高于律法导出的律法的非绝对性,在实践中开不出来。

荀子讲"思乃精",思也是为了通伪故,《荀子》与《易传》虽采取了不同的通向伪故的路径,但二者基础相同,即精合感应。然精合感应在荀子理论中只是前提预设,实践中却是知性高于律法,所以他一方面讲道者君道也(《君道》),同时又能接受从道不从君的原则。由《易传》不可能导出从道不从君的原则,精合感应不是他的理论预设,而是实践基础。所以前文讲,《易传》之心在实践中是闭合的,很难开出新的理论。受其影响的理学,其只能以祭祀之学的角色登场,也是注定的。

综上所述,宇宙论对古代心性学派别的生成有决定性的意义,其不仅决定了对人性善恶的认识,还决定了不同的知性特征。儒道墨不论是在人性问题上,还是在知性问题上,都有其特定的宇宙论背景。即便是神秘主义的派别,也有不同的宇宙论立场。由于中国古代的宇宙论存在分合,对人性的认识也存在不同的派别,所以,中国古代哲学呈现出了较西洋哲学更为复杂的面向。

在绝地天通的背景中,人属于地。对于没有完全断绝的宇宙观,则有圣王介于天地之间,儒家以圣人为榜样,他们谈论人性以有灵魂、以大体为趋向,圣人祛魅后就是孟子的性善论。墨家立足于小人,人属于地,人性无所谓善恶,人也无所谓灵魂,人的善恶是偶然的,非规定的。在知性上,儒家知性指向于人,没有出现类似理念的内容,而墨家知性指向于物,其出现了类似理念的内容。但儒家并非绝对没有哲学智慧,只是具有哲学智慧的派别都是神秘主义者,神性自我本身就是以圣人为范型,所以神秘主义者的纯粹之知也具有理念意识,《大学》的模式、郭店简对于人性的梳理,都是这种智慧的结果。

《乐记》与《易传》,因为与神的关系较近,它们对人性的认识在早期儒学中最具有哲学意味,只是二者的预设不完全相同,《易传》比《乐记》多一重预设,即神性自我。从宇宙论的角度看,《乐记》是属天的,而《易传》则是以神秘的精气论为基础。因为《乐记》的认知以听或闻的方式实现,所以,纯粹之知在其中开不出来;而《易传》则以纯粹之知为基础。《大学》也以纯粹之知为基础,但它们的对象有差异,《易传》较《大学》多一层自然之理的内容。

《易传》有神性自我的预设,其本质当属于儒家,但其讲洗心感应以通天下之故,不符合儒家观念,其所讲的"知崇礼卑",也不包含人性高于律法的意思。《乐记》虽未明言"乐崇礼卑",但其中却包含了人性高于律法的意思。这种差别应是与神秘主义存在重实与尚虚的分疏相对应的。

荀子的人性论以及其"多知"的认识,可以看出他是将人归属于地的,但这并不意味着他不是儒家,他强调礼义,就是他属于儒家的依据。人属于地,然其知性却要通向形式上具有独立性的礼法,其基础只能是神秘的精合感应。

第二章　心性与政治:先秦儒家的考量

今天的政治哲学,不太关注心性问题,这不符合中国古代政治与思想学术互动的传统。笔者对于早期儒家的心性学与政治的关联曾有考察,[①]但仅讨论了心性学与德礼政治的关联,认为心性学也属于政治之学的范畴,对于世俗政治下的儒家政治哲学,则未充分展开。考察古代学术变迁,无论是玄学还是理学,根本上讲,处理的都是心性与政治的问题,即便是重视宇宙论的董仲舒的新儒学,其中也有心性与政治问题。这些拟在各专章中讨论,本章拟以荀子思想为中心,联系早期儒家的一些论说,讨论他在世俗政治语境下对于心性与政治的认识,以对先秦儒家学术中的心性与政治问题作一考察。

第一节　礼与圣人

如所周知,荀子政治理论的核心是礼,本文也拟从荀子对礼的认识出发,讨论他的新理论结构的由来。

荀子讲性恶,讲礼者法之大分,礼主要是为了约束人性之恶而设计的,这已是耳熟能详的见解。不过,与早期儒家比较,这些都是结论性的认识,而非根源性的判断。根源性的差异,在于荀子对圣人与礼的关系,与早期儒家的认识发生了背离。

在早期儒家的视野中,圣人是礼的制定者,圣人天德,其对于人性的践履能够不虑而得,不勉而中,从容中道。他们取得大位后,就可以制礼作乐。孟子讲仁义礼智根于心,礼也由人心生发出来。荀子不这样看,他认为"圣人莫能加于礼",犹如"公输不能加于绳"(《法行》)。相对于礼,圣人与众人的区别在于,"众人法而不知,圣人法而知之"(《法行》),礼具有类似绳墨的特征,其具有独立于圣人而存在的特征。毫无疑问,礼是圣人制定,但礼不是圣人不虑而得,不勉而中的结果,而是"生于圣人之伪",是圣人"积思虑,习伪故""化性而起伪"的结果(《性恶》)。这种认识与早期儒家存在学理上

---

①　参拙文《早期儒学与古典政治》,《古典研究》2014 年春季卷(总第十七期)。

的不同。

我们知道，圣人在儒家实践中扮演的是榜样的作用，在理论上则是逻辑预设，必须承认有圣人，儒家的理论论说才可以展开。没有圣人，就不会有孟子的良知良能说，也不会有《中庸》的理论。实践上，没有圣人，也不会有孔子的人生实践。可以认为，不同的圣人观，会带来不同的理论与实践。就荀子来说，圣人只是实践礼而能知道礼的人，而不是礼的逻辑上的规定者。也就是说，在早期儒家的视野中，圣人是礼的逻辑上的规定者与实际制定者，在荀子这里，这两个角色是分离的，圣人只是实践规范的制定者。这个分离直接导致了荀子对于人性与礼的关系认识的新框架的产生。

在早期儒家视野中，圣人是知、能统一体，所以他能不虑而得，不勉而中，以此为逻辑起点，必然导致对于人性有固有之德的认识。《中庸》讲的"性之德也，合内外之道也"，当是指圣人而言，只有圣人可以做到合内外而没有一丝障碍。这个合内外而无障碍，也是早期儒家政治理论与实践追求的目标。理论上，则先是开出神秘主义，后是孟子的四端之说。实践中则是用百倍的努力来学习礼，达到习惯成自然的状态。而对于礼的认识，则是"因人之情而为之节文"。

如果将礼的逻辑规定者与实践制定者分离，实际上承认在圣人之外，存在着规定圣人者，圣人就不再是自我规定者，而是由他者规定。但凡由他者规定，那么规定与被规定之间必然是一种制约关系。圣人，荀子虽然讲是"道之极也"（《礼论》），但他依然要受礼的规定。圣人的人性践履也不能等同于礼，人性并不必然通向礼义，所谓"性不知礼义"（《性恶》），这与早期儒家在学理上显然是不一样的。

这里有一个问题需要注意，所谓人性恶，究竟应如何理解的问题，这也与圣人问题联系在一起。如果人性恶，圣人作为道之极者，是不是也是性恶者呢？这个理解显然不妥当。也就是说，性恶论本身需要有判分，正如孟子的性善论本身需要有判分。

性善论其实是心善论，只不过孟子将其转化为性善论，其所以要转化，是为了解释圣人的存在。所谓"尧舜性之也"。没有这个转化，逻辑起点就不存在了。性恶论其实也不是性恶，"性者，天之就也"（《正名》），性是天生的意思，圣人与众人都是天生的，在这一点上没有区分，"圣人之所以同于众，其不异于众者，性也"（《性恶》），如果性本身是恶的，圣人的道之极，何以出现？性之为恶，与孟子的心之为善，道理上很类似，心也好，性也好，善恶只是其中固有的倾向，孟子用水之就下，比喻人心向善，是倾向问题。孟子的良知是一个倾向问题，所谓不忍人之心，是倾向问题，而不是选择问题。

性恶也是倾向问题，如好好色，如恶恶臭。倾向问题的产生有其条件，好好色、恶恶臭，或者水之就下，都存在所谓的"势"，才会出现，"所善所不善，势也"（郭店简《性自命出》），促使心或性表现出善不善的，有外在因素的作用。心或性本身无所谓善恶问题，善恶在与事物的关联中体现出来。这里存在知接于物的问题，存在是否理智的问题，所谓性恶，其实是理智不足。荀子所想提供的正是符合理智的礼。①

对于荀子来说，可见的恶，是所谓情，"情者，性之质也；欲者，情之应也"（《正名》），荀子的性恶实际上讲的是欲，性有欲，故性恶。反过来说，若性无欲，则性不恶。

圣人之性与众人之性相同，也有欲，为什么圣人可以成为道之极？因为圣人掌握了"得欲之道"（《正名》），所谓"得欲之道"，就是礼。礼是物、欲"两者相持而长"的结果（《礼论》），圣人是"以己度者"（《非相》），是天生的具有度量物、欲界限能力的人，"其行曲治，其养曲适"（《天论》），所以他能制礼。这里，性之欲的表达以善的形式出现，只不过，荀子以为这个善是人性之伪。可以认为，荀子的性本然有恶的倾向，但在实然状态，其又可以呈现为善。圣人是天生的自然与不自然的统一，所谓"性伪合"（《礼论》），而"性伪合，然后圣人之名一"，此时事实上已经无法用善恶来规范圣人了。这是他的理论与实践的起点。

这里需要注意一点，圣人具有天生的合性伪的能力，但却不是如早期儒家那样，可以不虑而得，相反，圣人需要不断地学习，方可以成为圣人。只是因为圣人具有天生的衡量法度的能力，在衡断物欲张力方面，总是能达到善的标准，所以他才是圣人。这里有一个重要分疏，即善是学习的结果，而不是天生的德性。荀子有涂之人皆可为禹的论断，其路径即是"伏术为学，专心一志，思索孰察，加日县久，积善而不息，则通于神明，参于天地矣。故圣人者，人之所积而致矣"（《性恶》）。

如果用亚里士多德道德德性与理论德性的分疏，荀子讲的圣人不是天生具有完美道德德性的人，而是天生具有完美理论德性的人，而这种德性需要学习思索才能激发出来，成为道之极，这与早期儒家具有完美道德德性的圣人不思不勉即可中道不同。②

---

① 颜世安先生也不承认荀子有性恶论，见其《荀子人性观非"性恶"说辨》，《历史研究》2013年第 6 期。

② 苏格拉底一方面讲美德不可教，另一方面又讲德性即知识，作为知识则又可教。这里存在一个东方二分，西方合一的问题，只是，这里的苏格拉底似乎持一个自相矛盾的观点。

　　早期儒家的圣人是尽性者,荀子的圣人是得欲者。这其实是一个问题的两个方面,都是人生践履的问题,但立论的视角正好相反。早期儒家的圣人是将天性所得的善充分体现出来,①荀子的圣人则是完美地满足人性的欲求,达到善的标准。用孟子的大体小体的分疏讲,早期儒家着眼的是大体,荀子着眼的是小体。着眼于大体,善是固有的,其成圣的方向是推己及人;着眼于小体,善是外在的,其成圣的道路则是有进有退,所谓"进则近尽,退则节求"(《正名》)。这里的进退与孟子的穷达意义不同,进退义近伸绌,尽与求都指向于得欲,都指向于自己,不存在孟子的天下与己身的对立。

　　同样是善,早期儒家与荀子的理解不同。早期儒家的善不需要学习,孟子认为他发现了人性之理,所谓良知良能,天生固有,所以他讲"豪杰之士,虽无文王犹兴"。他讲的恻隐之善,所谓"不忍人之心",今天称之为同情心。荀子讲的善,是所谓"正理平治"(《性恶》),与同情心不是一个概念,而是今天讲的政治上的善。在他的学说中,善与礼是以先验的形式存在,对于圣人也不例外。在早期儒家的视野中,圣人不仅是天生的道德权威,还是天生的礼仪政治权威;对于荀子来说,圣人必须通过学习,才能成为这样的权威。

　　这里的差别还是人性主体上的情性与知性的分疏。早期儒家的圣人是以情性为基础的,政治的展开同样如此,所谓儒家伦理政治,即以性情为基础。荀子的圣人以知性发展为基础,他虽然也讲人伦,但他所讲的内涵不同于早期儒家。他说,"人伦并处,同求而异道,同欲而异知,生也"(《富国》),又说"斩而齐,枉而顺,不同而一,夫是之谓人伦"(《荣辱》)。很显然,他不是从大体的角度去谈人伦,而是从小体的视角关注。小体的视角,实际上就是以利益诉求为关切点,不同的人会从不同的角度寻求利益的最大化,他承认这是天性如此。政治的任务不是考虑人的善良德性的发展,而是如何提供统一的框架,供不同利益者实现自己的欲求,最终目标也是善。当然,这个统一的框架不是平等的意思,而是说用统一的精神去设计不同人的制度。荀子称之为统类。类,杨倞释为善。统类,就是统一的善。② 而善是依正理而治,所以礼就成了他的政治展开的基础。"礼也者,理之不可易者也"(《乐

---

　　① 需要说明的是,《中庸》的尽性,所尽也是血气之性,但不是纯粹的血气之性,而是包含了性之德的血气之性,只是这个性之德,在神秘主义者提出"意"之前,认识得不是很清楚。笔者用神性自我去解读。但其一定属于大体。

　　② 统类的本义应该是纲纪之类,但在《荀子》中,类可以单独使用,如《儒效》讲大儒"其言有类",杨注:类,善也。这个阐释应该是可靠的。将统类阐释为统一的善,是考虑到纲纪之类有多类,郭店简《性自命出》有爱类七、智类五、恶类三,《六德》提到仁类、义类。统类不仅仅是这些类的总括,更重要的在于,它有超越郭店简门内、门外界限的意义。荀子治国不是二元论者,将统类阐释为统一的善,更符合荀子的思想。

论》),礼虽讲等差,但却符合善的要求。而统类则是将政治共同体的全部成员纳入到礼的框架中。善是统一的,但在不同的人身上,制度安排不同。

第二节 大体与小体

同样是讲伦理政治,以性情为基础的早期儒家思想,与以欲望为基础的荀子思想,具体手段自然也不同。

以欲望为基础,某种意义上才可真实体现"四海之内,其性一也"的判断。喜怒哀乐本身不能独立存在,所谓人生而静,必须物至知知才能表现出来,而欲望却是绝对的。喜怒哀乐的一致性通常只能体现在亲人朋友之间,要想达到天下喜怒哀乐的一致性,必须有统一的成功的教化。以性情为基础的讲情感认同的政治,必然是由己及人,由内向外,必然重视正心,强调以人治人,德治教化就成为其首选,其中不论何人,都以修身为本。而以欲望为基础的伦理政治,其关切就不一样,所谓子弑其父、臣弑其君,背后都有利益动机,都是欲望驱动。围绕欲望展开的政治,固然可以获得民性基础的统一,但在伦理框架中,同时意味着秩序的绝对性必须得到确认,原先相对公正的伦理关系必然转换为不公正的伦理关系,所谓纲纪之理。不过,荀子讲隆一不隆二(《致士》),重君不重父,其理论事实上已不具有实质的伦理意义。其所讲人伦,追求的也已不是伦理之善,而是政治之善,他的理论为后来讲儒家伦理政治的思想者奠定了基本框架。

这里要注意区分荀子与孔子的礼治主义。孔子也曾尝试着用礼治民,然从《坊记》看,其效果并不理想。这中间依然有服务于大体与小体的区别。孔子的礼治主义是立足于大体,具有理想主义的特征;荀子的礼治主义立足于小体,符合时代的要求。立足于人体的政治,核心价值是正;立足于小体的政治,核心价值是治。孔子的礼治主义是将小人也视为人,所谓天下一人;荀子的礼治主义是将圣人也视为人,所谓积学方可以为圣人。孔子与荀子依据完全不同的人性基础,提出他们的礼治主义。

同样是礼,从不同的角度去认识,会得出不同的政治模式。从大体的角度去认识,为政者首先要做到自身正,自身不正,不能正人。为政的关键是讲德,君子之德风,小人之德草,德之流行,速于置邮而传命,所谓"焉用杀"。而从小体的角度去认识,则是所谓"可杀而不可使不顺",严刑峻法是为政的基本手段。荀子不相信古代的象刑(《正论》),是不理解古代的礼治主义所致。对于荀子来说,政治不再是德性的展开,而是知性的展开。他讲的礼,一方面是养,另一方面是治。养是针对人欲讲的,治也是针对人欲讲的。讲治人欲的礼,实际已经是法,所以他的礼又称礼法,礼就是法,而立法需要智慧。

不过,荀子的礼法也不同于法家的法治主义。法家的法治主义是效率主义,荀子除了考虑效率问题,还要考虑政治的善的问题。所谓政治的善,笔者理解,就是不完全从国家强大的角度去考虑问题,还要对个体生命本身带有关切。西洋人讲的自由,就是政治的善。荀子讲的礼,也是政治的善。尽管他所讲之礼的出发点是人欲,但对人欲进行规范所要达到的目标则是善。从圣人到涂之人,这个善是统一的,即所谓统类。统类的规范,继承了古典政治的正的精神,只是它不是以德性为基础的由内向外的正,而是以法为基础的由外向内的正。正,就是中国古代政治讲的善。

正是因为要考虑善的问题,荀子的理论显得比法家复杂。为了避免国家受到损伤,他提出"曲辨"(《王霸》):

> 朝廷,必将隆礼义而审贵贱。若是,则士大夫莫不敬节死制者矣。
>
> 百官,则将齐其制度,重其官秩。若是,则百吏莫不畏法而遵绳矣。
>
> 关市,几而不征,质律禁止而不偏。如是,则商贾莫不敦悫而无诈矣。
>
> 百工,将时斩伐,佻其期日,而利其巧任。如是,则百工莫不忠信而不楛矣。
>
> 县鄙,则将轻田野之税,省刀布之敛,罕举力役,无夺农时。如是,则农夫莫不朴力而寡能矣。
>
> 士大夫务节死制,然而兵劲;百吏畏法循绳,然后国常不乱;商贾敦悫无诈,则商旅安货通财而国求给矣;百工忠信而不楛,则器用巧便而财不匮矣;农夫朴力而寡能,则上不失天时,下不失地利,中得人和而百事不废。是之谓政令行,风俗美,以守则固,以征则强,居则有名,动则有功,此儒之所谓曲辨也。

所谓"曲辨",就是根据各种职业的本质,提出各自的行为法则。人无本质,以由事务本质提出的行为规范对从事该事务的人提出要求,就是对人的善的安排。而对各种事务的本质的识别,则需要人的智慧,不是靠德性可以认识的。这是荀子讨论政治,从依赖德性的礼治主义转向依赖知性的礼治主义的基本的考虑。

必须说明的是,由事务本质出发对人提出要求,本是法家的考虑问题的出发点。管子相齐所行四民分治即由此出发,今天讲的职业德性,也是从职业本质出发对人提的要求。荀子讨论的这些内容,也是法家必然涉及的问题,但法家不是从人出发讨论社会治理,而是从法出发讨论社会治理。由法出发讨论问题,强调的是法的衡平性,更注重公平,通过公平之法实现兼爱。荀子尽管也讲礼之于国家,犹规矩权衡之于方圆轻重,但他从人出发讨论问题,而从人出发必然强调人的差异性。这意味着荀子不可能真正找到理论理性所要求的正义,这从依据此精神所制定的汉初之法在土地、房屋分配上呈现出的两极分化模式,可以看得很清楚。从这个意义上讲,荀子的礼法只具有形式上的独立性,本质上依然是圣人之法。

从人出发讨论问题,必然提出"曲"的问题。荀子很爱讲"曲",前面提到圣人"其行曲治",圣臣则是"曲成制象"(《臣道》),大儒"其持险应变曲当"(《儒效》),圣人于礼,"方皇周挟,曲得其次序"(《礼论》)。这是儒家的基本观念,礼有经礼三百,曲礼三千,《中庸》讲"其次致曲,曲能有诚"。不同的人,具体情况有差别,善的规定性也有差别,致曲就是要做到尽善挟治,所谓神。

这里有一点要提出,即致曲同样有立足于大体与小体的差别,但致曲的结果都一样,即成为神。曲能有诚,至诚如神,这是立足于大体讲的;尽善挟治之谓神,则是立足于小体。不论是大体、小体,都是从人出发,或取乎高,或着眼于卑,都是对善的关切。其所以都达到神的境界,因为其中都有综合的问题。

基于大体小体的立足点的不同,早期儒家与荀子在政治与善的关系模式上也有差异。基于大体的政治,善先于政治而存在,没有大体之善,就没有德礼政治的展开。基于小体的政治,善是政治的结果,是政治追求的目标,是对政治提出的要求。要对政治提要求,善必须高于政治,独立于政治之外。荀子称引传曰"从道不从君,从义不从父"(《子道》),实际上是承认存在着独立于政治的道义,只不过这些内容只具有形式意义。

这里有一点与早期儒家不同。孔子已开始讲,天下有道,则礼乐征伐自天子出,而不是自诸侯出、自大夫出,甚至陪臣执国命。又讲,道不行,乘桴浮于海。表面上看,也提出了政治之道。但二者在学理上有重要分疏。

孔子讲的道,是个体行走的道,是有德者行走的道。只不过,他将道上升到群体意志的层面,但这并不妨碍其道本是保护有德者施展政治才华的权利的意识形态,所谓"志于道,据于德"。所谓五达道,实现了个体追求与集体意志的统一。然而他关切的是有德者,不是小人,小人只有成为有德者,才能与于政治。

孔子的道与德联系在一起,原本也是有德者建构的。孔子哀叹的接近消逝的道，就是周人建立政权初期奠定的，其中的责权分配，依据德来安排。也就是说，这个道不具备独立于政治的特征，相反，是依据于德而存在。德则以个人、家族为单位。这并不难理解，早期中国家国同构，政治与宗教是二而一的关系，孔子生活在那个时代即将结束的年代里，在他那里，对于道与政治有意识的分疏并不明显，他只讲事君以道。

孟子的政治理念同样立足于大体，讲仁政。但他明显地感受到了时势与道渺不相及，他有以道抗势的意识，道与政治已经分离。但这种分离不仅是形式上的分离，也存在内容上的背离。孟子讲的道，不适合那个时代政治的发展要求。

荀子的道与政治的关系模式，接近于柏拉图的理念与实践的关系模式，与孔子的分界不清晰、孟子的背离的模式都不相同。荀子的善高于政治、后于政治，也就是说，它无法脱离政治而存在。只有好政治，才能创造善。这与孔孟时代的只有有善的君子才可以进入政治的关系模式，正好相反。荀子虽然也希望有大儒为政，但那只是从致善的角度去考虑，而不是说大儒本身是善。大儒也是人，他也是被规定者。这种关系模式显然更适合世俗政治。世俗政治，本就是对世俗的人的管理，而世俗的人，最基本的需求就是小体的满足。要想求得善，从小体出发建构政治理论，是必然选择。

形式上看，荀子的理论是道优先于德，如果没有德的关切，与墨家、法家在思想形式上其实没有太大区别。但这种道优先于德的模式，其德必然是积善成德，如果是德性固有，道并不能优先于德。与法家追求公正不同，荀子的道是儒家理想之道，存在尊卑贵贱之序，得欲名义上合乎自然权利的实现，但实践中却是以维护统治集团的权利为中心。以此为理想，加上德性后天方成，"可杀不可使不顺"就是必然选择。毫无疑问，荀子的道与德也是统一的，但却是据于所谓道或秩序的统一。如此，早期儒家思想中统一的道德与人性的关系，在荀子这里则是背离的，所谓性伪合。这都与其理论立足于小体分不开。

第三节　心术

因为名义上存在着独立于政治的道，所以荀子讲"故治之要在于知道。人何以知道，曰心"（《解蔽》）。与早期儒家一样，荀子的政治理论同样离不开心的问题。不过，因为处理的问题不同，与早期儒家相比，荀子论心有很大的不同。

孔子很少谈心的问题，直到郭店简的时代，如何安顿心，依然是一个问题。所谓"心无定志""学者逮其心为难"(《性自命出》)。这意味着,早期儒家思想中,心的问题刚刚被提出来,还没有被作为规定君子的项目。贵族社会中,君子规范主要看礼仪,看行为。心的问题的凸显,与社会进步联系在一起,与文明传承联系在一起。

孔子与其创立的儒家,以传承斯文为己任,但社会的进步,却导致政治秩序崩塌,文明发生断裂。笔者曾指出,早期文字的"文"字,中间有一个"心"符,表示古人早已认识到文要有心的基础,没有心的斯文,在孔子看来没有意义,所谓"人而不仁如礼何"。要传承文明,必须考虑心的问题。没有心的根基,君子成德就是一句空话,延续旧文明、创造新文明,也是一句空话。所以对于早期儒家来说,如何通天下之故,是一个很大的问题,通了天下之故,就理解了古人之心,文明传承就有了基础。孟子的良心,也是为了解决通天下之故的问题,只不过,他用的是一劳永逸的办法。告子的"不得于言,勿求于心",也是指向于这个问题。

这些方法笼统地讲可分为两种模式,一种是将心安放到天下之故中,孟子讲"天下之言性者,则故也",效仿固有的言行礼则,使自己的心涵泳于其中。公明宣向曾子学习三年,没有读书,其云学而未能,实际上是他不能养成礼仪之心(《说苑·反质》)。有了礼仪之心,才有可能有好的性情抒发。还有一种是孟子的良心模式,良心模式要求人找回固有的心,先圣后圣,用心本一,找回自己的心,自然可以获得圣人之心。他读诗,主张"以意逆志",即用自己的心去通古人的心。

从模式上讲,荀子属于前一种,即用礼安心的模式,所谓"志以礼安"(《子道》),但不能据此说荀子的心术与早期儒家的同样模式的心术就相同。模式虽然相同,但心有内外之分。

儒家的心性学,不仅有大体、小体的不同,还有内心、外心的区分,《大学》中称为意与心。对于传承文明而论,通天下之故的关键不在外在的义理理解,事实上后世所谓知易行难的问题已足以说明这一点。中国人讲心悦诚服,神秘主义文本《五行》讲"仁之思",也重视悦,悦其实是情,而不是通常意义上讲的心。所谓内心或心之心,正是与血气情感联系在一起,举个简单的例子,人害羞时脸会红,这里血气与内心是同步的;相反,经过论辩之后发现的羞耻,人未必会脸红,相反有可能恼羞成怒。所谓理性是通过外心思考获得的,而内心其实是自然之心,其根植于我们的血气之中。郭店简讲"学者逮其心为难",本身不难理解,对于具体礼仪的学习者与身临其境者,其内心情境并不相同,练习所能获得的只是礼仪过程的知识,很难激发出情感认同。《中庸》提出百倍的努力,其实也有其道理,所谓习与性成,经常生活在模拟的场景中,最后也会发生情感认同。问题是在社会急速发展时,认同什么都是问题,谁会有心思去付出百倍的努力练习那样的礼仪呢?礼乐文明的断裂与衰落其实是历史的必然。

荀子虽讲"志以礼安",其志已是立足于外心的思索,并转而依赖于法制去实现礼乐文明的理想,如此,礼乐文明的践履就不再追求人的情真意切,而是人的自觉服从。情真意切与自觉服从都有心的参与,但是心有两种,过去因为不关注这个分疏,很多问题讲不清楚。

《大学》《中庸》《荀子》都谈"慎独",都讲"诚",这是不是意味着三者所谈的内容基本相同呢?这涉及对《大学》《中庸》年代的认定。有了内外心的判分,这些问题都比较容易讲清楚。

《大学》《中庸》的重点关切在内心,所谓"诚意",是就内心讲的。这个内心不是今天讲的用言语表达前的想法的意思,而是无法清晰意识到的意识。"诚意"带有神秘色彩,笔者用神性自我去解释。荀子讲的养心莫善于诚,这个"诚"是今天讲的真诚的意思,与"诚意"之"诚"内涵并不相同。诚意之"诚"是"成立"的意思,诚者成也,所成则是神性自我。荀子的诚讲心志专一,所专的对象不是自我,而是外在的善,具体地讲就是政治的善。内涵完全不一样。

《大学》讲正心,荀子也讲正心,二者的内涵也不相同。《大学》的正心,笔者已经指出,是定心的意思,是没有忧患恐惧忿懥之心;荀子的正心是端正心志的意思,他讲"人无师无法,则其心正其口腹也"(《荣辱》),没有师法,心与口腹没有什么区别。他没有大体的意识,但他有心与口腹的分疏,只有就正于师法,心才有可能成为大体。荀子的正心,是赋予心以礼义内容的思想教育活动,两者内涵也不同。

与正心相关,还有一个区别必须指出,即《大学》三纲领中讲的"止于至善"。表面上看,《大学》的至善与荀子的善很接近。笔者已经指出,《大学》的至善是对心的描述,并且不具有实质内容,与《管子·内业》的善心,内涵一致。荀子的善没有必要加"至",物、欲相持得当,便是善。善是政治的目标,本身在名义上又超越于现实而独立存在。圣人、大儒是知接于善的人,它不是人心性修养所要达到的目标,而是实践追求的目标。

准此,再看慎独内涵的区分就很清楚。《大学》《中庸》的慎独是与诚意联系在一起的,指向于自我的成立,慎独就是成一,就是自我成立。荀子的慎独是与专心向善、与正心联系在一起的。其慎独也是成一,但这个成一,所成的是经过塑造的自我,是荀子意义上的圣人、大儒的人格自我。这与早期儒家的神性自我不是一回事,用今天的话讲,其带有超我的性质。

正是因为有这些差别,荀子讲的"心何以知,曰:虚壹而静"(《解蔽》)的方法,就可以理解了。早期儒家的关键在于诚意,神性自我蕴含于意中,他们或者诉诸神秘主义修炼,或者百倍的努力去学习,或者找回良心。但意一旦成立,以后的过程就很简单,因为神性自我中包含了全部成为圣人的内容。荀子的圣人积学而成,这个过程中始终保持对善的敏锐的知,所以他的心始终要保持虚壹的状态,不用已有的知识阻碍接受新的知识,更不能用梦剧乱知。外心始终保持敞开,准备迎接新问题新挑战,才能成为大儒与圣人。

如所周知,荀子在政治上强调法后王,而独立于政治的道则不过三代。也就是说,尽管荀子说圣人本身由礼规定,但他在具体的求道上,并不是在实践中去求道,而是承认道在三代之故中,所以圣人的修成路径中,有"习伪故"。但这个"习伪故",与《中庸》百倍的努力去学习,只具有外表上的相似,在具体的对圣道的认识上存在差异。

荀子讲知道有两种,"察知道,行体道者也"(《解蔽》),这与他讲的"积思虑,习伪故"联系在一起。但因为对道的理解的差异,荀子与早期儒家所察所体的内容并不相同。早期儒家的思虑用的是中心(郭店简《五行》),荀子用的是外心;早期儒家体的是情发之理,荀子体的是节欲之理。荀子虽然说"师法者,所得乎情,非所受乎性",又讲"情也者,非吾所有也",对情的节制不在自我之中,"不足以独立而治","然而可为也",其所以可为,因为外面有习俗,"习俗移志,安久移质"(《儒效》)。早期儒家的体验则是独立而生。也就是说,通故的模式虽然相通,但内容并不相同。

宋人讲的道统十六字心诀,前面八字,荀子也有称引,"故《道经》曰:人心之危,道心之微。危微之几,惟明君子而后能知之"。但荀子不谈精一的问题,而是讲心如槃水,"导之以理,养之以清,物莫之倾,则足以定是非,决嫌疑矣"(《解蔽》)。表面上看,精一也是诚的意思,为什么不可以引用呢?荀子的诚指向于仁义之善,不存在允执厥中的问题,十六字心诀要允执厥中,而精一在此之前,荀子的诚用在这里并不相称。

反过来讲,十六字心诀的精一指向于神性自我的成立,因为神性自我是神与人的综合,有执中的问题。但人心道心对荀子同样是一个问题,只有圣人可以自然回避这个问题,因为"圣人无两心"(《解蔽》)。圣人之心对于道有超于常人的领悟能力,不存在危微的问题。而一般人平时要注意心术修养,才可以避免危险,发现道之所在。

据上所论,基于心之内外的分疏,可以将早期儒家的心术实践与荀子的心志追求区分开来。如所周知,荀子批判子思倡之,孟轲和之的五行(一般认为就是简帛《五行》),讲其幽隐无说,闭约无解,笔者认为就是因为其有神秘主义背景。事实上,欲修炼内心,除了百倍努力实践外,恐怕只有诉诸神秘主义,才能成功。荀子主外心思索,其批判《五行》学说,是情理之中的事情。

第四节　政治与天

与心性及政治相关,还有一个问题,荀子与早期儒家的认识有根本差异,即对于天人关联性的认识。

对于立足于大体的心性论来说,心性是天命之所在,孟子讲尽心、知性、知天,心性与天联系在一起。早期儒家都很重视命的问题,孔子讲"不知命,无以为君子",孟子讲"行法以俟命",郭店简讲知己、知人、知命、知道,这些命,都是天赋予人以有价值的内涵,构成人之为人的实质性规定。

荀子的天论,如所周知,不谈天人的关联性,天没有意志,不赋予人特定的内涵,天与自然意义相等。人从天获得的只是小体,人性也是自然的一部分,大体需要师法培养。他也谈命,但不涉及人天生的必然具有的东西,那个在他看来是性。性是自然的,命是外傅的。他讲"节遇之谓命"(《正名》),人生的际遇可以谓之命。

对于圣人,早期儒家认为是天德,是天之所命,有天降圣人之说。荀子则不认为圣人是天之所命,而是依然从性的角度去认识。《正名》关于性,除了"生之所以然者",还有一个定义,"性之和所生,精合感应,不事而自然,谓之性"。这个未必是专为圣人所下的定义,但可以解释圣人无两心的由来。通过"精合感应",可以避免孟子的将心转变为性的麻烦。当然,这也不意味着荀子的圣人可以不学习不实践。事实上,他的圣人正是在学习与实践中存在,"精合感应",应该是圣人在学习与实践中,能够知通统类,保持统类一的基础。在荀子看来,这种能力也是天生的,带有天才论的意味。

《成相》讲"思乃精,志之荣,好而壹之神以成。精神相反,一而不贰为圣人",这里讲"思乃精",可见精是心与性的共同基础;"志之荣",相当于德之华,只是志是外心,而德近乎内心;[①]"好而壹之",好的对象是志之荣,若能全身心投入到外心的志业中,就可以像神一样,成为圣人也是在此基础上实现。所谓"精神相反",应是精义入神之义,反者翻也。所谓"精合感应",当

---

① 荀子讲冥冥之志,讲德意,说明他并非完全不了解内心,只是在他这里,内心也服从于外心之所向,而不是指向于内在的自我。内在自我与外在的礼之范型相冲突。

即是精与神的合,而这个神应是形式上具有独立性的礼的基础。圣人思索,精义入神,即为精合感应,从而制礼作乐。按照神秘主义的讲法,精也是天所赋,但不包含特定的内涵,只具有规定生命智能品质的意味,这并不违背荀子的观念,所谓"性者天之就也",圣人只是天之所就者中的品质优良者。

与天人关系相关,还有一个问题,荀子与早期儒家的认识也不相同,即对物的关系。早期儒家的尽性,除了尽己、尽人之性,还提到尽物之性;孟子也讲万物皆备于我,反身而诚,乐莫大焉。在这种论说中,自我包容宇宙万物,天与人构成相互依存的和谐整体。物的存在为助成人性服务,使物成为物,同时即意味着人更好地成为人,人与物的界限更加清晰,人从而有可能成为与天地并立而为叁的存在。这是早期儒家的圣人的追求。

儒家的礼仪中,有以物多为贵者,有以物少为贵者,按照早期儒家的解释,物多以其外心,物少以其内心也。外心乐德性之发,内心则慎其独(《礼记·礼器》)。这其实是神性自我的两个方向的发用,物在其中根据自我的发用决定其多少,物为助成自我服务。

对荀子来说,天自天,人自人,没有通过成物以提升自身地位的必要。自我不是先天规定的,而是后天养成,所谓"人无师无法,则其心正其口腹也"。价值的规定性通过教育实现,没有师法教育,人只会有利欲之心。与早期儒家相反,物非但不能助成自我,相反会淹没自我,因为性固有恶的倾向,物在其中正扮演助成其恶的角色。荀子要解决的问题正是维持物欲张力的平衡,所谓善。如果解决了善的问题,物就会转化为养人的角色,不过依然是针对人欲、针对小体而言。也就是说,在早期儒家思想中,物有正的问题,所谓尽物之性,即是要使物得正。在荀子的思想中,物只是与人生存相关的东西,是人宰制的对象,自身不存在正不正的问题。

因为天人关系的认识差异,荀子与早期儒家对于民在政治共同体中的地位认识也完全不同。在早期儒家的视野中,天赋予人以不同于物的价值,人性有值得尊重宝贵的地方,民为贵,成为早期儒家对于诸种不同角色在共同体中的地位差异的基本认识,天命自我民命。尽管也承认圣人,但圣人本是预设,不等于实际的君王,所谓百世方出。

荀子的认识完全不同,因为未经教育的人是自然物,政治好坏的关键,在于能够提供政治之善的价值的人。所以,他讲"君者,民之原也""道者何也?曰:君之所道也""法者,治之端也;君子者,法之原也"(《君道》),"君子也者,道法之总要也"(《致士》),"上者,下之仪也""上者,下之本也"(《正论》),道与法都是君与君子提供的,所以"百姓莫敢不顺上之法"(《君道》)。尽管他也讲"君者舟也,庶人者水也,水则载舟,水则覆舟"(《王制》),但他不是侧重于民本的意义上讲这个话，而是从君的角度出发，讲舟要为水提供理，让水保持清澈，从而让民安乐，所谓"选贤良，举笃敬，兴孝弟，收孤寡，补贫穷，如是则庶人安政矣"（《王制》）。所谓"有乱君，无乱国；有治人，无治法"（《君道》）。用今天的话讲，政治好坏的根本在于统治阶级。这中间，君又居于主导地位，"礼者，人主之所以为群臣寸尺寻丈检式也，人伦尽矣"（《儒效》）。①

对于荀子来说，圣人不是预设的不现实的存在，而是理想的王，所谓"此三至者（至强、至辨、至明），非圣人莫之能尽，故非圣人莫之能王"（《正论》）。这跟柏拉图的哲学王的概念很接近。过去，笔者将《大学》中典范理解为哲学王，现在看来还是应该作分疏，《大学》的典范是基于神性自我展开的，荀子的圣人是对超我的追求，以其与柏拉图的哲学王类比可能更恰当些。

荀子不讲至善，他讲至道。"至道大形，隆礼至法，则国有常。……故天子不视而见，不听而聪，不虑而知，不动而功，块然独坐而天下从之如一体，如四肢之从心，夫是之谓大形"（《君道》）。所谓至道，应是善得到普遍实现的道，它不是个体生命行走的道路，而是共同体行走的道路。荀子不认为人有天赋之命，但国有命，所谓"国之命在礼"（《强国》《天论》），礼就是为国之道。

这里要说明一点，荀子认为未经教育的人是自然物，并不意味着人就是与物平齐。他讲涂之人可以为禹，讲"人有气、有生、有知，亦且有义，故最为天下贵也"（《王制》），只要经过教育，人依然贵于物。只是他的理论的立足点是小体，而大体需要培养，所以他的理论中，民并不具有重要地位。与之相应，他很重视师的地位，将其列为礼三本之一，这也在于师能够使人成为天下之最贵者。而在孟子那里，好为人师是人之患，因为人固有大体，不待教而为贵，真正的问题是政治能不能给他生长的空间，而不是去戕害他。

荀子讲"人定胜天"，天与人之间不是相互依存和谐的整体，人的高贵依赖于人自身的努力，依赖于圣人推求至道，但至道一旦大形，人似乎又回到那个自然的状态。前引文讲天子块然独坐，很容易使人想起《庄子》中得道者的形象。属天的灵魂非人所有，即便是有圣人师法教化，其所习得的礼义也不能用属天来描述。笔者理解其属于地，即所谓"地义"。"地义"不仅与墨子的"天义"意义不同，与孟子的基于尊兄长而生的义也不同。"天义"不

---

① 晃福林，《从"民本"到"君本"——试论先秦时期专制王权观念的形成》，《中国史研究》2013年第4期。该文称这种政治观念为"君本"，从实践意义上讲没有问题，但在理论上，所谓"君本"其实是礼法为本，所谓"民本"其实是人性为本。

仅强调义作为原则的至高性，同时强调义的平等与公正。孟子的义也是"天义"，但其从属于仁，尊兄长是从"亲亲"中衍生出来，本身不是绝对原则，其有"庸敬"与"斯须之敬"的差别。荀子的"地义"，形式上作为独立原则出现，并且是刚性的。但"地义"取象于地，而地有差异，物固不齐，荀子的地义也有等差性。[①] 这为君臣尊卑的绝对化提供了理论基础，汉景帝时的黄生所谓的帽子再破也只能戴在头上，鞋子再好也只能穿在脚上的论调，当是依据荀子的理论。

总之，早期儒家的政治模式带有宗教性，而荀子的政治则是世俗性的政治。人性基础的不同，不仅产生对天的认识的差异，也导致了政治理论的差异。荀子的政治，是求善的手段；早期儒家的政治，是复善的基础。荀子的政治，是要为不同的人确立善恶的边界；早期儒家的政治，是要为所有人创造回归善的环境。荀子的政治，不需要天；早期儒家的政治则离不开天。

第五节　郭店简

由前文的论述可以看出，荀子与早期儒家在心性与政治上，所取立场正好相反，早期儒家取大体，荀子取小体；早期儒家讲内心，荀子立足外心。但如果要从早期儒家中选择一个思想家与荀子比较，很难有这样的人可以与荀子形成对待的关系。心性上思孟可以与荀子构成对待；礼治主义，孔子与荀子形成对待。这不难理解，先秦儒家的思想本身即在发展中，而政治也在发展。孔子的理想包含两个层面，一是躬行君子，二是天下有道，简单地讲就是修身与为政。礼贯穿了这两个方面。锻炼心性是服务于修身；为庶人提供正理平治，是服务于为政。两个方面都可以分疏为两个侧面，荀子与早期的儒家存在基本的差异。

这个基本差异与社会从宗法血缘社会向编户齐民社会转变联系在一起。宗法血缘社会，如何与血气之亲相处是基本问题；编户齐民社会，主要面对的则是与自己在血缘上没有太多关联的人。孔子将处理血气之亲的原则推到不相关的人身上，所谓"仁者，人也"；荀子将与不相关的人的相处原则运用到血气之亲身上，"虽王公士大夫之子孙也，不能属于礼义，则归之庶

---

① 理解天地与仁义的不同组合时要注意，讲天是讲自然性，讲地是讲形式讲法则。墨家讲"天义地仁"，是讲自然法观念与法所以爱民，法爱民因为是兼爱。儒家讲"天仁地义"，自然的仁爱有亲疏之别，而形式上的义，不是自然正义，故有差别。昭二十五年《左传》子大叔引子产语，"为君臣上下，以则地义"，就是形式法则的义，高低上下取象于地。

人"(《王制》)。

心性学服务于这两种不同的相处原则。仁爱首先用在血气之亲身上，本是人之常情。对于血气之亲的认知，很难用恶这个词，即便亲人犯罪，也要相互隐瞒。但对于不相关的人，恶就会登场，《性自命出》的爱类七、恶类三，当是从这两类人的分疏中来的。孔子、荀子都是用一个原则处理，只不过原则不同而已。从孔子到荀子的变迁，可以说是由内转向于外。心性学正好也存在由内转向于外的过程，二者应该是对应关系。爱别人基于善良的心性，没有善良的心性，爱无从谈起，而与爱别人的原则对应的是性善论；恶别人首先想到是确立界限，没有界限，厌恶本身会变成作恶。而厌恶别人之恶，同样也是要为别人确立界限，并悬以重罚，否则同样解决不了问题。与恶别人的原则对应的是性恶论。①

爱与恶是截然不同的情感，这种转变只能从社会变迁的角度获得解释。社会变迁非一朝一夕，这种理论的变迁也不是一蹴而就。从孔子到荀子的变迁中，确实存在着试图分别处理血气之亲与不相关的人的儒家思想者，本节要讨论的郭店简就是一例。

既是变迁形态，不难推出，郭店简的处理原则一定是门内与门外相区分，以爱的原则处理门内，以恶的原则处理门外。不过，在郭店简中看不到对此原则的明显的表述，只是说存在门内之治与门外之治的分疏，门内以仁，门外以义(《六德》)。但这已经足够说明问题。因为对于国家治理来说，通常并不会分为两个领域，只会有国内与国外的差别，国中只会赋予某些人特权，而不会有两种治。②《大学》、荀子都是一种治，郭店简将治家与治国分开，与他们对政治的理解显然都不相同。

将治理分为两个领域，在特定的社会发展阶段并非不可以，但依然会存在以何种原则为主导的问题。既为差异的原则，一定会发生冲突，冲突时以何为主导，应该就是思想者考虑问题的主导。这在郭店简《六德》中有明确交代，即"为父绝君，不为君绝父；为昆弟绝妻，不为妻绝昆弟；为宗族疾朋友，不为朋友疾宗族"。③ 很显然，在出现冲突时，郭店简以处理血气之亲的

---

① 这里只是一般对应关系，不具有排他性，比如基于情感的好恶就是另外一回事，而在西洋思想背景下，问题就更复杂。

② 具体历史要更复杂，事实上存在过渡形态，比如秦法还保留了相当多家长权，而法律儒家化后，国家也赋予了家长较大的权力。作为理论是另一回事。

③ 引文中的"绝"字，学者或读为"继"，如魏启鹏，《释〈六德〉"为父继君"——兼答彭林先生》，《中国哲学史》2001 年第 2 期；刘光胜，《出土文献与〈曾子〉十篇比较研究》，上海：上海古籍出版社2016 年版，第 94 页，也读为"继"。

原则优先。这里有一点值得注意,《六德》阐释臣德为忠,也是从血气之亲的原则出发的,"非我血气之亲,畜我如其子弟",所以臣对君要忠,这实际上是以门内原则为基础去解释门外的原则。以门内原则为基础,决定了郭店简的政治必然还是伦理型政治,所谓"尊德义,明乎民伦"(《尊德义》)。

作者希望将这种伦理政治模式推广到天下,这样,二元治理模式的国家事实上就会出现。因为,仅有少数几家享有特权,不足以称其为二元模式,只有普天下皆尊伦常,才会出现二元模式。作者特别重视教的作用,"先王之教民也,始于孝弟"(《六德》),也是从维系伦常入手。这种模式中的圣人,"慎求之于己,而可以至顺天常"(《成之闻之》)。圣人不是制礼作乐者,而是奉顺伦常的典范。这跟前面阐释的两种圣人都不相同。这不难理解,圣人是人之典范,学圣人就是要学习他遵循伦常的精神。这与作者的政治理念联系在一起。

这里,圣人也可以视为作者理论与实践的出发点,只不过,这里的圣人并不具有神性,只是讲"及其博长而厚大也,则圣人不可由与墠之"(《成之闻之》)。圣人的天德,也只是通过求之于己,达到至顺天常。由这个慎求诸己,神秘主义者开出了神性自我的认识,这里不展开。由这个典范的圣人可以判断,求己与顺伦常是作者理论与实践的主要关切。

与求己相关,《性自命出》阐释了性、情、命、心等心性学的基础概念,如何成德,如何入道,都是作者的关切。学界关于这些内容的讨论已经很多了,这里不再赘述。但有一点要说明,其讲礼因人之情而为之节文,这个理论显然与门内之治联系在一起,因为门内之治欲其逸,性情抒发则是基础,如果是抑制性情,逸乐就不可能实现。《五行》则是深度地求己,其具有神秘主义色彩,此略。

由慎求诸己出发,作者提出"君子人道之取先",提出了知己、知人、知命、知道、知行的实践的五环节(《尊德义》)。因为有慎求诸己,作者对人性的认识最符合客观,即人性没有本质的规定,有天生的性善者,也有天生的性恶者(《性自命出》)。正因为如此,禹以人道而治,桀以人道而乱,禹为性善者,桀为性恶者。所以"为政者,教导之取先"(《尊德义》)。但有一方面不是教导的问题,所谓"生而有职事者,非教所及也"(《尊德义》),这个与生俱来的职事,就是伦常,所以作者讲"天降大常,以理人伦"(《成之闻之》)。按照这个理论,君子实践的终结也是知天,但作者没有讲,因为这是自然与社会的统一,是门内与门外的统一。对于慎求诸己者来说,知天之说,恐只适合于圣人。

在养心的认识上,作者也很客观,认为"心无定志"(《性自命出》)。养心有两个途径，一是习礼仪，爱与敬在习礼中培养，礼仪要求身体动作合乎法度，这种锻炼对养成和谐的心灵有帮助，所谓身以为主心（《性自命出》）。二是养志，比如《五行》讲的中心之忧，"德弗志不成"，要想成德，就得有明确的志向。孟子讲浩然之气集义而生，集义就是志；又比如荀子讲的冥冥之志，没有冥冥之中对善的追求，大道很难实现。

从上面的这些论述看，尽管作者没有大体的观念，但以培养大体为目的的痕迹很清楚。只不过，他没有完全立足于内在以培养大体，他也谈到了外在的意义，所谓"为政者，或论之，或议之，或由中出，或设之外，论列其类。凡动民，必顺民心，民心有恒，求其永。重义集理，言此章也"（《尊德义》）。这里的"或设之外"，应该是从外部的制度建设方面来培养大体，而其中的原则就是义与理。公平、正义是民心恒久的取向，为政者必须顺应民的这个取向。后来荀子讲，"礼以顺人心为本，故亡于礼经而顺人心者，皆礼也"（《大略》），这也是从外部制度建设的角度讲的。孟子则将内在外在统一求之于良知良能。

因为不重视圣人对于善的天生的领悟，郭店简作者不像荀子那样重视师，他解释《韶命》的"允师济德"，认为是"言信于众可以济德"。所谓信于众，就是自己首先得做到，然后别人才会向你学习，所谓身服之。"君子贵与民同"，其恒务"在信于众"，如此，善政才能真正推开。

综上，郭店简对于政治、人性并不持单一原则，有性善、有性恶，门内与门外的治理原则也不相通，但作者的取向显然是向善。政治中居主导地位的也是门内原则，只不过同样要重视门外原则，作者应该是想通过两种原则共用以达到善政的目标。两种原则共用，意味着君子必须与民同，才能达到目的。这说明作者虽在理论上是两个原则，实践上则是相同的标准。《尊德义》讲的刑不逮于君子，礼不逮于小人，与《礼记·曲礼上》讲的礼不下庶人、刑不上大夫，意义上或有区别。因为同篇明明讲"君民者治民复礼"，民也在礼的框架之内。君子、小人的分疏不同于君子与民的分疏，这句话说明作者既非重刑主义者，亦非泛礼主义者。而荀子正相反，既是重刑主义者，又是泛礼主义者。这当是与作者以培养大体为努力方向联系在一起的。

综上所述，先秦儒家的政治理论与心性学说存在紧密的联系，但不同社会发展阶段，心性与政治的配合形态并不相同。粗略地分，共有三种形态，第一种是早期的孔子的礼治主义，由这种政治主张发展出性善论，只不过，二者是脱节的。第二种是荀子的礼治主义，他的性恶论与之配合。第三种则是居于二者之间的郭店的门内、门外分治论，其对人性的认识是有善有恶。① 在养心上，三派也有或主内心、或主外心的区分。三派各有自己的圣人，以为各自学说的出发点。圣人的特征也各不相同，早期的圣人侧重于情性方面，荀子的圣人侧重于知性方面，郭店简的圣人侧重于实践方面。

---

① 本章曾在一次学术会议上宣读，有学者提出将郭店简置于早期儒家与荀子之间的过渡是自相矛盾，因为笔者将孔孟之学视为早期儒学，而郭店简一般认为（笔者也这么认为）在孔孟之间。单纯从时间对照上看，此质疑有道理，但如果考虑到东西异学的问题，则并不难疏解。古代学术不是单线发展，而是东西相互影响。粗略地分，孔孟以西方学术为主，荀子则是东方学术类型，而郭店简则是东西兼有。以郭店简为早期儒学向荀子的过渡形态，也只是在特定内容上成立。

第三章　正、治之辨与儒学变迁

伦理政治是学人讨论传统政治或者儒家政治最常用的术语，而伦理政治的核心内容则是三纲五常。如所周知，三纲五常中包含着今天所讲的国家与社会两个层面的规范，这意味着古人同样试图寻找贯穿国家与社会的共通原则，以实现国家与社会的一体。古人所找到的这个共通原则即是伦理。在古代各学派中，最擅长此理论阐释的是儒家，儒家也被认为是古代政治的意识形态学说。

在古希腊哲学中，伦理学处理的是何谓善的问题，政治学处理的则是如何依据善的原则为国家社会立法的问题。前者是小善，后者是大善；前者对应于社会，后者对应于国家。古希腊人的这种知识论域划分的样式，应该是与他们的城邦直接建立在社会的基础上联系在一起的。这样的社会国家结构，使得小善与大善之上还有至善，其具有超越色彩。苏格拉底称自己是当时雅典唯一一个从事真正的政治的人，以至善为目标（柏拉图《高尔吉亚篇》），而他本人又反对介入政治事务，一个合理的解释，他讲的至善，与《理想国》的哲人王是对应的，本身具有超越性。因为有这个超越的至善，即便是处理小善，养成美德，其也不受任何现实社会人群所构筑的藩篱限制，没有古代中国从家到国的现实逻辑制约。在这个意义上，伦理学是哲学的一个门类。而伦理学直接关乎人的行为，所以又是实践的，只是这种实践的范围没有上升到国家层面，所以是小善。政治学是以国家为一个整体展开对伦理之善的实践，具体地说，就是立出具有善的价值关切的法，其考虑问题的出发点与伦理学不完全相同，二者构成不同的知识论域。但善是它们共同的关切。

古代中国，因为文明类型的差异，并没有古希腊哲学追求的至善。一般认为的《大学》讲的"止于至善"，可以与其类比，其实是对《大学》的误读。前章已经指出，古代儒家讲的善有两种，一种是早期儒家讲的本于自身的仁义之善，另一种是荀子讲的权衡物欲关系的善，两种善对应于两种德性，与古希腊哲学合一的德性形成二分与合一的对比。

德性是政治的基础，东西洋在这一点上是一致的，但因文明类型的差别所导致的对德性的不同的理解，事实上会导致政治理论上的纷繁复杂。就古代中国的儒家论,前章已经仔细地阐释了早期儒家与荀子的不同。但这个过程并没有终结,因为荀子隆一不隆二,其思想伦理的色彩不是很重,反过来讲,其不太符合一般儒家的重伦理的要求,本身是适应古代政治变迁的需求的思想产物。但当秦政权崩溃,古代文明要从最理智的东方政治文明再度转身时,荀子的思想并不能符合新时代的需求,儒学需要继续转型,向比较重视伦理的方向转型。

只是,学术上的转型必须符合政治的要求,东方政治文明重视治理的精神并不能完全放弃。而古代中国的德性发于个人的认知,事实上不能为国家治理提供德性原则。国家治理不是单纯的政策好坏问题,首先是国家作为存在物,其如何生存发展的问题,古代中国文明在这个问题上交的是白卷。董仲舒虽意识到国之所以为国者,在其有德,但其并没有这个能力去展开对国家德性的讨论。今天看,人类也只有古希腊人深入地展开了对这个问题的讨论。这某种意义上决定了古代儒学的变迁轨迹,即考虑如何将自己原先的个人成德追求与无德性的国家治理结合起来。结果也是一定的,即个人成德必须服从于国家治理。而服从于国家治理的个人德性,则必然建立在对于国家秩序的绝对认同上。前有"可杀不可使不顺"的荀子,辅以伦理关切,三纲就是最大的天理。个人本位的儒学从此转为国家本位的儒学。

古代儒家虽然强调个人的独立,但儒学未能始终保持自身学说的独立,其自身的学理随着古代政治的变化而变化。其所以发生这样的变迁,是因为儒学本身依附于古代政治而生,后世儒者虽然高标道的旗帜,但这面旗帜的内容却在随时代变迁而发生变化。宋儒讲以斯文为己任,他们讲的斯文,与孔子的斯文已不可相提并论。究其原因,儒家关切的核心是民性的养成,[①]关切民性,民作为集合词汇,带有政治内涵,因此而产生的学说,必然指向于政治。不论是孟子的性善论,还是荀子的性恶论,或者董子的性无善恶论,或者宋儒的性即理之论,最后都要归结到政治上来。

民是历史存在,民性不能脱离历史而存在,对于民性的规范必然是在具体的历史情境中展开。古代历史并非一成不变,其间最重要的政治类型,也非始终如一。究其变迁之大者,莫过于从以正为核心的政治转向以治为核

---

①　这里要特别注意的是,民性与人性不完全等同,民是集合词汇,人是抽象词汇,其既可以是群体,也可以是个体。今天用人性论来概括古代学术对人性的关注,其实不能反映人性论说在古代学术中的思想意义。天命之谓性,天命自我民命,在一般意义上是讲生之谓性,在儒学中则指向民性,其不能脱离政治去理解。当政治基础固化为三纲五常,理学对性的理解便退回到生之谓性的层次上。

心的政治,同样是伦理政治,存在着伦理之政向伦理之治的变迁。与之相适应,古代儒学也存在着指向于伦理之政与指向于伦理之治的不同,这个变迁发生在早期中国与传统中国之间,董仲舒可谓第一位为伦理之治作理论阐释的儒家思想家。关于董仲舒在儒学史中的这种地位,下一章有阐述与论证,本章讨论与此变迁密切相关的几个问题,以更好地观察古代政治与学术之间的紧密关联。

第一节　从道与从君

政治上从以正为核心向以治为核心的转变,在古代政治理论的表述中体现为礼治与法治的转换。礼治是后人的归纳,实际上那个时代人的政治观念,更偏重于正人,而不是治人。正人旨在使人养成德性,治人旨在使人顺从。毫无疑问,在春秋时代人的政治论述中,顺已成为一个好的价值,如《国语·周语上》记载内史兴的话,讲"敬王命,顺之道也"。不过,这样的论述在当时还很少见,说明这种政治价值尚处于萌发阶段。这种价值在儒家看来不符合政治要求,孟子讲"以顺为正者,妾妇之道也"(《滕文公下》)。而这也是当时人的观念,昭元年《左传》记徐吾犯之妹的话,讲"夫夫、妇妇,所谓顺也",正是这种观念的体现。

荀子是以治为核心的政治理论的阐述者,到了荀子的理论,顺成为政治的绝对价值,他讲"可杀而不可使不顺"(《王霸》)。荀子虽讲礼法,然其本质是以法为治,法治要求人绝对服从。只不过,法家要求人服从法律,荀子除了要求服从礼法,还要求服从于人,因为他认为法是人制定的,所谓"君子者,法之原也"(《君道》)。

孟子之所以特别强调"以顺为正者"是妾妇之道,当与其以天下为己任联系在一起。天下高于国家,而顺从是家族中家长对子女、妻妾的要求。但他已经处于世俗政治的情境中,世俗政治中君主与国家利益高于一切,其以治为核心,以下级服从上级为核心,以民服从官为核心。只有这样,政治共同体才能稳定,权力最顶端的君主的利益才能最稳固。所以君主也要求所有臣下对他顺从,这与孟子的理论显然凿枘不通。

战国时代头脑清醒的君主接受法治,因为法治能带来共同体利益的最大化,这同时也意味着其自身利益的最大化,商鞅变法后的秦即如此。荀子虽然接受法治,但他还有王道理想,所以他不能舍弃君子在治国中的地位与作用。纯粹的法治可能导致"民在鼎"的结果,而不再留意于修德。

孟子所反对的本不是顺从本身,因为从道也是顺从,他所反对的是绝对的顺从，将顺从本身作为一种独立的价值。以顺为正，即是将顺从视为一种独立的价值。《国语·周语下》记单襄公的话讲，"夫正，德之道也"。以顺为正，实际上是视顺从为道德，这是孟子反对的，也是以正为核心的政治所不提倡的。

荀子引传，讲古之君子"从道不从君"（《臣道》），这里反映了他的杂王霸道的理论自身的矛盾，王道讲正，服从的是道；霸道讲强大，要服从于君主。这二者并非不可以统一，如果君主是道的化身，那么王霸之道就可以统一，反之则不能统一。但无论如何，"可杀而不可使不顺"之"顺"，一定是指向于顺从君主本人的。

顺从本身不能成为独立的价值，而其所以在春秋战国以后得到越来越多的重视，实在于政治本身发生了变迁，治成为了政治的核心关切。三纲的核心即在于服从，这种变迁不能不说是与政治变迁同步的。

那么，为什么从于道是正，从于君就不是正？这里涉及儒家哲学的一个根本问题。前面讲过，儒家的关切核心是民性，当然也可以讲是民生。但要注意的是，民性可以换为民生，并不意味着民生就是今天讲的重温饱，将民生完全等同于温饱，显然低估了儒家哲学的意义。孔子讲"人之生也直，罔之生也幸而免"，人在这个世界上不是解决温饱就达到了目的的，还要生得直。所谓生得直，就是后世儒者讲的堂堂正正。如何保证民能够生得堂堂正正，就成为儒家的关切，其因而呼吁世界要有道。无道的世界，不能保证民生得堂堂正正。

《中庸》讲，唯天下至诚，可以尽性；唯能尽己性，方可尽人之性、尽物之性。这里的尽性之性，不是荀子讲的唯王者可以尽欲的欲。尽性指向的是人之性情抒发合乎礼的要求，而礼则是为保障民生得直而设计的国家社会的规范，所以儒家有时将礼视为道，从礼就是从道。

古希腊人讲灵魂与物体构成实体（柏拉图《伊庇诺米篇》），温饱只解决身体的需求，并不包括灵魂。其并非人的完整存在，所谓生得直，还包含灵魂关切。从礼从道而尽性，其中即包含有灵魂诉求得到满足的方面。只是，中国人的灵魂追求不像古希腊人以理性为鹄的，而在人群中，并没有养成对自由的追求。

这里有一件事情需要提出讨论，也是发生在孟子身上。齐王欲见孟子，但又不好意思直接召见，假托生病，希望孟子第二天上朝时去见他。孟子不往见，是为不见诸侯（《公孙丑下》）。《孟子》中记载了景丑氏与孟子的论辩，景子讲"君命召，不俟驾"，这个说法也见于《论语》，孔子即是这样践行的。按照这个标准，孟子的行为显然不符合礼的要求，齐王某种意义上显示了对孟子的尊敬,而孟子却未能做到礼所要求的。这里又出现了冲突。

从道理上讲,孟子自有他的理据。从礼等于从道,只在以正为核心的政治中成立,所以孔子很认真地践履这个规范。但对于处于强调治的世俗政治情境中的孟子,对于这种礼的遵循,首先意味着从君,而不是从道。这一点只有孟子自己能够权衡。如果齐王召见他是为行仁政,以使天下有道,这时遵循这个礼就是从道。而实践告诉孟子,齐王见他并非为此目的,他去见只是从君。单纯的从君没有道德价值。把孔子置于孟子的位置,他也不会去见。礼虽讲尊卑,但绝对的尊卑秩序,儒家并不服从,否则卑者如何生得直呢?尊卑只有在存在着共同的道德理想的前提下,才有意义,如仁之于父子,义之于君臣,人与人的关系之上,存在着一个德性价值要求,否则人与人之间就没有必要往来。

古希腊人用公正作为所有的人与人交往遵从的价值,中国的儒家因为关切点不同,所以针对不同的人与人提出不同的价值目标,实际上即是强调群体的达成要以德性为基础。在以德性为基础所达成的群体尊卑秩序中,那种卑并非有损人性尊严的卑,尊卑只是外在的形式,人性之正直并不会受尊卑秩序的影响。直心为德,人的正直根本上在于其有灵魂,脱离了灵魂,便无所谓正直。脱离了德性基础的秩序,几乎不可能培养灵魂正直的人。

在董仲舒的学说中,尊卑被绝对化,成为天经地义的东西,三纲的基础即是绝对的尊卑,这样的学说也是与政治的变迁联系在一起的。荀子的"可杀而不可使不顺",在汉代的法律中得到贯彻,绝对的尊卑在现实政治中已经建立,三纲不过是对这种讲绝对尊卑的政治社会秩序的承认罢了。

从孟子不见齐王的论辩中,可以看出,作为规范人们行为的法则的礼的背后,还有一个更高的要求,如果脱离了这个要求,单纯的礼没有意义,或者说其不能与道相等同。这个背后的要求也是从道即为正的根据。这个要求是与道相配合的德。孔子讲,个人之"志于道",要"据于德"。为政要"道之以德,齐之以礼"。没有德的前导,单纯地"齐之以礼",只能使共同体达到秩序上的稳定,即符合所谓治的要求,而不能实现道德共同体的目标,不能保障人生得直,达到"有耻且格"。

这里又引出一个问题,前文讲礼本是为保障民生得直而设计,何以又要有德的前导为前提?这个问题可以用东西异制的框架来解释。

上古存在两种不同的制度与不同的礼,东方的礼强调秩序,西方的礼则是基于人的德性而自然产生的交往的礼仪,所谓制度与文为的区别。① 从历史发展看,制度之礼在西周考古中表现并不明显,相反东周以后,这种强调等差的礼制在考古中反映得越来越严格。西洋学者或用礼仪性革命的假说来解释这种变化。②

这个变化在东西异制中很容易得到解释,西方文明强调德性,等差之礼在他们的文明中表现并不突出。孟子论证不见诸侯时引用了一则事例,齐侯田,招虞人以弓,虞人不见(此事见于昭二十年《左传》)。虞人的理由是招虞人当以皮冠,不当以弓。弓与皮冠的差别不是等级的问题,而是与各自的职事对称性的问题。职事的对称性是与人的能力联系在一起的,而人的能力是人的德性的组成部分,孟子的仁义礼智四端,其中即包含人的能力。这种礼的设计显然不是强调等差,而是对人的德性的尊重。

除了人的能力外,具体的政治社会身份也有各自相应的德性,孔子讲君君臣臣、父父子子。这里要注意其与讲君臣、父子的区别,讲君臣、父子重点强调不同身份之间的关系,后来的三纲是从这里发展出去的;而讲君君臣臣、父父子子则是强调各种身份应该遵循各自的德性要求,君要像君,臣要像臣,而不是说君臣之间应该如何。郭店简《六德》是阐述六位身份之德的文献,从六位到三纲的变迁,其实是讲正与讲治的不同。三纲讲君臣、父子、夫妇,强调的是不同身份之间的主辅尊卑关系;六位重视的是不同身份有不同的德性要求。有了这个德性要求,不同身份的人交往,礼仪就有促进和谐的意义。在讲六位的论说中,等差的礼制并不特别突出。

事实上,强调德性与强调等差并不能很好地统一,过分重视等差,对于保证不同身份的人生得直是一个妨碍,等差往往意味着高低贵贱;对于重视德性的思想来讲,人无高低贵贱之分。孟子能够不见齐王,就在于他还重视德性,所谓"天下有达尊三,爵一、齿一、德一"。爵是官爵,等差性最明显的即在这个领域。官吏阶层是为治的主体,等差性的礼制的出现,应该就是与政治转向以治为核心的时代要求联系在一起的。东周出现的礼制逐渐强化现象,不能算是礼仪性的革命。③

_____

① 参拙文《东西异制:早期中国研究新范式论纲》,收入牛鹏涛、苏辉编,《中国古代文明研究论集》,北京:科学出版社 2018 年版。

② 罗森主张用"革命"描述西周晚期的礼制上的新动向,罗泰则主张用"改革"来描述。具体研究文献,参[美]罗泰,《宗子维城:从考古材料的角度看公元前 1000 至前 250 年的中国社会》(吴长青等译),上海:上海古籍出版社 2017 年版,第 55 页注释 2。

③ 如果将政治之礼取代交往礼仪视为春秋时代论礼的主流,并非不可以用礼仪性革命这样的术语,只是具体内容要重新界定,用变迁来描述可能更妥当些。

　　另一方面，东周时代又是礼崩乐坏的时代。通常理解，礼崩乐坏指向的是天下秩序的崩坏，礼乐征伐不再自天子出。表面上看历史确实如此，但我们知道，孔子作《春秋》，不仅仅针对乱臣贼子，他也贬天子，在他看来，那个时代的天子不像天子，诸侯不像诸侯，实际上是一个整体失范的问题。其所以整体失范，并非是原先的很多礼制大家不遵守了，而是说原先各自的德性丧失了。因为原先没有很多等差性礼制，而更多的是与各自德性相应的礼仪，类似招虞人当以皮冠不当以弓。礼崩乐坏崩坏的是这种性质的礼，而不是服务于治的等差性礼制，其时等差性礼制正处于形成过程中。

　　春秋时代的人论礼，除了强调礼的重要性外，还有一个主题，即将礼与仪区分开来。昭五年《左传》记载女叔齐论礼的话，讲"是仪也，不可谓礼。礼所以守其国，行其政令，无失其民者也"，昭二十五年《左传》记载子大叔论礼的话，也讲"是仪也，非礼也""吉也闻诸先大夫子产曰：夫礼，天之经也，地之义也，民之行也"。这里，他们不约而同地讲出仪非礼的话，而将礼与治理天下国家联系起来。这说明那个时代人虽然还讲礼，但重心已经转向以治为核心的政治，这个时代兴起等差性的礼制，本是情理之中的事情。作为德性之表的礼仪，也就是孔子念念不忘的"郁郁乎文哉"的周礼，在剧烈变化的历史中不得不退出历史舞台。到了战国时代，正如顾炎武所论，周礼已绝少再有人言（《日知录·周末风俗》），相反，从考古发现看，等差性的礼制反而延伸至庶民。

　　孔子讲道之以德，齐之以礼，这个礼依然是作为德性之表的礼，而不是等差性礼制。尽管他那个时代，等差性礼制已经兴起，但若与其结果民有耻且格联系起来看，还是将其理解为与德相应的礼比较好。孔子又讲克己复礼为仁，非礼勿视听言动，这里的礼恐也不能理解为等差性的礼制。仁作为最好的德，不可能通过等差性体现出来。相反，孔子讲"中心安仁者，天下一人而已矣"（《礼记·表记》），倾心向往于仁者，其观念中天下只有一个人，所谓人人都是人，不存在高低贵贱的等差。约束自己遵守等差之礼，与此观念背道而驰。自己复于礼，与以礼正人，是一个问题的两个方面，所复之礼既不能是等差之礼，齐民之礼当也不会是等差之礼。

　　如此，讨论从礼是否等于从道，能不能算是一种价值，不仅要区别作为德性之表的礼与等差性之礼，还要注意德性之表的礼是否有德性支撑。如果没有德性支撑，作为德性之表的礼也没有意义，只是单纯的仪。"君命召，不俟驾"，更接近于等差性的礼制，但又不完全是礼制。若将君理解为德性主体，而不是权力主体，孔子对其的践履，未必可以视为是孔子维护等差之礼的证据。① 对于德性的服从，是自身有德性的表现；"就有道而正焉"，是个体成德的路径之一。因此"君命召，不俟驾"，对于孔子来说，与处于世俗政治中的孟子来说恐不能等同。在世俗政治中，君自然是权力主体，这种礼的等差色彩就更浓重，孟子不奉行，与是否背离道的要求，就是两个问题了。相反，齐王的虚伪，让孟子感受到了人格上的侮辱，这只能更加深他的反感。

第二节　为仁与为国

从前文的讨论看，因为历史的变迁，固有的文明传承出现了断裂，从重视德性之表的礼，转向重视等差性的礼；在孔子看来当奉行的礼，在孟子那里却被舍弃。这些断裂从政治发展的角度看，都可以归结为从正到治的核心关切的转变。与这个转变以及断裂相应，儒家的话语也在转变。

据前论，正的基础是德，有德才能正。反过来，正又是衡量是否有德的标准，所谓"正，德之道也"。从逻辑上讲，正与德之间似乎有循环指证的问题，究竟哪个在先？从《中庸》理论看，应当是德性在先，有德有位者制礼作乐，礼乐推广，君子练习达到发而皆中节，意味着成德，所谓"则以观德"（文十八年《左传》太史克引周公制周礼时讲的话②）。进一步推广，天下皆能归于礼乐，从而实现"树德于民"（《国语·周语下》单穆公语）的目的。这个过程当即祭公谋父讲的，"先王之于民也，懋正其德而厚其性"（《国语·周语上》）。民有德，才能生得直。但《中庸》的理论逻辑上仍然不完整，如果说实践礼才能正德、树德，而有德才能制礼，圣人的德从哪里来？这个问题早期的儒者不予论证，直接用圣人天德来解释，这样逻辑上就可以贯通了。

逻辑能讲通是一回事，具体的历史中能否被接受则是另外一个问题。当春秋战国历史剧变之际，圣人天德虽有神秘主义者去践履，提出新的替代理论，但其最终必然要被理性放弃。《大学》的格物致知诚意正心有神秘主义的背景，郭店简《五行》讲的内心相当于《大学》讲的意，而到孟子的良心论出，最终完成了对圣人天德理论的改造。

---

① 孔子并非不讲等差之礼，比如他讲八佾舞于庭，是可忍，孰不可忍。但这其实也可以作为原先之礼等差秩序意识并不强烈的证据，只要条件允许，就可以增加礼乐装备。如果秩序意识很强，应该为这个秩序立法，违反了会有什么后果，事实上，孔子只是情感上忍受不了，忍是情感活动，秩序与法是理智。如果只是不能忍受，说明当时无法，也就意味着并不存在确定不可挑战的等差秩序。

② 这里的"则"，当即是成十三年《左传》记载的刘子讲的"动作礼义威仪之则"的"则"。

就儒家论说的范畴史来看,德主要出现在早期儒家的话语中,如孔子经常讲德,孟子以后的儒家就很少讲德,德为更具体的心性代替。这是学说发展的必然。严格地讲,儒家的德的范畴并不严密,从孟子论人用心之异非天之降才尔殊,以及他论君子治人、小人治于人的话来看,儒家讲的德包含着德性与才能两方面的内容。孟子论证良心,只能论证仁义的内在,而不能论证礼智的内在,其实是儒家此种德性论的必然。因为礼智更主要是一种才能(或者用亚里士多德的术语讲是理论德性),才能,今天看主要在后天实践中培养,很难证明其先天存在。然就儒家的偏好来讲,德性较才能显然居于更重要的地位,也就是说,仁义较礼智更重要,所谓孔子讲仁,孟子仁义并重。

如此,一个问题就出现了,前面提到周公讲"则以观德",而则主要指礼则,在儒家产生前,贵族思想者都是德与礼并重,而在儒家发展的历程中,呈现的趋势却是德性居于突出地位。仁礼居于五行前两位的情况到子思就结束了,以后都是仁义稳居前两位。所谓价值排序,德性渐重的趋势很明显。与之相关,孔子的非礼勿视听言动,到了战国儒者那里就变成了非义勿视听言动(上博简五《君子为礼》);春秋时代人讲的"君子勤礼,小人尽力"(成十三年《左传》记刘子之语),到孟子那里就成了"君子劳心,小人劳力"。

笔者以为,这个变迁也当从政治变迁的角度去理解。儒家学说发展到孟子以后,不能遵循古典政治所孕育的儒家学说的要旨,其根本原因在于古典政治已经消失。前面已论,古典政治时代的礼,与春秋以后兴起的等差性礼制,不是一回事,等差性礼制的兴起是东方文明精神的体现,其以治为核心关切。战国中期以后,古典的作为德性之表的礼基本退出历史舞台,这意味着,到了战国时期,尽管仍然存在着德的论说与礼的践履,但德与礼之间并不存在表里的内在统一。孔子学说中的仁与礼的张力,在战国时代儒家思想家那里并不存在。孟子虽然讲以礼存心,但他讲的礼很无力,所谓等差性礼制他根本不讲,至于古典的礼,他也只是寥寥数语。历史变迁决定他不能再像孔子一样,将礼定位在为国之本的位置。

晋惠公的宠姬骊姬转述时人之语,颇能反映那个时代的学说的变迁,她说,"吾闻之外人之言曰:为仁与为国不同,为仁者,爱亲之谓仁;为国者,利国之谓仁"(《国语·晋语一》)。古典政治中,为仁与为国本是统一的,《大学》的格致诚正修齐治平,正体现了这种古典政治的精神。只不过,其为国的最终目的是为仁,治国为正人服务,所以,其逻辑必然是先正己,后正人。春秋时代,人们的观念发生了变化,为仁的目的是爱亲,为国的目的是利国。正因为此,才有了对于礼的认识重心的转移。孔子之所以赋予礼在国家政治中以重要地位,也与这个转变有关。

然作为德性之表的礼,除了使国家看起来有文化外,对于国家治理并无直接的作用。尽管儒家构建了一个自圆其说的理论,但因为以圣人天德为前提,而圣人百世方出,实践中践履这样的礼,能否使民众养成德性,本身要存疑。孔子本人即有女子小人难养的话,也看出以礼坊民,并不现实,而他晚年也转向了以法治民的主张。相反,等差性礼制因为具有社会分层的作用,在某种程度上反而具有稳定社会的功能。德性之表的礼的退场,等差性礼制的胜出,本是历史的选择。

儒家从重仁礼转向重仁义,与为仁与为国不同的命题联系在一起。① 尽管孟子作了义亦为内生之德的证明,但并不影响他认为义是一个处理与他人关系的范畴。他讲,"仁,人之安宅也;义,人之正路也"(《离娄上》)。义规定人走的道路,从与道的关系看,其更接近于道。道的古文即作人在四达之道中,从义即是从道,所以孟子有舍生取义的主张。

与之类似,孔子有杀身成仁的讲法,两人讲法不同,背后的学说也不同。孔子思想,仁与礼是对待关系,礼为德性之表,从修身开始;德为身之所得,身与仁就发生了关联,如果不能成德,身便没有意义,故有杀身成仁之论。所谓明哲保身,也是为成德计。孔子追求的道,是使天下人成德之道。朝闻道,夕死可矣,便是所谓杀身成仁。作个不甚恰当的比较,耶稣就是杀身成仁者,其所指向的不是天下得到治理,而是天下人得到拯救。孔子的拯救路径,是希望天下人自身通过践履礼,而至德性圆满,与耶稣的方式不同。后人将为国捐躯,为理想献出生命,也理解为杀身成仁,其实并不准确,准确地讲,那是舍生取义。

孟子的学说中,仁是规定义之内涵的原则。何为正义,不同的学派可以有不同的理解。所谓公平正义,有绝对公平与相对公平的区分。孟子某种程度上可以说是绝对公平的主张者,他设计的井田制,体现的即是这种精神。孔子讲,国不患寡而患不均,这其实是尚德精神在为国制义中的体现。

---

① 刘光胜指出,仁义连用郭店简中已出现,即《语丛一》"仁义为之桌",《大戴礼记》曾子十篇中也有,即《曾子制言(中)》"君子思仁义,昼则忘食,夜则忘寐"。见其著《出土文献与〈曾子〉十篇比较研究》,上海:上海古籍出版社 2016 年版,第 195 页。他认为"从孔子仁礼并称到孟子仁义俱内,展示的是早期儒学不断内转的趋势",同书,第 266 页。

前面说,崇尚德性,趋向于认同人人平等,趋向于接受绝对公平的原则。孟子将井田制视为仁政的具体内容,应该说是必然的。

为国当然不仅仅是经济制度的安排,还包括人与人的关系的安排,即所谓伦理问题。前文曾提到讲君君臣臣与讲君臣的不同,前者是强调各自的合法性基础,后者是强调二者的关系。讲人与人的关系,就是道的问题。孔子讲天下有五达道,君臣、父子、夫妇、兄弟、朋友(《中庸》)。儒家对于这种关系的处理,要比经济制度上的安排,重视得多,其所以如此,也出于追求德性的总纲要求。经济制度考虑的是分配问题,首先是与人的欲望的满足联系在一起,其与儒家的追求不直接相关。

孟子虽讲养民,希望民得养后找回自己的良心,然后成德。但他并未将体现正义精神的井田制直接视为义,而是将义理解为首先体现在兄弟关系中,这是典型的德性原则的体现。兄弟是血缘关系,德性是身之所得,首先应当体现在具有血缘关系的兄弟身上,然后再扩及到其他人身上。这在某种程度上扭曲了义作为对应于为国的价值的本质。但这显然更符合儒家原则,更有助于在理论上寻找到修身与治国之间的连贯性。也正是在这里,才能更好地发现从伦理之政到伦理之治的联结点。正是因为存在着德性原则,即便出现了正与治的断裂,儒家依然要将治国之义诉诸伦理关系。

古典政治时代,在伦理关系中陶冶德性,可以自然推广到政治实践中,所谓"刑于寡妻,至于兄弟",这里既是伦理的,也是政治的,而最后归宿则是个体德性。在世俗政治中,将为国原则诉诸伦理关系,在实践中很难展开,早期儒者虽有四海之内皆兄弟的话,但脱离了德之教化的人群如何变成兄弟,是一个问题。

比较理性的儒家,并不取孟子的学理,在比他早的郭店简《六德》中,即有门内仁、门外义的讲法,"门内之治恩掩义,门外之治义断恩"。治家与治国在他们那里作了区分,这符合前引骊姬的话的主题,为仁即爱亲,是家的事情;为国要利国,是国的事情。当然,这并不意味着郭店简作者放弃了德性原则,其在讲治民的一篇《尊德义》中,依然讲"先之以德,则民进善焉"。民养成德性,而"不以嗜欲害其义",还是他的关切。

对于德性原则与伦理之间的关系,郭店简《成之闻之》有清晰的表述,"天登大常,以理人伦,制为君臣之义,作为父子之亲,分为夫妇之辨。是故小人乱天常以逆大道,君子治人伦以顺天德"。治人伦是顺从天德,天德经由圣人而变为规范人言行的礼乐，而礼乐又是以人伦为纲目，保留至今天的《仪礼》，可以理解为围绕儒家讲的五达道展开。小人乱伦理，就是逆大道。《六德》既讲六位之德，又讲"男女别生言，父子亲生言，君臣义生言"，父子是门内，君臣是门外，这里与同篇讲的门内与门外之治的原则相同。也就是说，即便是古典的德礼政治，强调追求个体生命之正直，伦理同样是重要构成元素。事实上，就古代中国人性文明而论，只有在伦理关系中，对于基于德性的正直的追求，才有可能实现。

基于学界的一般认识，郭店简早于《孟子》，如果承认六位与三纲之间的关联性，那么，后来的三纲所遵从的与郭店简并非同一种德性原则。作为处理君臣关系的义，本是一种政治关系原则，郭店简《六德》将其与父子的门内关系作了区别。尽管《成之闻之》将其归诸天德，但这种归纳恐也不是自古如此。昭二十五年《左传》记载子大叔转述子产论礼的话讲，"为君臣上下以则地义，为夫妇外内以经二物，为父子兄弟姑姊甥舅昏媾姻亚，以象天明"，这里君臣与地匹配，父子兄弟与天匹配。父子之间以恩亲即仁的原则处理，符合儒家天仁地义的基本认知结构。如此，《成之闻之》讲的"天登大常"，这个天恐不能理解为与地匹配的天，其应相当于自然。只是，郭店简的"天登大常"之中，天地仁义以门为界分立，而董仲舒则将三纲统一诉诸天意，其中君臣之义显然高于父子之亲。

这就引申出一个问题，前文已论，从六位到三纲，与政治的关切由正到治的转变联系在一起。这个演变其实只是六位历史变迁的一条路径，而不是唯一的路径。事实还存在另一种结果，即孟子的将义归诸门内的处理办法。这种处理是建立首尾一贯的学说的必然要求。尽管《六德》的门内门外的处理，与春秋时代为仁与为国不同的理念与实践一致，但作为一种学说，这样的处理，使其学说缺乏建构国家与社会的统一原则，实践中会使人左右为难。不过，《六德》的立场还是儒家的立场，二者冲突时，为父绝君，为昆弟绝妻，为宗族绝朋友。但这并不能改变其学说的不严密问题。发展到孟子，其干脆将义的原则诉诸兄弟，并以这个原则去理解君臣。他认为的君臣关系是一种对待关系，不是绝对服从关系，君以什么样的方式对待臣，臣则以相应的方式对待君。这显然是一种相对平等的关系，这样处理的原则当是从兄弟关系推衍出来的。

反过来看，三纲一线的发展，其显然是用政治上的君臣关系原则，覆盖父子与夫妇关系。政治上的君臣关系首先是上下关系，这符合古人对于政治的一贯理解。周襄王讲，"夫政，自上下者也"（《国语·周语中》），子大叔曾讲，"礼，上下之纪"（昭二十五年《左传》），芋尹无宇则有"天有十日，人有十等，下所以事上，上所以共神也"（昭七年《左传》）。前文提到东周兴起的等差性礼制，也是为了维护上下关系而设计的。

这里要注意的是，同样是上下关系，古典政治与世俗政治不能等同。古典政治致力于民之成德，孔子有一句话，至今争议很大，"民可使由之，不可使知之"，这里不拟去辩争，仅从古典政治的角度，谈一下笔者的理解。其实，这句话与孔子讲的天下有道则庶人不议，意旨相同。古典政治的旨趣是教人成德，而成德本身带有神秘色彩，从宗教背景的神秘色彩，到神秘主义，成德确实不是一般人能够意识到的。孟子讲良心，大多数人其实也意识不到良心的存在。仅仅知道有些事不能做，与良心没有关系，后来程颢讲体贴天理，王阳明讲知行合一，那是对良心有体会的讲法。孔子讲"民可使由之，不可使知之"，是讲可以使民沉浸在礼乐教化中，不知不觉中养成德性。天下有道，庶人不议，庶人不知不觉养成德性，还有什么要议的呢？若放在世俗政治环境中观察，这两句话就成了愚民、压制言论的口实，完全是风马牛不相及的事。所以，古典政治虽也讲上下关系，其与世俗政治中那种绝对顺从的上下关系，在意义指向上不能等同。严格讲，古典政治的上下关系，其实是先后关系，所谓先觉后觉的关系。

三纲的本质也是上下关系，学者追溯三纲源头，往往提到《韩非子·忠孝》，臣事君，子事父，妇事夫，天下之常道，这里用"事"连接两种身份的人，与"下所以事上"的上下关系，本质一样。

从历史实践的结果看，孟子一路的论说得不到展开，历史上接受孟子的君臣关系论说的人屈指可数。三纲一线的发展，影响了传统中国达两千年。从这个意义上讲，魏晋以后虽有法律儒家化，有宋明理学的兴起，但主导这个文明的基本原则并没有变化。

有一点需要注意，用世俗政治原则覆盖家庭伦理，并不一定产生三纲。《韩非子·忠孝》不能算是三纲，荀子的"可杀而不可使不顺"也不是，尽管他们都主张这种规则转移。董仲舒提出三纲，当与儒家的德性原则联系在一起。荀子虽也是儒家，但他是受法治思潮影响甚深的思想家，在他的思想中，儒家的德性不存在，所谓仁义等德性，其实是人性之伪，人性本恶。他并非不讲德，但他讲积善成德，而他讲的善，更多是善治之善，而不是孟子的基于恻隐辞让诸心的善；他所求的德，更接近于亚里士多德的理论德性。

就杂王霸道而论,他关注更多的是霸道,是强国。董仲舒的基于礼乐文明的国家荣耀的观念,他不很在意。因此他也不会明确地提出以三纲作为国家基础,遵行礼法才是最重要的立国原则。尊卑秩序固然是其礼法的中枢,但尊卑秩序不一定要明确落实到三种伦理关系上。凸显伦理关系的重要,是与对人性文明即所谓德性的重视联系在一起的,而此种德性在他学说中的地位如无皮之毛。①

董仲舒的学说虽然也掺杂了王霸道,但其显然是以王道为主要的追求,他讲德主刑辅,说明他有德性关切。他讲"国之所以为国者,德也"(《保位权》),这与子产讲的"德,国家之基也"的观点,构成国家成立始终的两端,德之于国家的重要性,在他这里得到凸显。尽管他讲性不能为善,但他希望通过教化使民性善,这说明他有人性文明的观念,只是,他的人性文明屈从于国家秩序,所以他会有三纲的观点。

从人性文明要屈从于国家秩序的理念出发,他对道德进行了重新阐释。他讲"万物动而不形者,意也;形而不易者,德也;乐而不乱、复而不厌者,道也"(《天道施》)。在早期观念中,作为才能的德无所谓善恶,身之所得谓之德,万物也各有所得,所以文献中有"豺狼之德"的提法。但在儒家的观念中,德被视为善的基础。到了董仲舒,德成为固定意的力量,善出于意,德则是维护善的力量,而成为意与道之间的中间环节。这样,人性文明的基础不再是人性本身,而在于天意。道与德,更像是文明的形式,而不是文明本身。文明是天的要求,是国之为国的要求,人只是服从于这种要求,三纲正是这样的文明形式。这种文明形式,便是所谓儒术。

司马谈《论六家要旨》论儒家,讲"儒者博而寡要,劳而少功,是以其事难尽从,然其序君臣父子之礼,列夫妇长幼之别,不可易也"。其中"序君臣父子之礼,列夫妇长幼之别",便是所谓儒术。韩非子虽也讲君臣父子夫妇,但他主张用法来治,而儒者主张以礼来治。

需要说明的是,就孔孟之学来说,本无道、术之别,道、术之别的产生与正、治的分离联系在一起。儒家内部,孔孟讲正,荀子讲治,各立其说,无所谓正、治分离的正治。儒家内部有正、治分离,可以认为是从董仲舒开始。董氏讲德性,尽管本源在天,但却是儒家正统的追求;另一方面,其又要迎合

①　《荀子》书中明确提到君臣、父子、夫妇三种伦理关系的,只有《天论》中引"传曰:万物之怪书不说"后,讲到"若夫君臣之义,父子之亲,夫妇之别,则日切磋而不舍也",这里实际是经典的对三伦的关切,而不代表他本人对三伦的重视。《君道》中有请问为人君、人臣、人父、人子、人兄、人弟、人夫、人妻,对八位均有关切,也没有特别揭出三伦。

一统之治的时代需求，所以他又提出三纲，也就是所谓儒术。尽管董氏将正与治统一到天人合一的宇宙观之下，构建了自己的学说体系，但正与治的内在冲突并没有得到解决。三纲的要旨是政治的上下关系，而德性的养成则是觉悟的先后关系，大一统政治中，这两种关系不可能得到统一。父子关系的先后上下可以转变，但君臣夫妇则绝无转换之可能，从这个意义上讲，其在传统中国的历史实践中最终只能成为维护统治的儒术，而不可能成为具有独立宗旨的学术形态。

第三节　独尊儒术

学界关于汉武帝有否独尊儒术存在不同看法，[①] 笔者不拟就此展开讨论，因为朝廷设立的博士是否都是儒家，或者武帝是否完全排斥其他派别的学说，并不能作为论证武帝有否独尊儒术的关键证据。独尊儒术，不仅仅是学术问题，更是国家与社会的治理问题，如果是学术问题，儒家自身就存在不同派别，武帝所尊的儒术恐怕只能是董氏的公羊学，而这派自不能涵盖整个儒家学术。只有将独尊儒术理解为对国家与社会治理之术的选择，独尊儒术方可与尊董氏公羊学建立等同关系。这样去理解，设立博士是否皆为儒家，或者有无完全排斥其他学说，就不是关键问题，或者说，这些事实不能作为独尊儒术的否定性证据来理解。

国家社会的治理主要靠法律，秦汉时代确是依法为治的时代。过去学者认为秦汉法律都是法家法律，然后将法律儒家化的初始锁定在汉代。据笔者近年依据新出土材料所做的研究，这种讲法存在问题，秦汉法律不是同一学派制定的，秦为法家法律，汉为儒家法律，而魏晋以后，儒家法律又进一步儒家化。[②]

汉代法律为儒家法律，然若仔细区分，同为儒家法律，其间又经历了不同的阶段。比如汉初法律以荀子的礼法思想主导，荀子是重刑主义者，所以《二年律令》还有肉刑；而汉文帝刑制改革，取消了主要的肉刑，这里就有刑法思想的变化。与荀子相比，取消肉刑更接近儒家的恤刑主义。也正是从文帝时期开始，儒家今文学开始受到重视，体现儒家精神的法律不断推出，

---

① 对汉武帝独尊儒术均持否定意见，近年比较流行，如王葆玹，《今古文经学新论》，北京：中国社会科学出版社 1997 年版；杨生民，《战国秦汉治国思想新考》，北京：金城出版社 2011 年版，不具列。

② 参拙著《德礼·道法·斯文重建：中国古代政治文化变迁之研究》，杭州：浙江大学出版社 2016 年版。

比如体现大一统的酎金律，①诸侯逾境律，②妾不得为夫人律，③等等。这些法律的制定都是尊儒术的体现，并且主要是与公羊学的精神相通。今天将独尊儒术仅仅理解为尊崇儒家学术，有失片面。事实上，后来的法律儒家化，是儒术更深层次的运用，推崇儒家学术只是与治道上的儒术独尊相配合的意识形态领域的工作。

笔者尝谓独尊儒术是为汉初以来的文法实践提供意识形态支撑，这个讲法应修正为：除确立意识形态的独尊外，还包括治道上的儒家旨趣的逐步强化。强化本身有一个过程，汉武帝的尊公羊学，《春秋》运用于司法实践，魏晋以后的法律儒家化，体现的都是治道上儒家旨趣的不断强化。笔者曾指出，荀子的礼法同样尚文，但他的尚文只是形式上的，对他来说，文是伪的结果，而非如子贡所认为的文犹质、质犹文，其与文为心表的观点也不相同。按董仲舒的讲法，《春秋》以质救文，与荀子相比，其所不同者，《春秋》或者公羊学并不以文为伪；当然，它也不赋予文为人心之表的意义，其未对文与人之内在的离合关系作出判定。

这里需要说明的是，《春秋》对文的这种认识，符合孔子对文的认识。《论语》记载孔子与子夏论诗"巧笑倩兮，美目盼兮"，孔子讲"绘事后素"，子夏反问"礼后乎"，孔子讲"起予者商也"。在子夏看来，礼不是后天教化的产物，后天的教化只是起到启发、接引的作用，为礼之心是人所固有的，也就是子贡讲的质犹文、文犹质。而孔子讲"文质彬彬，然后君子"，则是将文与质分开讲。董仲舒讲的文质关系与他相同，他说"礼者，庶于仁文，质而成体者也"（《竹林》）。

与这种观点相适应，《春秋》或者公羊学在人性的认识上与荀子也不相同。荀子主性恶，所以文只能是伪。《春秋》或者《公羊传》本身未交代其人性观点，借助董仲舒可以看出作者对人性的认识。董氏对人性不别善恶，认为人性中有善有恶，所谓"人之诚，有贪有仁，仁贪之气，两在于身"（《深察名号》）。尽管他对人性不如亚里士多德分析得全面，但他至少将孟、荀两派的人性观统一起来了。他以中人之性规定人性，又讲民者瞑也，与孔子不给人性做善恶判断是一致的。孔子对人性的旨趣侧重在性情上，这在《论语》中

---

① 《汉书·礼仪志》注引丁孚《汉仪》，酎金律文帝所加，以正月旦作酒，八月成，名酎酒，因合诸侯，助祭贡金。转引自程树德，《九朝律考》，北京：中华书局 2003 年版，第 19 页。

② 《汉书·王子侯表》嗣阳邱侯偃，孝景四年坐出国界，耐为司寇。祝兹侯延年，坐弃印绶出国，免。转引自程树德，《九朝律考》，北京：中华书局 2003 年版，第 118 页。

③ 《汉书·恩泽侯表》孔乡侯傅晏，坐乱妻妾位免。转引自程树德，《九朝律考》，北京：中华书局 2003 年版，第 114 页。

很容易看出，而孤立的性情无所谓善恶。

何以据此判断《春秋》或者《公羊传》的人性观点呢？这需要从孔子作《春秋》的动机契入。孔子作《春秋》，乱臣贼子惧，后人或谓《春秋》称情立法，而所立之法，则是儒家的尊尊亲亲之法，也就是荀子讲的礼法，也就是董仲舒特别重视的尊卑贵贱之法。① 同样是要立法，荀子与董仲舒方法不同。荀子运用法律规定不同的人满足欲望的不同层级，与此相应的便是性恶论。孔子与董仲舒都不是这个立场，孔子强调教化，董氏也强调教化，教化重视引导，只是两人教化的旨趣有所不同。孔子的教化是要使民向君子学习，转化性情，从而自觉遵守礼法，他并不赞成公布成文法。董氏的教化，表面上看，也是要人成德，但从一开始，他所谓的德就是对尊卑礼法秩序的服从（虽天子也要服从），而不是转化性情，完善人格。因为强调服从礼法秩序，所以他也重视刑法的作用，只是相对于礼乐教化，其处于辅助的地位。

从先后、上下的关系看，②孔子的教化是基于先后关系，而他作《春秋》却是要确立上下关系，也就是说，他的理论存在着难以解决的矛盾。解决上下关系问题，法最有效，他晚年虽意识到此问题，但并没有在此问题上留下过多论述。某种意义上，可以将孔子的思想历程，理解为上古政治实践展开的模式。按照叔向的讲法，世衰作刑，教化失败然后才求诸刑法，这意味着，上古政治以先后关系为主导。孔子早年讲"道之以德，齐之以礼"，追求彻上彻下的礼治，晚年始悟治民当以法。主导他一生思想的是先后关系模式。

且不论孔子学说的内在的缺陷，也不论董氏新儒学距离真正的德性教育有多远，两人在重视教化上是一致的。教化的作用是引导与规范，据此可以推断，孔子在人性上的观点，恐接近于董仲舒，将未启蒙的性视为混沌物。孔子自己很少抽象地谈论性，所谓性与天道不可得而闻，他致力于转化人的性情，从而以此为基础实现道德理性。这种理论思路就是郭店简《性自命出》讲的"君子身以为主心"，而与亚里士多德讲的性情是转化欲望为理性的中介的思想一致。在郭店简中，确实体现了早期儒家对于性情的深入思考与仔细剖析，这当是对孔学的正宗传承。郭店简对于人性善恶也不持立场，

① 这里没有将三种法的内涵完全等同的意思，而是说这几种儒家都要确立切合自身志趣的国家社会秩序。

② 先后、上下是笔者对中国古代哲人两种哲学模式的概括，孔、老都是讲先后的模式，而《易传》是上下模式。参拙著《神秘主义与中国古代哲学研究论稿》，杭州：浙江大学出版社2019年版，第五章。现在看，这也与西洋哲学形成二分与合一的分殊。先后模式是基于创世说，而创世如果从工正思维看，就是上下模式，古代中国人性文明兼具工正思维，造成了先后与上下两种思想表达方式。而西洋是工正文明，二者可以统一。

仍然将其视为具有多种发展可能性的存在,这也接近于孔子的态度。

　　由孔子与董仲舒的人性观,可以推断传《春秋》的公羊学者对于人性的观点。传《春秋》的公羊学者同样是要立法,但其立法不能与荀子的礼法观念相提并论。荀子受法家影响很深,以致得出人性恶的观点。事实上,像商鞅那样的法家并不明确讲人性恶,同样主张法治的墨家也不讲人性恶。[①] 法家是理性治国论者,立足于理性治国,人与人相争是理智不足,与人性善恶无关。荀子的礼法要维护的是尊卑贵贱秩序,而这种秩序的建构有情感的参与,当运用法律去维护这种秩序时,人性自然要被判定为恶,书中前文已有论述,此略。孔子、董仲舒都不是法治优先论者,公羊学者也没有将法治作为治国的首选。事实上,受到他们所立之法制裁的人,有些是德性很好的人,如赵盾,孔子都替他惋惜,说出境则免,即如果他逃亡出境,就可以免去弑君的恶名(宣二年《左传》)。这说明他们所立的法并不必然指向于人性恶。

　　《春秋》所立之法,实为名教之法,而名教之法,据董仲舒的论述,同样强调循名责实,《春秋》所以能决狱,即在于此。名教之法所以能使人惧,在其"为辞之术"。这种"为辞之术"与法家的立法审案之术有类似之处,即重视"形名"。重视"形名",意味着对于"未发之中"不会特别强调,事实上往往是忽略。董仲舒将自己的人性观点,诉诸《春秋》"为辞之术",他讲:

> 《春秋》之辞,内事之待外者,从外言之。今万民之性待外教然后能善,善当与教,不当与性。与性,则多累而不精,自成功而无贤圣,此世长者之所误出也,非《春秋》为辞之术也。(《深察名号》)

　　"形名"是对已经生发出来的事物的认识手段,性善、性恶都是对性本来如何,而不是对已经表现出来的人性的描述,所以董仲舒讲"圣人莫谓性善,累其名也"(《深察名号》)。《春秋》立法都是根据已经发生的情况确立书写办法,与赵盾类似遭遇的还有许世子,其进药前未尽责尝药,其父之死虽不在药,而《春秋》责之。依照法的一般标准,赵盾、许世子均不当对其君的死亡负责,但《春秋》不这样看,其所要确立的是尊卑之法,才有了对二人的责难。不过,这是立法指导思想的问题,就立法遵循的路径看,人性善恶问题并不重要。

　　《春秋》立法的指导思想,是否已经是三纲,从《公羊传》得不出结论,但

---

　　① 刘家和先生《关于战国时期的性恶说》,分析墨子、商鞅都是性恶论者,收入其著《史学、经学与思想:在世界史背景下对于中国古代历史文化的思考》,北京:北京师范大学出版社 2005 年版。

从具体内容看，以类似原则指导书写的例子则可以找到。笔者以为，其中最能说明问题的，是在君父并丧为臣者要不要奔丧问题的处理上，公羊家主张奔丧，谷梁派主张不奔。① 公羊家的主张与郭店儒家主张的为父绝君相冲突。三纲中最重要的是君为臣纲，公羊家的主张符合这种精神。可以认为，三纲的出现，当是对《春秋》立法指导思想的概括、提炼与扩大。②

准上所论，汉武帝的独尊儒术，是从受法家思想影响甚深的荀子，向儒家名教之法的回归，其间既有确立意识形态的宣示意味，更重要的是治道上的儒家转向。荀子今天虽然也称为儒家，但其在治道上，奉行的是法家的重刑主义，强调运用严刑峻法维护尊卑贵贱秩序。在意识形态上，荀子虽也重视诗书礼，但在荀子那里，这些经典不是服务于构建名教体系，而是养成君子的基础，君子是立法者，不是意识形态的宣讲者。独尊儒术，除了继承礼法、文法的精神外，最重要的是要建构名教之法。武帝之时，名教之法实践中已经有了体现。大司农颜异因腹诽而被诛杀，就是名教之法的运用。因犯讳而遭罪责，③也是名教之法的运用。这些司法实践，在汉代并没有法律文本作支撑，④为之制定法律文本是魏晋以后法律儒家化的任务。

治道转型不可能一蹴而就，当然也不可能要求汉政权很快将其他学术一皆罢免，学界质疑独尊儒术，将其重点放在儒家学术的独尊，是对独尊儒术的误解。以前文对名教之法可能的人性观基础看，独尊儒术其实不符合儒家学术的宗旨。孔子虽不抽象地谈论性，但并不意味着他没有人性关切，他致力于转化性情，就是对人性的关怀。名教之法虽不讲人性恶，并且董仲舒还讲"性不得不成德"（《深察名号》），但究其实，其比荀子好不到哪里去，其本质是对人性进行取裁，削足适履，其对人性造成压抑是必然的；另一方面，虚伪人性现象的出现也是必然的，名教之法除惩治违背名教秩序的人，还奖励遵守名教秩序的人，察举孝廉即是。由此出发，东汉末年名教之崩溃，就完全可以理解了。

用今天的学术话语表述，儒术或名教之法是政治化的道德体系，本质上

---

① 参陈立就《春秋》隐三年"三月庚戌天王崩"《公羊传》所作论述，说见《公羊义疏》，上海：中华书局四部备要本，卷五，五页反。

② 隐二年冬十月，伯姬归于纪，成九年夏，季孙行父如宋致女，都涉及女德，但类似三纲中夫妇关系的处理原则《春秋》中末见。

③ 《汉书·宣帝纪》元康二年诏曰：闻古天子之名，难知而易讳也，今百姓多上书触讳以犯罪者，朕甚怜之，其更讳询，诸触讳在令前者赦之。

④ 前揭注引《宣帝纪》提到"令"，这里的"令"，当如《南齐书·王慈传》讲的"班讳之典，爰自汉世"中的班讳典之令，而非定罪量刑之律。两则材料转引自程树德，《九朝律考》，北京：中华书局2003年版，第128页。

是为统治服务的，与早期中国的道德化的政治并不是一回事。其除了有意识形态的一面，还有实实在在国家与社会治理的一面，并且后一方面较前一方面还要更重要些。无论如何阐释，其均不能与正宗儒家的对人性的关切相提并论，其在一定程度上可以说是反儒家的。

第四节　治身与治民

据上所论，儒家伦理政治在东周秦汉确实经历了学理基础与政治形态的变迁，简单地讲，就是从伦理之政到伦理之治的变迁。在这个变迁中，传统中国的官民二分的政治权力格局逐步形成。本节尝试阐述与此变迁相伴的儒家相关论说的变化。

古典政治虽也分上下，但据前论，其本质是先后关系，为政者与治于人者不存在严格的界限。《中庸》讲尽己性、尽人性、尽物性，与天地而为叁，不仅要实现自己生得直的目标，还要帮助别人生得直，所谓己欲立而立人，己欲达而达人。人与天地形成三分的关系，作为这个群体的一员，人人都有与于礼的权利，礼构成了人民的规定性。成十三年《左传》记载刘子的话，"民受天地之中以生，所谓命也。是以有动作礼义威仪之则，以定命也。能者养以之福，不能者败以取祸。是故君子勤礼，小人尽力"。昭二十五年《左传》记载子大叔论礼的话，"礼，上下之纪，天地之经纬也，民之所以生也，是以先王尚之，故人之能自曲直以赴礼者，谓之成人"。两则材料，前者讲礼是民之命，后者讲礼是民之所以生。这里只有作为集合名词的民，没有作为被统治阶层之民的意思。尽管前者对民作了君子与小人的区分，但其间并无将小人作为被统治阶层的意味。

君子与小人，《论语》分疏很明晰，笔者以为，《论语》中孔子其所以如此密切关注二者的判分，并不是要将小人作为一个阶层与君子隔离开来，他讲唯女子与小人为难养，其间透露出的是对小人养成德性的关切。事实上，孔子主张礼下于庶民，子游讲小人学道则易使，并将礼乐教化下推到庶民身上，孔子对此予以肯定。小人也是民的组成部分，其同样有权利与于礼乐。

小人学道则易使，很容易让人产生小人是被统治阶级的认识；还有孟子讲的"君子劳心，小人劳力，劳心者治人，劳力者治于人"，带有阶级论观点的阐释者往往提出小人是被统治阶级，孟子有阶级思想的观点。这样的阐释有简单化的倾向。孟子身处世俗政治情境中，那个时代已然存在阶级自无疑义。但并不意味着孟子的话带有阶级色彩。孟子讲制民之产，使民获得生存的基础，从而可以找回良心，养成德性，就此目标而论，还是古典政治的追求。在这些论说中，小人是被作为民的一部分来看待的，其最终也要进于礼乐。

孔子讲"先进于礼乐，野人也；后进于礼乐，君子也。如用之，则吾从先进"（《先进》），这段话不太容易理解，朱熹以为先进、后进犹言前辈、后辈，程子则以为是对周末文胜的纠偏，他认为先进指的是文质得宜，后进指的是文过其质（朱熹《论语集注》）。笔者以为可以用孔子自己的话来解释，质胜文则野，礼乐非玉帛钟鼓之谓，必待钟鼓玉帛而行礼者，为后进；无钟鼓玉帛，亦行礼者，为先进。如用之，其则从先进。所谓野人，朱熹以为是郊外之民，笔者以为指的是那些小人而能行礼者，他们的经济条件不允许他们有钟鼓玉帛，但其能行礼，其正合于孔子"礼云礼云，玉帛云乎哉？乐云乐云，钟鼓云乎哉"之旨。孔子承认小人可以成为自曲直之成人，只是觉得他们作为群体而进于礼乐很难。

明确把小人与民区分开的是郭店简。《尊德义》一方面讲"为古率民向方者，唯德可"，又说"德者，且莫大乎礼乐焉"，又讲"君民者治民复礼，民除害智"；另一方面则讲，"刑不逮于君子，礼不逮于小人"，又讲"非礼而民悦哉，此小人矣"。这里小人与民被清晰地区分了开来。对于民，作者则遵守古典文明的宗旨，使其进于德礼；而小人则被明确地排斥在了此类文明之外。这个区分，或者被表述为"礼不下庶人，刑不上大夫"（《礼记·曲礼上》），荀子则表述为能习诗书者为君子，不能者则为小人。小人显然被排斥在了礼乐文明之外，并且获得了与庶人相混的词语地位，庶人因之也被排斥在了礼乐文明之外。这里虽不是从经济地位区分阶级，但从文化上区分了身份阶层。

区分儒家内部是否将小人从民中分别出来，对于讨论从伦理之政到伦理之治的政治变迁，有重要意义。将小人区分出来，有区分统治与被统治阶级的意涵在其中，尽管这样的区分，不是由经济的角度契入。汉代的文法基于荀子的礼法思想制定。在荀子的思想中，君子与小人是政治上的统治者与被统治者，只不过，荀子不考虑血缘关系的基础，他认为"虽王公士大夫之子孙也，不能属于礼义，则归之庶人"（《王制》），这当然只是他的理想。荀子不以使民成德作为自己学说的宗旨，而是要制欲之中，以达到统治秩序的稳固，这意味着汉代的爵位制度，在实施过程中，当存在着所谓官爵与民爵的划分。礼法的外壳下其实存在着统治者与被统治者的划分。

这样的学说与制度，无论从孔、孟儒家的角度看，还是从商鞅法家的角度看，都是不彻底的。孔、孟希望建构道德共同体，即便是小人，他们也希望其能成长为君子，所以才会有将礼乐推及庶民，提出良知的理论。对于商鞅法家来说,他想构建法治共同体,这个共同体中同样不存在统治者与被统治者的划分,庶民立功可以授爵,可以为官,官民之间不存在难以逾越的鸿沟。

从理论上讲,荀子的学说实现了儒家从古典政治到法治时代的转型,他的礼法实现了正与治的统一;但从内在正义精神的角度去衡量,他的正义精神建立在对于尊卑贵贱之体稳定性的关注上,既非孔孟的内在德性,亦非法家的社会公平。在现实实践中,这种理论最基本的尊卑贵贱划分,其实就是君子、小人,所以在社会经济结构的建构上,存在着明显的两头大、中间小的弊端,这从《二年律令》按爵位授田地与房产的规定上可以看得很清楚。① 这样的结构,今天看来很不稳固,事实也正如此,到董仲舒的时代,已经是富者田连阡陌,贫者无立锥之地。无论从理论上看,还是从实践上看,这种学说的问题都很明显。

董仲舒当然没有能力解决这个问题,事实上,荀子的学说被有些学人认为影响了传统中国两千年。董仲舒能做的,是在此基础上,使这种统治秩序能更多地体现出孔、孟的关切,即能够将小人在一定意义上也纳入到政治共同体之中,形式上消弭君子与小人、统治者与被统治者之间的鸿沟。他的办法就是提出伦理之治。

在孔孟那里,伦理是涵养德性的达道,但是在郭店简《成之闻之》中,小人成了反伦理的角色,所谓"小人乱天常以逆大道,君子治人伦以顺天德"。相较于孔子的君子、小人之分,这个判分明确地阻断了小人进入德性共同体的可能。没有秦的政治理论与实践,这种阻断恐怕很难逆转。秦人的政治实践否定了这种阻断,礼不下庶人,刑不上大夫,被法律面前人人平等所取代。在这种政治精神的冲击下,文法体系也在适应调整,汉文帝的刑制改革,不仅仅是针对官员,同样惠及小民,小民同样享有了复返正常世界的机会。

董仲舒的伦理之治,同样是要将小人纳入到现实政治共同体中,只是不能将其理解为孔孟所追求的德性共同体,尽管他自己认为这也是一个德性共同体。孔孟的德性共同体是由有德性的个人构成的共同体,董仲舒的德性共同体是披着德性外衣的基于尊卑法则维系的政治共同体。伦理秩序,在孔孟思想中是德性成长的基础环境,在董仲舒这里则是构建统治秩序的一种方式。前者是从个体德性的角度看伦理,个体德性中包含秩序的和谐;后者是从国家社会治理的角度看伦理,国家社会体制应以伦理为基础,从而

---

① 这里是基于《二年律令》是文法即荀子的礼法的判断立论的,荀子没有明确表述过这样的制度。

对个体德性提出要求。在董仲舒看来，对这种秩序的服从就是德，如果乐在其中，所谓名教之乐，那就是有道。

现代学者替传统中国辩护，说其没有明显的阶级划分，这系得益于董仲舒的学说。按照这种理论与实践，践履名教好的人可以为官；再往后五经四书读得好的人，当然必须是在维护名教的框架下对其阐释，也可以做官，这就打破了君子小人之间的阶级分别。也就是说，董仲舒的理论在秦的基于法治的官民一体模式之外，开辟了一条基于名教之德的官民一体的模式。尽管其对于现实的改变非常有限，但至少使传统中国给人的感觉多了一份温情，穷人通过践履名教、通过读书，也可以改变命运。

基于这样的理论背景，董仲舒的治身与治民主张，与早期的孔孟以及稍后的荀子都有不同。在孔孟与荀子那里，治身与治民是统一的，只不过，孔孟以德正身，以德导民；①荀子则是法制正身，法制御民。董仲舒掺合这两种学说，提出"以仁安人，以义正我"（《仁义法》）。这种主张，前者针对孔孟，后者则针对荀子的理论与实践。以义正身，要求为官者完全服从国家秩序，这个秩序的本原在天。董仲舒讲"正其义不谋其利，明其道不计其功"，道义已被三纲五纪八端之理规定。与孔孟以道事君，荀子引的从道不从君相比，董氏之道义内涵上已经发生变化，从道与从君不可以发生冲突。以仁安人，则将小人从所谓被统治者的地位，转变为教化关切的对象。董仲舒讲"闇于义，则去理赴利"（《仁义法》），赴利则既可能破坏秩序，又可能危害小民。

这种治身治民的主张，同样指向于构建带有温情的政治共同体，对己严格要求，对百姓充满仁爱。这里与前面讨论的春秋时代关切的为仁与为国的问题，某种程度上具有相似性，但提出的主张则相反。这种背反，可以理解为是政治变迁的必然。政治变迁，导致为国的重要性超过了为仁问题。

儒家内部的将小人逐出礼乐文明的声音，从理性的角度讲是可取的。在那个时代的生产力条件下，使大多数人养成德性并不现实；要求那个时代不出现阶级划分，也不切实际。真正的问题是，儒家发展不出基于自然理性建构群体秩序的思想学说，那是古希腊人的思想。往回折返是必然的。

董仲舒的学说同样是为国的问题意识占据主导地位，以义正我解决的不是为仁问题，而是迎合了如何为国的问题。义以正利，按照义构建国家最

---

① 孔孟之间稍有不同的是，孔子到晚年才意识到治民用法，孟子基本上认同以法治野。只是孟子的以法治野，与他的以德导民是并行的主张。他虽讲人之患在好为人师，不赞成外部引导，揠苗助长，但他的良知依然是德性，导民者由外在的导师转变为内在的良知。而以法治民，应该就是保障人能够有条件养护良知生长。以法治民受仁政制约，不是简单的道之以政，齐之以刑，而要诉诸井田制。

有利，人人讲道义，国家自然会好。以仁安人，也不指向于为仁。表面上看，这与孟子的仁政思想相似，但实质上有区别。孟子的仁政服从于良知自我呈现的目的，看起来是为国，实质上是服从于为仁。董仲舒的理论中，人无良知，需要服从教化，而所教的内容又指向于为国。因此，他的治身治民都是服从于为国。这与早期的治身治民都是以为仁为目的，以及过渡时期的为仁为国相分离（分门内门外），都不相同。他的德性关切，与早期的为仁不可同日而语。从政治类型上讲，其与荀子同处一个形态，都是以治或为国为关切的核心。

据董仲舒讲，他的以义正我、以仁安人是从《春秋》推导出来的，这里就引申出一个问题。按照一般认识，孔子作《春秋》，乱臣贼子惧，孔子有没有产生过董仲舒所阐释出来的那些观点主张？这个问题很难回答，笔者判断，这种可能性不大，因为孔子与董仲舒在学说上呈现出来的差异，是不同时代的政治观念的差异。《春秋》固然可以视为孔子有一套讲尊尊亲亲的理想政治秩序的根据，但如何达致这套理想秩序，则是另外一个问题。孔子的选择当不致背离以正为核心关切的政治文化背景，克己复礼、正名应该是他的基本主张。《庄子》讲"《春秋》以道名分"，其基本的认知方式是注重"分"，尊卑贵贱讲的就是"分"。但讲"分"不一定就能得出"可杀而不可使不顺"的关系原则，毕竟讲正的时代，道的地位高于君主。而可杀不可使不顺，以及三纲强调的顺从原则，则指向于以治为核心关切的政治。正是从正到治的政治变迁，才使得荀子与董仲舒提出了这样的政治、伦理主张。不论是治身，还是安人，都要服从这样的政治要求。

董仲舒对于荀子构建的统治秩序本质上没有多大的改变，只是使其看上去更符合圣人所奠定的秩序要求。所谓孔子作《春秋》，系为汉制法，公羊家的这个提法，是在汉文帝以后对儒家渐趋重视，并与汉家自身的政治实践的相互作用的历史进程中，必然要出现的。但因之而生的重名教之过，则不能推到孔子身上，如果那样，就混淆了两种不同的政治文化。《春秋》自身所体现出来的名教意识是一回事，通过何种手段达致这样的名教理想则是另一回事。正是在这个地方，两种不同的政治文化有不同的选择。一个讲为仁，为国只是为仁的展开，其选择必然是通过所谓"自曲直"达致这样的秩序；一个讲为国，为仁必须在为国的基础上展开，其选择必然是强调顺从名教秩序。前者固然是乌托邦，而后者，当然也只能是一厢情愿。因为二者遵循的本是不同的正义精神，强合于一处，学理上不能成立。

第五节　道、德的统一与二分

如所周知，今天习用的道德一词，是由早期哲学的道与德两个概念合成的，从汉语变迁看这很正常，只是作为哲学概念，理解作为合成词的道德的出现，还需要考虑语言变迁背后是否有哲学观念的变化。

今人讲中国哲学范畴，常引用韩愈道与德为虚位的讲法，因为儒家与道家都有各自的道与德，而内涵各不相同。这里忽略了一个问题，即道与德虽为虚位，但道与德的关系在早期中国哲学与传统中国哲学却不同，在传统中国，二者内涵有趋同现象。这个变迁对于古代哲学来说具有范式转移的意味，因为，这是中国哲学最为基础的两个概念。这个变迁的背后也是政治的关切核心由正向治的变迁。

西洋哲学没有类似中国的道、德分疏，因为两者的核心关切不同，西洋关切理性，古代中国关切人性。关切理性，关于人、自然、国家的讨论可以都建立在逻辑学的基础上，所以他们有很成熟的知识论与真理观。关切人性，人性又可以分男性、女性，精神特点各不相同；更重要的，处理国家问题与处理个人问题不能等同，治身与治民是两个问题。这样，道与德的分疏就是一个必然。因为不仅男女所得不同，不同社会身份的人，所得也有差异，国家构建立足于什么样的道，不同的人在这个世界上应遵循什么样的法则，是哲学必须回答的问题。由此，产生了不同的学派。

就早期中国哲学论，道与德的分疏关系看得比较清晰，一个重要原因，是因为当时不同学派的区分比较清晰，而道与德的关系各自不同。

《老子》讲道可道非常道，孔子讲天下有道，礼乐征伐自天子出，前者讲不清楚道，后者讲得很清晰。《老子》讲道生之，德畜之，道与德的功能划分很清楚；孔子讲天下有五达道、三达德，具体所指厘定得很清楚。《老子》的道显然更重要，因为人法地，地法天，天法道，道法自然。孔子那里，就《论语》看，道也很重要，君子谋道不谋食，忧道不忧贫，天下有道是夫子晚年最大的关切；但要从儒学的学理来看，德更为基础，礼乐之道是圣人制定的，而制定礼乐必须是有德有位的圣人，有位指向于道与天下国家联系在一起，有德则是指向于制礼的基础。儒家逻辑上有一个悖论，从经验的角度讲，诵诗书、习礼乐，才能成德；但德又是制定礼乐的基础，前文已论，他们用圣人天德来解释。

《老子》之所以能将道放在基础地位，因为他的道的内涵是无为，而他的德则指向于人的初生圆满之得，所谓婴儿。要保全这种德，必须要有无为之道，一有为就不圆满。老子对辩证法领悟很透彻，笔者判断，这与其哲学立足于初生完满之精，而其时形尚不够成熟稳定有关。因为形式不确定，所以其辩证法主要表现为极限辩证法。所谓道生之，包含两方面内涵，一是说道是精与象的统一，凡物之生，都包含这两方面；再一个只有无为之道，才能使人保持其初生的完满状态。有为对形的不断理性化会导致初始完满状态的消失。

儒家的不同理解在于对人性的理解已不再是那个初生之得。儒家关切人性之善、之美、之大，这样的人性只有在家国建构中才能真正养成，无为不能使人性成长。"长性者，道也"（郭店简《性自命出》），道是人性与国家之间的连接点，道始于情，其不能脱离更不能背离性情而定；而若天下真有道，则是不同身份角色的人各得其位，本身又是正义问题。这决定了儒家伦理与政治不能分离的特点。

儒家与道家道与德的关系看起来似乎不同，实质是一样的，即都是以德为本。只是道家之德的基础魄，相较儒家之德的基础魂，一是层次低，二是活动性弱，因此在表述与道的关系时，出现差异。因为都是人性文明的理想，其对世界的规定性必然都是从人性出发。这种道与德的关系，用《大戴礼记·主言》的话讲，就是"道者所以明德也，德者所以尊道也"。

进入传统中国，从董仲舒开始，儒家对道与德关系的理解就发生了变化，即德不再是道的基础。他讲，"万物动而不形者，意也；形而不易者，德也；乐而不乱、复而不厌者，道也"（《天道施》）。这个对德的理解近于《老子》讲的"德畜之"，而不是制定礼乐的基础。对于董仲舒来讲，必须放弃早期儒家的德为身之所得的观念。而放弃了人性善为学说基础的认识，也就谈不上身有所得。这种学理改变，与政治变迁联系在一起。

儒学的人性的关切决定了其伦理与政治的不可分，但中间却有以伦理为基础，还是以政治为基础的差别。就孔子来讲，他认为"孝乎惟孝，友于兄弟，施于有政，是亦为政，奚其为为政"，处理好家庭伦理问题，影响到为政者，本身就是政治，并不存在超脱于伦理的独立的政治。他对冉有对他晚归疑问所作的有政的回答作评论说，其事也，非政也，认为一般理解的政都是事务，而非政治。很显然，他对于伦理与政治关系的认识，是以伦理为本位。所谓"政者正也"，是立足于人在伦理关系网络中的地位的正当性而言的，所以他以五常为五达道。正是基于这个逻辑，才有了《大学》的正心诚意、修齐治平的逻辑。

这样的伦理与政治的逻辑关系，决定了必须要以德作为道的基础。没有德性，对道的理解就会有偏差。以孝道为例，《论语》中有不少孔子论孝的谈话记录,这些谈话都是在规定孝的本质,如果只是停留于表面的奉养,其并不符合孝道的要求。孝道的本质是从其志,"志"为心之所之,其本身带有价值关怀。若没有价值关切,只能称之为"愿"。人性中能通向价值关切的就是德性。如果儿子没有德性,他也不可能继承其父的遗志。没有德性,也就没有真正意义上的孝。

其实,儒家所有的道都有价值关切。孝弟为仁之本,表面上看起来是出于自然的顺从,以人性的自然性为基础。但就其本质而论,其已经脱离了自然,因为从自然的角度讲,父母对子女的爱远过于子女对父母的爱,作为仁之本,慈比孝更恰当。但儒家选择孝与弟作为仁之本,除了讲顺从外,还包含着父兄作为年长者更能明辨是非,更懂得什么是善的预设。对于父兄的服从,还是对好的价值的服从。对于价值的意愿就不是"愿",而是"志"。对于君臣、对于夫妇、对于朋友,儒家都有其规定性价值,对于这些道的践履,就是对于这些规定性价值的追求,没有德性,就不会有真正的价值追求。郭店简有六德之说,就是针对最基本的伦理角色的德性要求。没有这些德,就不会有"道御"之说(《六德》)。

董仲舒时代的政治已不同于孔子时代的政治。以道御的政治,其核心价值是正,追求的是基于德性的正义。董仲舒时代的政治,经历了战国至秦的法治政治的转型,已不再是纯粹的伦理政治。

虽然荀子也被称为儒家,但荀子的政治理想已不是伦理政治,他虽讲亲疏之别,但只是作为政治运行的一个尺度来运用,而不是立足于伦理关系建构国家。他讲的礼法之大分是士农工商的职业之分,国家的建构是建立在社会职业分工的基础上,而不是伦理关系上。他推崇君主的地位,弱化父兄的地位,均与儒家伦理政治精神相违背。

董仲舒的贡献是将政治又引向儒家的人性关切,他虽讲性无善恶问题,但又讲性不得不成德。而性之成德,本质上是伦理问题。因为路径依赖的需要,汉代现实中的政治依然尚法,所谓"法令,汉家之经"(《论衡·程材》)。而惩于秦之速亡,汉人又引入王道关切,所谓杂霸王道而用之。霸王道实即荀子的礼法,二者都不是伦理政治。基于这样的基础,董仲舒所提出的伦理政治理想也不可能完全同于孔孟的理想,他不可能将伦理视为政治之本,而只能将政治作为伦理之本。通过政治力量,达到民性成德的目标。基于政治推进伦理目标的实现,其核心关切首先要服从政治的目标,现实政治的目标是治理,建立在此基础上的伦理目标首先也是治理。儒学也就有了从伦理之政向伦理之治的变迁。

从理论上看,伦理之治不会允许将德性视为伦理追求的基础。单纯的国家社会治理,其价值关切是公平正义。公平是形式问题,正义是实质问题,但这个实质不是对德性的关切,而是对才能的关切,实际是分配公平的问题。附属于政治的伦理,不可能将自己的价值关切替换掉国家社会治理的价值关切,政治也不允许,上古的政治实践已经证明,那是不切实际的国家治理之道。因此,董仲舒想让政治关切伦理,关切人性成德,他只能舍弃儒家德性之于伦理的基础地位。而要说明这种关切的必要性,他就得诉诸天意。放弃德性的基础地位,意味着同时放弃德者身之所得的观念,而将其转变为对于自身伦理地位的一种坚持。从功能上看,董仲舒的德与《老子》的德相近,但实质不同。《老子》的德还是身之所得,在他这里,实际上已经是一种意志,是脱离了人性基础的意志。而道则变为以情感认同为基础,而不是以德为基础。

一直到宋明理学,这种将道、德与外在对象挂钩的认识都没有变,比如张载讲,"循天下之理之谓道,得天下之理之谓德"(《张载集》,第 32 页)。又比如陈淳《北溪字义》关于道、德所下的定义:

> 道:其实道不离乎器,道只是器之理。人事有形状处都谓之器,人事中之理便是道。道无形状可见,所以明道曰:"道亦器也,器亦道也。"须著如此说,方截得上下分明。
>
> 德:道是天地间本然之道,不是因人做工夫处论。德便是就人做工夫处论。德是行是道而实有得于吾心者,故谓之德。

这里表述与张载略有不同,但实质内涵一样,只是将道与天下之理划等号。其并非如早期儒家那样将道与德统一为一个整体,道由有德之人生成,所谓人能弘道。相反,其认为道是一定的,所谓本然之道,德是实践这个本然之道而有心得。心主认同,有得于吾心所谓心得,即是讲心认同于是道。这个认同实际上塑造了个体的意志,对天理绝对认同的意志。

尽管与董仲舒所论略有不同,但道与德的关系都是一个二分的关系,而不是像早期儒家德与道统一为一个整体。在董仲舒与宋明儒那里,道与德都是相对于另外一个概念而存在,董仲舒叫天意,理学家叫天理。这个天意与天理都是与现实政治综合的结果,其主要关切不是儒家的人性关切,而是国家社会的治理。所谓道器合一,实际以对现实的认同为基础,存在的就是合理的,理就在具体存在当中。理学将三纲视同天理,就是这个逻辑,其本不需要人性为基础。性即理,不是以性规范理,而是以理规范性。这个综合导致两方面的价值目标都打了折扣,儒学也从规定政治的学术转变为附庸于政治的学术。

事实上，德在理学中作为一个范畴已经不存在，蒙培元先生的《理学范畴系统》没有讨论这个范畴。这不难理解，有得于心，今天讲是心之认同，但在理学中，其实是必须接受本然之道、天下之理，心并没有选择然后认同的权利。所谓心统性情，只具有形式意义，因为性即理，也是本然规定好的，这意味着心之能认同的内容也是规定好的，事实上谈不上有什么得。

其所以还要讲德，因为在实践中，心很重要，规定好的东西心不认可，那么性发而为情，情就会偏差，本然之道就不是本然，人的存在也没有什么当然的规定形式。而人的存在没有当然的规定形式，整个秩序就不稳固，国家治理就不成功。但作为学术范畴，德实际上已没有存在的必要性，它并不比心性道理具有更多的内涵。张载讲"至当之谓德"（《张载集》，第32页），对于规定的理非常符合要求，可以为有德，这与早期儒家关于道、德的关系的理解，正好相反。

综上所述，从孔子到董仲舒的古代儒学的变迁，与古代政治关切从正到治的变迁紧密联系在一起，这种政治变迁落实到儒家政治理论上，即为从伦理之政到伦理之治的变迁。在这个变迁过程中，儒家的很多观念，以及一些特定的价值排序，都发生了相应的变化。关注正与关注治的差别，一定程度上又可以转换为为仁与为国问题的差异。在这个过程中，不仅存在三个不同的阶段，即重为仁、重为国以及二者并重；而且在重为国的儒家中，又存在着重法制与重名教之法的差异，即荀子与董仲舒的差异。在这个过程中，《春秋》得到了重新阐发，孔子的名教理想，被赋予了新的法则，这种新法则构成了独尊儒术的主要内容。它不仅是一种意识形态，更是一种针对国家与社会的治理之术。因为有正与治的政治核心关切之变，儒学对于道与德的论述也发生了变化，从道、德一体转向道、德分途。

第四章 政治大一统与董氏新儒学

今天讲儒学历史,通常分四段讲:先秦儒学、董仲舒大一统儒学、宋明理学、现代新儒学。在古代儒学变迁史中,董仲舒显然居于重要的位置。相较于先秦儒学与宋明理学的研究来说,对董氏新儒学的研究明显不足,甚至有学人不承认董氏的儒家地位。这意味着如何把握董仲舒的新儒学,尚没有完全解决。他的论说中何以掺入大量阴阳五行的内容,或据之认为不是董仲舒的作品,或据之干脆将董仲舒从儒家中踢出。对于熟读孔孟书的学人来说,董仲舒的学说确有些匪夷所思。

如果将董氏新儒学与宋明新儒学相对照,董氏新儒学未必就无法理解。如所周知,理学开山周敦颐有太极图,无极而太极之下也是阴阳五行,但很少有学人怀疑宋明理学作为儒家学术的醇正。至于董氏新儒学援引阴阳五行,便生怀疑,说明怀疑者并未真正读懂董仲舒,当然也没有完全读懂宋明理学。此论或有过激之嫌,因为董氏之书虽难理解,宋明人书并不复杂,何以产生没有读懂之论? 但若认真思考前面的问题,再加上宋明理学家常讲感应,而感应是董氏学说的学理基础,还真不能轻易断言,今人是否已经完全理解了董氏学说与宋明理学。

从经典的角度理解董氏新儒学与宋明理学,可以认为,董氏受《春秋》的影响很深,而宋明儒受《易传》的影响很深,感应是两部经典共同的内容。阴阳是易学的基础,五行也能在《易传》中找到痕迹;灾异为《春秋》固有,《汉书·五行志》讲董仲舒始推阴阳为儒者宗。董氏援引阴阳五行的目的,是为了更好地疏说灾异,否则天人之间的感应,便缺少足够的学理支撑。当然,其能讲那么多,是制度阴阳的宇宙论流行的结果,并非他本人的创造。

如此看,董氏新儒学与宋明理学都与孔子晚年所学所思有很大关系。公羊家有孔子为汉立法之说,宋人讲以继承斯文为己任,传统中国的政治与学术,显然都与孔子的晚年学术思想有关。① 董氏新儒学与宋明新儒学的类似,便不是无根据可溯了。而真正值得思考的是何以先有董氏新儒学,而后

---

① 胡宏曾讲,"知《易》,知《春秋》,然后知经纶之业。一目全牛,万隙开也"(《胡宏集》,第40页),对传统中国的政治与学术,可谓有深知。

再出现宋明理学。

按照笔者的观点，古代政治与学术之间存在着对应关系，有什么样的政治，便会出现什么样的学术，学术为政治服务的意识很强。可以认为，宋明理学是为高度集权的皇帝专制服务的，董仲舒的新儒学则为汉代的大一统政治服务。从董氏新儒学到宋明理学，与其说是学术的自然发展，不如说是政治的变迁在学术上的反映。

这里有一点需要指出，今人习言大一统，以为是讲权力集中于君王，这是结论性判断，远不能涵盖其全部内涵。① 比如，大一统倡导的政治背景，曾是诸侯分封体制，礼乐征伐自天子出是一统，自诸侯出便不能算是一统。当这种政治体制消失，再讲大一统，实际上是为专制集权服务。其所以出现宋明理学，就在于宋以后的政治体制，与早期讲分封的政治体制已完全不同。

因政治变迁而导致学术变化，最典型、最关键、变迁最剧者不是宋明理学，而是董氏新儒学。董氏之新，不在其大讲阴阳五行，而在于其将上古两种儒学理路熔冶为一炉，为大一统政治服务。其所以讲在他这里变迁最剧烈，就在于他虽然有与孔孟貌似相同的理想，但其学理基础已经发生了颠覆性的变化，儒学进入了以东方学术范式为主导的时代。② 早期则是以孔孟的思想范式为主导。荀子虽然是东方学术范式下的儒家大师，但荀子否定了孔孟的学说的核心，某种程度上可谓处于对立面。他并不是综合东西方学术的儒家代表，而是以东方学术精神追求圣王理想的学术形态。

大一统政治是东西方两种政治的综合，董氏新儒学是东西两支儒学的综合，在政治与学术背后，存在着东西宇宙论的分异与结合。本章即由此径路把握董氏新儒学。

第一节　综合东西方的性与礼

董仲舒是第一位综合东西学术而以东方学术范式为主导的儒家思想家。他继承了孔孟儒学的一些核心关切，比如，在人性观上，他虽不讲性善，但并不否认善有人性基础，并不像荀子那样认为仁义之善是人性之伪。他

---

① 学者或由现代解析思维出发，分析大一统内涵，如张实龙《董仲舒学说内在理路探析》第三章将大一统内涵分疏为方法论上、文化意义上、政治意义上三个方面。

② 东方学术范式与西方学术范式的提法是笔者基于东西异制的文明格局提出的，中华文明并非一源，就其主脉黄河文明看，由两支文明构成。与两种文明形态相应，存在着两种学术范式，一种以求正求光明为学术追求，因此讲个体德性，重礼乐教化；另一种以求治求秩序为学术追求，从群体建构意识出发讨论问题。前者为西方范式，后者为东方范式。

讲"善出于性,而性不可谓善"(《实性》),他对于人性是否可以规定为善有疑义,但他认为表现为善的还是人性,而不是人性之伪。他讲"无其质,则王教不能化;无其王教,则质朴不能善"(《实性》),王教是性趋向善的孵化器,但若从内因、外因的结构分析,王教只是外因,人性本身才是内因。[①] 这与孟子的良知说,虽不完全相同,但理论上仍承认民有表现为善的可能。

又比如,董仲舒对礼的认识,延续了孔孟主流的"因人之情而为之节文"的观点,而不是荀子的"礼者法之大分也"的观点。《艺文类聚》卷 38、《太平御览》卷 524 并引董生书曰:

> 理者,天所为也;文者,人所为,谓之礼。礼者因人情以为节文,以救其乱也。夫堤者,水之防也;礼者,人之防也。刑防其末,礼防其本也。(据苏舆《春秋繁露义证》,第 469 页)

礼并不是单纯的规矩,而是以人情为基础。在《竹林》中他讲,"礼者,庶于仁文,质而成体者也",在《天道施》中他又讲,"夫礼,体情而防乱者也。民之情,不能制其欲,使之度礼。目视正色,耳听正声,口食正味,身行正道,非夺之情也,所以安其情也"。这个讲法,虽不如孔子的"兴于诗,立于礼,成于乐"致力于人性的实现那样积极,但也不是将人情视为礼要克制的对象,而是安的对象。所谓安其情,是将人的性情安置在礼的框架中,以保证性情没有机会表现出恶。所谓防乱,实际上是避免乱。这里体情、安情之论,与《中庸》的尽性之论,虽不完全一致,但相差并不太远。

从对人性与礼的认识看,董仲舒并未放弃孔孟的道德社会的理想,只是在一些关键点上对孔孟之学作了修正,圣人不再是他立说的起点。论者多已关注到,在《深察名号》《实性》二篇中,董仲舒交代了他的人性观点的着眼点,所谓"圣人之性不可以名性,斗筲之性又不可以名性,名性者,中民之性"(《实性》),圣人不再是他学说的立足点。圣人在他的理论中自然也不具有神性智慧,而只是天的模仿者:

> 三代圣人不则天地,不能至王。(《奉本》)
> 圣人视天而行。(《天容》)
> 圣人之道,同诸天地,荡诸四海,变易习俗。(《基义》)

---

① 董仲舒的人性与教化的关系,不能完全适用于马克思主义的内因、外因结构,董仲舒并不强调人性内在的矛盾,而人性也不能自动向善,相反,他将性成德归为天命。

> 圣人副天之所行以为政。(《四时之副》)
>
> 能常若是者谓之天德,行天德者谓之圣人。(《威德所生》)

圣人不再是不虑而得、不勉而中的天生的得道者的形象,而是效法天行的典范。天行的框架是阴阳五行,董仲舒大讲阴阳五行便不难理解。

为什么要否定孔孟圣人之学,这与笔者讲的东方学术范式有关。① 所谓东方学术范式,是指在绝地天通的宇宙论框架下形成的学术。所谓圣人之学,是以圣人可以往来于天地之间的宗教模式为背景。圣人可以借神道立教,所教的内容却是圣人自己的言行,而不是天行。后人对其祖述、宪章,就成了儒学,孔子讲述而不作,其弟子也讲夫子不言、小子何述。这是西方的学术范式,也被视为儒家学术的正宗。

东方学术以天地分离为基本框架,荀子讲的"天行有常,不为尧存,不为桀亡",是这种范式的基本认识。荀子虽也讲圣人,但他的圣人不再是生而知之者,而是通过学习、通过精合感应成为圣人,类似于今人讲的天才。但天地分离并不意味着天不重要,宗教中天仍是崇拜的对象,天是一个有意志的存在,人间的实践形式上依然要得到天的认可。荀子表面上讲天行有常,主张天人相分,但他有对太一的信仰,所谓称情立文,以归太一。

因为天地分离,东方学术范式下的天人交流通过感应实现,董仲舒的天人感应是最典型的体现。② 这种模式造成了董氏前论人性与善的分离。

在孟子的理论中,尽心、知性、知天,心、性、天具有一贯性。《中庸》讲诚则明,明则诚,宋人讲是天人一。思、孟是西方学术范式,圣人天德,圣人所确立的人伦规范德性教化都直接导源于天,人对这些德性规范的践履就是对天命的践履,天与人之间本无界限,所谓"性自命出,命自天降"(郭店简《性自命出》)。

董仲舒则讲天人合一,他多一"合"字,天人本非一,是合而为一,因此而有天人之际的问题。董仲舒讲"人受命于天,有善善恶恶之性,可养而不可改"(《玉杯》),又讲"正也者,正于天之为人性命也。天之为人性命,使行仁义而羞可耻,非若鸟兽然,苟为生,苟为利而已"(《竹林》),又讲"为生不能为

---

① 参拙文《宇宙论与古代学术》,《浙江社会科学》2018 年第 5 期。

② 这里有一个问题需要指出,即上古时期的天命说是否可以理解为天人感应的一种形式,笔者以为不可等同。天命说以有意志之人格之天为基础,上帝时时俯视人间,所谓上帝临汝,发现有失德行为,上帝可以直接降祸,而不是通过灾异提示。感应说是基于天人相分的框架出现的,天并不直接对人降祸,而是通过自然反常之象表达自己的不满,人见此反常之象,就要反省自己的行为,这属于天垂象,见吉凶的模式。

人，为人者天也。人之人本于天，①天亦人之曾祖父也"（《为人者天》），似乎
与思、孟主张一致。但这些天命于人的德性规范不是人自生，而是天与人合
的结果，也就是前论人性与善分离的观点。董仲舒讲，"人之血气，化天志而
仁；人之德行，化天理而义"（《为人者天》），仁义不是我所固有，而是血气德
行化天志天理而生。我所固有是天人一，化天而成是天人合一。董氏还讲，
"以性为善，此皆圣人所继天而进也，非情性质朴之能至也，故不可谓性"
（《实性》），所谓"继天而进"，就是要将人合于天。

这些论述，与思孟的论述在宇宙观上明显不相同，善属于天，人本身不
能自觉为善，必须与天相合，人才能成为善的行为者。这种宇宙观不是天人
一体，而是天人相分，需要合才能一。②

不仅性与善的分离立足于这种天人相分的宇宙观，前论礼以安情的观
点，也是从这种理论模式导出的。他讲，"礼者，继天地，体阴阳，而慎主客"
（《奉本》）。礼也不是如思孟之儒所理解的那样，以圣人的言行为范本制定，
而是从天地阴阳而来。对于质朴的性情来说，礼是外生的，也就是所谓"性
在事外"（《深察名号》），礼属于政事的范畴。这种对于礼的理解，与《礼记·
礼运》讲的礼本于太一，当属于同一理论范式。

这样，董仲舒在关于礼的理论上，就发生了矛盾，前引材料中曾讲董氏
也有礼因人情为之节文的认识，说明他认为礼既以人情为基础，又以天地为
基础。这是天人相分宇宙观框架下以人合天的思维的必然选择，其间既有
对人的重视，又有对天的服从。

安情是对人的重视，而所以安情者则是本于天。据前引材料，董氏认
为，礼所以体情防乱，对礼的这种功能的预设，也是从其二本的理论中推导
出来，体情是一项功能，防乱是另外一项功能。这两项功能中，防乱显然处
于优先的地位，董氏讲，"凡百乱之源，皆出嫌疑纤微，以渐浸稍长至于大"，
又讲"圣人之道，众堤防之类也，谓之度制，谓之礼节"（《度制》）。这种考虑
与他的大一统的主张联系在一起，也就是说，董氏虽然讲礼二本，但礼本于
太一显然要比礼因于人情更重要。这或许也是"礼因人情而为之节文"不见

---

　　①　苏舆怀疑"人之人"当作"人之为人"，见苏舆，《春秋繁露义证》，北京：中华书局1992年版，
第318页。

　　②　这里要注意的是，董仲舒讲天人合一，但天与人并不是他在《基义》中讲的合的关系。他讲
"凡物必有合。合：必有上，必有下；必有左，必有右；必有前，必有后；必有表，必有里。有美必有恶，
有顺必有逆，有喜必有怒，有寒必有暑，有昼必有夜，此皆其合也"，又讲"物莫无合，而合各有阴阳"，
这里的合显然是一种矛盾对待的关系，天人合一中的天与人不是矛盾对待关系，而是人顺从于天，天
具有超越地位，相当于荀子的太一。因为善的形式被剥离而归于天，不合一，无法成人。

于今本《春秋繁露》的原因。

这种礼的理论，还影响了他关于人性之善的理解。前论性与善的分离，还不是董氏与孟子人性论的全部差别，与此相关，董氏关于善的理解也发生了变化。① 他讲，"循三纲五纪，通八端之理，忠信而博爱，敦厚而好礼，乃可谓善。此圣人之善也"；又讲"吾质之命性者，异孟子。孟子下质于禽兽之所为，故曰性已善；吾上质于圣人之所为，故谓性未善"（《深察名号》）。这里，董氏讲出了他的人性之善与孟子的性善根本上的差异。孟子下质于禽兽，强调人之所以为人，首先是与禽兽的分离，所以他有无四端非人的观点。董氏也讲人之所以为人，但"人之人本于天"，而不是首先与禽兽相区别。所谓圣人之所为，都是"视天而行"。而所为之内容，就是所谓礼乐教化。因此，他的善首先是三纲五纪，八端之理。这些内容，首先不是为了尽人之性，而是为了防乱。

这样的善，不是人生而即有的，也不是人在成长过程中可以自然习得的，必须经过教化方能养成。因此他说性未善。那些生而能体悟到这种善以及那些教化也不能使其习得这种善的人，则不在他的人性论的照察范围之内，他的人性仅限于中人，即所谓中人之性。

第二节 大一统政治与董氏新儒学

由上论可知，董氏新儒学的一些基本观点，既非孔孟之学的简单继承，亦非荀子之学的继续发展，而是综合了东西两种学术的新理论形态。这种新形态的产生，是与政治大一统的追求联系在一起的。

前面提到，大一统在汉初政治语境中的意义不同于后世。汉初的政治，用陈苏镇先生的表述是东西异制，东方行分封制，西方行郡县制。② 用西周的模式看，汉只是封国中最大的一个，学者据《二年律令·贼律》关于间谍的条文，指出汉初各封国与汉之间并非和谐一体。③ 这种分封体制下，诸侯王在自己的封国内享有立法权，具有高度独立性。汉初的政治史，就是由存在这种实质分封的郡国并行体制，走向大一统体制的历史。大一统并不排斥

---

① 张实龙在《董仲舒学说内在理路探析》一书中就已经注意到，董子与孟子的分歧主要是对"善"的理解。

② 参陈苏镇，《〈春秋〉与"汉道"：两汉政治与政治文化研究》，北京：中华书局 2011 年版，第一章。

③ 支振锋，《张家山汉简〈二年律令〉中的"诸侯"——历史笺释与法律考辨》，《华东政法大学学报》2010 年第 4 期。

分封，而是在存在分封的基础上，凸出天子的权威，也就是孔子所追求的礼乐征伐自天子出，并重新界定诸侯的权益。董仲舒讲：

> 古之圣人，见天意之厚于人也，故南面而君天下，必以兼利之。为其远者目不能见，其隐者耳不能闻，于是千里之外，割地分民，而建国立君，使为天子视所不见，听所不闻，朝者召而问之也。诸侯之为言，犹诸侯也。（《诸侯》）

这里给出了分封诸侯之原因的新解释，这与定四年《左传》子鱼所论分邦建国，以藩屏周的分封理念，显然存在差别。子鱼的解释，诸侯的任务是拱卫京师，保卫中国。而董氏的解释则转变为服务于天子了解千里之外民情的目的。这种解释下的诸侯，是天子的派出机构，类似商代的为执行具体职能而封的侯甸男卫。其与西周的拱卫京师而本身又有很大独立性的诸侯，不是一个概念。其实质是与郡县地位相等的集权政治的分支。西周的诸侯则不然，他们虽有拱卫京师的责任，但又不是没有自己的自主权力，他们在封国内可以进一步分封；他们与周天子也不是绝对服从的关系，众所周知的烽火戏诸侯的故事中，诸侯最后放弃了拱卫京师的使命。董氏关于诸侯的新解释，显然是出于大一统的需要。

如所周知，大一统的理念始于《春秋》，所谓《春秋》大一统。孔子晚年作《春秋》，但他本人并未对作为大一统政治基础的人性观与礼论展开论述，只是意识到以礼防民没有太大作用，开始转向以法治民。荀子的理论没有考虑分封诸侯的问题，①其受战国法治思潮影响，提出了法治时代的儒学形态。汉初迫于形势以及秦亡的教训，大行分封，但这种政治与战国以来的政治潮流旨趣迥异，所以很快又开始削藩，以致爆发七国之乱。如何实现大一统成为汉代政治必须解决的问题。在理论上为这个政治命题构建基础，是由董仲舒完成的。

大一统政治已非典型的儒家政治形态。儒家理想的政治形态是周公的礼乐政治，以分封制为基础，天下由若干独立的封国构成，周为中国，为天下共主。大一统政治是对这种政治模式的发展，天下共主成为天下的统治者。用正治分离的理论来解释，大一统政治模式下的天子是天下的治理者，而周公政治模式下的天子，是天下践履正之价值的典范。

---

① 荀子也没有排斥分封，在国家建构上，他的理论兴趣不在是分封还是郡县上，而在尊卑贵贱的等级体系问题。

导论中已经指出，求正与求治，二者追求的目标不同，理论上很难贯通，求正当遵循孔孟的理论，求治当遵循商鞅的理论。两种理论的基础不同，政治实践的原则、目标与方法也不相同。在两种理论之间，还有不少中间形态，如荀子，如韩非。当然，中间形态并非综合形态，实现综合的是董仲舒。综合所以能实现，则是由汉初大一统的政治追求所催生。

大一统政治，既追求正，又追求治。前文讲，董氏理论保留了孔孟的核心关切，即求正。但董氏并未沿袭孟子的人性论，这就为他的求治理论预留了空间。为求治而作的阐述，最典型是《保位权》篇，他讲：

> 民无所好，君无以权也。民无所恶，君无以畏也。无以权，无以畏，则君无以禁制也。无以禁制，则比肩齐势而无以为贵矣。故圣人之治国也，因天地之性情，孔窍之所利，以立尊卑之制，以等贵贱之差。设官府爵禄，利五味，盛五色，调五声，以诱其耳目，自令清浊昭然殊体，荣辱踔然相驳，以感动其心，务致民令有所好。有所好然后可得而劝也，故设赏以劝之。有所好必有所恶，有所恶然后可得而畏也，故设罚以畏之。既有所劝，又有所畏，然后可得而制。……故圣人之制民，使之有欲，不得过节；使之敦朴，不得无欲。无欲有欲，各得以足，而君道得矣。

清人苏舆已经指出，这一篇内容"颇参韩非之旨"。今天看，这段论述显然是为了达到所谓的治理而讲的。而这个治又是独属于君主的治，是为了凸显君主之贵的治，当然也是指向于大一统的治。民有好恶本是常态，但董氏将民之好恶的规定权交给了君主，所好所恶，已不是由自然选择决定，而是由君主统一规定，形成所谓的度制、礼节。尽管董氏保留了孔孟的核心关切，但这个追求必须通过君主教化来实现，没有君主教化，民不可能自觉走上这样的道路。孔孟之学所强调的人的主体性被取消了。

前论的人性论，与这种政治理念相吻合。"民者瞑也"，未经教化的民不能为善，而天志欲民向善，王教就成为天意的设定。他讲，"今案其真质，而谓民性已善者，是失天意而去王任也。万民之性苟已善，则王者受命尚何任也？其设名不正，故弃重任而违大命，非法言也"（《深察名号》）。又讲"今谓性已善，不几于无教而如其自然，又不顺于为政之道矣"（《实性》）。很显然，以人性为敦朴而无善恶之规定的观点，是服务于论证王的合法性，以及王教王政的必要性，若民性已善，君王就无法合法地治民，其存在的必要性就发生了问题，大一统就更没有必要了。

前述董氏的礼论，也与这种政治理念相吻合。前论指出，董氏的礼论二本,以本于太一更重要,与太一对应的是君王,所有的礼都要由君王来规定。尽管君王要知天,法天,但对于人世间来说,礼出自君王,与大一统的要求完全一致。礼又以防乱为主要目的,指向于以治为主要目的的政治。也就是说,董氏的礼论,同样服务于一统之治的政治追求。

不过,与商鞅、韩非等追求以法治民不同,大一统政治,不完全是政治权力的问题,其中还有一统统于什么的问题,这是罢黜百家、独尊儒术的问题意识。

《春秋》大一统,除了强调礼乐征伐自天子出,还有文王之教的规定,也就是孔子讲的"吾其为东周"的诉求。董氏讲"《春秋》之道,奉天而法古",又讲"《春秋》之于世事也,善复古,讥易常,欲其法先王也"(《楚庄王》),这里的古与先王,应该就是文王。然而在董仲舒的理论中,因为大一统本身的重点转向了一统之治,同样是尊儒,其学术内容也发生了变迁。因为文王之教的具体内容难以征实,这里只能将孔孟之学视为文王之教的自然发展。董氏提倡的儒术独尊,有些内容已经明显不符合孔孟的理念,最典型的就是对仁义之德的安排。

在《仁义法》中,董仲舒讲了这样一段话:

> 《春秋》之所治,人与我也。所以治人与我者,仁与义也。以仁安人,以义正我,故仁之为言人也,义之为言我也,言名以别矣。

这一段话首先颠覆了儒家关于个体主体性的强调。[①] 对于孔孟而论,自我是一切行动的根基,人生的全部实践都是对自我的实现。自我的核心是仁,不仅视自己为人,还要视别人为人。《中庸》讲"以人治人",即要以对待自己的方式来对待别人,做到己所不欲,勿施于人。根据这个原则,治人最佳的原则是公平正义,即所谓义。董氏的这段话中,"我"也成了要治的对象,自我不是内在于"我"的,而需要外在的价值引导与塑造。仁则是安置他人的愿力,具体内容则是前面讲的善,所谓三纲五纪八端之理。这样安排,颠倒了仁与义的关系,以义正我,首先使我自己符合三纲五纪八端之理;然后由我治人,因为未经教化的民性敦朴,不知这些善的价值,我教化民众就是爱人,使民众成德,所谓以仁安人。

这个讲法在董仲舒的理论中是合乎逻辑的。因为他讲天志,而天志的

---

① 韦政通、劳思光等学者已经指出过董仲舒理论的这个问题,参李昱东,《西汉前期政治思想的转变及其发展:从黄老思想向独尊儒术的演变》,台北:花木兰文化出版社 2009 年版,第 224 页。

具体内容是善，所谓天心为仁，即三纲五纪等。君主法天，他不仅具有存在的合法性、必要性，同时他必须完成天交给他的使命，首先以义正己，然后对民进行教化。这意味着董氏将指向于道德社会的天下治理的合法根基，完全诉诸于天，其既非圣人的愿望，亦非民众的自觉。

对于孔孟而论，人之所以为人者，在于自己的主体自觉，道德社会的建立，需要一个个君子由己及人，逐渐推广，道德社会的建立需要无数鲜活的个体力量来完成。对于董氏而论，人之所以为人的根据在天，这是他以人合天的必然。道德社会的建立，不再是通过君子的亲力亲为扩散德的力量，而是通过政治力量来扩散。君王与民众不完全是世俗意义的政治共同体，而是基于道德纲常的共同体。"君者，民之心也；民者，君之体也"（《为人者天》），君民是一个整体，共同践履天意。因此，仁义均源于天，"人之血气，化天志而仁；人之德行，化天理而义"（《为人者天》）。

对天命的践履，本是儒家的传统。《中庸》讲"天命之谓性"，作者追求尽性，就是对天命的践履。孟子讲尽心，知性，知天（《尽心上》），良心四端是天固烁于我，尽心也是践履天命。从这个意义上讲，董仲舒并没有背离儒家的主流意识，只是他的理论显然不符合孔孟的理念。同样讲践履天命，《中庸》讲诚，诚者是诚其意，所谓"不明乎善，不诚乎身"。孟子也讲"反身而诚，乐莫大焉"。这个诚指向于自我的成立，自我中则包含了对善的体认。也就是说，主流的儒家践履天命是从践履自我开始的，从早期的神性自我到孟子的良知，是践履天命的出发点。

董仲舒的践履天命则是以群体秩序为出发点，个体即便是圣人，也没有自我，一切价值归诸天。与天形成对待关系的不是个体的生命，而是人的群体。个体践履天命，本质上是追求正，当孔子讲"知我者，其天乎"时，天之于人的意义，更多是所谓终极关怀。而以群体践履天命，只能通过政治来实现，当然，这种政治可以认为是具有宗教性的政治。此时，天之于人的意义，则关乎群生福祉。在董仲舒的理论中，灾异论是一个重要内容，而灾异论所关切的就是天与群生福祉之间的关联。

以群体践履天命，天命的内容又以三纲五纪八端之理等为核心，实践这种理论的结果一定是一统之治。反过来讲，正是因为追求一统之治，董仲舒才会采用以人合天的理论模式，才会放弃以圣人的神性自我为基础的正宗儒家的理论模式，转而采用以群体与天相对待的模式。这同样是追求正治合一的理论模式，只不过，这个正不再是基于对个人的终极关怀，而是基于对于群体形象的关切。董氏讲，"国之所以为国者，德也"（《保位权》），德性不再是个人之所以为人的基础，而成了国家之所以为国家的基础。不仅个人有存在合法性的问题,国家也有存在合法性的问题。

作为国家的德性,其一定不可能着眼于个人的良知,而是着眼于国家内各组成部分的关系。三纲五纪八端之理,度制礼节,正是着眼于国家内各组成部分的关系。尽管董氏讲"性不得不成德"(《深察名号》),但他所讲的德是规范国家各组成部分关系的纲纪,用今天的话语表述,就是公德。个体成德不是服务于个体生命价值的实现,而是服务于国家德性的养成。

这里有一点必须指出,董仲舒所追求的国家德性,表面上看是顺从天志而来,是为建构国家合法性而提出,是对国家之正的诉求,但是其中更重要的关切其实是国家之治。

论者多已指出,三纲的源头可以追溯到韩非(《韩非子·忠孝》),韩非的学说从荀子而来,荀子讲尊卑贵贱之等,"可杀而不可使不顺",就是用法律维护尊卑贵贱之间的权力关系。对于董仲舒来说,尊卑贵贱同样不可逾越,只不过他据《春秋》有经权,因此承认"天之道有伦、有经、有权"(《阴阳终始》),但这并不意味着他承认卑可以逾尊,贱可以埒贵。在他看来,阴阳之间的等差是天固有,所谓"阳贵而阴贱,天之制也"(《天辨在人》)。而"君臣、父子、夫妇之义,皆取诸阴阳之道""王道之三纲,可求于天"(《基义》),"四时之行,父子之道也;天地之志,君臣之义也;阴阳之理,圣人之法也"(《王道通三》)。尊卑、贵贱之间在正常情况下只有绝对的服从,绝无平等可言,这是天之常道。"天之常道,相反之物也,不得两起,故谓之一。一而不二者,天之行也。阴与阳,相反之物也"(《天道无二》)。"阴犹沈(沉)也,何名何有,皆一并于阳"(《阳尊阴卑》)。

董仲舒虽不如荀子的表述,具有以重刑维护礼制的意味,但他却为这种礼制做了理论上的阐释。事实上,他没有必要像荀子那样去表述,因为汉代的法制实践正是那样展开的,武帝时代大司农颜异因腹诽而遭诛杀,是这种实践的典型案例。董仲舒虽只是为这种实践建构理论,他心里应该很清楚,这套理论所指向的是国家治理。荀子的理论建立在人性恶的基础上,并且将天自然化,无法满足汉代建构国家合法性的需要,无法成为基于儒家的一统之治的理论基础。董仲舒所做的工作,是为汉代基于荀学的法制实践,寻找合乎儒家大传统的新理论。

如所周知,董仲舒因辽东高庙灾所写的论疏,在其不知情的情况下被呈送朝廷,他因此而险些丧命,此后董氏不复言灾异。很显然,他清楚他的理论中虽有以天正天子的元素,但实践中,他不敢坚持这一点。去掉这一点,他的理论就只有维护统治秩序的意义了。

荀子的理论,是霸王道而杂之,只是他的王道理论没有人性根基。董氏的新儒学同样追求王道，其王道虽本于天，人性与王道分离，但他赋予了人性有成德的基础。这里要注意辨别的是，尽管笔者认为董氏人性有成德的内因，但因为董氏重新规定了善，他所认为的人性成德的内因，与孟子的良知不是一回事，而更接近于后来宋明理学所强调的性理。而正因为他意指的是性理，他才有可能大量援引阴阳五行，作为人世纲纪之本源。

如果这个判断可靠，董仲舒对心的地位的安排就很容易理解了。他讲，"栣众恶于内，弗使得发于外者，心也。故心之为名，栣也"（《深察名号》）。由心他进而论及至诚之道，他说"吾以心之名，得人之诚"（《深察名号》），又说"至诚遗物而不与变，躬宽无争而不以与俗推，众强弗能入，蜩蜕浊秽之中，含得命施之理，与万物迁徙而不自失者，圣人之心也"（《天道施》）。在董氏看来，心相当于人的主观意志，其任务是阻止人性不呈现为恶。但最好的心，即圣人之心，不是这样，圣人可以做到与万物迁徙而使命施之理不失，此所谓至诚。这里讲的命施之理，应该就是人性可以成德的内因，也就是说，前文的判断可以成立。

性有理的认识还见于《仁义法》，"君子求仁义之别，以纪人我之间，然后辨乎内外之分，而著于顺逆之处也。是故内治反理以正身，据礼以劝福。外治推恩以广施，宽制以容众"。这里的内治反理之理当是性理。

上引《天道施》与物迁徙而不失的文字，很容易令人联想到《礼记·乐记》"人生而静"的文字，那里，内在的性理被称为天理。董仲舒也有天理的概念，前引文中已有出现（"理者，天所为也"）。至于命施之理，董仲舒用"人理"，其有"人理副天道"的讲法。其所以如此，在于他是在天人相分的基础上，合二者为一的。《乐记》属于西方学术范式，乐与天对应，乐通伦理，人的内在之理就被称为天理。当然，两者内容并不完全相同。

荀子的性恶论不是服务于王道，而是服务于霸道，强调以法治国，强调权力秩序，都与性恶论相应。董氏虽重王道，但也不废霸道。苏舆已指出《保位权》篇颇参韩非之旨。在《保位权》中，董氏讲"君之所以为君者，威也"；在《王道》中，他又讲"由此观之，未有去人君之权能制其势者也，未有贵贱无差能全其位者也"。人君不能没有威权。

只不过，董仲舒认为"圣人之道，不能独有威势成政，必有教化"（《为人者天》）。他将教化德治置于为政之首位，而将法刑置于辅助地位，并进行了天道背景的阐释。"天之道，有一出一入，一休一伏，其度一也，然而不同意。……故阳出而前，阴出而后，尊德而卑刑之心见矣"（《天道无二》）；"天之志，常置阴空处，稍取之以为助，故刑者德之辅，阴者阳之助也"（《天辨在人》）。德是维护尊卑贵贱秩序的规范力量，而刑则是对破坏这种秩序的势力的打击。董仲舒所构建的大一统政治的理论,以治为核心的倾向很明显。

陈苏镇先生论汉初政治学说,认为存在荀子的礼治派别与董仲舒的德治派别的区分。① 从前文所论看,荀子更重视霸道,而董仲舒更强调王道,二人都是王霸道兼备,在政治实践的本质上并没有太多区别。只不过,董仲舒还不可能提出取代基于荀子礼法思想制定的汉代文法的具体的法律文本,这要到魏晋以后律令分离后才有可能实现。武帝以后,有所谓察举征辟之制,确合独尊儒术之旨。不过,笔者以为,这样的举措更多反映的是武帝的"内多欲而外施仁义"之心,汉宣帝讲的汉家以霸王道治天下,才是汉家政术的真实。

第三节　东方心性学

据前文所论,董氏新儒学是综合东西方两种学术范式以及两种政治理论与实践而成,而就其宇宙观基础、正与治的侧重等方面来看,在综合两种政治与学术的过程中,董氏新儒学所反映的无疑是以东方的政治与学术为主。

还是先从人性论说起。据前论可知,董氏的人性指的是性而非心,并且他承认性自有理,经教化可以成德。性有理在神秘主义中是可以实现感应的基础。董氏虽不提倡神秘主义修炼,但他的理论中充斥着神秘感应则是事实。这些内容与西方重视神性自我、重视良知的学术范式,存在着根本差异。董仲舒讲,"人之诚,有贪有仁,仁贪之气,两在于身"(《深察名号》),学者已指出,认为人性中有仁贪,也见于《礼记·礼运》,②所谓"用人之知去其诈,用人之勇去其怒,用人之仁去其贪"。这种对人性不别善恶的观点,当是东方人的基本观点,不仅仅是东方儒家。

论者多已指出,董氏之学与墨家学说有不少关联,最明显的便是天志观念。只是二者天志内容不同,墨子的天志为义,董氏的天志为仁。且不论学说背后的差异,墨子的人性论也不别善恶。人性论别不别善恶,在学说上意味着什么,为什么儒家矜矜于人性之善。笔者判断,这中间当存在为学宗旨的不同。

孔子讲,"古之学者为己,今之学者为人"(《宪问》)。为己之学致力于个体自身的转化,而要转化则必须有目标方向,圣人作为典范的意义即在

---

①　参陈苏镇:《〈春秋〉与"汉道":两汉政治与政治文化研究》,北京:中华书局 2011 年版,第二章。

②　张实龙:《董仲舒学说内在理路探析》,杭州:浙江大学出版社 2007 年版,第 98 页。

于此。由此，则必须承认人性有向善的动力与根基。所谓为人之学，当是类似后来墨家的摩顶放踵利天下之学。准此，学者首先考虑的不是人格转化的问题，而是天下国家的问题。讲天下国家，不能说与人性没有关系，而是说人性是善是恶的讨论，对于好国家没有太大意义，苏格拉底讲，国家的好坏是理性强弱的问题，是哲学的问题。墨子讲天志，讲尚同，讲兼爱，讲法仪，都是围绕构建好国家而展开。如果好国家真能建立起来，人性是善是恶并不重要，其本身可以被塑造。有圣人，可以推进社会文明的进步，而恶人在好国家中则没有机会作恶。

董仲舒以中人之性规定人性，与这种学说立意基本相同。对于大多数人来讲，正如孔子讲的"君子之德风，小人之德草，草上之风，必偃"（《颜渊》），国家大环境决定了他们是选择为善还是为恶。只不过，董仲舒因为要讲儒学，因而将儒家的基本宗旨贯穿到他的理论中，将天志转述为仁，国家的合法性不再是她的正义性，而变成了道德性。这种理论表面上看起来是儒家，但实质上却不是儒家，其属于为治之学的范畴。也许董仲舒认为这样可以使天下国家变得有德性，但其基本的为学路径却与正宗儒学相左。

《汉书·董仲舒传》董氏天人三策中有天子正心而正天下的表述，"故为人君者，正心以正朝廷，正朝廷以正百官，正百官以正万民，正万民以正四方"。宋儒也这样劝宋代皇帝，以致天下太平。这里存在一大误读。按照董仲舒的理论，天子本人开不出好的价值，天志天理均非人所固有，而是属于天所有，他讲的正心可能更近于《大学》的正心。

《大学》的正心，据其文本自身的解释，是指身不要有忧惧忿懥，所谓正心，其实是定心。这个理解可以与《保位权》讲的"为君虚心静处"相参验，也可以与前文所引《天道施》讲的圣人之心相参验。宋儒以为《汉传》本于《大学》，而自己又误读《大学》，还以为董仲舒是对正宗儒学的传承。

对于董仲舒来说，王者最重要的责任不是自己提出好的价值来正天下，而是了解天志天道。"夫王者不可以不知天。知天，诗人之所难也。天意难见也，其道难理。是故明阳阴、入出、实虚之处，所以观天之志；辨五行之本末、顺逆、大小、广狭，所以观天道也。天志仁，其道也义"（《天地阴阳》）。这样看，董氏的所谓正心而正天下的表述，与儒家的先正己后正人的路数恐不能简单地相提并论。

《大学》之正心虽是定心，但它还是正宗儒家的路数，因为正心前有诚意，而意之诚意味着神性自我的确立，正心的目的只是让神性自我在修齐治平中得到充分的实现。董氏理论中的正心，其目的则是为了保证天意天志天道在为政过程中得到充分实现。

董氏并非不讲意,只是其所讲的意,不是人的神性自我,而是自然万物的自体。① "万物动而不形者,意也;形而不易者,德也;乐而不乱、复而不厌者,道也"(《天道施》)。这个意只能从自然的角度去理解,可以理解为天意。从董氏认为天具有天心、天志、天道、天理看,天似乎也有一个神性自我存在,"故位尊而施仁,藏神而见光者,天之行也"(《离合根》)。正是因为存在这样的天,国家的合法性才可以成为一个问题。

与人心相关的意,董氏并不回避,他讲"心之所之谓意"(《循天之道》)。后来宋儒释《大学》诚意之意,也这样解释。但这样的解释显然并不妥当。董仲舒在养生的语境中讲心之所之谓意,"故养生之大者,乃在爱气。气从神而成,神从意而出,心之所之谓意"(《循天之道》)。在这样的语境中,"凡气从心,心,气之君也,何为而气不随也"(《循天之道》)。天有天意,人与天相类,也有意。但因为所有的德性都是来自于天,在天,意可谓天的神性自我;在人,意为神性自我的讲法便不能成立。《大学》之意是其后修齐治平的基础,德性即蕴藏在诚意中,这与董氏的仅具养生意义的意,不可相提并论。

不过,董氏又保留了意为内心的认识,"是以天下之道者,皆言内心其本也"(《循天之道》)。也就是说,他保留了神秘主义的意识结构,只是因为一切德性归诸天,神性自我在他的理论中不可能具有位置。他讲"圣人过善"(《深察名号》),意思是说先有善,后有圣人,善不是从圣人那里产生,而是先于圣人而存在。这与荀子的圣人之于礼的关系相似,在荀子那里,礼也是先于圣人而存在。从理论结构上讲,二者相同。对圣人的这种理解,也指向于他不承认人有先天的神性自我。

因为不主张神性自我的存在,意就成为与心相似的意识活动,只是有内外的区别,所以他才有"心之所之谓意"的解释。尽管董氏仍将神与意联系在一起,所谓"神从意而出",但这个神本身不包含德性价值,只是服务于更好地感应自然。董氏也讲中和,但他的中和完全是外在的自然时气,人只有感应到这种中和,自己才能达到"喜怒止于中,忧惧反之正"(《循天之道》)。

笔者在讨论早期儒家神秘主义时,曾将内心或意与身联系在一起,《大学》的诚意,相当于《中庸》的诚身,并认为《大学》的"身有所忿懥"之"身",不必从程子改读为"心"。如所周知,郭店简仁字作"身+心"(上下结构),身自

---

① 这里的物自体不包含形的问题,形气分离是中国古代哲学相对于西洋哲学之存在的最重要特征。就董氏思想论,物之成包含意动与得形两个阶段,形之获得基于阴阳五行。这两者是分开的,自体之意需要经过天意的转化,物才能由之获得形,所谓"天地之气,合而为一,分为阴阳"(《五行相生》)。

身，心自心。所谓内心外心，只是意识层面的深浅的差异，并不是说同一颗心。《礼记·乡饮酒义》讲，身之所得谓之德，德性首先与身联系在一起，诚身、诚意，就是使身之所得得以确立，使神性自我得以确立，而不是指确立后来讲的心之所之。

《大学》讲所谓诚其意者，毋自欺也，如好好色，如恶恶臭。好好色，恶恶臭，不需要思考，但其中也包含了意识活动，这种意识活动隶属于人身感官，而不隶属于心。董仲舒因为取消了人天生的德性，意与德性的关联地位，不再合乎他的理论要求，心之所之谓意的解释自然就出现了。不过，在天心与天意的关系上，他没有展开论述。笔者以为，他不可能讲清楚，正如宋人不能解释清楚既然意为心之动，《大学》为什么先诚意、后正心一样。

董氏对于意的新解释为后来宋人讲心统性情，奠定了基础。性情原本隶属于身，董氏也不反对，他讲"身之名，取诸天。天两有阴阳之施，身亦两有贪仁之性。天有阴阳禁，身有情欲柜"（《深察名号》）。但在这里，原先心身、心性二分的理论结构，转变为心性统一于身的结构，所谓情欲柜指的是心。这个转变，改变了古代心性学致力的方向。

早期儒学的实践，主要依靠礼。孔子讲"学而时习之，不亦说乎"，其中的学习一般认为是对礼的实践练习，从这种礼仪的练习中可以获得性情之正。性情之正既可以调节人的欲望，又成为心志之正所谓道德德性的基础。这与亚里士多德将性情置于欲望与理性的中介地位的思想暗合。但在宋儒那里，学者或致力于静心，或致力于求理，静心也是为了明理，所谓心统性情，根据即在于心能明理，理取代了礼成为心性之学致力的方向。

性情固有理，但如何实现性情达到理性的路径，早期儒学与宋儒之间存在着根本差异。在宋儒那里，理自外附，情与理是一对矛盾，欲存天理，需灭人欲。在早期儒学那里，理生于内，道始于情，情生于性，性与情之间并无背离与隔阂。其所以出现恶劣的情欲，是因为性在发于外的过程中发生了迁移，而心是调节这种迁移的力量，于是有了人心、道心之分，有了神性自我。

董仲舒的论述中还部分保留着这些论说，他说"天地之所生，谓之性情，性情相与为一瞑，情亦性也，谓性已善，奈其情何"（《深察名号》）。这里他承认情出于性。他又讲，"变谓之情，虽持异物性亦然者，故曰内也。变变之变，谓之外。故虽以情，然不为性说"（《天道施》）。这段文字有讹字，苏舆怀疑"持"或当作"特"。整句话的意思并不难理解，情是性发于外与物相接后的变化形态，对这种变化形态加以改变，即为教化。情本于性，属于内。而教化虽作用于情，然本于天，属于外，所以不将其与性混为一谈。这里承认情会发生变化，但他并没有将情区别于性，将其归为恶类，当然他也没有将性归为善类。性情无善恶，善恶因与物接而生。这些都是符合早期儒学思想的论述。

然他关于如何达到理性的实践主张却与早期儒家不同。他的主张有两点，一是心为情欲柜，以心管制性情；二是教化明理。两者其实也是统一于理，心不成德，就不能管制性情；而成德据前所论，就是循三纲五纪，通八端之理，而不同于诚身、诚意的成德。郭店简《性自命出》讲，"身所以主心"，成德是心志达到理性的基础。在董氏这里，心经由教化明理，性情则因心明理而无法转向于恶，又因礼乐而得到安顿，从而达到成德。二者在先成德还是先明理的实践路径上正好相反。

更深入地分析，善与性情之理在早期儒学中是统一的，德与性情皆属于身。儒家实践礼，礼是圣人所定，圣人不仅明理，也明善。正因为如此，对礼的实践本身可以端正人的心志。当然，这个过程只有实践者自己知道。在董仲舒的理论中，善与性情之理分离，善来自于天，落实于人心，而性情之理仍属于身，这种分离的结果，必然导致心统性情之说。心、性统一于身，实际上取消了心身二元论中，意属于身、善与性情统一的理论结构，并为重新解释意，提供了方便；而将心与意统一为心，并与性情形成对待关系，则直接导向了心统性情的结构模式。

尽管存在一些相同认识，董仲舒的心性学显然不是对早期儒学的简单继承，甚至已不能说与早期儒学属于同一理论模式。性情无善恶的观点，与墨子的性情观基本相同。认为性情有内在之理，礼为安情的说法，则与《礼记·乐记》的观点基本相同。《乐记》讲"乐则安，安则久"，董氏的安情之论当是由此而来。只不过，《乐记》讲的是安心，属西方学术范式。董氏心性学中，善来自于天，为心所明，从而反制情欲；有先验之善的圣人被取消，而制欲则成了重要命题。制欲防乱是荀子的重要关切，当然也是东方学术范式的重要内容。再有，董仲舒的圣人与荀子的圣人，都通过感应的方式成为圣人，差别在于荀子的圣人是在不断学习的过程中精合感应而成，董氏的圣人则通过虚静接受天德感应天理而成。这种模式与西方的依赖神性自我而逐步成长为圣人的模式也不同，前者成圣的根据在外，后者成圣的根据在内。梁启超先生很早就指出，"董子天人三策，句句像墨家的话"，"董子的全部学说，虽调和孟荀，实则偏于荀"，①墨家、荀子都属于东方学术范式，董氏也属东方学术的范式。

---

①　梁启超，《儒家哲学》，附见其著《清代学术概论》，南京：江苏文艺出版社 2007 年版，引文见第 209、218 页。

第四节　一元宇宙论与《春秋》大一统

董氏之学以《春秋》为基础，也可以说明他的学术是以东方学术范式为基础。

如所周知，大一统理论的基础来自《春秋》，而《春秋》何以能实现大一统，就成了理解董氏新儒学的关键。按照笔者的研判，东西方的政治与学术原本难以调和，董仲舒何以能实现他的综合，则不能不溯源自《春秋》。

董氏论《春秋》大一统的话，论者多有征引，为叙述方便，这里先引征如下：

> 是故《春秋》之道，以元之深正天之端，以天之端正王之政，以王之政正诸侯之即位，以诸侯之即位正竟内之治。五者俱正，而化大行。（《玉英》《二端》）
>
> 《春秋》何贵乎元而言之？元者，始也，言本正也。道，王道也。王者人之始也。王正则元气和顺，风雨时，景星见，黄龙下。（《王道》）

《春秋》之元，在董仲舒眼中具有宇宙论的意义，"故元者为万物之本，而人之元在焉。安在乎？乃在乎天地之前"（《玉英》）。在天地之前，与太一地位相同。董仲舒确有将二者联系起来的意思，他讲"惟圣人能属万物于一，而系之元也。终不及本所从来而承之，不能遂其功。是以《春秋》变一谓之元。元犹原也。其义以随天地终始也"（《玉英》）。

按照现代学者的看法，即便是经过孔子编修的《春秋》，"元年春"之"元"也并不具有宇宙论的意义，赋予其宇宙论的意义完全是后来的阐释者所为。尽管从帛书《易传》看，孔子在《易经》阐释中已经援引宇宙论的内容，但没有证据表明《春秋》之"元"在他那里已经具有宇宙论意义。[①] 事实上，东方学术范式下的理论进展，似乎存在宇宙论意识越来越强的迹象。从管子到墨子，从荀子到韩非，这种意识逐渐加强，关注程度越来越深。《春秋》之"元"之获得宇宙论意义，亦当如是理解。

---

① 《春秋》之"元"并不一定要从宇宙论的角度解读，宋代的胡宏即将其解读为仁，他在《上光尧皇帝书》中讲，"故孔子作《春秋》，必本元立本以致大用；孟子告诸侯，必本仁义以行王政。元，即仁也。仁，人心也"（《胡宏集》，第85页）。这与公羊家的解释正好相反，其持的是早期儒家的以心性为本体的立场。

如何理解这种援引宇宙论来阐释社会政治理论的现象？笔者以为，东方文明的宇宙论本是以地为关注的重点，他们的学术原非以宇宙论擅长。不过，他们虽反对西方的通天，但又不能完全抛弃天，作为学术理论，总要有自己的逻辑起点与理论归宿，超越天地，诉诸更高的太一就成为最佳选择。宇宙论意识的加深，当是东方学术发展的必然，而超越天地的一统的宇宙观则是他们的必然选择，因为他们的宇宙观中天地原本分离，而与地相对待的天并不受重视。

讲这些，并不能说明《春秋》及其阐释学内容就属于东方学术范式，但对于深入理解《春秋》大一统的内涵，却有助益。

《春秋》大一统，不仅仅是一个权力一统的问题，更重要的是，其一统之"一"以一统宇宙论中一为对照物，而这个"一"高于天地。董仲舒经常用的"天"，其实不是天地分离宇宙论中的"天"，而相当于"一"所生出的宇宙全体。学者早已指出，《官制象天》讲的天有十端，其中天地各为一端。两个"天"的地位并不相同。① 董仲舒虽也用"天志"一词，但他这个"天"与墨子"天志"之"天"并不能简单等同。墨子的"天"是天地相对待中的天，② 而董仲舒的"天"则是囊括宇宙全体的天。另外，这里还可以看出宋儒关于仁的解释的来源，程颢以仁包天地万物，这实际是对董氏天志的翻转，天志为仁，天囊括天地万物，天地万物之志为仁，反过来，仁就包天地万物。

大一统政治以一元宇宙观为基础。东方宇宙观中，天地分离，人属于地，天与人本相分。因为东方政治是东周政治发展的主流，而西周以来的政治发展，使得天命已成为最高存在，基于东方宇宙观而接引西方的宇宙观，其结果便是引进超越性的太一。其在政治上的反映便是秦统一后出现的皇帝，其与天平齐，皇帝又可以称天帝。这个宇宙论也可以为一统政治服务，但其对儒家文明元素的综合不够，不能适应汉代的需求。在董仲舒这里，这个一元是合天地万物包括人而为一，天与人相分是他的基本的宇宙观，这个天是综合之后的天。董仲舒的天与人，相分又相合，天超越于人，人服从于天，这是观察他的理论与政治实践应该注意的。其理论视域中的皇帝低于天，天子要服从天。

同样是东方宇宙观，董仲舒的宇宙观与荀子的宇宙观在天人旨趣上也不完全相同。荀子讲人定胜天；董仲舒不谈胜天问题，不凸显人的能力，而

---

① 徐复观，《先秦儒家思想的转折及天的哲学的完成：董仲舒〈春秋繁露〉的研究》，见其著《两汉思想史》，上海：华东师范大学出版社 2001 年版，第二卷。

② 墨家讲天义地仁，天志为义，其天与地相对待。

将视角转向德性问题，就有了天人合一。前者强调分，后者强调合，这是由各自学术旨趣决定的。当然，二者都将构成人之存在的人性与形式分离，并且都以形式为其第一因，这是董仲舒对荀子的继承的一面。

学界对于董氏以一元的宇宙论作为大一统政治的基础缺乏足够的重视，如果考虑前文提到的东西重地与重天的宇宙观的差异，以及由之而生的制度、思想等方面的差异，这种以一元宇宙论为基础的大一统政治就值得留意了。

前文已经指出，在董氏的理论中，东方学术占主导地位，在正与治的选择上，偏重于治。对于《春秋》的阐释者们来说，是否也存在着这样的偏重？如果也存在这样的偏重，那么，董仲舒的理论就可以视为以《春秋》阐释为基础。

如所周知，《春秋》最重要的褒贬依据是时月日，这种理论有无文化背景，是值得关注的。清人包慎言《时月日褒贬说》指出，《春秋》以时月日进退王公卿大夫，非《春秋》之法，自古帝王相传之法也。并引《尚书·洪范》"王省惟岁，卿士惟月，师尹惟日"[①]。他的这个讲法很有趣，因为材料的关系，很难证实他的判断完全可信。不过，《公羊传》将大一统与"王正月"联系在一起，倒是有根据的。《论语·尧曰》尧命舜，讲"天之历数在尔躬，允执其中"。时间与政治的关联，在古代文化中即已存在。《尚书·洪范》是箕子为武王陈洪范九畴的文字，属东方文化。从近年出土文献研究看，其主体撰作时间比较早。[②] 包氏的意见不能完全忽视。

从具体的制度考察，《公羊传》所赞成的属于西方制度的，恐怕只有嫡长子继承制。其他的如诸侯不得专地、诸侯不得专封、大夫不得遂事，以及反世卿之论，都是强调中央一统集权的旨趣。再比如，《公羊传》以为王者无外，言奔则有外之辞也，这也是中央一统的旨趣。又比如，对于君父并丧，公羊氏以为嗣子在丧，有奔丧之礼，也是一统制度的旨趣。其他东方制度文化旨趣的表述还有，不备举。董氏是公羊学传人，他曾比较集中地讲述《春秋》之义：

> 《春秋》立义，天子祭天地，诸侯祭社稷，诸山川不在封内不祭。有天子在，诸侯不得专地，不得专封，不得专执天子之大夫，不得舞天子之

① 转引自陈立，《公羊义疏》，上海：中华书局四部备要本，卷八，四页反。
② 参裘锡圭，《新出土先秦文献与古史传说》，见其著《中国出土古文献十讲》，上海：复旦大学出版社 2004 年版。

乐,不得致天子之赋,不得适天子之贵。君亲无将,将而诛。大夫不得
世,大夫不得废置君命。立适以长不以贤,立子以贵不以长,立夫人以
适不以妾。天子不臣母后之党,亲近以来远,未有不先近而致远者也。
故内其国而外诸夏,内诸夏而外夷狄,言自近者始也。(《王道》)

这里讲的制度,大多数是东方集权文化旨趣的制度。

孟子曾讲,孔子作《春秋》,乱臣贼子惧,而前人有《春秋》为法家之说。
法家之说固然夸张,但使乱臣贼子惧的根据,一定不仅仅是指出臣子的德性
不够好,就足以使他们恐惧,而是说这些臣子因为乱贼,而失去了在天地间
的合法性。这种合法性的根据即在于一统的秩序。

儒家对个体存在的合法性有两种致思路径,一是强调个体的德性,二是
注重在社会政治秩序中的合法性。个人德性好,而对于秩序不作为,并不意
味着他有合法性。《春秋》讲赵盾弑其君,赵盾私德很好,但他亡不越境,返
国不讨贼,对于一统秩序没有贡献,《春秋》不承认他的合法性。反过来,个
人德性不好,但却为一统秩序有大贡献,这样的人反而能受到孔子的点赞。
如管仲,不知礼不知俭,夺人田产,私德很糟糕,但却因九合诸侯,一匡天下,
被孔子赞为仁人。很显然,儒家的公私之德的基础并不能统一,使乱臣贼子
惧的《春秋》,对人的德性考量,是以一统秩序为中心,如果违反了这种秩序,
就要受到天的惩罚,天下人人得而诛之。董氏讲,"《春秋》之法,以人随君,
以君随天。……故屈民而伸君,屈君而伸天,《春秋》之大义也"(《玉杯》)。
天代表的是社会政治秩序,所有人,包括君自身,都要以此为首要遵奉原则,
两种原则冲突,前者要屈而服从后者。屈从的目的就是为了合一。

从前面的论述看,《春秋》的制度偏好是东方的一统旨趣的制度文化,其
能使乱臣贼子惧的,自也是这样的制度文化精神。东方制度文化有重刑的
倾向,董仲舒的文字中看不出他有重刑的主张,不过他讲,"庆赏罚刑有不行
于其正处者,《春秋》讥也"(《四时之副》),这或许就是后来讲《春秋》为法家
的根据所在,也是令乱臣贼子惧的真正原因。

《庄子》讲"《春秋》以道名分",这里的"分",很容易令人联系到荀子的
"礼者,法之大分也"。法之大分,立足于做事,法因事立。道名分,立足于
名,道名分与孔子讲的正名应当是同一件事。这里会产生一个问题,即可否
将董仲舒主张的三纲五纪追溯到孔子。《论语》中孔子有为政先正名的理
论,而关于正名有君君、臣臣、父父、子子的解释。对于这个问题,论者通常
用孔子的君君、臣臣是相对平等的对待关系,而董氏的三纲已开启了君主臣
辅即君阳臣阴的关系模式来解释。这当然不错,但还没有说到问题的根子

上。笔者以为,根子当在宇宙观上。前面提到,孔子在《易经》阐释上已经注意到了一,但没有证据证明,他有合二为一的观念。易学上是一分为二,而《春秋》阐释上是合二为一,两者不可等同论之。据前论,董仲舒有强烈的合一意识,只有在合一的思想模式中,才会有纲纪的问题,而没有合一的思想模式,二者始终是对待关系。孔子虽然讲正名,讲君君臣臣,但由他的《春秋》认知,当不会生出董氏新儒学。①

在孔子那里,正名的含义很广泛,孔子讲名不正言不顺,言不顺事不成,事不成刑罚不中,尽管这里高度凝练,但名所包涵内容的广泛性,应该还是可以想见的。《韩诗外传》卷五有一则文字:

> 孔子侍坐于季孙,季孙之宰通曰:君使人假马,其与之乎?孔子曰:吾闻君取于臣谓之取,不曰假。季孙悟,告宰通曰:今以往,君有取谓之取,无曰假。孔子曰:正假马之言,而君臣之义定矣。《论语》曰必也正名乎,《诗》曰君子无易由言,名正也。

这里其实也是一个正名的问题,这种用辞的斟酌正是《春秋》所特别著意的。②

三纲的成立,以取消居于辅助地位的人的独立性为前提,臣相对于君、子相对于父、妇相对于夫,均无独立性,这本身是以一元宇宙论为基础。这样处理,不排除其初衷是出于维护孔子所想达到的君臣父子之义,但问题在于,董氏新儒学所用以实现孔子的理想的学术根基,与孔子的理想所赖以的学术根基,已不相同。当然,把这个问题交给孔子,孔子可能也会觉得困难。《春秋》的制度旨趣是追求治,而他的理想是各得其正,二者的宇宙观基础本不同。只不过,孔子未必会像董仲舒那样提出三纲,因为他的观念中,正的价值高于治。董仲舒面对的是帝制于秦已建立的现实,其与《春秋》大一统

---

① 胡宏认为孔子作《春秋》,有扶持三纲之意,见其《上光尧皇帝书》,载胡宏,《胡宏集》,北京:中华书局1987年版,第89页。

② 当然,这则例子同时会给人另外一种意象,即君臣之间若是这种关系,财产岂不就没有了法律保护?这样的话,不还是合一吗?事实指向似乎如此,但实际不是。笔者讨论德礼政治,曾举《左传》仲叔于奚辞邑而请繁缨的例子,孔子评论讲不若多与之邑,惟名与器不可以假人。在孔子的观念中,人与人之间首先要界定的不是财产关系,而是基于礼的身份关系,财产上的合一,不代表身份的合一,身份的独立优先于财产的独立。后来孟子讲的无恒产而有恒心,惟士为能的儒家精神,即从这里发展出来。不论是孔子还是孟子,君臣之间都是相对独立的对待关系,双方各有德的约束,君贫乏不足时,固可以取臣下财物,但并非是绝对的,君也有制度规范约束他,这种相互关系不能以世俗时代的财产观念作简单推演。

在内容上有一些相通；而汉家又要以儒术为其缘饰，他不能不将治的价值抬高，进一步发扬《春秋》的精神。基于这样的思考，三纲必然会被凸显，名分的内涵也因之而窄化。

孔子强调正名，是因为他所重视的各种义，并未制度化，原先的制度在那个变革年代不能支持正治一体，所以他只能用正名的主张弥补制度的不足。帝制成立后，法制成为名分的基础，汉遵行荀子的文法，而文法本为维护尊卑秩序为目的，即便是叔孙通的旁章朝仪，也都具有律令性质，正名分的问题事实上已不需要大力弘扬。汉虽有《春秋》决狱的司法实践，但其并不能成为司法实践的主流。尤其要注意的是，从《春秋》决狱的案例看，其着眼点还是在名的辨析上，也就是说仍然属于刑名的范畴，而不是以儒家的恤刑理念指导司法实践。这样的实践只能是司法实践的补充，并没有改变司法实践的方向与主旨。

汉代法律是儒家法律，所谓儒家法律，就是将儒家所倡导的大义，用法律的形式规定下来。没有董氏新儒学，汉代的国家也会呈现出儒家所追求的那个样貌。但这样的政治实践是以荀子学术为基础的，荀子的理论明显有别于孔孟的理论，并不能满足汉家要以儒术为缘饰的要求。尊卑秩序事实上也需要名教理论作支撑，董氏新儒学因是而出。

第五节 孟、荀综合如何可能？

从前文讨论看，董仲舒的学术实际上是对早期中国东西方的学术的综合，尤其是孟子与荀子的思想。事实上这个综合不惟见于董仲舒，还见于汉初其他的儒家思想家，《韩诗外传》即是其一。

囿于著述体例，《韩诗外传》的综合显得比较粗糙，不如董仲舒的思想更具有内在的逻辑统一性。近于孟子的思想的论述，如卷五言，"民非无仁义根于心者也，王政怵迫而不得见"，前句承认良知之说，后句讲因为制度暴力使良知呈现不了，与孟子的解释一样。卷四引孟子曰，"仁，人心也，义，人路也"，则是明显继承孟子之说。卷五还有"礼者，则天地之体，因人之情而为之节文者也"，这个对礼的界定不见于《孟子》，但其属于思孟学派则无疑义。郭店简《性自命出》讲礼是因人之情而为之节文；孟子则讲礼是节文仁义而生，仁义则是本于恻隐羞恶之心，实质也是情。其他近于思孟观点的，如卷四"道虽近，不行不至；事虽小，不为不成"，与《中庸》的道不远人，义旨相近。

《韩诗外传》中继承荀子的论说也不少，学界关注卷四的与《荀子·非十二子》相近的论说即为显例。不过，《韩诗外传》类似文字没有批评思、孟，这很好理解，作者也有其思想宗旨，他想将荀子与思孟统合起来，自然不可能批评思孟。其他继承荀子的，如卷三有"君子行不贵苟难，说不贵苟察，名不贵苟传，惟其当之为贵"，与《荀子·不苟》一致；卷四"礼者，治辨之极也，强国之本也，威行之道也，功名之统也"，与荀子论礼相近；卷五讲"君者，民之源也"，又谈到"明不能济法教之所不及，闻见之所未至""道者何也，曰君之所道也；君者何也，曰群也"，也是直接从荀子那里来的。

从全书看，认为作者对于先秦儒家学说的继承主要是思、孟与荀子，应无大错。不过，仅仅将其理解为是摘抄两派儒学话语，则低估了作者的努力。作者有综合的尝试，卷五有"故圣王之教其民矣，必因其情而节之以礼，必从其欲而制之以义。义简而备，礼易而法，去情不远，故民之从命也速"。这段文字将情与欲统合起来论述，很值得注意，这意味着作者超越了孟、荀在人性观上的对立。尽管荀子对性、情、欲有一套完整的解释，但这里的情是思孟的情，不是荀子的情。情感居欲望与理性之间，向下可以与欲望结成情欲，向上可以与理性结成情理，荀子的情是向下的，思孟的情是向上的。从这里礼义与情欲对应，而礼主易、义主简所暗示的与天地的对应关系看，这个情是向上的。

《礼记·礼运》有七情之说，"喜怒哀惧爱恶欲"，也包括情与欲两方面，但作者讲"欲恶者，心之大端也。人藏其心，不可测度也"，与《韩诗外传》的基本立场明显不同，而是站在近于荀子的立场上。《韩诗外传》关于心的认识立足于孟子，前面引继承孟子的"仁，人心也"，是一证。另外，其也接受荀子对心的认识，卷二讲"凡治气养心之术，莫径由礼，莫优得师，莫慎一好"，语出《荀子·修身》；卷四讲"君子大心即敬天而道，小心即畏义而节"，语出《荀子·不苟》。卷四引传曰"诚恶恶，知刑之本；诚善善，知敬之本"，则是对孔子的惟仁者能好人、能恶人的发展。《韩诗外传》的同时关注情、欲，跟《礼运》不是同一派别，从其同时称引孟、荀看，作者应该是想作综合。事实上，作者已经有了类似董仲舒的人性观点。①

作者作综合的方式也值得注意。《礼运》也是在作综合，最后得出"是故夫礼，必本于大一，分而为天地，转而为阴阳，变而为四时，列而为鬼神，其降曰命，其官于天也"。情、欲分属天地，作综合自然就需要高于天地的存在，所以要追溯到宇宙论上的太一。前论董仲舒的大一统，也追溯到了高于天地的天或元。《韩诗外传》没有出现高于天地的一元宇宙论，他没有在天地之外寻找他的学说的根源，而是立足天地之间确立根源。

---

① 参金春峰，《汉代思想史》，北京：中国社会科学出版社1997年版，第106页。

卷五讲，"夫《关雎》之人，仰则天，俯则地，幽幽冥冥，德之所藏，纷纷沸沸，道之所行"，又讲"夫六经之策，皆归论汲汲，盖取之乎《关雎》"，又讲"天地之间，生民之属，王道之原，不外此矣"。显然，作者关切的道与德就在天地之间，而不在天地之外或之上。

问题是天地之间如何寻找两个本相冲突的诉求的共同基础呢？《韩诗外传》引入了老子之学。卷三讲"昔者不出户而知天下，不窥牖而见天道"，出自《老子》；卷九明确引用《老子》曰"名与身孰亲，身与货孰多，得与亡孰病"，这说明作者虽讲儒学，但不排斥老子之学。

不仅如此，事实上作者依据《老子》的哲学范畴，为孟、荀的综合作了有别于在天地之外确立道德根源的尝试。卷五有言，"儒之为言无也，不易之术也。千举万变，其道不穷，六经是也"。"儒之为言无"的讲法，应为作者的创造，其欲以老学综合儒学的不同派别的意图很明显。这个创造为在天地之外寻求综合的基础，另辟了一条途径。

先秦儒学均立足于人性立说，人性的不同表现，即便是最高的理性，也都是现象界中的存在，所谓情感理性，与西洋哲学讲的高于现象界的理性不能等同。要对现象界作综合，理论上讲必须要在现象界之外寻找可综合的基础，西洋哲学的理性就是在现象界之外确立的管制现象界的原则。《礼运》的太一，董仲舒的天或《春秋》的元，都是在天地之外确立的天地之内现象的根源与法则。

公羊学及董仲舒的综合并不完美，《礼运》的综合也不理想。《礼运》言"夫礼必本于天，动而之地，列而之事，变而从时，协于分艺"，前文讲礼必本于太一，这里又讲礼必本于天，表面上看是矛盾的。但如果理解了太一是出于综合天地的需要而提出的，就不冲突了。太一兼顾天地，而礼是发于天，之于地的，所以两者之间是统一的。

问题是发于天的礼，并不一定以属天向上为其最主要的价值关切，讲礼必本于天，只是出于综合的需要。后面讲"故人情者，圣王之田也，修礼以耕之，陈义以种之，讲学以耨之，本仁以聚之，播乐以安之"。人情即前文提到的七情，包括情、欲两方面。作者更重视恶与欲，所以特别重视义的重要性，作者讲"故礼也者，义之实也"，"故治国不以礼，犹无耜而耕也；为礼不本于义，犹耕而弗种也"，这与荀子的观念很近。只是作者出于综合的需要，又不能不重视仁的作用，既讲"义者，艺之分，仁之节也"，又讲"仁者，义之本也，顺之体也"。这里，仁义的关系，义居主导，仁是精神，义是纲领，而顺则为共同体构建的原则。

从宇宙论与心性的关联看，这并不属于儒家的天仁地义的模式，而是墨家的天义地仁的模式。礼本于天，而义为礼之实，是为天义；仁为顺之体，而顺为地之德，是为地仁。《礼运》讲大同，墨家主尚同，二者的关联原本即值得注意。今人讨论董仲舒，多认为其受到墨家影响，《礼运》作综合，也呈现类似墨家的思想模式，就是一个值得注意的问题。

笔者分析，墨家是属天之工的派别，其由天志天义，动而之地以为法，这种讲法与《礼运》的礼本于天、动而之地，模式上相同。从思想来源上看，墨家是综合东西方的学术，其重法，本于东方，重天，本于西方。其在政治上影响到秦政的实践，新近发现的秦律有要求子弟孝父母、敬兄姊的条文，原本家内的仁爱精神，成为家之构建的一个原则，即所谓"仁，顺之体也"。只是因为墨家尚质、尚法，其并不需要在天地之上另造出一个太一；而尚文、尚礼的儒家，其欲承认现实进行综合，必须要有一个太一。

这个道理并不难说清。对于尚质的思想家来说，天地走向同一，不存在理论上的困难，即便是讲德性，其也不强调德性的发扬，不主张通过复杂的礼仪体现德性的等差。相反，因为可以通过立法保障伦理德性的贯彻，其对于德性的关切，反而更容易实现。尚文尚礼的儒家进行综合，理论上是有困难的。首先要关注国家治理，又要将有等差的德性关切贯彻其中，严格地讲，这种安排违背人的天生意愿。墨家综合的结果是兼相爱、交相利，在儒家这里既不相爱，也不相利，历史实践已经证明这一点。违背人的意愿，只能将其诉诸天意，并且这个天不能是与地相对的天，因为与地相对的天首先指向于德性的天生与自由，必须是有十端的天，或者是太一。

《礼运》后面讲了人之肥、家之肥、国之肥、天下之肥，是谓大顺。"大顺者，所以养生、送死、事鬼神之常也"，"故明于顺，然后能守危也。故礼之不同也、不丰也、不杀也，所以持情而合危也"，顺是属地的价值。尽管作者还没有讲三纲，但其防范政权风险的意识是很强的，守危、合危，明显指向于乱臣贼子，所谓"大臣法，小臣廉，官职相序，君臣相正，国之肥也"，与孔子君君、臣臣的观念一致。所谓危，首先是政权之危。这与其将恶、欲作为人心之大端也是吻合的。

这种综合结果本身并不奇怪，现象界本身的法则，成为综合之后的法则，是对现象界进行综合的题中应有之义。《韩诗外传》也不例外。卷三讲"若夫百王之法，若别白黑；应当世之变，若数三纲；行礼要节，若运四支；因化之功，若推四时；天下得序，群物安居，是圣人也"，这里明确提到了三纲，作者显然并不愿意挑战现象界的基本规则。真正的问题是，像《礼运》、董仲舒的在天地之外确立综合根据的做法，不符合儒家人性文明追求的意旨，这种外在的根源意味着强制服从，意味着在原先属天、属地的两派学说，以属地一派为主导。

东方尚治的制度文化,其宇宙论基础原本是以地为关注重点。这种宇宙观下,恶、欲是人性之大端,成为追求国家治理的思想者的共通观点,法治成为基本选择。但就构建制度维护秩序的需要来讲,其又必然重天,没有天,就没有自然合法性,也不会有基于公平公正所建立的制度。其学术发展过程中,解决这种内在冲突的办法之一是诉诸超越天地的太一。在这样的学术脉络中,想要援引儒术为缘饰,《礼运》是初期形态,董氏新儒学是其发展形态。就董仲舒思想而论,人性不能是善,否则荀子的法治没有根据。而人性不善,教化的根据就不好解决,所以只能将善诉诸天志。人性也不能是恶,人性若恶,不仅与正宗儒学明显背离,教化的必要性也成问题,所以人性只能是混沌状态,但又有获得启蒙的基础与可能。因为尚治,教化的内容又是有选择的,所谓三纲五纪八端之理。这样,已获得法制保障的尊卑贵贱之序,因之获得了属于自身的意识形态。

当然,对于现象界的综合,既可以从现象界之外寻找根源,也可以通过否定现象界的方式来实现综合,理论上讲,两条路都可以。"儒之为言无",就是通过否定现象界的方式实现综合。尽管《老子》原也是东方的学说,但老子排斥工正型文明的强制特征,他提供的哲学范畴为至少表面上符合西方文明精神的综合,提供了可能。需要说明的是,这里"儒之为言无",无还没有后来以无为本的本体意味。事实上《老子》哲学,据郭店简本,也没有以无为本的思想,其讲有无相生,无只是现象界流转过程中的一个环节,儒之为言无与《老子》讲的知其白、守其黑的精神是一致的。否定现象界不是超越现象界。

这事实上需要人的精神完全退回到纯净的自然状态,卷五有言,"圣人养一性,而御大气,……存其精神,以补其中,谓之志",又言"天有四时,春夏秋冬,风雨霜露,无非教也。清明在躬,气志如神"。圣人的精神已经与自然联系在一起。立足于此,作者论德,与早期孔孟儒家论德,便有根本不同。"德也者,包天地之大,配日月之明,立乎四时之周,临乎阴阳之交,寒暑不能动也,四时不能化也,敛乎太阴而不湿,散乎太阳而不枯,鲜洁清明而备,严威毅疾而神"(卷五)。基于这种德开出的政治,也与不愿谈性与天道的孔子迥然有别。卷七引传曰:"善为政者,循情性之宜,顺阴阳之序,通本末之理,合天人之际,如是则天气奉养而生物丰美矣。"

阴阳、天人的论说与董仲舒的论说相同,但其所以达到这种论说的起点不同。董仲舒从阴阳、天人之外看阴阳、天人;《韩诗外传》是基于否定阴阳、天人的立场谈阴阳、天人。只有否定掉阴阳、天人,人的精神才能超脱;而人的精神一旦超脱,阴阳、天人便能完整地呈现于面前。

精神退回到无去看世界,与孔孟炽热刚毅之精神,显然不能并列。但孔孟的精神只能开出孔孟的学说,无法融合东方学术,更不为现实政治所允许。要想立足人性去综合东西学术,只能将炽热刚毅之精神,转化为无;只有立足于无,才能冷静地观察这个世界,在承认现实世界的基础上,努力向上。如此,才能消弭东方文明的工正型因素。

这容易使人想到玄学的无。需要说明的是,玄学作为本体的无与这里儒之言无,意义不同。玄学的无是在世界被综合为一的基础上,进而为一确立根源。①《韩诗外传》直接以无去综合孟、荀,是强调儒者的精神退回到无,不如此,矛盾的双方得不到综合,其间没有以无作为矛盾双方的本体的意思。

综上所述,董仲舒的新儒学是综合东西方学术内容、为缘饰大一统政治而提出的新的学术理论形态,东方学术范式在其中居主导地位。在正与治的偏好上,他将二者统一到国家层面,国既要有德性外表,又要获得治理。就其本质论,其学说是一种服务于国家治理的学说。天地分离是东方学术的宇宙观基础,而大一统则是要合天人为一,并且是以屈从的方式完成合一,这为三纲五纪八端之理的登场,提供了宇宙论基础。

在这种综合的学术形态中,儒家心性学发生了关键性的变革,原先的作为修齐治平基础的神性自我消失了,意成为心之所之,心、身二元结构转变为心、性统一于身,这些新见解为后来宋明理学的登场,打下了基础。

董氏新儒学并不是儒家唯一试图综合东西学术的理论,其前还有《礼运》的综合,只是在学术形态上,其比《礼运》综合更深入,更有系统。《礼运》综合东西重天重地的痕迹还清晰保存,而阳主阴辅的观念还没有明确提出来,缺乏董仲舒思想的明晰性。与这两种从天地之外寻找综合根据的学说不同,汉初还有通过否定现象界的方式寻找综合依据的学说,即《韩诗外传》的学说。其援引《老子》,提出"儒之为言无"的解释,将圣人之精神还原为自然,从而实现孟、荀的综合,消弭了董氏新儒学所具有的工正型文明的色彩。

---

① 陈来先生指出,玄学的"无"是一个"非存在"的概念即"纯无"的概念,是从一切规定了的无抽象出来的结果,这个判断大致是可靠的,见其《魏晋玄学的"有""无"范畴新探》,《哲学研究》1986年第9期。

第五章　从经律并重到玄礼双修：
斯文重建背景下的政治与学术

　　传统中国士人参与政治，其政、学紧密结合的特征尤为明显，但政与学内容的关系却不一定密合，有时较近，有时又较远。

　　睡虎地秦简《为吏之道》的学派属性，今天尚无定论，笔者倾向于墨家说，如此，秦代或秦国士人的政与学可相统一，因为其法治政治与墨学精神同属工正型文明范畴。这种政、学一致的关系没有维持多久，汉初之学，经历了从黄老到儒学的转变，独尊儒术后又有了经律并重。单以董仲舒《春秋》论公羊学，经律并重尚可谓政学统一，《春秋》决狱久为人艳称。但若将经的范围扩大到其它儒家经典，经律并重恐很难讲是政学统一，因为大多数儒家经典，其精神旨趣与公羊学并不相同，依此旨趣所建构的政治，与杂霸王道的政治，亦非同一类型。久读儒书，必然出现汉元帝式的对于以残酷著称的文法吏的排斥，产生对所谓德治的向往。

　　也是从汉元帝开始，古代政治开始了所谓的斯文重建的进程。笔者理解，斯文重建，是以经典中的上古理想政治为标杆，逐步从法家型政治转向儒家型政治。在这个进程中，政学关系又呈现出不同的样式，东晋以后的玄礼双修是其中之一。[①] 从经律并重到玄礼双修，是传统中国政学关系的又一次调整，如何理解其中的变迁，这个变迁与其前学术究竟如何关联，是本章要讨论的问题。

第一节　中国思想的特质与一与多的困境

　　据论，罗马帝国在建构国家意识过程中，曾有一与多的问题，即帝国的构成是多元文明，如何基于多元文明建构统一的国家意识，既是一个理论问

---

　　① 章太炎先生在其《五朝学》（见《太炎文录初编·文录卷一》，此据徐国荣编著，《魏晋玄学会要》，南京：江苏人民出版社 2014 年版，第 359—363 页）已明确提出"玄学常与礼律相扶"的论断，而明确讲东晋以后士人玄礼双修的是唐长孺先生的《魏晋玄学之形成及其发展》，见其《魏晋南北朝史论丛》，北京：中华书局 2011 年版。

题,也是一个现实问题。罗马帝国的处理结果就是基督教的兴起,于是有了奥古斯丁的文明是一回事,法律社会组织形式是另一回事,正义的精神又是一回事的学理分疏。

传统中国其实也存在这个问题,现代考古已经证明,中国文明不是基于单一文明形成,而是多元文明。其必然也会出现类似罗马帝国的一与多的问题。笔者以为,汉武帝的独尊儒术所欲处理的即是这个问题。董仲舒讲国之所以为国在于德,就是要建构统一的国家意识。只不过,董仲舒未必意识到他的理论其实不能解决一与多的问题,这是由中国思想自身的特质决定的。

中国文明为人性文明,不同的思想派别,大多是从人性关切生发出来的。儒学是立足于人性完善的思想学说,只是各派的人性观不同。墨家讲兼爱,讲非攻,同样是人性关切。《老子》虽讲道法自然,但也是从人性出发立说,婴儿、赤子就是他理解的理想的人性状态。法家也有人性关切,商鞅讲法所以爱民,也是从人性的角度去爱,跟儒家不同的是,他还赋予了民参与国家治理的权力,是真正可以将爱民落到实处的学说,儒家在国家智术上的非理性,不能使他们的仁者爱人的主张变为现实。

人性不同于理性,其不同构成部分间不存在共通的原则,欲望以利益为原则,性情以血缘与利益为原则;基于情感上升的理性也存在两个原则,幼吾幼以及人之幼,老吾老以及人之老,包含了血缘与公平两个原则,所以儒家会有门内、门外的提法。有一种人性主张弊端相对较少,即《老子》主张的婴儿与赤子之性,其有欲望,但没有利益原则,故不会讲多藏。其性情可谓完全真诚,不会因其他原则的掺杂而生虚伪。只是,这种学说不切实际,因为人之成长无法阻挡。弥补的办法只能是小国寡民,老死不相往来,小国意味着社会不会很复杂,不往来就不会有利益冲突。这种办法本身也不切实际。倒是立足于人性最低层次的法家,实现了人性与国家的统一。这在理论上可以讲通,因为规定欲望的只有一个原则,即利益,解决了利益均衡问题,也就解决了共同体的构建问题。解决利益均衡问题的最佳办法是法律,当然还要保证制定法律之权力的均衡问题,所以法家赋予民参与立法。无论是从理论还是从实践上讲,法家都是古代学派中唯一一个达成逻辑统一、实践高效的学派。

但法家不符合文明精神的需求,欲望是人性的最低层次,仅仅满足欲望,人与动物区别不大,所谓人之异于禽兽也几希。因此真正纯粹的法家实践在中国历史上也就是商鞅变法之后的秦国一百多年的时间。

法家拒绝提高社会文化水平,商鞅即主张燔诗书,秦统一后又焚书。这在理论上也能讲通，诗书是教化人性向上的作品，由人性向上而开出的政治模式，与以法为权力运行基础的政治模式相冲突，阻滞人性向上，达到民愚则易治的目的就是必然选择。所谓民愚是民风朴实之意。这是从国家智术的角度去限制人性发展。评论者或以其为反智，其实是只知其一，不知其二。在缺乏理性的古代中国，基于成长起来的人性根本不可能同时开出好国家与好社会，理论上不成立，实践上也不可能。以为儒家可以解决中国问题的想法，其实是想当然。另一方面，与技能相关的书，医药、卜筮、种树之书并不在焚毁之列。

这里不是要美化法家，法家的问题确实也在于其拒绝儒家的主张。当古代中国走向大一统，一与多的问题自然呈现出来。法家代表的文化与治国理念只是那个时代的一部分人的主张，而不是全部，如何在精神上与制度上安排不同地域不同文化背景的人，秦帝国显然没有能解决这个问题。从实践上看，秦始皇神化自己或是要解决一的问题，二世的急法则是为实现一提供基础。

汉初放弃了秦的一元法治的模式，而转向修养生息、邦国分治的模式。当七国之乱被平息，国家再次走向一统，构建统一的国家意识问题再次被提出来。从汉武帝向董仲舒提的策问看，他想统一古来文质两种文化分离的问题。在理论上解决这个问题的思想家即董仲舒。

独尊儒术表面上确实解决了一与多的问题，《春秋》以质救文，在宇宙论上诉诸高于天地的元或天，确实达到了一。但这个一不是真正的一，天有十端，天地阴阳五行与人，阴阳是立天之道，五行是立地之道，事实上还是早期中国属天与属地两种文明的经验融合，而不是统一理性的上升。

传世《易传》其所以能提出形而上之道，是因为其将立地之道改为刚与柔，但这只是地道对天道的形式顺从。[1]因为易道的阴与阳并非纯粹的自然阴阳的消长，而是受天地上下尊卑地位影响的阴与阳。也就是说，地道形式上顺从了天道，而易道则实质上融入了天地之道。因为地道主顺从，阳与阴之间也就有了主辅，《易传》解释《易经》也就有了乘、承等提法。后世讲易者

---

[1]　这里其实是从易卦形体的角度以阴阳统天道，进而统地道，帛书易传《要》篇讲，天有日月星辰不可尽称，故律之以阴与阳。古代思想家也有从地道的角度统宇宙的讲法，如陆九渊讲，"太极判而为阴阳，阴阳即太极也；阴阳播而为五行，五行即阴阳也。塞宇宙之间，何往而非五行"（《陆九渊集》，北京：中华书局1980年版，第282页）。帛书《要》讲地有金木水火土五行，不可尽称，故律之以刚与柔，五行本为地道。在《易传》本是要以易道统合天地人之道，进入传统中国，在此统合的基础上进一步综合，成了一贯的宇宙论，故而又可以反过来以五行表达宇宙之道。原先的多被综合为一，就不可能出现类似罗马的一与多的格局。

谓太极生两仪,两仪不是天地,这从形式上讲是可以的,但实质上两仪就是天地。从形式上看,董仲舒不及《易传》更具抽象性,这不难理解。《易传》的抽象性是由易卦形体阴阳爻的抽象性决定的,《易传》中有五行的痕迹,但阴阳爻决定了形上之道只能是阴与阳,而其内涵则依然是经验的。

董仲舒其所以直接保留经验的五行,与他要讨论国家智术有关。保留了五行,国家官制的五官的设计就具有了宇宙论的基础。保留阴阳五行,显然更有助于其构建完整的天人合一的学说。人性关切与国家制度的设计,原本就是早期中国东西两种文明的不同侧重,相对抽象的阴阳与五行作为天道与地道,自然也应该完整保存。这事实上使得董仲舒成为关切论题最完整的儒家思想家。当然,制度阴阳的宇宙论的出现帮助了他,这种宇宙论本是要为法治国家张本。孔、孟的重点在人性,荀子的重点在国家,董仲舒则两者同等关切。

基于这个分析,董仲舒并没有真正解决一与多的问题,他得到的一其实是一个杂多(有十端),在逻辑上不成其为一,而真正的一其实还是人。春秋时期即有人得天地之中而生的观念,实际上是讲人兼具天地的特性。阴阳五行成为中医学的基础理论正说明了这个判断。

从哲学上看,人兼具天地特性,意味着人同时要处理人性与国家两个问题,从孔子作《春秋》,到董仲舒写《春秋繁露》,就是试图将两个问题一并解决。但中国文明的特质与中国思想的特质决定了这两个问题在当时的历史条件下不可能同时解决,在不同地域文明主张与不同的人性主张之间或之上,不存在逻辑上的共通点。也就是说,中国文明虽也存在类似罗马的一与多的问题,却不能像罗马那样,获得一个解决,呈现出明显的一与多的结构,即基督教作为一,帝国各组成部分的文明作为多。

这里,东西洋文明也存在西洋合一、古代中国二分的问题。西洋文明的天下,除了基督教,还有法律。[①] 古代中国秦依靠法,汉以后则依赖名教;秦法基于理智,名教虽是治术,但其精神本是人性精神。西洋的基督教是以古希腊哲学为基础之一形成的,古希腊哲学以超越的理性作为一,具体的哲学问题作为多。西洋的法律也是理性精神的体现,这构成了其文明精神连续发展的基础。中国古代学术显然不具备这个条件,最后只能是董仲舒这样的不同经验法则的表面上的统一,这种统一,不如说是综合更恰当。

在古代文明演进的过程中,先民很重视传承或追求"中",宋儒视"中"为

---

① 参克尔斯特,《古人的天下观及其政治与文化含义》,见刘小枫编,《西方古代的天下观》(杨志城等译),北京:华夏出版社 2018 年版。

道统，不为无据。所谓"中"，就是两种文明精神的中间点。成十三年《左传》载刘子语讲"民受天地之中以生"，笔者理解，就是对上古以来重天与重地的两种文明的综合，既不完全重天，也不完全重地，而是要求其"中"。

因为是综合，表现在中国学术中的核心问题，就不是如何去论说那个一，而是在综合中求得一个平衡，求得那个中道。这个中道不仅仅是在处理具体问题上的不偏不倚，而是文明整体的平衡之道。一与多的模式是在所谓的普世价值的追求下承认文明的多样性，这种模式其所以可能，在于"普世价值"超越于文明之上。在中国文明中，不存在文明之外的价值，"普世价值"在文明之内。所以古代中国不可能出现或真正解决一与多问题的理论。孔子有天下一人的观念（《礼记·表记》），一就在人本身，就是符合他的文明人条件的文化。基于此，古代中国有夷夏之辨，却不能在夷夏之上创造出超越的一。董仲舒同样有夷夏之辨，他的有十端的天只具有形式意义，并不真正超越，他只是将孔子的一人文明观加以改造，将其归于天，然后以人合天意，实现所谓天人合一。

中国文明的这种路径是由中国文明自身特质决定，即人性文明决定了不可能出现超越于文明之外的理性与上帝。理性是工正型文明的追求，中国古代没有纯粹的工正型文明，即便是工正型精神最强的秦国，也不是纯粹的工正型文明。在这种文明中获得提升的不是抽象的理性，而是政治领袖即皇帝，其宗教中不存在统一的上帝，[①]更不可能提出超越的理性。这决定了实践中其法必然出于一元，而不可能基于理性的要求，遵循共和的精神，承认共同的正义旗帜之下的多元之法的合法性，这是其不能走远的关键。

如所周知，理学有理一分殊的讲法，这看起来也是一与多的思想模式，这个思想模式是从佛教华严宗与禅宗的一与多的问题而来。[②] 这个思想模式是不是就能处理一与多的问题？回答也是否定的。其与董仲舒的天有十端之天的思想模式都只是形式上具有一与多的格局，实质上不是。所不同者，理学将一明确诉诸人性或人心，而不再强调包含十端。张载讲民胞物与，即是仁者以天地万物为一体，即是理一分殊。一是仁，分是天地万物。这种模式可以视为儒学意识的进一步强化，而谈不上构建了类似罗马的一

---

① 秦之上帝是方位帝中的西方少皞白帝，《史记·封禅书》讲秦人祭祀没有提到天帝。统一后，秦始皇造极庙，所祭拜的也不是超越的上帝，而是与皇帝对应的天帝。

② 参蒙培元，《理学范畴系统》，北京：人民出版社1989年版，第四章。也有人认为，中国古代存在"道一分殊"的思维模式，理学的理一分殊只是其一种表现形式，如李军，《论魏晋玄学生成的学术渊源与理论逻辑》，《杭州大学学报（哲学社会科学版）》1997年第3期。这意味着玄学也存在一与多的问题，只是玄学的一是通过否定有或存在获得的，不能算是一，故此不论。

与多的思想格局。这个一依然是排斥性的一,其具体内涵并非是对现象界的抽象,而是直接以现象界的规则为内容。

与董仲舒因向外寻找一而特别重视阴阳五行不同,理学是向人性人心寻找一,因此特别重视人世间的法则,三纲便成为最大的天理。尽管理学家讲理规定气,但事实上理由人自己规定,自然的阳主阴辅,人世的三纲,都是从历史实践中获得的认识,而非从纯粹的理念演绎得来,[1]因此,理一分殊并非是真正的哲学上的一与多的关系模式。

既不能出现一与多的模式,而只能在不同文明之间寻求综合,就存在不同时代不同形态的综合问题。在早期中国与传统中国,因为政治关切核心的不同,综合的样态也不一样。早期中国,因为追求正,文明综合主要表现在人文风俗层面上,比如颜渊问政,孔子回答行夏之时,乘殷之辂,服周之冕。随着政治关切转向治,文明综合的关切开始转向制度与学术。典型的如《周官》,一般认为就是综合春秋时代各国的官制而成。学术上,董仲舒的新儒学是综合的结果,前章讨论的《礼记·礼运》《韩诗外传》,包括早期的墨子,都是综合的产物。

第二节　求中意识与并重、双修

中西文明一与多的模式与求中的模式的差异,就在于西洋文明在文明性格上始终保持连贯性,中国文明则在不断的综合中不断变化自己的性格,文明虽然没有中断过,但早已不是古典时期的那个文明。这不难理解,求得其"中",并不是一件轻易的事情。

在古代中国,有上下求索抱负的人虽不少,但求中的结果并不理想。圣智如孔子,提出的为政方略,其学生都觉得迂腐。自视为万古一帝的秦始皇,亦非不想求中,但秦政发展的结果是决裂,一方面焚书,另一方面急法。[2]强势决裂的结果,便是二世而亡。以后的历史进程,依然以求中为中心线索。本章关切的经律并重与玄礼双修,都是求中的结果。

中国文明不是单一的起源,笔者以为其以黄河流域两支文明为主体形成。这两支文明从宇宙论上讲是属天与属地,从政治支配力类型上看可以

---

① 蒙培元先生指出,"(理学形上论)它没有形成纯粹观念的逻辑系统,而是经验综合型的观念论者","'形而上者'可以接受形而下者即经验事实的作用,由经验的积累而不断丰富其内容",见蒙培元,《理学范畴系统》,北京:人民出版社 1989 年版,第 141 页。

② 《史记》讲秦始皇急法,笔者据新出土文献判断急法的是二世。

解析为工正与臣正。早期国家的建立，从夏一开始就是文明的综合，就是工正与臣正的综合，工正尚法，臣正尚德。就整体论，中国文明是臣正型文明，但因为是综合求中的文明，其文明各要素在不同的时期表现也不同，德有玄德与文德的不同，法有文法与质法的差异。董仲舒除了讲三统，还讲四法（《三代改制质文》），前者对应于德，后者对应于法，按他的讲法，十二代一循环。他的讲法今天很难征验，我们对早期文明的研究，还未达到这种深入程度，但他的分析法符合中国文明综合的特点，是没有问题的。

笔者的分析模式不同于董仲舒，从文明主体的属天与属地精神看，无论是德还是法，其基础都是两个，董仲舒讲三统，其中的人可以理解为是综合天地的结果。法也是两种，但综合后不是三种。事实上，文法与质法严格地讲不能综合，因为宇宙论是对立的，文法以人为中心，质法更接近于自然法，两种立法原则在本根上歧异。但实践中存在综合的形态，墨子讲的法仪，汉律中已存在、魏晋以后盛行的仪法，应该就是综合的结果。仪本是德之外显，将其作为法固定下来，当是综合的结果。孔子讲先进于礼乐，野人也，其从先进，按照前章对此的解读，孔子并不会赞成以仪为法。当然，不将其作为治国之法，并不意味着其不具有法的意义，只是这个法是修身之法。这样，至少有了三种法，修身的礼仪，治国的仪法，以及治国所必需的规范权力与义务以及具体事务之法。除此之外，法律儒家化后，又有了端正人心之法。这本是学术关切的问题，魏晋以后的法律中也有关切。这样，在两种基本的法的基础上，至少可以综合出四种法。这与董仲舒的四法，只是数字上的偶合，本质并不相同。①

从早期文明的实践看，这两种精神的政治与学术时常交织在一起。儒家讲六经，墨家也讲先王经典，即便是秦，其《为吏之道》之学派性质之所以至今无法定论，也在于对这两种精神的表述有时难以作出清晰的分割。具体到儒家内部，孔、孟与荀子，今天的研究者有时也很难厘清他们之间的关系，因为孟荀有性之善恶的判分，似乎可以看出其间的差别，但荀子同样讲礼，讲仁义，讲诚，讲慎独，这中间就很难判分。

传统中国的具体历史进程，汉承秦制，虽然讲法不严密，但一些基本事实恐不能否定，秦是法治政治，汉人的政治也是以法令为经，所谓"法令，汉家之经"（《论衡·程材》）。这些现象，都与上古中国两种精神的政治与学术时常交织在一起相关。

---

① 除这里讲的四法外，笔者在讨论古代社会秩序建构时，也发现有四法，参拙稿《文明类型、宇宙论与中国古代社会建构》第三章第五小节。

尽管难以分辨，但并不能因而否认存在两种精神的政治与学术的事实，因为这两种精神发展到一种程度，就会以对立的形式表现出来。韩非视仁义为蠹，李斯建议焚书，事实上就是政学发展到一定程度之后呈现出的对立。这种纠缠与对立，根本上讲，是古代文明中萨满主义与理性精神相反而相通的事实呈现。①

汉代的经律并重某种意义上是一种求中，斯文重建也是要求中。独尊儒术重点在治术，经的重视则是要提倡与其相适应的学。不管怎么讲，董仲舒是以儒自命，要实现政学统一，就必须提倡读经。但汉代这个进程同样存在问题。讨论董氏新儒学时已经指出，董仲舒也讲德，斯文重建中作为标杆的上古理想的德治，结果只能是不断强化董氏新儒学的话语权，所谓名教之法，非但没有被弱化，反而在新的法律体系中得到强化。

然斯文重建又确实带来一种不同于名教之法的政治精神，即求正。只不过，古代的这种政治精神，在魏晋的政治中很难落实，现实政治按其自身的逻辑向前发展。这种情势之下，两种文明又发生新的分裂，只不过，这一次与秦始皇那个强统治与学术的分裂呈现出不同的样貌。秦始皇通过强化法治的方式实现决裂，取缔了儒学；这一次某种意义上可以理解为是强社会倡导新学的方式与名教体制实现分离。② 这个新学就是玄学。

这里自然产生一个问题，在经律并重、斯文重建的历史背景下，与儒家型政治共生的学术，为何却是以道家精神为宗旨的玄学？这个问题，要从政治变迁与学术重建的角度去把握，要考虑制度阴阳的新宇宙论对文明精神所带来的影响。

笔者分析，从律到礼的变迁，可以理解为是从秦汉律令并行，到魏晋以后的律令分立的结果。古代法律体系的变迁，经历了秦汉时期律令功能的合并，到魏晋又向上古法律令功能分立的形态的回归。礼在汉律中即具有法律意义，魏晋以后的礼，除了内容上有扩张，在法律效力上并没有变化，在此时的法律体系中，其归属于令；此时的律是纯粹的刑律。当然，因为同时存在着法律儒家化的进程，魏晋以后刑律的具体内容，也受到了礼的精神的

---

① 关于萨满主义与理性的相反而相通，详参拙文《制度阴阳：一统文明下的宇宙新论》，收入贾晋华、曹峰编，《早期中国宇宙论研究新视野》，上海：上海人民出版社 2021 年版。

② 关于强国家与强社会的分析，是笔者基于东西异制提出的古代中国两种基本的国家与社会关系模式，东方是强国家模式，西方是强社会模式。魏晋政权是在汉代豪族社会基础上建立的，在传统中国属强社会的社会基础类型。当然，整个传统中国是在秦强国家的基础上展开的，因此魏晋强社会又不完全同于早期的强社会模式，田余庆先生的门阀政治是皇权政治的变态的提法仍可以成立。

影响，正是在这个意义上，笔者将魏晋以后的中国政治，归为儒家型政治。①

这个儒家型的政治，并非早期儒家的德礼政治的模式，而是董仲舒的综合天地的儒家型政治的模式，其本质是法。经律并重、法律儒家化，都起着强化这种法的作用，所谓物极必反，过于强化的结果引来的是反动。当儒家精神用法律去维护，其事实上已不是真精神。人性文明的精神本根在人，法律的立足点是国家，指向于人与指向于国家在古代中国即是所谓的正与治的不同，其本是两种不同的立场。法律儒家化带来的是精神的物化，其结果必然是对所谓儒家精神的反动。

不过，与汉初以否定急法政治完成对秦政的反动不同，这次反动是在臣正文明的范畴内，通过转换德性切入点来实现的。玄学对应的是玄德，儒学对应的是文德，当文德被扭曲，能够救其偏的便是玄德。

论者多已注意到玄学兴起的前奏是对名实、才性问题的讨论，或者认为有一股尚法的思想于此时兴起。笼统地讲，这没有问题，但不能说这种尚法是法家思想的回归。魏武好刑名，其刑名并不是法家的那个刑名，只是治乱国用重典的意识体现罢了。文献记载，此时有鲁胜作《墨辩注》，似乎也是形名之学的重新兴起，但因文本失传，今已无法考索。此时代的政治主流是董仲舒所倡新儒术的强化，名教之法非但没有消失，反而是加强，所谓法律儒家化在此时全面展开，其灵魂即是过去讲的名教。名实、才性之辨只有在其对现实的反动中才能看出在思想演变脉络中的价值，其并未产生什么新的思想，但却有助于推翻旧的思想。

对于现实反动的结果是玄学诞生，然玄学所欲决裂的对象本不是名教意识，而是名教之法。研究玄学的学者有一个共识，即玄学本身的展开，围绕着与名教的关系进行。按照某些玄学家如郭象的看法，名教即自然。名教服务于政治，它既是意识形态，本身又是一种治理手段。真正的问题是，作为意识形态意义的名教，在汉魏晋的禅代更迭与乱世流离中已经崩溃。鱼豢《魏略》序有云，"从初平之元，至建安之末，天下分崩，人怀苟且，纲纪既衰，儒道尤甚"。② 正是因为意识形态层面的名教消亡，过去政治实践中奉行的名教之法，开始成文化。仅就意识形态或学术层面讲，玄学有取名教而代之的意识。

表面上，玄学没有与名教决裂，然因为名教存在的形态发生转变，从兼

① 有关秦汉至魏晋时代的政治法律变迁，详参拙著《德礼·道法·斯文重建：中国古代政治文化变迁之研究》，杭州：浙江大学出版社 2016 年版。
② 《三国志·魏书·王肃传》裴注引，北京：中华书局标点本，第 420 页。

具意识形态与实际治术之功能，转变为完全的治术，其所决裂的又正是名教。因为名教形态的转变，事实上使得玄学家与名教的关系变得复杂，一方面是为名教秩序确立根源，另一方面则是批判现实政治，以至决裂。

今人或称玄学为新道学，其新，首先在其基本范畴的内涵上。尚无，重自然，独化于玄冥，表面上看并没有超脱老庄学术的范围；但若将老子的包含着象与精的道，到汉代的无形之道，再到玄学之本的无联系起来，就可以看出，这个道家之学核心范畴的内涵在逐步丧失，先失去精，再失去形，以至成为空无。① 此外，玄学还有一层新意，即他们坦然地展示近乎犬儒的生活行为方式。这种生活方式，在老庄中找不出任何可案循的根据。而正是这种生活方式，宣示了他们与将名教之法成文化的统治意识决裂。庄子的放浪形骸是游方之外，玄学家的放浪形骸是游方之内，而这个方，正是名教之法所欲建构的对象。

儒学是政治之学，也是生命之学，是将生命带入政治的学术。但世俗政治有自身的逻辑，其不会以尊重生命代替自身的核心利益。作为统治者，追求治理的最简单的办法，就是要求被治者顺从，或顺从于法，或顺从于人。而顺从正是名教最为关键的统治理念。在这种核心价值的反衬下，所有的德性价值都显得很苍白。当魏晋禅代堂而皇之地上演，德性宣讲只能带来对德性的抵制，其结果必然是名教体系的崩溃，法律的手段因之登台。然生命终究是个人的，当政治不能给人以真实生命时，儒家精神的衰落便不可阻挡。

中国古代的生命之学不只儒学，所谓道家也是生命之学。儒学以彰显人性的光辉为旨趣，道家以复返自然为旨趣。当政治要求绝对服从之时，生命的出路只能指向于复返自然。玄学提供的价值，事实上构成了对于失衡政治的再平衡。

此时希图平衡失衡政治所带来的对个体生命压抑的学术不只玄学，礼学内部同样存在，比如丧服制度此时出现缘情制服的拓展，亲亲原则得到重视。这便是玄礼双修。

玄礼双修同样是为了寻求平衡。董仲舒建构的名教本是失衡之教，经过成文化，这种失衡在人心所激起的反抗，已由早期的玄学家呈现出来。但这种决裂需要通过放浪形骸于游方之内来体现，从行为层面上看，终究不脱个体层面，消灭了这些个体，决裂也会随之消失。这与发生于秦的决裂不

---

① 参拙文《制度阴阳：一统文明下的宇宙新论》，收入贾晋华、曹峰编，《早期中国宇宙论研究新视野》，上海：上海人民出版社 2021 年版。

同，秦的冲突带有根本政治精神差异的特征，因此焚书之后，还有急法，欲求其中，很难实现。玄学家与魏晋统治意识的决裂，实质是个体生命与失衡政治之间的决裂，消灭了选择决裂的个体生命，玄学对于救济失衡政治对于个体生命的压抑依然有其价值。南朝出现玄礼双修，正是看到了这种价值。政治实践中，南朝的从政者受老子影响，喜坐牛车，冲突似乎并不明显。而东晋的门阀士族政治，某种程度上又合乎玄学的为政旨趣，玄礼双修正切合那个时代政学和谐的要求。无论是经律并重，还是玄礼双修，目的都是为了济偏，也就是前面讲的求中。

　　前文讲中国思想的特质是均有人性关切，人性有不同方面、不同层次的表达，立足于不同的方面、不同的层次，就有了不同的人生观与政治观。古代文明本是多元的，地域不同的文明，其思想观点也不同，进入传统中国，大一统要求各种观点汇于一体，而又以治理为核心关切，制度阴阳的宇宙论成为新文明的理论基础，这事实上背离了人性文明的要求。人生价值本是个人认同问题，现在只有一个标准，并且这个标准并不合乎人性的自然要求。基于大一统政治的学术上的综合，事实上造成了人性的缺失，尤其是法律儒家化后，原先的杂多成为刚性的一，学术上如何重塑人性，就成为这个时代的中心话题。①

　　必须说明的是，东晋南朝的玄礼双修，看似拓展了生命，但实质上并无可能，其范围是十分有限的，且只能局限于门内。同时要说明的是，礼的这种拓展，不能视为是斯文重建之于平衡政治所产生的新方向。早期的儒家虽也讲情，但那是受节制的情，而尊尊则是节制性情的重要原则。丧服制度的这个拓展，不如说是受玄学影响的结果，在本质上，与此时兴起的佛教、道教对于政治文明的平衡没有太大区别。

　　上古时代的道家原也有政治关切，老子讲正善治，提倡小国寡民，反对战争，都是他在政治上的诉求。然到庄子，便独与天地精神往来，对于政治已全无兴趣。玄学无具体政治主张，但又将自然视为名教之本，讲名教即自然，这种主张为其进入政治实践者的精神世界打开了方便之门，为政者的精神生命也因之获得生长的空间。按照董仲舒的理论，名教本于天意，虽帝王不能超越，即便政治权力顶端的帝王，同样要受到约束。因为玄学、佛学的盛行，那个时代开始，中国古代的政治文化便出现了一道新的风景，佛道以打通精神生命的方式进入政治，并以此为突破，在特定的层面上又影响到

---

　　①　李泽厚先生论玄学，有追求人的觉醒之说，见其著《美的历程》，北京：生活・读书・新知三联书店 2009 年版，第 90 页。

政治。

与之相应，古代学术则经历了从玄学到理学的变迁。从玄学到理学的次序正合乎早期人性文明成长的先道家、后儒家的次序。只不过，在传统中国，它们都得面对法律儒家化后统一的刚性的政治伦理秩序，所谓新道家、新儒家，都不是真道家、真儒家。[①] 名义上是人本文明精神的复归，实质上则是立足于国家智术对个人生命精神进行转化。

第三节　国家本位与个人主义

古代中国与西洋对于生命理解的一个最大不同，在于西洋人把灵魂交给了神，交给了上帝，中国人则将灵魂掌握在自己手里。这种追求的不同又演生出不同的政治与不同的学术。西洋的政治不能脱离个人主义的根基，而古代中国的政治很少讲个人主义，当然这不意味着其中不包含个人主义成分。如所周知，英文中政治一词源于古希腊的城邦，所谓政治就是城邦的事务，用中国人的思维，这其实是国家本位的思考方式。然关键在于，希腊哲人在考虑城邦起源的时候，认为其也是自然起源，一群人为了保卫自己而建立了城邦。[②] 这个解释有助于理解一个基本事实，西洋文明不仅个人主义传统根深蒂固，其国家主义也很强悍。个人主义与国家本位在其文明中统一在一起，只不过，不同时代，获得自由的人数与自由的广度不同，而这个进程当如唯物史观所解释，是由社会生产的形式决定的。

中国古代也有个人主义，也有国家本位，但二者的结合方式与西洋文明始终在相对平衡状态中实现不同。以前文讨论的两次决裂看，秦之焚书，固然有不同政治精神的冲突，但更多的是个人本位视角的政治与国家本位政治的冲突。

儒家政治，今人习惯称为伦理政治，但在根本意义上讲，它是个人本位，修齐治平从个人开始，传统中国政治演变最终以专制独裁结束，与这种个人本位的政治有极大关系。

法家政治是国家本位的政治，国家运行一准于法，虽皇帝也不例外，法是决定国家治乱的根本。从目前的秦律看，秦律对于个人从生到死都有严

---

① 高晨阳，《玄学的本质及其对道家思想的继承和发展》，《中国哲学史》1996 年第 4 期，已指出玄学家的价值评判是"老不及圣"。

② 此最先系在刘小枫 2016 年 4 月于浙大西溪校区讲《普罗塔戈拉》的古典学讲座上闻知。

格管控，日常的生产生活都有法律管束，平时外出都要向地方官吏报告。①
此外，还有塑造个人灵魂的《日书》一类的规范，自由对于秦人来说，犹如夏
虫语冰。焚书虽包括百家语，但墨家与法家的书当不会被焚，作为基本判断
这应该是可信的，其矛头的主要指向，当是东方人讲的诗书等经典，是讲儒
家个人本位思想的那一套学说。儒家讲自由，也讲礼，但其礼不是国家本
位，而是天下本位，而天下本位说到底是个人主义。当然，对荀子的礼法要
区别对待。秦的焚书、急法，实际上是两种具有对立色彩学说的冲突。可以
认为，古代中国的个人主义与国家本位不容易结合。

　　传统中国是在法家政治基础上，综合儒家政治而来，其一方面强调法
制，另一方面则考虑个体德性的养成，二者中前者为本，故原先的德性学说
必须经过国家智术的转化，必须符合治理的需要。汉代礼法以荀子学说为
基础，后又加上董仲舒的名教之法。

　　荀子的礼法学说不同于孔孟的礼，孔孟的礼是天下本位，根本目的是使
天下人人得其正，本质上是个人主义。荀子的礼法是国家本位，所谓王霸、
强国，是其学说要处理的问题，所以他说礼者法之大分也，法家的思想已融
入到他的学说中。

　　董仲舒虽讲德，但这个德不是根植于个人的，而是来源于天，必须要通
过王者教化习得。其名教纲领看起来指向于好天下，但却被国家作了截流，
其实质也是国家本位，这决定了其德性要求一定要呈现出单向度的特征。
经律并重原本是要救济酷吏之治的偏颇，然实践中，虽能激起处士横议的风
气，但国家本位已成定制，东汉皇帝更讲出朕即国家，所以处士横议只能转
向清议，进而转为清谈。

　　从荀子礼法到独尊儒术，再到斯文重建，讲起来都是儒家，但其国家本
位意识丝毫不亚于法家。相反，因为披着儒家的外衣，反而给了掌权者更大
的运用甚至滥用权力的空间。魏晋的礼法从汉代礼法转化继承而来，士人
之退避、远离，是势所必然，实在忍受不了，只能决裂。

　　道家也是个人主义学说，其透露出的对于自由的向往气息更浓，但它不
是积极的个人主义，而是消极退避的个人主义。玄学事实上为士人提供了
退避的精神空间。

---

① 陈松长主编，《岳麓书院藏秦简》(肆)，上海：上海辞书出版社，第 111—112 页，1404 尉卒律
曰："缘故徼县及郡县黔(齿)［首］，县属而有所之，必谒于尉，尉听，可许长为期日。所之 1290 它县，
不谒，自五日以上，缘故徼县，赀一甲；典、老弗告，赀一盾。非缘故徼县也，赀一盾；典、老弗 1292 告，
笞□□。尉令不谨，黔首失令，尉、尉史、士吏主者赀各一甲，丞、令、令史各一盾"。

　　这里有一个问题值得关注，西洋的个人主义与国家本位并非不存在冲突，但冲突之后，西洋人总还能找到那个平衡点。反观古代中国，无论是国家本位的法治文明，还是个人主义的德性文明，在传统的延续中、都渐渐流失。前文提到古代中国人很难求得中，孔子讲民之不能中庸也久矣，其后的两千多年其实是一样的，当然他本人在思想上似乎也未得到中。荀子、董仲舒都想求中，但也未真正得到中。

　　中国古代其所以如此，当从古代两种文明综合的角度去理解。在前面章节中，已经论及两种文明对礼的不同认识，这里涉及的是对天下国家的不同认识。

　　笔者在讨论东西两种文明的分疏时，曾提及西方是中国模式，而东方是帝国模式。中国模式下的共同体意识是天下本位，而帝国模式下的共同体意识是国家本位。这与古希腊的由城邦走向帝国的径路不同。① 前人讲中国文明早慧，相较于西洋古希腊来讲，中国确实很早就具有自己普世性的价值，而西洋要到帝国模式出现后，才有普世的观念。但这不能说是早慧，而是中国文明的来源中本有一支就提倡普世的文明。追求帝国模式的早期中国东方文明对普世则没有明确概念，不过，从对秦政的分析看，其同样有强调个人独立的意识情怀，只是对不同的人有区别，如商贾、赘婿。普世就是天下，最终要惠及每个族群每个人。其与个人主义虽不能相提并论，个人主义要到人的自我觉醒后才会出现，但天下本位与个人主义相通应无疑义。

　　从历史进程看，中国的天下本位先于个人主义，古希腊所代表的西洋则相反，个人主义先于普世观念。这一点对于理解东西洋不同的求中效果非常重要。

　　国家的出现是文明进程的必然，在国家形成过程中，是先与个人主义结合，还是先与天下观念结合，对于其后在历史进程中寻找国家与个人之间的中，至关重要。先与个人主义结合，国家与个人的利益指向就会一致，个人需要国家保护，为了国家构建，个人需要让渡自己的利益，但国家构建永远不能脱离个人主义的根基。若国家构建先与天下观念结合，其结果就是国家要承担塑造个人的任务，所谓正己然后正人。这个正人就是塑造人，这是德礼政治的核心关切。这意味着需要将圣人抬升至高于国家或者等同于国家的位置。这种形态下，欲在国家与个人之间求中，就很艰难。当帝国形态渐趋成型，中国文明的求中就变得更加艰难。

　　① 　关于西洋帝国形成进路的认识，参陈波，《西方"中华帝国"概念的起源（1516—1688）》，《四川大学学报（哲学社会科学版）》2017 年第 5 期。

西洋古希腊文明的普世观念出现比较晚,古希腊的哲人可以坦然地接受奴隶制,是帝国形态刺激了其普世观念的生成。古罗马帝国一与多模式的出现,也是因为帝国疆域辽阔,其一也是普世的。古代中国的帝国形态,有一个长期的酝酿发展过程并最终形成于秦,这个过程中,天下观念与其相伴成长,即便秦始皇也有天下归心的诉求。只是,帝国形态之于中国,意味着强力控制,将这两种意识结合在一起就是董仲舒提倡的名教之学。这种学术在秦帝制中不可能生长,讲求直接的人身控制的法治根本上排斥这种学术,德治在其中没有太大空间,而汉初的所谓郡国并行才是这种学术产生的土壤。分封是中国模式,讲天下观念,重德治;郡县是帝制,强调直接控制。二者结合,在学术上的反映就是董氏新儒学。

秦之焚书、急法,实际上意味着两种文明事实上不可以调和。强调帝国,只能放弃个人主义,尽管个人的权利在法制框架下有很好的保障。后来的历史都是基于帝国形态的背景向前演进,汉武帝的独尊儒术尊的是讲大一统的公羊学,是讲秩序的儒学,而不是指向于个人主义的儒学。西汉的历史进程则是由郡国并行走向以郡县制为主体的帝国,由此引发经律并重问题。

这种道路选择,表面上是求中,实际上使得历史变得更加惨烈。汉以后的帝国,从权力机制的建构上看都是失衡的政制。秦帝国在基层有民主政体的形式,有三个权力支点支撑着其帝制,从理论上看,其在古代中国就国家建构而论水平最高。汉以后在德治方式上也强调民意,所谓乡举里选,但这不是权力机制,演变到魏晋为九品中正所代替,再后来又被科举所代替,实际的权力运行是两条腿在支撑,本质上不算是帝制。但它显然也不是早期的中国模式,于是历史始终处于摇摆之中。西晋又行分封制,采用中国模式,德治问题再次提出,并且得到进一步强化,所谓法律儒家化。摇摆的结果是玄学的产生,玄学选择远离政治,本质上也是想得到中,只是这种中不是通过合的方式实现,而是通过与政制相疏离的方式来实现,所以后来会有玄礼双修。两种文明强对称不可能存在,但弱对称却可以实现。

这其实是萨满主义与理性相反而相通的反映,基于萨满主义发展出的人性诉求强,与基于理性高度发展的国家制度,必然会冲突,秦即是;反过来,弱的人性诉求,与理智的国家制度,则可以并存。

从老子的小国寡民的理想看,其共同体形态也属于有天下观念的模式,只是这种模式中没有中国,其天下观念也是比较弱的天下观念,不像中国模式有很强的天下观念。按照笔者的判断,老子的学说也有早期文明的背景,并且其所对应的文明早于儒家所对应的文明,从共同体形态的角度看,可以称之为前中国模式。

如果再联系到战国时代的道法家，联系韩非的《解老》《喻老》，这种学说更容易作为超越儒家中国模式的学说基础。天下只有一个帝，一个圣人，其他人都遵守法律，当然圣人或帝本身也要遵守法律。这种学说可以与帝制法治结合在一起。对于玄学家来说，他们是否意识到老学对于法家的意义，今已不得而知，但曹魏以至晋代，名法之治的观念确有重新抬头的显征，所谓魏武重刑名即是，只是不能将其理解为法家。① 所谓法律的全面儒家化，脱离魏晋时期对名法之治的讲求，恐也难以完全得到说明。

如所周知，郭象有内圣外王的命题，在庄子后学中也存在内圣外王，正好切合道法家的旨趣，然二者恐不能等同。对于庄子后学来说，外王需要由内圣者开出，所谓自然，用在人身上，也有生成的内涵，② 其固然可以用法治或其他什么模式来规定，但具体内容会不断推陈出新；而郭象的王道是给定的，即名教之法。这意味着，两种提法用功的方向不同，前者由内而外，后者表述上虽是由内而外，但实质上是由外而内。同样讲应物，早期的道学者讲随事立法，王弼则讲圣人应物而无累于物。其所以讲无累于物，因为物之法已经确定，自己需要做的是向内用力，或者开拓名理，或者独化玄冥。然开拓名理于老庄走不通，独化玄冥似乎就是必然的选择了。

这里有一个问题，玄学是为抵制名教、拓展精神空间而出现的，但在实际上其并非完全无益于政治，否则很难理解玄学家要用本末体用这些术语来表述名教与自然的关系，提出名教即自然的主张，玄学家似乎是要为新政治寻找另外的本体根据。何晏即曾说"惟几也，故能成天下之务，司马子元是也"。③ 老学之于法治，某种意义上可以理解为以一种弱的个人主义去平衡日趋增强的名教法治。法律儒家化是以强的法制意识构建名教体系，儒家的个人主义在其中事实上得不到成长。而玄学一方面为个人主义开辟了精神空间，另一方面又给名教之法治提供了学说基础。独化于玄冥，理论上讲，既可以开出公正的法治，也可以开出失衡的名教之法。只是，这里生成的次序颠倒了，道法家讲道生法，而这里法是既定的，需要的是人向玄冥中寻找这种失衡之法的依据。

---

① 后来学者对于法家理解偏差很大，以为重视用法就是法家，以致认为传统中国存在儒法斗争，这是不对的。即便达不到商鞅法家的理智水平，法家也是国家本位主义思想流派，不仅仅是做事尚法而已。

② 古希腊人理解的自然（physis）是与第一物相联系的生成，中国的人性文明以人为第一物，自然也具有生成性。只是如何生成，生成什么，肯定会有不同。而中国内部，道家与儒家又有差异。

③ 《三国志·魏书·曹爽传》裴注引《魏氏春秋》，北京：中华书局标点本，第293页。

　　如所周知，《周易》也被视为玄学经典，对于这个现象，当从这个角度去把握，因为只有《周易》可以为名教之法建立通向玄冥的桥梁。纯粹的易哲学，阴阳本无尊卑之分，但《易传》中"天尊地卑，乾坤定矣"，《易传》的作者规定了阴阳的尊卑。这个观念首先为董仲舒所援用，用来论证名教的合法性，但董仲舒不需要深入易的讨论，只要将名教诉诸天就可以。①

　　易本体，据现代学者判断，与老子的道很相似，本是混沌。事实上，晋代的顾荣已经将二者联系在一起，他讲：

> 　　太极者，盖谓混沌之时曚昧未分，日月含其辉，八卦隐其神，天地混其体，圣人藏其身。然后廓然既变，清浊乃陈，二仪著象，阴阳交泰，万物始萌，六合开拓。《老子》云"有物混成，先天地生"，诚《易》之太极也。（《晋书·纪瞻传》，第 1819 页）

　　老子讲象，易也讲象，他们的文化母体当相同。只是老子讲复归，易讲解析，而解析之后又赋予其尊卑之序。这种结构正好符合玄学的需求，本体为混沌，可与老庄相通，而解析之后又有了尊卑，可与名教相连。从这个意义上讲，《周易》才是玄学家最关键的经典，老庄都不具有这样的意义结构。汉代纬书《易纬乾凿度》（下）讲"太易者，未见气；太初者，气之始；太始者，形之始；太素者，质之始"，②这里在气形质之前加上一个太易，其相当于玄学的无，也就是说，易学本体论的发展也具备了与玄学合流的基础。在老庄及其注释中反而看不到如此清楚的本体叙述。

　　董仲舒可以将天地尊卑视为名教的基础，但斯文重建之后，玄学家不可能再视其为名教之法的基础。按照古典儒家的理解，德性的根源不在外，而在内，可是失衡的名教在自然人心之内找不到根据；可见的领域找不到，只能向不可见的领域去寻找，独化于玄冥就成了唯一的选择。

　　当然，玄学家没有解决问题的全部，独化于玄冥只是找到一个可能的根据，因为《周易》有这样的意义结构，可为经典依据。但如何实践，他们讲不好。笔者理解，玄学家的谈玄，其目的本是为建立玄、无、自然与人生实践的关系。清谈的材料保存很有限，但据这些信息，知当时人谈玄有达万余语者（《世说新语·文学》）。这与经学上繁琐注解当有不同，就玄、无本体展开的论辩，更接近于哲学论辩的性质。据这些有限的信息，还知玄学家之间的讨

---

① 董仲舒之所以不需要援引《周易》，笔者另文有论，此不展开。

② 安居香山、中村璋八辑，《纬书集成》，石家庄：河北人民出版社 1994 年版，第 29 页。

论很平等，这也是哲学论辩的特征。我们知道，古希腊哲学也有混沌，古希腊哲人通过哲学论辩使混沌逐步清晰。受玄学家清谈资料的限制，他们有没有这样的意识今天不能确定，不过，就道家讲复返的精神旨趣看，他们想从关于自然的论辩中开出名教秩序的合法性论说，不太可能。这个问题在宋明理学中得到解决，理学家讲感应，就是要解决这个问题，其根据也在《易传》。

如此看玄学家之于名教，无疑是一个复杂关系，其既有背离的一面，又有配合的一面，基于不同时代背景，其或背离的色彩重一些，或配合的色彩重一些。正因为这一点，玄礼双修方可成为南朝士人的选择。

只是，这种求中之道，并不能真正得到中，本质上它也不是中，强的国家主义与弱的个人主义不可能达到真正的平衡。到了宋明理学的时代，国家主义更加强势，个人主义更少有立足之地。这当是与传统中国历史进程依据古代东方文明精神、基于帝国模式展开联系在一起的。正是两种文明精神的分裂，使得中国古代文明在发展的过程中很难实现真正的平衡。

第四节　灵魂与肉体

两种文明精神的分裂，致使求中艰难，对此孔子已经察觉，只不过他将这个问题用君子、小人的对立表述出来，所谓"君子上达，小人下达"（《宪问》）。这里要注意的是，"达"与一般对小人情状的描述用语不同。所谓达，按照《论语》的理解，指向于某种境界与层次。君子上达，通常理解指君子达到以义理为旨归的生存境界；下达的指向，不太好理解，当与小人喻于利有关。作为一种境界，恐非指无节制地满足欲望，应当也是达到一种安顿，但不是心灵灵魂的安顿，而是欲望的安顿，即孟子分的大体、小体。

君子、小人固然不能算是两种文明，作为两种文化来理解更恰当。然上达、下达有指示两种文化精神的意味，在精神层面，文明与文化很难区分。

柏拉图将人分为属天的与属地的，属天的重灵魂，属地的重肉体，这种划分与孔子讲的上达、下达很接近。《易·文言传》讲"本乎天者亲上，本乎地者亲下"，亲上、亲下与上达、下达，所指意向相同。如此，孔子也注意到了运用宇宙论的差异分辨人事的不同。笔者对早期中国两种文明的判分，也是从宇宙论上的重天与重地契入的，而衍生出的制度学说差异也是重灵魂与重欲望的差异。当然，东西洋重天重灵魂的内容不完全相同，柏拉图将灵魂交给神或上帝，视灵魂与肉体为对立；而中国将其视为吾身固有。

表面上看，西洋的两种精神是对立的，而古代中国则联系在一起，但事实并非如此。西洋将德性与权利都交给了自然，这意味着无论是讲德性还是讲权利，都要服从自然理性的法则。现代西洋虽有古今之变的问题，但西洋文明精神始终呈现出连续的特征。古代中国的理论表面上灵魂也在身，身体与灵魂似乎统一，但在上达与下达的问题上，其政治与学说呈现出明显的分裂。孔孟是讲灵魂的学说，荀子是讲制欲的学说，孟、荀的对立很清晰。

因为存在明显对立，求中意识、平衡意识在古代中国很凸出。就灵魂与肉体的对立论，儒家的礼特别强调立中制节，追求中和。宋儒解释《中庸》，习惯将"喜怒哀乐之未发，谓之中"之"中"，理解为先天之中，这在学理上不成立。喜怒哀乐是人的性情，未发之前是性气。性气只有落实到现实，与外物接触之后才会有中不中的判断。中不中是义理性的价值判断，而性气本身不附带价值。当然，完满的性气表达会产生价值，所谓"身以为主心"，但性气本身不能等同于心。儒家虽赋予圣人德性完美，以他的言行为规范制礼，但也不能认为圣人未发的性气蕴含着义理价值。宋儒将性分为义理与气质并不妥当，承载义理的不是性气，而是所谓神性自我，用通俗的话语表述，即人对何以为人的神性理解。圣人对此有明确意识，而一般人则处于自然状态。这里要注意，对于追求义理的礼，其立中制节的根据主要在于人的自我体认。

对于讲制欲的荀子来说，他同样追求中，但制欲之礼的中，其根据不在于作为人的自我体认，而在于对国家的体认。灵魂在自身，为灵魂而制礼，必然以对自我的体认为根据。欲望虽也是身之固有，但满足欲望却不取决于自身，就进入文明阶段的人类来说，更大程度上取决于国家的社会制度。所以，孟子讲有性焉，君子不谓性，谓之命。这里的"命"笔者理解即是制度。制度的制定取决于对国家的设定。帝国还是中国；以文化与德性立国，还是以法制立国；是人民之国，还是权贵之国，等等，这些规定对于何为制欲之中的认知都会产生影响。并且，如果国家建立在合理的个人主义基础上，会遵循自然理性的原则来分配；如果国家建构过程与天下观念相伴随，其分配就要考虑均衡性原则。

可以看出，追求灵魂与满足肉体的不同学说，其制定法则所采用的原则不同。汉代行用荀子礼法，强调尊卑贵贱的秩序，这种学说虽也是儒家，但对于儒家真正关切的灵魂，没有实际帮助。董仲舒由此又提出名教秩序，但也不能在根本上解决塑造灵魂的问题。汉元帝时代开启斯文重建，某种程度上是转向儒家的政治发展的必然。经律并重同样与此进程联系在一起。但问题是，经律并重、斯文重建，直至后来的法律儒家化，并不能带来问题的真正解决，道理不难理解，灵魂与肉体都有需求，但这当据两种不同的正义精神来安排。西洋人的高明之处是将灵魂单独处理，交给神或宗教，而把后者交给政治。所以西洋的历史进程显得相对清晰明了，远不如中国的历史进程复杂。

就魏晋玄学士人讲，上达的空间很窄，法律儒家化所构建的名教秩序把义理僵化了，人能弘道已不现实。而粗鄙的下达亦非士人安顿自身的办法，他们面临求中的问题。求中似乎也没有太多选择，既不能上，又不能下，只有中达。那个时代人确实也求达，所谓"作达"，《世说新语·任诞》有云："阮浑长成，风气韵度似父，亦欲作达。"冯友兰先生以为，"作达"大概是当时的一个通行名词。① 而据引文，所欲达者，风气韵度也，也就是今人艳称的魏晋风度。与风度对应的儒家词汇应是威仪，儒家认为威仪本于人的性情，所谓君子不重则不威。魏晋士人的风度也当是以性情为基础，而性情正是介于理性与欲望之间的人性的灵魂旨趣。

关于魏晋南北朝时期的士人风度，论者甚多，这里不必展开。笔者更关注其中存在的背离现象。

前文讲，玄学的产生是为拓展精神空间，南朝时期丧服制度的践履，带有宗教实践的特征，此时也是中国宗教成长、传播最快的时期，这与文明发展径路相关。这种历史趋势，也昭示着玄学包括后来的理学必然蕴含着某种分裂。这种分裂，学者多从虚伪的角度去认知。《颜氏家训·勉学》云：

> 夫老庄之书，盖全真养性，不肯以物累己也。故藏名柱史，终蹈流沙；匿迹漆园，卒辞楚相，此任纵之徒耳。何晏、王弼，祖述玄宗，递相夸尚，景附草靡，皆以农黄之化，在乎己身，周孔之业，弃之度外。而平叔以党曹爽见诛，触死权之网也；辅嗣以多笑人被疾，陷好胜之阱也；山巨源以蓄积取讥，背多藏厚亡之文也；夏侯玄以才望被戮，无支离拥肿之鉴也；荀奉倩丧妻，神伤而卒，非鼓缶之情也；王夷甫悼子，悲不自胜，异东门之达也；嵇叔夜排俗取祸，岂和光同尘之流也；郭子玄以倾动专势，宁后身外己之风也；阮嗣宗沉酒荒迷，乖畏途相诫之譬也；谢幼舆赃贿黜削，违弃其余鱼之旨也。彼诸人者，并其领袖，玄宗所归。其余柸楉尘滓之中，颠仆名利之下者，岂可备言乎。直取其清谈雅论，剖玄析微，宾主往复，娱心悦耳，非济世成俗之要也。

---

① 冯友兰，《论风流》，见其《南渡集》上编，《三松堂全集》第五卷。此据徐国荣编著《魏晋玄学会要》，南京：江苏人民出版社 2014 年版，第 380—385 页。

现代学者周一良曾就"将无同"写过专条札记，同样谈到这个问题。① 这种现象，首先是与中国文明精神的分裂联系在一起，与法律儒家化背后所蕴含的内在矛盾联系在一起的。

法律儒家化中包含了两种文明精神，早期东方文明重视民之多欲，与之相伴，东方文明有很强的制度精神，这些制度为限制无节制的欲望而设。西方文明重视灵魂，其法制精神本不强烈，其更重视自我约束。法律儒家化的重点是塑造灵魂，也就是说将灵魂塑造交给了法律，但法律本质上只能生成理智精神，不可能塑造德性灵魂，它只能通过具体的行为规范提醒个体要注意与灵魂相关的事情。符合灵魂之法的要求并不等于就有了相应的灵魂，灵魂的塑造根本上取决于个体心灵对善的认同。从另一角度讲，儒家化的法律，又背离了法律自身应承载的责任，即节制人的欲望。欲望是人性的基础部分，也是人性最难克制的部分，本需要强力制约。法律儒家化后，法急于黎庶，缓于权贵，某种意义上放纵了士人的欲望；而其之于灵魂塑造，并不真正具有力量，对之遵从的结果，必然是虚伪。

《颜氏家训》讲的不只是背离于儒家精神，也背离老庄精神，作者的关切在后者。这其实是一个问题的两个方面。老庄同样讲灵魂塑造，只是不同于儒家的灵魂，而是复返于自然状态。前文讲，玄学的兴起契机，是远离、退避现实政治，而在实践中，又不能做到真正的退避，他们依然生活在刚性的名教世界中。老学以初始文明为基础，庄子选择放弃文明，魏晋士人没有这样的条件与勇气，出现上述背离，就是必然的。

玄学士人讲礼并不以节制欲望为目的，虽有母表，照样可以饮酒。论者将这种风气追溯到东汉末年，常举戴良之论为证。戴良的理论是，"礼所以制情佚也，情苟不佚，何礼之论。夫食旨不甘，故致毁容之实。若味不存口，食之可也"（《后汉书·逸民列传·戴良传》）。这句话很值得关注，他讨论礼制情，有迫情之意，玄学家阮籍有母表，饮酒后吐血，其实也是迫情。这些人并非没有悲哀之情，只是没有用哭踊等一系列礼节将这种情抒发出来，并且还能抑制住悲哀之情饮酒食肉。

这里更值得注意的是，其言饮酒食肉而不知其味，实际上是丢弃了感觉认知的内容，也就是说，玄学士人选择了将欲望与情感分离的处理方式。从

① 周一良，《名教自然"将无同"思想之演变》，见其《魏晋南北朝史札记·晋书札记》。此据徐国荣编著《魏晋玄学会要》，南京：江苏人民出版社 2014 年版，第 197—203 页。

学术上看，这种处理当与汉初出现的精神与形体二元论有关，①欲望对应形体，其与精神之间已中断了关联，而此后的精神又转向以积极的灵魂为基础。从实践的角度讲，这样的处理方式，当是灵魂被法律强制后，在处理性情与欲望上的方式的延伸。二分之后的情感表达，既无对于欲望的转化功能，亦无由之产生义理的可能。用强力意志控制自己，压迫既无根亦无精神空间的情感，只是积极灵魂对现实制情之礼的消极适应。现实中的一往情深与放纵欲望，与这样的礼的实践方式关联在一起，其本质都是对现实的反动。

如果戴良、阮籍的行为也可以视为玄礼双修，那个时代流行放达、任诞便没有什么奇怪。不论用什么学说指导人生，对何谓常态的认知都不会有太大变化，玄学家们所树立的标杆其实是异化的人生。② 其想体验个人的存在感，但却是无感知的个人。玄冥之境就是无感知之地，欲望与灵魂，处于混沌与虚无的状态，而情感则处于要么被压制，要么恣意放纵的状态，没有一样能达到常态。

不过，在实践中，能够进入玄冥状态的人终究很少，这种处理情的方式，表面上是顺应以强力控制个人的时代趋势，其结果只能带来社会风气的恶化。其结果是风气越坏，名教之法执行得越严；而名教之法越严，政治越坏，灵魂越得不到生长。而灵魂越得不到生长，学说越是想寻求灵魂，宋明理学的所谓内在超越就登场了，只是理学比玄学并没好多少，玄学是无感知的个人，理学用侯外庐先生的话讲，是无人身的理性。前者是异化，后者也是。

魏晋士人有些达情，如寄情于山水文艺，给后人留下了很多美感；但也有一些，比如纵情，甚至纵欲，则为时人及后人所诟病，这些其实既不能在老庄中找到根基，也不能在《周易》中找到根据。这种纵情甚至类似犬儒的行迹，即所谓背离，也是一种寻求独立性的表示，只不过对于中国文明来讲，这是一种变态。

老庄的学说，按笔者的理解是主魄，虽讲用情，求真情，但决不纵情。主魄同时意味着主静，在静谧中寻求真实的情。儒家也讲情，并且讲抒发情怀，兴于诗就是要抒发情怀。但儒家也不纵情，而是要节制情。玄学士人的纵情在固有学术中找不到根据。

---

① 参拙文《制度阴阳：一统文明下的宇宙新论》，收入贾晋华、曹峰编，《早期中国宇宙论研究新视野》，上海：上海人民出版社 2021 年版。

② 玄学家的异化人生的问题，学者多有指出，如张海燕，《论魏晋玄学的名教思想》，《孔子研究》1988 年第 4 期。

相较于后来人，魏晋人还提出了名教与自然关系的讨论，还将《周易》作为自己立说的经典，来涵括谈玄与现实的背离。用是否忠实于老庄来批判他们，某种程度上忽略了他们的问题意识与学理旨趣。

前文已论，玄学是在寻求国家本位与个人主义之平衡的过程中产生的，其目的是为突出个体存在。个体存在不外三个层次，即亚里士多德讲的欲望、情感、理性，儒家讲的灵魂，因为特定的历史场景，已被制度化，已经僵化。道家原本主魄，其对积极灵魂原本不很强调，但经过汉初的转化，这种精神其实已经物化，另发展出可以包容现实的精神。然现实制度并不包容个人，玄学士人欲突出个人，只能在灵魂以下的两个层面体现。如果将其学说宗旨所谓自然带入其中，纵情甚至纵欲似乎就是必然的。嵇康讲"人性以从欲为欢，抑引则违其愿，从欲则得自然"。[1] 魏晋士人有一往情深之说（《世说新语·任诞》），纵、深义通，一往情深便是纵情。[2] 他们在个体生命中只能求这样的自然，并且两者各行其道。灵魂的自然经过国家智术的转化已成空无。没有真实灵魂的统领，异化的人生就是不可避免的。

老庄本不十分强调个体意志，庄子讲吾丧我，独与天地精神往来，其实已无个体意识，自我完全被消融于自然之中。如果强调个人，除允许情欲自然抒发，就没有其他途径。《中庸》讲小人之反中庸，小人而无忌惮也，玄学士人不能以小人论之，但纵情以至肆无忌惮，则同。这种肆无忌惮，他们也谓之"达"，《世说新语·德行》记"王平子、胡毋彦国诸人，皆以任放为达，或有裸体者"。刘孝标注引王隐《晋书》曰："魏末阮籍，嗜酒荒放，露头散发，裸袒箕踞。其后贵游子弟阮瞻、王澄、谢鲲、胡毋辅之之徒，皆祖述于籍，谓得大道之本。故去巾帻、脱衣服、露丑恶、同禽兽，甚者名之谓'通'，次者名谓'达'也。"这种有意识的追求，同样是寻求个体存在的表现，只不过已不是情的层面，而是与庄子类似的对文明的抛弃，但层次比庄子要低，与西洋的犬儒很相似。

西洋用自然理性处理对灵魂与肉体的不同追求，所以理想主义可以与世俗主义并存。古代中国的思想家也想将两个问题都处理好，但因为处理两个问题的根据分别在个人与国家，求中的结果既不完全是个人的，也不完

---

① 嵇康，《难自然好学论》，见戴明扬校注，《嵇康集校注》，北京：人民文学出版社 1962 年版，第 261 页。

② 这里要注意魏晋士人讲一往情深与《乐记》讲"情深而文明"的区别，对于《乐记》来讲，性情是德性成立的基础，所谓"德者，性之端也"，没有性，也就没有德。"情深而文明"，讲性情越循天理，德越得到彰显，所谓文明。魏晋士人讲一往情深，只关切情，可谓为情而纵情，纵情之后，没有更高的诉求，也就无所谓文明。

全是国家的，从历史实践看，其是家族的。灵魂的处理交给礼，自清代以来，学者一般认为，那时的礼本质是为维护门阀士族地位服务。肉体满足由国家制度安排，而那时的国家则主要是由一个个门阀士族构成。

正是因为有家族的平衡作用，玄学士人与名教体制的决裂并非都以肉体被消灭来解决，放达、任诞在那时能成为一种风气，也与这个平衡有关。

第五节　何为自然？

在东西洋文明进程的求中努力中，"自然"显然扮演着重要的角色。古希腊思想家几乎将一切都归为自然，个人权利，自然德性，国家构建，都从自然的角度去理解，所有这些都要遵守自然理性。古代中国的思想家也爱讲自然，孟子讲良心天之固铄，荀子讲性是生之自然之质，董仲舒将德归为天意，玄学讲名教即自然，理学讲天理。

一般认为，中国古代思想家所谓天，有自然之天与人格化的天的区别。这里就有天人关系问题，这种关系在西洋则构成所谓神与自然的关系。不同的学说，对各自的文明进程都发挥了深刻的影响，反过来，文明进程又推动着学说的变迁。

就本章所论的古代中国从经律并重到玄礼双修这一时段的历史看，学说与政治文明进程的关系至为紧密。理论上讲，这一时段的学说的天人关系也应发生变化。这一节拟从天人关系变迁的视角来论述政治与学术的结合形态的变迁。

在讨论董仲舒新儒学一章中，笔者区分古代天人合一的两种形态，所谓天人一与天人合一。所谓天人一，即不承认天人之间有界限，如庄子天地与我为一；而所谓天人合一，是承认天人有界限，然后将其合为一，如董仲舒的天人合一。两种宇宙论间有细微差别。在这个差别之下，天人一又有强弱两种理解，庄子讲的是弱的天人一；《中庸》的明则诚、诚则明，孟子的尽心、知性、知天，是强的天人一。如果要比附西洋的自然德性与自然权利的分疏，荀子讲的生之自然之质接近于自然权利，孟子讲的良心天赋接近自然德性。

荀子并没有权利意识，古希腊人也不讲自然权利，[1]二者间差别不大；孟

---

[1]　施特劳斯认为亚里士多德《修辞术》的"自然之事"指的就是"自然权利"，但他同时认为，亚里士多德并没有讲明自然权利，因为在《尼各马可伦理学》中涉及的自然权利是政治的，是城邦、共同体自然具有的东西。见[美]伯格编订、[美]施特劳斯讲疏，《修辞术与城邦——亚里士多德〈修辞术〉讲疏》（何博超译），上海：华东师范大学出版社2016年版，第194—196页。

子的天赋是完整的，而古希腊讲完美的德性属于神，这个差别很大。关键差别还不在这里，古希腊将权利属性与德性都归为自然，德性等差与权利等差存在对应关系；表面上看，基于荀子的礼法而生的汉律对于土地与房产的分配，也存在德性等差与权利等差的对应，对君子与小人的授与差距很大。但是，荀子的德性不是自然的，而是人为的，不管是由学习通向智慧，还是化性起伪的仁义。孟子讲德性为天生，但在权利授与上，他却倾向于平等。① 也就是说，在古代中国思想家的头脑中，找不到类似古希腊将德性与权利都放在自然背景下观察的思维方式。这意味着，古希腊不存在类似中国古代的天人关系问题，只存在如何洞悉自然的问题。在古代中国，天人关系是一个基本问题。

不同的天人关系对应不同的文明。天人合一基于天人分，天人分与绝地天通联系在一起，是早期中国东方文明的特征。天人一与天人交通联系在一起，是早期中国西方文明的特征。天人分是从人的角度观察天，荀子讲人定胜天；天人一是从天的角度观察人，故强调天正人。讲人定胜天，所谓定，笔者理解是讲"分定"，即法家讲的"定分"，其人不是单个的人，而是人的群体，其特别关切的自是国家的建构；讲天正人，其"人"最终要落实到每一个人，希望人人成为圣人。这样，所谓天人关系的不同观点，本是指向不同的问题。讲天人分指向的是如何建构好国家，而天人一则指向于如何塑造完美个人。这两个问题在弱的天人一的关系中，可以同时得到回应，老子讲小国寡民，弱的国家与非完美个人，在自然的基础上得到统一。② 在这个意义上，也可以认为庄子那里其实又不存在天人关系问题，因为天人关系处理的是文明问题，而庄子抛弃了文明，人完全自然化了。③

依据理性，好国家的构建应是以人尽其能、任何人不可以破坏国家秩序为努力方向。古代法家设计的国家朝这两个方向努力。关于前者，秦的法

---

① 在西洋流行一幅漫画，讲平等对待是基于自然，而公平是人为安排，这里讲孟子主张平等，是指其井田制的安排体现平等，这个平等是人为的。

② 笔者判断，老子的理论，原本也当以天人分为框架，只是在东周天地合流的大趋势下，其才在天之上提出道法自然；人原本法地，其将地顺从于天，才有了弱的天人一。其所以取弱的天人一，在东方天人分框架下，政治主流主地，人也属地，人与天之间，关联本不密切，有了自然，才有了天人一的关系，但主导人的仍是属地性质的法律制度，老子只能取弱的一面。

③ 现代学人将庄子的天人关系与西洋进入高级文明阶段所获得的对人与环境关系的认知比附，是断章取义。按笔者意见，道家哲学是对文明初起时代的宗教文化哲学化的结果，玄冥是古代神的名称（参拙著《神秘主义与中国古代哲学研究论稿》，杭州：浙江大学出版社 2019 年版，绪论），往前多复返一步，就是无文明，无文明就无天人关系。今天西洋的天人关系是否定之否定的结果，此不展开。

律规定，在计算工之绩效时，熟练工与非熟练工要区分开，[1]对于那些能成为工的人，不让他们与普通人一起从事一般性劳动。[2] 关于后者，前面已提到，秦的皇帝也是在法律框架下活动。依据理性，构成国家的人不能不讲人性，秦代法律有对基本人性的维护。人性虽不能等同于仁义，但也不能等同于兽性。依据道法家构建的秦国，某种程度上达到了古代对天人关系的最佳处理。

依照秦学去看荀子与孟子，荀子显然是将国家秩序放在首位，并且是儒家所希望的国家秩序，强调尊卑贵贱的差别，同时又否认德性是自然的。当然，其也讲尊贤重能。孟子显然夸大了人的基本人性通向仁义德性的可能性，希望国家构建以培养有德性的民为中心。按照他们的学说，都不可能达成好国家与好个人的共生。

董仲舒的学说是求中的结果，只是没得到中，仍然是偏向于荀学。为了达到这一步，他既放弃了荀子的天下分，也放弃了孟子的天人一，提出天人合一。对于好国家，他既强调其秩序性，又强调组成国家成员的道德性，三纲五纪八端之理，就成为他特别重视的东西，希望通过人的自觉服从与严刑惩治犯罪，构建秩序。对于德性的具体表现与服从来说，服从是首要的。绝对的服从，是构建秩序的需要，其学理根源不在人的内部，而在外部。这在董仲舒的学说中与具体的德的内容整合在一起。对于这样整合出来的道德，事实上有内外两个来源，并且有时会发生冲突，只能用天人合一的方式来处理。只有天人合一，两个来源才能不冲突。但这种合一同时产生新的问题，因为天人合一只能是人合于天，而不能是天合于人，若是天合于人，就成了西洋的基于个人主义的国家构建方式，无尊卑贵贱之分；只有人合于天，才会有符合儒家理想的秩序。但人合于天，对人自身的认同就有了问题，"民者暝也"，人性成了混沌的存在，只有经由教化才能成为有德性的人。

玄学以无为本体，讲独化于玄冥，其无或玄冥，实质是被董仲舒抽离出德性之后的人性的抽象。[3] 他们念念不忘的名教，也是董仲舒提倡的名教，只不过他们改变了董仲舒学说以人合天的结构，采用了以无为本的结构。

---

[1] 睡虎地秦简《工人程》"冗隶妾二人当工一人，更隶妾四人当工一人，小隶臣妾可使者五人当工一人"。

[2] 睡虎地秦简《均工》"隶臣有巧可以为工者，勿以为人仆、养"。

[3] 当代研究玄学学者中，有以本性论来概括玄学的观点，如许抗生，《关于玄学哲学基本特征的再探讨》，《中国哲学史》2000年第1期。这是从万物自生的角度看玄学本体。反过来看董仲舒的人性，其实可以理解为万物之性落在人身的结果。

董仲舒并未讲人性为无，而是从现象角度讲贪仁两在于身，但我们知道，性有善有恶的另一面就是无善无恶。性无善无恶，性相对于名教来讲就是无。事实上，董仲舒的立场因为是人合于天，他更接近于后者，若是持人性有善有恶，那就要通过为善去恶养成德性，而董仲舒的途径是礼乐教化，教化者的德性来源于天。

要注意的是，由于是基于天人分，这个源于天的德性，与早期儒学的圣人天德不能等同，圣人天德是自然而生的，而董仲舒的天德需要通过近乎神秘主义的方式获得。基于这个考虑，尽管董仲舒讲仁贪两在，但笔者更倾向于认为，对他来讲，人性为混沌，为无。通过神秘感应获得德性，本是以古代东方天人分框架下重象的理论为基础提出的。《韩诗外传》即讲"儒之为言无也"。当然，董仲舒不立足于圣人谈人性，这要分辨清楚。

虽然如此，玄学对名教与自然的认知，不能简单等同于董仲舒的混沌人性与名教的关系。学界习惯用宇宙论与本体论来分疏汉代思想与魏晋思想，董仲舒的学说确实给人留下了重视宇宙论的印象。但要注意的是，宇宙论在董仲舒学说中，不是主导性因素，宇宙论为他的问题意识服务，因为要解决求中的问题，他必须引入宇宙论的内容。他要构建面向以治理为中心、以法制为基础的政治现实，必须接受作为其理论基础的新宇宙论。离开宇宙论，他的学说建立不起来。而不是反过来，因为有宇宙论的流行，才有了董仲舒的学说。就人性与名教的关系论，人性不是名教之本，相反，是名教需要规定了董仲舒的人性观点；同样是名教需要，才有了醒目的宇宙论内容。

玄学的名教与自然不是这种关系，名教为末为用，自然为本为体，不是为名教而自然，而是因自然才能名教。这种关系决定了玄学之于名教的既背离又配合的关系。这里就有了何为自然的问题。

魏晋时代的文明，显然不能与孕育道家哲学的最初的文明相提并论。最初的文明距离自然状态并不很远，把"名教即自然"的论断放在那个时代，离真实大致不会太远。但魏晋时代，稍有理性的人均不可能将严重失衡的文明，视为是自然。如果将董仲舒的天意自然化，倒是可以讲名教即自然，但问题是董氏的天意是以人合天的结果，并不是自然。董仲舒本人也不可能讲名教即自然，那样，教化就没有必要，君王存在的必要性就成了问题。

魏晋时代的政治，习称士族门阀政治，君王确实不是很强势。尽管田余庆先生论门阀政治本质上依然是皇权政治，但君王权力对政治的参与度确实不能与汉代相比。准此，这种政治与名教即自然就形成了某种对应关系。① 现实政治秩序就是名教秩序，皇权依然是其核心，但皇权不强，与无为自然而治的精神相通，名教秩序通过一种近似自然无为的方式得以实现，名教即自然就成了现实秩序的写照。

这里，名教与自然的关系，不能说是出于名教的需要而自然无为，相反，自然无为更能促进名教秩序。前文提到，在国家与个人之间求中，家族地位得以凸显，而在三纲的秩序中，尽管皇权是核心，但就伦理关系论，父子本是关键，而夫妇也是家的问题，家在实践名教秩序中具有举足轻重的地位。因为名教法的成文化，皇权的自然无为，不仅无损于名教秩序保持以皇权为核心，允许家族发展，某种程度上反而能促进名教秩序更好地实现。② 自然无为某种程度上可以说是秩序之本。孔子讲为政以德，譬如北辰，居其所而众星拱之；又说舜其至德乎，垂其拱而天下治。在儒家看来，最好的德治也是无为而治。魏晋名教之治形式上还是德治，原本的天意之根被置换为由抽象空洞人性而生的无代替，尽管这个无可以用不存在来理解，但其终究是从人的认知出发，而不是从存在的视角出发。行德治就可以自然无为，只是此时有了法制的基础来保障德治变成现实。

孟子讲德性是自然的，这个自然德性与名教所追求的德性不能等同。名教的德性从董仲舒学说而来，没有人性自然的基础，所以玄学与名教对应的自然不能从孟子那里得到说明。玄学家借助老庄来谈自然，但他们的自然是否就是老庄的自然呢？当然也不是，老庄的自然还讲魄应，还讲刻意。玄学家的自然或无，是无生成性的自然，与早期学说已有根本差异。从本体上看，前文已论，当与易本体接近；从人性实践上看，与佛家的空更接近。

魏晋以后，佛门中人也用斯文代指他们的学说，③如果套用名教即自然的格式，佛家也可以讲斯文即空。佛家的斯文不是名教，而玄学家的名教却已是刚性的政治社会秩序，从空的角度去理解他们的自然，或许可以讲得更

---

① 汤用彤、任继愈，《魏晋玄学中的社会政治思想和它的政治背景》，《历史研究》1954 年第 3 期，已经指出正始玄学提出"无为"的实际意义，就在于使皇帝无所作为。

② 明杨慎认为，六朝风气有不可及者五事：一曰尊严家讳，二曰矜尚门地，三曰慎重婚姻，四曰区别流品，五曰主持清议(此论最早见于顾炎武著、黄汝成集释，《日知录集释》卷十三"正始"条，石家庄：花山文艺出版社 1990 年版，第 590 页。黄氏《集释》原引作"杨编修曰"，以杨编修为杨慎。盖自刘师培《论古今学风变迁与政俗之关系》始，见其著《刘申叔遗书》之《左庵外集》卷九)。是论除第五条外，皆关家族构建，而将五条集合在一起，玄学之于政治的对应关系，清晰可见。

③ 非佛门中人，也有承认内外两教本为一体的，《颜氏家训·归心》云："内外两教，本为一体，渐积为异，深浅不同。内典初门，设五种禁；外典仁义礼智信，皆与之符。仁者，不杀之禁也；义者，不盗之禁也；礼者，不邪之禁也；智者，不酒之禁也；信者，不妄之禁也。至如畋狩军旅，燕享刑罚，因民之性，不可卒除，就为之节，使不淫滥尔。归周孔而背释宗，何其迷也。"

通顺。孙绰《喻道论》讲："夫佛也者，体道者也；道也者，导物者也；应感顺通，无为而无不为者也。"①这里对道与佛作了沟通，而应感顺通这种近乎神秘主义的方式，也成了沟通名教与自然的手段。如此，以老庄道家的自然，作为与名教应感的对象，学理上讲不通。玄学家若要应感，恐怕只有以易之本体或空来应。空近似无，讲起来固然通顺，但毕竟偷换了斯文概念，终究不如易本体更好用。后来的宋明理学在此基础上，用天理与现实秩序应感，这个问题才算解决。

表面上看，玄学家的天人关系从董仲舒的天人合一转向了孟子的天人一，但究其实，其中没有人。这不难理解，名教秩序下严格地讲没有人，重秩序的荀子讲只有君王一人可以得欲，但名教不是以得欲为目的，而是以塑造德性为目标，梁武帝的舍身，或许更契合这种秩序对人的塑造。后来人讲，儒家为政，道家修身，佛家修心，正此谓也。

综上所述，当中国古代文明进入秦汉时期，古代东方文明强调治的精神成为政治文明的核心关切，帝国模式成为国家构建的主导体制。秦将东方文明的法治精神发挥到极致，统一六国，因为政治精神的冲突，而秦人未能采取中和精神来处理，导致二世而亡。从汉代开始，文明的中和成为古代文明演进的中心线索，从法家法律转向儒家法律，从儒家法律进一步转向名教之法，刚性的政治秩序完成了从法家秩序向儒家秩序的转变。但这个追求儒家灵魂的转变过程并未带来真正的儒家精神的确立，因为它是在国家与个人之间中和的结果，是天与人中和的结果，基于东方政治文明精神的中和，其结果必然是个人从属于国家，人合于天。在这个过程中，出现了经律并重、玄礼双修，其初始精神都是为确立人的个体精神服务，只是这样变迁的结果并非是人的精神得以确立，相反是在逐步退缩，从儒家积极有为的个体，退为道家淡漠无为的个体。然在确立个体精神的过程中，士人并未忘记学术为政治服务的宗旨，结果斯文重建更加强化了名教秩序的合法性，最终促成名教之法转为成文法条。而当士族门阀政治盛行，名教与自然的论辩，对于维护基于此种政治运行格局的名教秩序，同样发挥了积极作用。所谓玄礼双修实际上是承认名教与自然的统一关系。

从学术变迁的视角观察，玄学的学理结构借助《周易》建立，只是他们将

---

①　《全晋文》卷六十二，此据徐国荣编著，《魏晋玄学会要》，南京：江苏人民出版社 2014 年版，第 188 页。

易本体理解为无。《易传》的天尊地卑是建立名教秩序的核心要素,基于易本体而生尊卑有序的秩序,与玄学的自然为本为体,名教为末为用,属于同一意义结构。而名教即自然的观念,又为后来易学上的体用一源、显微无间打开了方便之门。

从人生践履看,名教与自然是从董仲舒的新儒学演变而来的。董仲舒以人合天,名教本于天意,其讲人性有善有恶,实质指向则是无善无恶,民性为暝,这种无善无恶而晦冥的人性,构成了玄学家人生践履的本体基础,放达、任诞因而成为一种风气,礼仪实践中的迫情之举,则服务于向此本体的回归。董仲舒的人性观点并不是其名教论说的基础,相反,是他的名教学说要求这样的人性观点。对于玄学家来说,名教也不是一种学说,而是刚性的政治秩序,同样他们的本体意识也必须落实到人生践履中,才能达到求中的目的。不过,他们并未寻找到真正的个体,除了凸显的身体,其在精神上只有在佛家中安顿。寄情于山水,只能解决一时之困,阮籍于无路处每每痛哭,所昭示的正是他们在精神上并未寻到真正的出路,这个任务成为后来理学家要解决的中心问题,内在超越就成为唯一可走的路。从初始的决裂意识,到后来的求合意识,正符合所谓"反者道之动"的精神。

第六章 从天意到天理：
宋明理学与文明传承

近年，中国文明的轴心时代又引起学人关切，而文明传承则成为国家关切。对于西洋文明来说，轴心时代奠定了西洋文明发展的主线。笔者判断西洋文明是连续发展的文明，其对自由的追求从轴心时代开始从未中断，时至今日，其文明日趋完善。中国也存在奠定其后文明发展主线的时代，即通常讲的轴心时代，主要是诞生了孔子、老子这一批思想家。孔子虽然指出了中庸的问题，但在他那里，这个问题并没有得到很好的解决。更糟糕的是，他晚年所好的《易》与删削的《春秋》，经重新阐释后，成为后来文明发展的思想根基。这个过错固然不在孔子，但却不能不引起深切关注，以反思古代学术与政治交互作用的文明进程。

前章已论，《春秋》与《易传》影响了传统中国的文明进程，董仲舒基于《春秋》提出名教之法，这种法经由法律条文化之后，成为中国文明展开的纲领与基础。宋明理学基于《易传》，提出了与这个纲领基础相适应的学术形态，在意识上强化了中国文明的属性。只是，公羊学与《易传》，都不是孔子本人对于《春秋》与《易》的阐释方式，从这个意义上讲，中国轴心时代并不仅限于诞生了孔子、老子这样的思想家，更重要的恐怕在于出现了像公羊学与《易传》这样的学术，这样的学术形态才是后来文明进程的深层意识基础。只不过，这样的学术形态的建构，离不开孔老之学，后人讲中国学术，便高举孔、老的旗帜；反过来，批评中国政治传统与学术的人也将矛头指向孔子。

笔者曾论，中国文明虽表面上连续，实则不尽然。[①] 董仲舒新儒学、魏晋玄学、宋明理学，都重视名教，而谈名教，似乎又离不开孔子，中国文明当是连续发展才合道理。然这只是表面现象，名教的本质不是学术，而是政治意识形态。将中国古代学术与政治作截然划分，也许并不妥当，但就传统中国而论，董仲舒的新儒学、魏晋玄学、宋明理学，都是从属于政治的学说，贯穿于这些学术形态中的一个共同的精神，是对于政治秩序的服从。这与早期中国强调的学有缉熙于光明的学术，不能相提并论。光明某种意义上等同

---

① 参拙著《神秘主义与中国古代哲学研究论稿》，杭州：浙江大学出版社 2019 年版，结语。

于真理。当然,政治中不能说一定没有真理,但对于中国传统政治文明来说,在家天下的背景下,基于儒家学说展开的以追求治为核心的政治,确实没有多少真理。中国所谓轴心时代,正是政治文明精神转移的时代,孔子追求的是以正为核心价值的文明,而公羊学、《易传》虽传承了孔子的核心价值,但在新的时代精神的影响下,运用了新的宇宙观作为学说的基础,这种宇宙观在政治实践中成为维护政治秩序的精神根基。

公羊学、《易传》与孔子学说的差别,表面上很难看出,并且,孔子本人也讲政治秩序,讲天下有道,庶人不议,然孔子学说的宇宙观基础与公羊学、《易传》都不相同。今人讲三观,首先是宇宙观,宇宙观构成了人的精神世界的基础。孔子学说固然是后世名教理论的重要来源,但名教理论更重要的来源,是以综合了天地的天为文明根基的宇宙观,董仲舒讲天意,宋明理学家讲天理,都离不开这个天。这种讲天意天理的学说,将文明的历史性缺陷上升为超越性的意志,使其成为真理,这自然不能使政治文明得到发展。很显然,以孔子为界,中国文明史前后两段在精神上是不一致的。

当然,这种不一致不是通常意义上理解的文明灭绝式的断层,而是精神层面上的断裂。加之新的学术形态并没有彻底告别孔、老,故而使得我们有可能将这种学术形态转移的内在线索,清晰地揭示出来。本章讨论的即是这个问题。

第一节　内在超越

从具体的学术主张讲,宋明理学并未与早期学术割断联系,《易传》《乐记》都是理学家的重要依凭,但能否将宋明理学简单等同于这些早期学术,或者说,宋明理学的"存天理、灭人欲"的内在超越,是否在这些早期学术中已经存在,这需要深入辨析。

就文本所见内容看,《易传》《乐记》都没有灭人欲的主张,对于天理,也不是用存的办法来达到。存的办法是孟子讲的,所谓君子存心。《易传》的"成性存存,道义之门",虽用了"存"这个词,并且视为入于道义的门径,但并没有将其视为一种修养方式。这里的"存",相当于"在","成性"指包含了动静之道与善的完美人性。人性完美是因为有德性,《易传》是真正的性善论。因为有完美的人性存在,人才可以入于道义,或者说,饱涵德性的人性,是人进入道义的基础。"存"不能理解为修养方式,不过《易传》有自己的修养方式,所谓"洗心"。洗心退藏于密,才能实现与已经贯注了圣人之意的易象的感应,从而展开一系列的行动。成性是进入道义的基础,但实践中没有办法使其发而皆中节，只有神秘主义的感应才能激活成性中的德性，使其转化为行动，不存在刻意的存性问题。

《乐记》也没有讲刻意的存天理，它只讲穷人欲会灭天理，但没讲灭人欲以存天理。存天理、灭人欲，形式上似乎只是正反倒置，然这种倒置未必合乎《乐记》的原义。穷人欲会灭天理是事实，但倒置未必就合乎理性。

按照亚里士多德欲望、性情、理性三层次理论，理性的实现并不取决于欲望的灭绝，而取决于性情是否正当，性情的正当是理性产生的基础。性情如何正当，或者何谓性情正当，这其实是要在欲望与理性之间确立平衡。形式上，这里又有逻辑上的矛盾，理性既为性情正当的结果，性情正当又是在欲望与理性之间确立平衡。但这只是逻辑上的问题，实践中并不存在。举个简单例子，身体有病的人会自觉节制饮食，这是人人都可以理解的。这里理性与欲望很容易得到平衡。真正的问题是，对于理性的探求并不都像身体有病这样的问题容易掌握，尤其是指向于建构美好社会与国家的理性，就更难掌握。

《易传》《乐记》都以圣王之道为理性，他们将求道的希望直接与之建立起联系。《乐记》是借助音乐激活人性内在之理，从而在现实生活中合乎理性。这里也没有作为修养的存天理灭人欲的问题。

这里还有一个问题要特别注意，因为理性的内容已经由圣王规定，易象、音乐所作用的不是理性的具体内容，其作用的对象是人的知性，这里的知性与《大学》所致之知相同，都是明乎善的基础。只不过，《大学》《中庸》的知性是开放性的，没有固有的圣王之道作为理性的藩篱，《中庸》讲君子之道，及其至也，虽圣人有所不及。《易传》《乐记》的圣王之道是规定好的，它们的获取理性的方式，在根本上决定了它们的理性不能超越圣王之道的范围。① 尽管《易传》讲知崇礼卑，但并不意味着可以突破圣王固有之道的藩篱，只是强调知性本身很关键，其是"通天下之故"的基础，而"故"就是藩篱。如果"故"是三纲，理学作为祭司之学的地位就很清楚。

论者多已指出，早期学术的圣王之道与天下之故并非三纲，孔子讲正名，讲君君臣臣，也不是讲君为臣纲。事实上，早期儒家除孟子讲寡欲外，没有人讲灭人欲。不在一定程度上满足人欲，性情之正也很难实现。对于生命之学的儒学来说，理性本不超越，这与西洋学说将理性归于神不同。达致理性自然不需要排斥欲望与性情，中道、常道才是生命之学的理性。准此，

① 《易传》讲圣人立象以尽意，讲通天下之故，《乐记》讲礼者，理之不可易也者，而礼是圣人制定的，两者对完美理性的理解，都指向于圣人规定的内容。

理学家的存天理、灭人欲的来源就是一个需要进一步讨论的问题。

前面提到存天理接近于孟子的存心，然存心与存天理显然不能相提并论。对于孟子与理学家来说，毫无疑问，心与天理分别构成他们学说的本体，但两者显然不是相同性质的本体。心为本体，指向于存在论；天理为本体，因为理学家讲性即理，故有学者讲性体，似乎也是存在论问题，然其实质是认识论。存心直接指向于实践，所谓知行统一；然存天理却未必直接指向于实践，就形式上看，首先是求天理，然后才能存天理，除非这个天理是给定的。[①] 所以朱熹讲格物致知，以为是即物求理，又讲当于事上求理。事上求理，看似重实践，然在实践中求理，实质是认识论问题。

如果是单纯认识论问题，理学应是好的学术形态，因为中国古代哲学缺乏成熟的认识论。宋代是科学大发展的时期，科学史家席泽宗先生即将理学与宋代科学发展联系起来考察。[②] 不考虑理学的本质，这个联系是很合理的。不过，作为新的儒学形态，理学以认识论面貌出现，却以存在论结束，个中缘由，就在于他们讲的天理是给定的，三纲五常是最高的天理。经过法律儒家化，三纲五常已被视为国家与社会的基本运行法则。对于认识论来讲，真理存在，但不可穷尽对它的认识。理学家的天理不仅存在，并且不用运营哲学论辩去求，就在日用行常之间，需要绝对服从。只是因为历史在发展，有新的实践任务需要完成，这个完成已非求理的过程，而是拓展理的实践范围的过程。求理之所当然问题，在大多数人那里是对理的直接认同，其本质又变成了存在论、实践论。过去学人有朱子晚年定论的问题，严格讲，这样的问题并不存在，实践既久，其必然会转向。从这个意义上讲，理学与心学也没有不可逾越的鸿沟，学术形态上看似存在区别，本质上没有太大区别。

因为天理是给定的，存天理就有了明确的实践意义，而不仅仅是对天理的信仰。我们知道，如果信仰对象与实践对象重合，这样的实践无异于宗教践履。

寡欲对于孟子来说只是为了减少放纵欲望带来的对于良心的遮蔽；对于理学家来说，灭人欲就不仅仅是欲望会遮蔽良心的问题，其追求的是将人整个地消融于天理之中。良心遮蔽，不等于没良心，孟子讲求放心，暂时遮蔽不等于永久丧失；而天理不清，实践不循天理而行，即等于无天理，这个危

---

① 天理在现象界的内容是规定的，三纲是最大的天理，然理学家讲未有君臣，便先有了君臣之理，这个理便需要去求，求理是要求这种先天之理的正当性，其本质是认识论问题。

② 席泽宗，《中国传统文化里的科学方法》，见其著《古新星新表与科学史探索》，西安：陕西师范大学出版社2002年版。

险实实在在存在于日常生活中。王阳明讲最重要的良知是是非，最重要的是非是纲常。孟子的语境中，不讲良心不等于犯法；王阳明的语境中，不讲良知，就意味着犯法。为了合乎这样的政治社会秩序，只能将良知、天理作为超越的对象来看待。而一旦天理、良知获得超越性，其带来的必然就是对于性情、欲望的排斥，灭人欲自然就提出了。

孟子讲尽心、知性、知天，讲良心四端天固铄我，讲养心莫善于寡欲，形式上与理学的内在超越非常接近。然孟子之学本不完善，固有之四端能论证者，只有仁与义的内在，礼与智其未作论证，而今天看，礼与智也很难论证是根植于人心中。其学说有神秘主义来源，此点笔者已有阐发，[①]此略。如果按孟子的理解，将智视为知是非，王阳明将知是非视为最重要的良知，就其天之固铄不可论证来讲，内在超越不能成立，最多是一种观点。程朱将求天理落实在学习实践中，对于天理的知，从学理上讲也不是内在超越论者。其之所以讲出灭人欲的话，根据在于前面讲的三纲天理的法律化。现实的强制激发了学者向内求索可以适应现实的灵魂出路，然后心学派别接过去，学理上似乎也有了内在超越论。这种超越论实际上是将现实统治秩序神化。孟子绝不可能接受这一点，他对于当世的现实秩序都不能接受。其良知同样是开放性的，现实秩序本身要接受良知的考量，而不是用现实秩序规范良知。

用现实秩序规范内在德性的是《易传》的理路，圣人立象以尽意，作为独立形式的象，事实具有了现实秩序规范意义，只是《易传》作者同时赋予其善的价值，所谓"继之者善"。习易者首先要穷理，便是要用象中所蕴秩序规范之善，匡正自身之性，所谓"成之者性"，于实践者便是尽性。与孟子相比，其不通过尽心以尽性，孟子将善与心联系，其则将善与阴阳之道联系。当然，其对现实秩序规范的理解也不同于传统中国的天意大理，其讲的是早期德礼政治那一套秩序。

理学接受的即是《易传》的理路。《易传》讲感通，理学家讲体贴，讲感应。《易传》完整接受圣人的神性自我，所谓"意"；而理学家则将现实秩序完全神化，上升为所谓"天理"。这中间存在着从自我的神化到秩序的神化的变迁历程。神性自我是德，秩序是道，这个过程又可以表述为德的神化向道的神化的变迁。将德神化，圣人就成了全知全能者。将道神化，秩序就成了不可挑战的黑屋子。明清政治上的极权主义，正得益于这两种神化。

这里要说明的是，理学很重视《易传》，但理学对本体的认识与《易传》并

---

① 参拙著《神秘主义与中国古代哲学研究论稿》，杭州：浙江大学出版社 2019 年版，第一章。

不同。如程颐讲，"穷理尽性至命，只是一事。才穷理便尽性，才尽性便至命"（《二程集》，第 193 页），又讲，"穷理尽性以至于命，三事一时并了，元无次序，不可将穷理作知之事。若实穷得理，即性命亦可了"（同上，第 15 页）。这是理学性即理观点的来历。《易传》中，性、理不相等，性是结合理与善而成，结构犹如张载的合虚与气有性之名。《说卦》的次序很清晰，先穷理，后尽性，然后至于命，并非没有次序。所穷之理是易象的阴阳之理，因为圣人立此象是为了表达完整的意，并不是说象本身就是意。尽管观易象可以感应圣人之意，但这不是圣人之意的移植，而是自己内在也有神性自我，简单地讲，如果能从易象中有感应，自己也就成了圣人。其所以要借助易象激发神性自我，因为易与天地准，而圣人之意本就是参天地之化育，语言无法完整表达这种意。理学家的抱负与圣人同，民胞物与，仁者以天地为一体，他们以性为体没有问题，但以理为体，则误读了《易传》。当然，这种误读并不奇怪，因为他们是接着董仲舒与魏晋玄学而来，超越于天地之外的根源形式上早就确立了，基于这种意识，《说卦》的理必须上升到与性一样的本体地位，《乐记》的天理便也进入他们的视野。

理学援引《易传》构建其本体学说，与《易传》学说还有一个重要不同，即理学认为太极是理，阴阳是气，太极与阴阳被隔离，太极是阴阳之所以为阴阳者，而不是《易传》本身的太极生阴阳两仪的太极内涵阴阳二分之逻辑的理解。他们其所以要这样处理，是因为他们将理从气中剥离开来，形成所谓体用关系。而理的被剥离，则是形成理一分殊格局的前提。其所以要构建这样的学说，则在于不如此不足以构建对现实进行体认的心性之学。

《易传》的心性学，尽管有神秘主义的成分于其中，但其根本上讲仍是一个具有生成性的心性学，观《大象传》，即可知此特点。生成性的心性学在传统中国，从董仲舒开始就不存在了。这是政治变迁的结果，生成性的心性学对于现实秩序会构成批判性，不符合专制统治者的要求。董仲舒讲屈卑贱者以伸尊贵者，理学家接受了这个基本原则。只是董仲舒是从外在天意讲这个要求的，处理起来相对容易；理学家需要从心性学术上为这个制度安排进行说明，就不太容易，人的自然之心本是要公平的。

《易传》尽管有天尊地卑、阳尊阴卑的观念，但并没有取消卑贱者独立性的意思，爻位上讲的承、乘，固然反映了作者的尊卑观念，但承、乘本身即说明阴与阳都是独立存在的，不存在屈卑以伸尊的问题。三纲固然可以认为导源于《易传》的尊卑观念，但其显然比《易传》走得更远，其中卑贱者没有独立地位，而是被合于尊贵者。这种关系从外在天意角度讲可以，要从内在心性讲，就很难。

阴阳二分各自独立的逻辑本于太极，本与这个屈伸合一的逻辑不同。理学家要用《易传》，但不能接受这个二分各自独立的逻辑，必须将太极与阴阳隔离，不隔离，太极便不能作为源于现实秩序的本体的代称，太极生两仪的逻辑与现实的合一逻辑是两种逻辑。隔离后，太极成为纯粹的理，之后的阴阳四象只是分得了太极，它们原先的二分独立的逻辑被取消了，因为分得这个太极，被规定好的太极逻辑成为分得者存在的逻辑。

前文讨论过，《易传》心性学以性为本体，性中涵动静，即一阴一阳之道。理学也以性为本体，讲性即理，但因为理源于现实，以屈伸合一为逻辑，其便不能以性本身涵动静。动静之性是生成性的性，当静则静，当动则动，一切围绕善展开，这符合生成性的要求。理学家讲性静情动，这也是要考虑合一之理的需要而特别讲的。如果承认本体之性可以动，合一的逻辑便不成立，卑贱者也可以有自己的想法。所以理学家大多重视静的修养，讲用心体验未发之中，屈伸合一的逻辑在人性中早就规定好了，这跟重新规定太极是一样的。

这样，内在超越的出现就很好理解了，因为天理是超越于天地的，是不动的，动的是阴阳之气，性即理，也是静态，而要让人性处于静的状态，就要求灭人欲，人欲本是性之动，允许人欲的合理性，就等于承认性是动的，性也不能等于理。只有内在超越，性即理才能成立。

理学的本体，本质上讲是理本体，而非性本体，《易传》才是性本体。其所以要讲性即理，实际上是为现实秩序服务。学理上，《易传》与理学都是重视通天下之故，以性与之相感通，然《易传》的天下之故是服务于人人得正的天下之故，理学的天下之故是服务于国家治理的天下之故，其间存在逻辑规定的差异。前者是尽管有尊卑但却二分独立的逻辑，后者是尊卑合一的逻辑。前者不要求内在超越，后者则必须讲内在超越。理是超越的，与之内涵等同的性当然也得超越，只不过，其内在于人自身。侯外庐先生用"无人身的理性"描述理学，是很准确的。如果用社会科学话语表述，理学所维护的其实是无权利的秩序，与之相应的则是所谓专制独裁政体。

需要指出的是，理学家讲人生而静，本于《乐记》，也只是形式上援引，内涵并不相同。《乐记》讲的人生而静，强调的是人未与物接触前的人性状态，并不是本体意义上的静，其实讲的是情未动。这是两个问题。

就孔孟儒学讲，道是有德者人生践履、社会政治实践的结果，不同时代，道也会有不同，所谓"人能弘道，非道弘人"（《卫灵公》）。孟子讲，豪杰之士，虽无文王犹兴，道的创新本不待于圣王，先圣后圣其揆一也，只要良知不变，后人总可以创造出天下有道的局面。将现实的秩序等同于道，并将其神化，不符合孔孟的观念。将现实之道神化,意味着人不再需要创新道,只能拓展道的适用范围。人的德就成了可有可无的,最重要的是知性。朱子重致知,王阳明重知是非,都是对知性的强调。在这个语境下,人性善恶的规定性已不重要,重要的是能否适应这个神化的秩序,而这需要知性去理解接受。西洋将理性归诸神,崇拜上帝,本质也是知性文化,只是将对象置于外部。而对于理学来说,需要用生命去适应神化的秩序,所谓超越,不是西洋的对现实的超越,而是对生命本身的超越。

苏格拉底讲,爱智者之所以幸福,并不在其抑制欲望,而在于其求得真理。同样是追求理性,西洋文明开出了以追求真理为幸福的价值观,理学之后的中国文明事实上已经不知道何谓幸福。理学的问题是求名教之乐,认为他们的学术有功于名教,朱熹即讲,"程子论性,所以有功于名教者,以其发明气质之性也。以气质论,则凡言性不同者,皆冰释矣"(《朱子语类》,第70页),今天看,程子之功不在讲气质之性(张载已提出),而在讲性即理,如此对名教最有益。理学义理之性与气质之性的分析法,是将既往宇宙论中气、形、质范畴运用于人性分析的结果,其中义理之性与形对应,并作超越处理;气质之性与气、质对应,但剥离了气中本包含的精神价值。[①] 早期学术经历制度阴阳宇宙论的影响,进入传统中国便视形为物质存在的第一因,[②]在人身上同样如此。形在早期学术与道对应,而性则与德关联,性即理的提出,使得传统学术表面上与早期学术取得了统一,形式上优于董仲舒的学说。其必然的结果则是精神与形体距离的进一步拉大,所谓存天理、灭人欲。

毫无疑问,理学家虽讲以继承斯文为己任,但他们并未能将孔孟之学的真精神继承下来,他们继承的是《春秋》公羊学与《易传》的学术精神,当然,还是误读。[③] 他们所处的时代,专制已成传统,三纲早已被强制灌输到人的灵魂中,他们做的即是给这个被束缚的灵魂开出一个超越的空间,而不是解放这个灵魂。在实践中,其只能起到强化专制独裁的作用,是可以想见的。

---

① 日本学者山井涌依据朱熹的观点,认为"气质"由阴阳五行而来,阴阳指气,五行对应于质,合并而为"气质",见[日]小野泽精一、福永光司、山井涌编著,《气的思想——中国自然观和人的观念的发展》(李庆译),上海:上海人民出版社1990年版,第345页。

② 参拙文《制度阴阳:一统文明下的宇宙新论》,收入贾晋华、曹峰编《早期中国宇宙论研究新视野》,上海:上海人民出版社2021年版。

③ 所谓误读,其实是在新宇宙论与新的现实秩序下的对经典的再解读,他们自己未必能意识到。

第二节　从天意到天理

据前所论，在学术形态上，理学某种意义上可以理解为早期中国两种儒家学术的综合，即孔孟儒学与《易传》《乐记》两派的综合。然此综合并不始于宋代，唐代的李翱已有这种综合，《复性书（上）》有云：

> 是故诚者，圣人性之也。寂然不动，广大清明，照乎天地，感而遂通天下之故，行止语默无不处于极也。复其性者，贤人循之而不已者也，不已则能归其源矣。《易》曰："夫圣人者与天地合其德，日月合其明，四时合其序，鬼神合其吉凶。先天而天不违，后天而奉天时。天且弗违，而况于人乎，况于鬼神矣。"此非自外得者也，能尽其性而已矣。（《李文公集》卷二）

这里可以看得很清楚，其是综合《中庸》《易传》的学说而成。"诚者圣人性之也"，《中庸》讲诚，孟子讲性之，说的是一个意思，即圣人天德，是天生自然如此。而所谓"感而遂通天下之故"则是《易·系辞传》的话。不过，李翱在这里没有注意他的论说中存在一个矛盾，他引了"易曰"后，讲"此非自外得者也，能尽其性而已矣"。从圣人的角度讲，确实可以说其神性自我非自外得，但他前面又引《系辞传》"感而遂通天下之故"，天下之故则是故有的。运用庄子后学的分析法，天下之故可以称为现实中存在的陈迹，而圣人智慧则是服务于开出新迹，其间的冲突前文已论。宋人显然接受了这个矛盾，而在古代政治由正向治的转型完成后，接受这个矛盾，其出路只有内在超越。这个内在超越不是服务于培育超我，而是消灭自我，服从天理，服从于被神化的秩序。超越之后的尽性或复性，尽的只是所谓的义理之性，气质之性被舍弃了。

这样两种明显不同的学说，所以能走到一起，有其必然性。因为理学的问题是要从学术上解决名教之乐的可能性，而要解决这个问题，孔孟之学是不够的。孔孟都有自己对乐的理解，但都不包括名教之乐。名教之乐是魏晋时代晋人乐广提出的，那是法律全面儒家化开始之后的事情。而法律儒家化是在董仲舒学说基础上的现实治理之术的发展，所以，理学之出现，是古代文明演进到一定阶段的产物，其要综合早期不同形态的儒家学术，有其必然性或者必要性。基于这样的观察，古代学术演变实际上存在一条内在的线索，即德性根源由内转向于外的变迁，这个转变对应于古代政治关切的由正向治的转向。

据前章所论,魏晋玄学也不能脱离董仲舒的新儒学来理解,只是在从董仲舒向理学家的过渡中,中国学术的范畴发生了重点转移,或者说发生了范式转移,从天意过渡到天理。从宇宙观的角度讲,是从天人合一,在形式上转向天人一。[①] 这个转移过程中,始终有一根线索存在,即如何打通基于古代东西两种文明而蕴育发展出的两种学术,对应于政治,即是正与治如何贯通的问题。

前章已论,意在董仲舒学说中非常重要,所谓"万物动而不形者,意也",后面接着讲德与道,可以认为,没有意,也就没有德与道。按照笔者儒家有神性自我的观点,神性自我即德,在意识层面表现为意,所谓诚意,是使神性自我成立。其所以有神性自我,是因为有德。德者,身之所得。意诚后,落实到现实行为中,就是修身、齐家、治国、平天下。董仲舒用"动而不形"讲意,与用神秘主义解读《大学》所获得的关于意的认识吻合。《大学》讲意诚然后心正,心正即心定,也是形之前的阶段,只有用于修身后,才算是形于外。

郭店简《五行》讲仁义礼智形于外谓之行,不形于外谓之德;圣无论形不形于外,都是德。仁义礼智都与修身有关,其形于外都是行,圣形于外依然是德,可见圣形于外,与修身也没有关系,不与人发生关联。显然圣人之行有其特别之处。孟子将圣与知天联系在一起,董仲舒则讲圣人副天之所行以为政,圣人视天而行,圣人不则天地不能至王。从亚里士多德德性分道德德性与理论德性的角度看,圣人知天(天文历法意义上),其所具有的首先是理论德性。他据此德性制礼作乐,用于塑造人的道德德性。这里其实有一个综合,即理论德性可以转化为道德德性。早期儒家侧重于人,所以讲神性自我;董仲舒侧重于天,所以讲天意。前者要将人从天中剥离出来,后者是要将人合于天,背后有不同的天人关系。

《五行》又讲四行和谓之善,五行和谓之德,这意味着没有神性自我的情况下,个体对于仁义礼智的实践即所谓修身的行为,都还不能算是德,善人不能算是有德者。董仲舒讲"形而不易者,德也",是讲修身之行能够不变化,谓之有德。这里与早期儒学的神秘主义派别发生了偏离,这种偏离准确地讲应是倒置。早期儒学讲德是意诚的基础,董仲舒则将意视为成德的基础,并且将德视为形于外的实践。

前面讲理学是对早期道德关系的倒置,这个倒置如果溯其源,恐怕要追

---

① 理学的宇宙观,天理本是超越的,人服从天理,因此也是天人合一。但理学同时主张性即理,事实上又具有天人一的内涵。只是这个人需要内在超越才能实现天人一,但那已不是完整的人,其天人一只具有形式意义,与思孟的天人一不同。

溯到董仲舒这里的倒置。"形而不易"实即行而不易，行是实践问题，是道的问题。也就是说，董仲舒表面上看是将德与意作了倒置，实质上则是将德归入到道的范畴中去。后面讲道是"乐而不乱、复而不厌者"，这里在实践规范上实际上并没有增加新的内容，而是加入了心理认同的因素。晋人乐广讲名教中自有乐地，范仲淹提示张载求名教之乐，都是从董仲舒这里发展出去的。

宋明理学的性即理、心即理，本质上都是合德于道的思考方式，只不过宋人将道与理打通，道学即理学。无论是性还是心，其间所承载的价值都是德，神性自我是德，良知也是德。这些内容在理学形态中虽未完全继承，但基本指向相同。然在理学形态中，它们都被视同为理。这个变化如果追溯其源，也是在董仲舒这里，只不过，宋明儒重新给董仲舒的德赋予了内容。

在董仲舒那里，德是天意形于外的定型，其内容由天意赋予。在理学家那里，性或心的内容，则由天理来赋予。这是早期学术与中古学术的最根本的不同。由意赋予德的内容，德性在自身。由天理赋予德的内容，德性取决于外部秩序。这里就有由内与由外规定德的差别。作为过渡形态的董仲舒，其将个体之意转化为天意，与早期学说虽有联系，但其实质已发生变化；以天理为中心的理学，在天理内涵上与天意并无实质差异，在形式上则更加优化。在早期学术中意与精气活动联系在一起，而天意的实质内涵则是纲常伦理秩序，并且是人为规定的秩序，作为范畴讲，其有内在冲突。天理则不存在这个冲突。

古希腊哲人讲德性本于自然，表面上看德性取决于外部，但自然也包括人的自然，问题是如何将人的自然与宇宙的自然结合在一起。古希腊哲人找到了这个结合点，就是自由与理性。自由与理性是人与宇宙的最好结合点。中国古代的思想者也有将人的仁义之心视为自然的，并将其视为构建外部秩序的基础。最理想的结合方式就是郭店简提出的门内门外的处理方式。秦政中家长权有很大保留，某种意义上可以视为对这种学说的践履。在汉代政治中，这一点未得保留。当然，严格地讲，这里其实不是结合点，门内门外只是划分不同价值的适用范围，而不是找到共通之处。

将德性的根源诉诸天意，是以宗教的方式结合人与自然，天意在这里是崇拜的对象，但同时天意的内容却又是由圣人规定的，这实际是将过去的圣人天德的观点放在天人相分的宇宙观下作重新表述。过去的圣人天德说，也是自然与人的统一，圣人不勉而中，从容中道，不需要宗教的手段去获得天意。在董仲舒这里，圣人不再是从容中道，而需要通过神秘主义的方式，领悟天意，然后用于实践。

圣人天德说，在早期儒学中只是逻辑上的前提，因为儒家的德性观不能在根本上实现人与自然的统一，因而需要这个逻辑前提。而董仲舒需要为汉治立说，仅仅作为逻辑前提是不够的。仅仅作为逻辑前提在现实中无法得到验证，其学术命运可想而知。想使其获得实践的力量，就需要借助其他的手段，将其宗教化、法制化、学理化，就成为这个学说在传统中国流变的三个形态，董仲舒的新儒学是第一阶段，魏晋以后的法律儒家化是第二阶段，宋明理学是第三阶段。

这三个阶段，关键转变在第二阶段。董仲舒只是开启了一种新的思考问题的方式，但并未完全实现德性由内在根源转向外在根源。他的人性论并未否定人性中有可以转化为善的因子，而理学家的性即理或心即理，与其说是人性人心之善，不如说是秩序之善。尽管他们努力想说明人性何以为善何以为恶，区分义理之性、气质之性，但所谓的今日格一物明日格一物、当于事上磨练的修养论，说明他们认为只有落实在实践中的善才是真正的善。而实践中的善是有规定的，这种规定性由法律来保护。

不能否认，他们所讲的善，在早期儒家尤其孟子那里确实有些是从人的自然本心发出的，但经历了魏晋法制化的善，就不是完整的善。法律儒家化是对儒家价值有选择地法制化，儒家倡导的合乎善的东西并非都能得到法律保护，相反有些是被作为惩治的对象。而就中国文明而论，法律的本质是对社会关系的调整，其更强调合理性。理学之名，其根源与其说是本于人性或心灵，不如说是本于由儒家化的法律所治理调节的社会。宋代皇帝讲，天下莫大于理，而宋代又是一个特别重视修订法律的时代，理学于此时代发生发展，恐怕不是偶然。

作为两个范畴，天意与天理有不同的指向意义，前者是集体意志的体现，后者是自然法则的根源。这两者之间必须要有法制化的转变为中介。作为集体意志，虽然已经将早期儒学讲的神性自我取消，如果不考虑其迎合国家治理而改变了伦理的内在逻辑的话，其与文明的背离并不很远。选择什么样的文明，首先是意愿的问题，然后才是适应的问题。理学家以斯文为己任，表现出的也是意愿的问题。天意只不过是将这种集体意愿表述为外在要求，依然不出意愿范畴。天理则不是意愿问题，而是服从问题。从意愿到服从，必须有强制力量的介入，也就是法制化的转变。天意理解为集体意志，虽不能讲是内在根源，但也不完全是外在根源，毕竟还是一种意愿，尤其对圣人君子来讲。但对外在的法制的服从，显然是外在根源了，这里不考虑意愿问题。

心学的出现，某种意义上是为修正理学的德性根源于外的偏失，但心学也不能与早期儒学等同视之。如所周知,陆九渊教人静坐,王阳明也很重视静坐,静坐的目的指向于照见本体。然这个本体用王阳明自己的话讲,是无善无恶。他讲的致良知,是将良知运用于实践。而最重要的良知是是非,最重要的是非是三纲。是非指向于理,良知为三纲所规定是很清楚的,其本质不能脱离理学范畴也很清楚。

理学将意理解为心之动,前章已论,也是发端于董仲舒。而将意理解为心之动,从根本上取消了德性内在根源论的基础。孟子的良知有神秘主义背景,良心类似于神秘主义者讲的心之心,这个心之心是德性的根基,孟子称为四端。孟子讲的恻隐、羞恶,本是人情,情生于性,因此所谓心之心,与身之所得,本无区隔。只是辞让与是非本非人情,当然孟子也无法论证,这是他学说的不完善的地方,也是神性自我不能完全祛魅的地方。

且不论这些不完善的问题,德性的内在根源确实存在,从学理上讲,它应该有一个对应的范畴,这个范畴,笔者以为就是《大学》的意。有了这个范畴,早期儒学就可以在学理上得以完善,而失去了这个范畴,德性只能从外在寻找根源。德形于内方谓之德,这个形于内,要实现身之所得呈现为心,所谓心之心或良心即是。

这里要注意的是,这与理学的心之动的意并不相同,因为心之动的意是有善有恶的,二者不是一回事。形于内是隐秘的形,所谓"莫(莫不)见乎隐"是也;心之动是显性的形,但也只是初始的,所谓"莫(莫不)见乎微"。差别虽然不太大,但意义却完全不同。

宋儒也想找内在根源,并将"未发之中"确定为这个根源,所谓"不偏不倚之谓中"。然不偏不倚本是理,是人在社会实践中获得的理性,而不是人性固有的内容。朱熹曾讲,"天地之中是未发之中,天然自有之中是时中"(《朱子语类》,第 411 页),他同意门人讲的"天地之中是指道体,天然自有之中是指事物之理"(同前)的讲法,这意味着他承认未发之中也可以说是道体,这等于又回到了性即理的判断上。理学表面上有了德性的内在根源,并有经典的依据,然实质上却是外在的,其对经典的解释并不正确。

吊诡的是,理学承认"未发之中"为道体,心学却不承认人人皆有,王阳明即曾讲,"不可谓'未发之中'常人俱有。盖'体用一源',有是体即有是用,有'未发之中',即有'发而皆中节之和'。今人未能有'发而皆中节之和',须知是他'未发之中'亦未能全集"(《王阳明全集》,第 16 页)。这里其实折射出理学自身不能自圆其说的理论缺陷,也说明了其德性的内在根源说的无力。

当然,理学用"未发之中"为理,未杂气质,来解释发而不能和的问题,这种解释事实上是将人作空心化处理,因为理是法的根源;而所谓心统性情,无非是服从天理、服从法制的另一种表述，并不能真正建立起德性的内在根源。

要指出的是，尽管理学将天意转化为天理，诉之于性，但在具体表述中，在谈到心的地位时，有时很容易令人将其与天意联系起来。比如朱熹讲，"心之为物，实主于身，其体则有仁义礼智之性，其用则有恻隐羞恶恭敬是非之情，浑然在中随感而应，各有悠主而不可乱也。……极其大则天地之运，古今之变，不能外也；尽于小则一尘之微，一息之顷，不能遗也"（《大学或问》下），有时又说心是"天理之主宰"（《太极说》，《文集》卷六十七），又是"万化之本原"（《中庸或问》上）。[①] 这里，天意内涵已转从性情去立说，但同时又赋予其天地万物运行造化总根源的地位，这其实还是天意。这也不难理解，理学不能不讲心，否则无法解决性静情动之间的过渡问题。而讲心，则又与意愿问题搭上了钩，所以看起来又像是承认天意的存在。

第三节　玄学何为？

据上所论，古代学术演变确实存在内在线索，没有董仲舒的新儒学，很难想象会有宋明理学。同样，没有魏晋法律儒家化，也很难想象会有宋明理学。也就是说，没有董仲舒新儒学与魏晋法律儒家化的铺垫，唐代开始出现、宋明时期大加发展的不同儒家学术形态的综合，实际上不可能发生。

这种内在线索之所以存在，与前章所论中国学术的特质是联系在一起的。中国文明是人本文明，中国学术是关切人的学术，这种特质决定了其伦理与政治难以分离的基本特征，或由伦理规定政治，或由政治规定伦理，古代政治的变迁一定会带来古代学术的变迁。只是，其中有一个不太容易理解的地方，即这个变迁的过程中，在魏晋的阶段，出现了玄学。

这里拟从中西关于学术的基本理解出发，看魏晋以后中国学术的演变，从而揭示玄学的历史地位。

古代中国讲学术，国家治理不谓之学术，汉武帝独尊儒术，前章已论，实质是国家智术，但被称为术。这不仅限于董仲舒的《春秋》公羊学，今天看来最擅长国家治理的法家，在秦以前也不被称为学，商鞅、韩非这些人所好皆为刑名法术，均以术名之，而不以学名之。古希腊学术没有这样的界分，发展到亚里士多德，学科分化格局基本形成，讲国家治理叫《政治学》，讲个人

---

① 以上材料悉据朱杰人、严佐之、刘永翔主编，《朱子全书》(修订本)，上海：上海古籍出版社2010年版，引文分别见第六册第527页、第二十三册第3274页、第六册第559页。

德性叫《伦理学》,都称之为学,其中伦理学是基础,但并没有将国家治理置于学之范畴之外的讲法。中西关于何谓学的理解其所以出现这种判分,根本在于对于何谓文明的理解的不同,这里不详论。①

当中国文明发展到战国秦汉时代,国家治理问题日益突出,压倒了个人成德问题,所谓正与治的变迁于此最为清晰。这也给古代学术变迁提出了新的问题,即如何将国家治理纳入到学术中。从前文的讨论看,从天意到天理,儒学尽管有很大的变迁,但服务于国家治理的意识是一贯的。当理学出现,古代儒学在形式上获得了一个比较理想的形式,所谓兼顾了国家治理与人性关切,性即理,既讲了人性,又讲了国家治理。理学并非是真正的成德之学,其德性根源是外在的统治秩序,主要是为外在秩序寻找学理根据。也就是说,理学形式上是学,本质上还是国家治理的问题意识。

从西洋哲人的经验看,要统一德性的内外,就要规定德性的内容。中国古代儒家思想家规定的德性内容过于丰富,以早期孔孟所追求的德性去规定政治,要求过高,历史不允许。传统中国,则反过来以国家治理的要求去规定个体德性,同样是要求过高,结果适得其反。要寻求内外的相对统一,只能确立门内门外之治的格局。这事实上牵涉到政治问题。玄学的出现与魏晋时代的政治联系在一起,是古代人的学术追求在那个时代的必然结果。

古代中国的内外之治,秦有具体实践,此不详论。中古中国,魏晋的门阀政治在形式上则更具有典型性。门阀政治是传统中国的强社会模式的政制,当然也可以说是皇权政治的变态,其在形式上,更像是内外格局的政治。这种形式的政治的出现,与社会变迁、斯文重建密切相关。但从整个历史进程看,它只是过渡形态。

圣学流变有三阶段,圣人政治在以治为核心关切的政治文明背景下,也有三阶段,分别与圣学三阶段相适应。只是第二阶段比较特殊,圣学似乎并不存在,而是直接以服务于政治的工具形式来体现,儒家化的法律即是。这个时代的学术则是玄学,并且玄学与门阀政治同样具有对应关系。

这里有一个重要问题需要讨论。单纯从学术形态转型上看,玄学似乎扮演了从董仲舒新儒学到理学之间的过渡角色;政治上,门阀政治似乎是从汉代以法制为基础的皇权政治,到宋元以后的皇帝专制独裁政治的过渡,政治与学术的对应关系似乎始终存在。那么,从天意到天理的历程中间,为什么是玄学这样的形态,其间难道开不出具有明显儒家色彩的学术形态?

①　参拙文《文明内外与社会科学》,作为自序收入拙著《文明类型、宇宙论与中国古代学术》,上海:上海古籍出版社2021年版。

　　笔者理解，必须先有玄学，才能有理学形态的出现。也就是说，讨论德性根源由内向外的转变，必须经过玄学这个阶段。

　　冯友兰先生已注意到，理学是要解决玄学未解决的问题接着向前走。儒家学术关切重在个体成德，而《中庸》讲，性之德，合内外之道，也就是说，学术中心虽然是个体成德，但合内外是基本问题。但进入传统中国，德性的内在根源先是模糊，后是丧失，然后重建。玄学是重建的第一阶段，理学是重建的第二阶段。冯先生的关切，应该是讲的这个过程。

　　德性内在根源的取消始于董仲舒。前文已指出，董仲舒与魏晋人、宋明人相比，其更接近于早期学术，所以其还保留了作为神性自我的意，只是这个意已不能是人的意识层面的意，而成为万物之意，并转化为天意。这意味着，在东西学术初始合流时，基于荀子学术的强势地位，基于自身《春秋》公羊学的基本背景，董仲舒既不能完全抛弃儒学的德性论，又不能违背东方学术背景下的人性观点，故而将神性自我转到天上，而保留圣人的地位，使圣人成为道德秩序的传递者。这里天意虽然存在，但已与人分离，并且，天意的内涵指向已经发生向外的转变。

　　从政治上看，这种处理模式与皇帝一人君临天下的模式相应。编户齐民状态下，皇帝立法治理天下，万民皆受法的统治。董仲舒只是将法的统治改为名教的统治，名教出于圣人，圣人相当于皇帝，汉代公羊家有以孔子为素王之说。皇帝与道交流立法，圣人与天交流确立名教。皇帝要自称真人，以示神秘；董仲舒同样保留了神秘主义内容，没有神秘的交流，圣人不能获得天意。皇帝的法，必须绝对服从，而名教同样要求绝对服从，事实上后来也成为了法律。

　　皇帝领导下的法治，是东方政治文明发展到极致的一种政治模式。儒家的孔子讲天下有道礼乐征伐自天子出，其有道理想如果将礼治改为法治，其实与秦政在模式上十分接近，只是天子之上还有天，而其思想中包含着深刻的矛盾。① 董仲舒被视为汉代的孔子，应该不是偶然的。这并不是说，笔

----

　　① 孔子是内在德性论者，政治应由伦理去规定，但其讲天下有道，实际上又是以道规范政治，进而对共同体成员构成约束。这个道的根源是什么，孔子没有讲，笔者理解还是内在德性，这意味着要求每个人都能基于自身德性洞悉所当行之道，然后构成共同体。这在实践中不可能，理论上也有自相矛盾的地方，外在秩序不可能考虑到每一个人的具体所得去建构，所谓国家建构不是共同体各个体的简单组合。孔子不能认识到由社会上升到国家，其间存在质的飞跃，而是停留在社会组合的直观层面上去理解国家，所以他讲正名，名是社会身份，而不是国家角色（德礼政治中的君臣关系更接近社会关系，而非政治关系，所谓有土者皆谓之君）。这样的认识，其结果是过度强调了国家的社会伦理特点，而忽略了国家高于社会的现实。这同样是社会决定国家，但其决定意义过强，反而影响了国家的构建。法家与儒家相反，过于强调国家对社会的干预管制，此不展开。

者认为董仲舒从孔子那里直接继承这种模式，而是说《春秋》公羊学在形成发展过程中，受到了秦政治的影响。孔子理想的礼治模式应该也是这种模式，但政治精神则完全不同。

如果这样去考虑董仲舒关于德性起源的观点，其既不是内在根源论，也不是外在根源论，而是将内外结合在一起，诉诸十端之天，其根源在形式上具有超越性。

将德性的内外根源结合于与人相分的天，并不符合早期中国的思想模式。即便是东方承认天人相分，讲升中于天，承认天的权威性，但他们所理解的"中"的来源并不是天。东方的古代圣王有求中的传统，《尚书·盘庚》讲设中，卜辞有立中。在天人相分的框架下，"中"的获得都是依赖于社会实践本身。即便在早期宗教中，清华简《保训》讲的上甲微假中于河，中的来源也不是天，而是地。这与东方文明重地的宇宙观相符。

当然，董仲舒的天，正如前章所论，已不仅是与地相对的天，而是与人相对的天，其中包含地。他的宇宙观是统一的宇宙观中的人与自然的相分，天意包含万物动而不形的意，但人被区分出来。另一方面，名教不仅仅是德性规范，还具有法的意义。尽管天可以包含地，但其名称却是拟人色彩很强的意，这与东方思想的差别就更大了。东方思想也有神秘主义派别，《管子·白心》讲所谓"中之衷"，就是他们所确立的可以指向于中的根源。但这个"中之衷"不同于"心之心"，其来源根本上讲是外在的神落在人身，其与讲"心之心"一派讲的有神自在身不同。这样看，董仲舒的天意，既不符合西方的内在根源论，也不符合东方的外在根源论。这是其综合学术的必然。

不过，从董仲舒的天意看，他想打通东西思想的意图很清楚，只是这两种观点根本上讲不可通约，他的这个思想创新也不能很好地解决这个问题。而如果从中国人本文明的角度出发，这种处理显然不符合中国文明的特性要求，德性必须在人自身确立根源。理学通过性即理，在形式上解决了这个问题。

就形式看，理学的天理比董仲舒的天意更符合圣学重实践的要求，理是统一的宇宙观的根源，包括人自身。就实践效果论，内在的自觉胜于外在的教化或强制。不管是理学，还是心学，他们都希望获得内在的贯通。尽管理学今日格一物明日格一物显得支离，但理学家又承认，格到一定程度，就会洞悉全体。这与心学的致良知、知行合一的境界本质相同。董仲舒的天意论，人始终处于被动的状态，这与强调主体自觉的圣学距离显然太远。

但要想达到从天意到天理的转变，却不可能一蹴而就，其间必须有玄学。这问题在前一章中已有论及，政治文明转型，需要与之相适应的意识形态，无奈名教意识在那个时代已遭人厌恶；而这个时代的人本文明也不同于早期中国的人本文明，事实上又决定了意识形态的重建必然表现为重新开始，用今日话语便是再出发。重新出发，而儒家意识已遭人厌恶，选择依托老庄，便是必然的。也就是说，其实是历史选择了玄学。

单就学术而论，圣学法制化与玄学之间确实不好建立联系，但若考虑到学说与政治选择的关系，二者的关联性就容易看出来。没有圣学的法制化，玄学的产生也不具备条件。笔者曾论，真正的道法家是老子与商鞅的结合，而老子所以能够成为真正意义上的法家的基础，在于老子讲正善治。老子也追求正，但他追求的正以获得善治为标准，而真正的善治就是公平公正的法治。

孔学讲正，而法制讲治，圣学法制化也是正治合一的一种形式，只是不能用正善治来表述，而应当是治善正。治理要以好的正为鹄的，好的正就是孔子追求的德性。孔子圣学的法制化，当然不能说是公平公正，但前文已论，门阀政治所带来的门内门外的格局某种程度上使这种圣学的实践达到一种比较理想的程度。人也只有在相对独立的门内，而不是被编织在国家法制中，才具有独立思考的可能，才有可能重新思考现实世界的根源。

基于圣学法制化的秩序，玄学家的思考当然不可能真正摆脱这个秩序，但董仲舒的从天地之外为现实确立本体根源的做法也不可取，因为，人本文明的特质要求必须在人内部奠定根基。理论上讲，人内部不可能有综合天地之后的名教秩序的根源，除非硬作规定，如理学。但这需要一个过程，令人厌恶的现实不可能很快被规定为人的内在需求的表达。要想实现合格转变，首先需要将人自身虚无化。文明进程与学术逻辑决定了一定是先有玄学，再有理学，同时也决定了玄学家关注的中心问题，一定是名教与自然的关系问题。

从学理上讲，反过来看，即从理学发生之可能看玄学的必要性，可能会看得更清楚。

前文提到理学的社会起源，没有圣学的法制化，确实很难理解理学的诞生。理学是对圣学法制化所造就的政治社会文明的理论阐释。法制化的圣学已非真圣学，其指向于国家治理。与之对应的理学也不是对斯文的真正继承，所谓内在根源，只具有形式意义，而非实质意义。前章讲玄学重情，但情并没有出路，理学家则讲，"圣人之常，以其情顺万事而无情"（《二程集》，第460页）。前者是真实的个体生命的情，后者是以万事为情立法，本质是无情。前文还讲过，理学、心学大讲心，其本质则是将人作空心化处理，因为心以性理为体，其内涵是由外规定的，今天人用洗脑表述外在强制力规定心灵的做法,理学的本质也是洗脑。他们借用《易传》"洗心"的讲法,但因为性的内涵有根本不同,其实质意义完全不同。

历史地看,圣学法制化是独尊儒术背景下名教崩溃之后文明演进的必然选择,并非古来如此。人适应这种新的统治形式,尤其是要在学术上建立与此统治形式相对应的新形态,必然要有一个过程。这种统治形式对人的生命是一种摧残,事实上要人完全放弃自我去适应它。前文讲,这也是一种过度,过度强调治。就个体生命讲,儒家德性要求是高尚的,但如果从国家治理的角度出发对人提高尚的要求,事实上首先要对政治本身提高尚要求;如果政治不高尚,其结果必然是戕斲以至灭绝人性。传统中国的家天下政治显然不能算是高尚政治,出现灭绝人性的"以理杀人",一点也不奇怪。

这种政治下发展学术,其学术之本体最终必须归到虚无,然后在形式上再与人性建立起联系。不如此,现实中实际的虚无无处落脚。理学家大多读过佛经,王学甚至被讥为禅学,这其实是他们的精神根基本为虚无的具体体现。尽管他们大力辟佛,其实不过是为了为统治秩序建构新的意识形态而已。即便是最理性的气学派别,也不能摆脱氤氲之根与实存之理之间无法沟通的思想困境。[1] 尽管他们所维护的理真实而具体,但在精神的最深处,都必须保留虚无的位置,这个虚无或者用无极来表述。

这个虚无之根是由玄学奠定的,理学通过无极而太极,完成了其与人性的关联。理学家从开山周敦颐开始,就强调无极而太极,讲气学的张载则要讲"太虚无形,气之本体"(《张载集》,第7页)。二程不太讲虚的重要性,程子讲,"子厚以清虚一大名天道,是以器言,非形而上者"(《二程集》,第1174页),讲虚不能视为形而上者。朱熹也接受这个讲法,讲"这虚也只是无欲,渠便将这个唤做道体。然虚对实而言,却不似形而上者"(《朱子语类》,第2538页)。程朱不爱讲虚,盖因为虚实相对,而儒家重实,不重虚。但这并不意味着他们否定虚的理论意义。我们知道,朱熹并不反对"无极而太极"的讲法,他承认理自无形而来(《朱子语类》,第2365页)。程子其实也不否定虚的地位:

---

[1] 需要注意的是,思想家认为太虚充满气,并不意味着太虚不指向于虚无。事实上,气学派认为由气生形,理在气中,这意味着太虚与理无法建立关联。从思想史变迁的脉络看,太虚的概念是从战国秦汉时期的道家的虚无、无形而来,在那个时代,无形生有形,思想家依然希望以形式确立义理根源。这里本有将世间形式作整体处理的意思,当然,这是受工正思维影响的结果。气学派讲气生形,理在气中,实际上破除了形式的整体性关切,太虚反而成为虚著之概念。不过,因为有实践中人性精神之虚无,这个太虚其实义不能丢弃,就成了合虚与气,有性之名。

> 或谓"惟太虚为虚"。子曰："无非理也，惟理为实。"或曰："莫大于太虚。"曰："有形则有小大，太虚何小大之可言？"（《二程集》，第 1169 页）

这里则有将虚纳入理的范畴的意思，虚本身也是理。

这样安排虚的地位，并不是因为理学在时代上要接着玄学讲的问题，而是建构理学本身所必须。不讲虚无，人就是主体性的存在，而主体性的存在，必然要对现实所处世界的不公正进行批判，圣学法制化的秩序根基就会动摇。追求名教之乐的理学绝不敢触碰这个红线。

张载的四句教，形式上看起来很具有主体性，实质上其只是对现象世界的半截关切，而不具有本体世界的主体性，其本体是虚无，根本无主体性可言。

程朱看起来同样有主体性，但也是半截，承载主体性意识的心在他们那里是虚的。程子讲，"大抵人心虚明，善则必先知之，不善必先知之。有所感必有所应，自然之理"（《二程集》，第 228 页）。朱熹则讲，"心乃虚明洞彻"（《朱子语类》，第 90 页），"穷理以虚心静虑为本"（同上，第 155 页），"人心本是湛然虚明"（同上，第 347 页）。到心学家王阳明，干脆讲良知"廓然与太虚而同体"[①]。

没有本根的主体性，严格讲不能算是主体性，因为其本身不生成任何东西，而只是接受与维护既定的东西。当其为维护既定的秩序而献身时，其实只是一种被抽离了本根的精神现象，是被扭曲的主体性。当既定的秩序被摧毁，则很容易转变为虚无主义，或者反过来彻底否定这种秩序。

玄学以老庄之学为基础。老学其实也是圣学，只是与孔子的圣学不相侔，两者都是讲人性的学术，区别在于孔学以魂为立论根基，老学以魄为立论根基。[②] 魄是人初生时形成的，而魂则要等到青年期才能稳定，所以孔子有知其不可而为之的精神，而老子则想复归于婴儿。[③] 但老学不完全符合玄学的需求，庄子的生命意识虽丧失了主体自我，但其独与天地往来的精神，同样不符合作为法制化的圣学秩序的本体要求。《淮南子·精神训》讲真人"其魄不抑，其魂不腾"，是具有精神内涵前的那个精神状态，其也具有超越

---

① 见其《答南元善》，《王阳明全集》，上海：上海古籍出版社 2015 年版，第 178 页。

② 参拙著《神秘主义与中国古代哲学研究论稿》，杭州：浙江大学出版社 2019 年版，第五章第一节。

③ 按这个逻辑，古希腊哲学是壮年之学，人到壮年，魂魄才能合一。据说，古希腊文中，"柏拉图"即是强壮的意思。孔子讲四十不惑，孟子讲四十不动心，并且讲浩然之气，将心与气联系起来，视气为心的基础，是魂魄合一的表现。所以孟子既讲良知，又讲理性，心之所好，义也、理也。

特征，只是其内涵既不是西洋哲学的努斯，也不是后来理学的天理，而是无。这才是玄学的精神真正根基。这个根基的出现是制度阴阳宇宙论的结果，其已不在人自身。

在圣学法制化背景下看人的德性的根源，很明显是外部根源论。老学的引入，事实上为后来理学的形式上的内部根源的出现创造了条件。理学的义理之性的提法，在形式上确实是内部根源论。这个内部根源论的生成，董仲舒那里找不到根据。前章已论，董仲舒的人性论本质上是人性混沌，他所讲的有善有恶，实际上是基于教化来讲的，有教化即向善发展，无教化则向恶发展。理学的性善论，也不是人自然倾向于善，否则也不用用心格物求理或静坐照见心体了。他们特别重视体贴、感应去认知天理，这都不是自然的性善论。从董仲舒到理学家，德性养成，存在从重教化到重个体体贴、感应的变迁，这个变迁不能自然发生，必须以外部强制环境的建立与内部根基的塑造为条件。圣学法制化与玄学，提供了这样的条件。

尽管玄学的精神根基实质是外在的，但其假借老庄，正如理学假借孔孟，获得了内在根源的样式。老学求道的方法是复返，《易传》的退藏于密，本质上也是复返的方法，只是复返之后要感通天下之故。老学还讲道者冲气以为和，复返而能和于外，就老学论，实质上是要求建立小国寡民、老死不相往来的天下秩序。这种明确的复返立场，为将董仲舒的外在根源拉回自身，发挥了关键作用。只有拉回自身，才能重新找回中国文明作为人性文明的特质，尽管其已经异化了。

玄学家也讲复返，独化于玄冥就是复返，只是此时复返的归宿不能是老学的基础魄，因为魄虽主静，并非没有内容。赤子之心不是否定一切的无，其有内容，只是比较浅显，其对外在秩序同样具有规定性。然现实秩序已被法制化的圣学规定好了，并且本质与不相往来的要求相反，是要相往来，门外君臣之间，门内亲属之间，均以繁复的礼制规定他们的往来。这个时候讲的复返，其所要求的人性根基，既不能是老子的混沌，也不能是具有自主意识的良知，而当是能为外部之礼法提供基础的东西。这个根基需要类似《韩诗外传》讲的无的概念，并且要将其融入自我的生命中，而不仅仅是思想内容的问题。玄学家确实讲无，而他们的生命之情于现实中也确实没有出路，这与文明变迁与思想发展的逻辑是吻合的。

因为有了复返，德性的内部根源至少在形式上树立起来了，只是作为复返的对象，最后要达到理罢了。从李翱开始，不再对《易传》与《中庸》这两派学术进行分别，事实上也没有必要分别。而理学之将未发之中混同于寂然不动，则是其后学术自然的也是必然的发展结果。

理论上讲，为德性确立内在根源的应是心学，而非理学。心学是不满理学的向外求索、为学支离而提出的，但当他们转向内在求索时，照见的却是无善无恶的心体。王阳明一方面讲心体是良知是性是天理，但同时又讲，"心无体，以天地万物感应之是非为体"（《传习录下》钱德洪录）。天理存在于心体与宇宙的感应过程中。德性起源既不在内，也不在外，而将心物之对待作用视为德性的根源。这与董仲舒的德性根源观点很相似，只不过，董仲舒将德性起源诉诸超越的天，而王阳明将其交给无往而不在的日常存在，交给人心的灵明。

这里，传统中国的学术似乎经历一个轮回，最初的会通导致德性根源既非内在，亦非外在，而王阳明这里也是既非内在，亦非外在。在这个过程中，政治也经历了一个轮回，从有法制的皇帝专制，到完全的皇帝独裁。董仲舒、王阳明的学术与这两种皇帝专制正好相应。

准上所论，传统中国学术变迁的过程，就是试图会通东西两种德性学术的过程，就是努力打通东西学术中德性的不可通约的内外两个根源的过程。这种打通，是与政治上寻求打通两种不同精神的政治文明的历史进程相适应的。在打通东西学术德性内外根源的学术发展过程中，政治发挥了关键性的影响。这个政治是以东方重治的精神为核心价值的政治，受其影响，德性内容也发生了变化，不论是义理之性，还是以感应是非为心体，都与治相对应。从这个意义上讲，古代学术的变迁，根本上讲是古代政治变迁的反映。政治越坏，学术也越坏。

第四节　精神内外与文明传承

德性根源的内外问题，实质就是民族精神的内外根源问题，而民族精神内外根源的变迁，必然影响到文明的变迁与传承。

按照今天的学术观点，民族精神是一个民族的精神气质，是一个民族的文明风尚，其形成是该民族在社会生产与生活以及政治组织的演进中，自然形成的民族文化的主旋律。这里面的主要内容是道德。对于道德根源的不同理解，也就是对民族精神形成方式的不同理解。今天对民族精神之形成的理解方式，所对应的道德起源观点，是道德是在社会交往中基于理性所形成的人与人相处的法度。我们讲，道德有阶级性，其本质是道德的时代性，因为不同时代的理性对于不同阶级的关切不同，并且总是偏向于关切占主导地位的阶级。重要的是，理性除了符合实践需要的实践理性，还有一个超越的理性，后者是文明的灯塔，在这个灯塔的指引下，现实会不断走向完善。

古代中国不是这个观点。古代学术作为文明精神的诉说者，其变迁也可以理解为民族精神的变迁。邵雍讲，"魂随气而变"（《邵雍集》，第134页），民族精神也会随气而变，但向什么方向变，古代人并没有认真思考。简单地讲，在古代政治的变迁中，古代的民族精神也发生了变化，即由精神自主，向以君主为中心的国家的他主转变。但若基于魂随气而变的逻辑，其又有正当性，这种精神的形成与近代中国的高悬于头顶的亡国命运紧紧联系在一起。

早期的民族精神也并不排斥爱国，只是国之上还有别的内涵，董仲舒当年谈灾异，也是承认国之上还有天，只是在专制者的淫威之下，他不敢多说话，倒是他的学生眭弘继续讲灾异，结果为学术献出生命。

其后的玄学、理学的转型，事实上将国之上的天消解了。玄学将道德根源诉诸无，实是无根源之说；理学将根源诉诸天理，表面上又有了高于国的天，但实际上重心不在天，而在理。如果重心是天，还可以讲一点阴阳五行，讲一点灾异，以警示帝王。重心在理，理不能独生，必与气相伴，只是由理来规定气。从学术形式上讲，这是重理性的学术。问题在于，这个理不是超越的理性，而是从社会实践中来，所以，其并不比国家高，而是国家之内的理，所谓三纲而又以君臣为大之理。这样，民族精神中高于国家的天，经过玄学的转换，不知不觉中被取消了。

当然，民族精神中高于国家的天，并不是董仲舒的那个天，他那个天是天地综合之后的天，因此会有基于阴阳五行的灾异学说。今天看，灾异是迷信，但在古代，这是其在尚治的政治文化占据主流后，能够发展出的可以制约国家行为的唯一办法。其后的玄学，放弃批判国家的话语基础，无异于向国家投降。而理学则是以国家为中心，又放弃了玄学对于国家的那一点疏离感。

以爱国为核心的民族精神表面上符合儒家的逻辑，实质不然。早期儒家讲的国，不是理学家讲的国。早期儒家讲的国没有将属地精神综合于其中；理学家理解的国，是经过董仲舒综合之后的国，语言用词相同，但内涵却是两种。早期儒家的国家政治，以性命之正为核心价值，其最终要归于天命。天命之谓性，对于性命的实践的最高境界就是知天命，实现天人一。家与国只是实践过程的两个阶段，在这两个阶段，要将自身所获得的人性修养的真谛，传播给其他人，刑于寡妻，至于兄弟，施于有政，从而使天下人各正其性命。这个过程本身是自身人性的成长与博大以获得光辉的过程。从这个意义上讲，早期儒家是个人主义或者个人本位的，出发点是个人，归结点则是自身的成神，依然是个人的问题。

由此也可以看出，早期孔孟的高于国家的天，其实是人本身，而不是董仲舒的那个综合天地之天。正是在这个意义上，笔者判断中国文明是人性文明。

理学，一般认为是性命之学，但已不是孔孟讲的性命之学。其所言之天理，是经过综合之后的国家之理，其所言之国，是属地尚治之国。以这样的国家为核心的民族精神，最后必然是民族精神蜕变为国家治理的手段。理学之于文明蜕变，除了整体理论有问题外，在具体观点上，有两个不好的对文明蜕变发生直接影响的观念。一个是善恶皆天理的讲法，最典型的，比如二程讲，"天下善恶皆天理，谓之恶者非本恶，但或过或不及便如此，如杨墨之类"（《二程集》，第 14 页）。①

朱熹关于这个观点，前后认识有变化，在《胡子〈知言〉疑义》中，他讲，"熹详此论性甚善，但明道所谓'恶亦不可不谓之性'，是说气禀之性，观上下文可见"（见《胡宏集》，第 331 页），这当是其早期的理解。在《朱子语类》中回答他人关于此问题提问时，其理解则发生了变化：

> 曰："既言性善，下却言'善固性也，然恶亦不可不谓之性'，却是言气禀之性，似与上文不相接。"
> 曰："不是言气禀之性。盖言性本善，而今乃恶，亦是此性为恶所汩，正如水为泥沙所混，不成不唤做水。"（第 2426 页）

《朱子语类》中另有若干谈到此问题的，都是延续后来的认识，举一则为例：

> 善，只是当恁地底；恶，只是不当恁地底。善恶皆是理，但善是那顺底，恶是反转来底。然以其反而不善，则知那善底自在，故善恶皆理也，然却不可道有恶底理。（第 2488 页）

这个理解与程子的理解基本相同。

另外，王阳明的认识也基本相同，《传习录》（下）有云："至善者，心之本体。本体上才过当些子，便是恶了。不是有一个善，却又有一个恶来相对也。故善恶只是一物。"（《王阳明全集》，第 85 页）他用心体作为判分善恶的

---

① 类似表述还有，如《二程集》第 17 页有，"事有善有恶，皆天理也。天理中物，须有美恶。盖物之不齐，物之情也。但当察之，不可自入于恶，流于一物"。第 30 页也有，不具引。

标准，与程朱用理来判分，本质是一样的，都是以是否合乎特定的治理秩序为标准，界定是善是恶。

理学的这个讲法是将善恶同置于天理下来讲，乍看似有道理，但将恶视为相对于善的过犹不及，则有问题，其掩盖了善恶在人性中各有根源的事实。孟荀讲性之善恶，是立足于不同的人性内容讲的，经过综合之后，原先的善恶二元就变成了一元，善恶之间也形成了主辅关系，于是杨墨这些学派便成了恶。从外在讲善恶根源，并非不可以，如西洋文明中有上帝与撒旦的对立，善恶也是二元。理学的天理，看似外在，其实不外在；看似本于性，其实不是真实人性，他们的天理或性，本质是现实秩序的概念表达。因为是本于秩序，所以本不该称为恶的具体的学说观点会成为邪恶，这当然是有问题的。

对于人类文明来讲，善与文明精神联系在一起。人类文明的突破，某种意义上可以理解为是对文明之善的发现。其为善恶者，或针对人性，或针对真理。文明的进步过程，就是发扬善、惩治恶的过程。理学的讲法掩盖了区分善恶对于文明的建构性意义，善恶只在统治秩序中，却不管秩序本身之善恶。这事实上背离了孔子讲的"唯仁者能好人、能恶人"的精神，他们的好恶标准就成了以三纲为中心的价值体系，忽略了人性与制度中所产生的恶，从而将早期儒家对现实的批判性主动放弃了，转而成为现实秩序的维护者。①

另一个不好的观点是关于礼的认识。前面章节已经讨论，礼在先秦儒家中有两种理论，所谓因人情的礼，与克制欲望的礼。前者可以长性，促进德性生成；后者则是服务于治理。这两种认识在理学家中都还有保存，前者如程颢曾讲，"礼者，因人情者也，人情之所宜则义也。三年之服，礼之至，义之尽也"（《二程集》，第 127 页）。但这种礼因为与天理无法建立关联，人情在理学中是可善可恶，是性理与气质交互作用的表现形式，后来的理学家基本上不谈这种礼。这跟董仲舒的情况相似。他们谈的主要是克制欲望的礼，即服务于治理的礼。二程讲，"克己则私心去，自然能复礼，虽不学文，而礼意已得"（同前，第 18 页），这里将礼意界定为克己去私，克己孔子讲过，但去私是二程加进去的。前面章节讨论过，孔子的克己，指向于去除多余的情性，而不指向于克去私心，去私心的加入，实际上限制了礼的对于文明的塑

---

① 二程讲，"居今之时，不安今之法令，非义也。若论为治，不为则已，如复为之，须于今之法度内处得其当，方为合义。若须更改而后为，则何义之有？"（《二程集》，第 18 页）他们不愿意讨论现实法令的正义性、合法性的态度是很明显的。必须说明的是，并不是所有的理学都反对变革法令，如朱熹讲，"今世有二弊。法弊但一切改，却甚易"（《朱子语类》，第 2688 页），但在维系根本大法三纲上，理学家是一致的。

造功能。

私心相对于公心，去私心有助于国家治理。但有助于国家治理不一定有助于文明塑造，专制主义主导的国家，只能越来越坏，这种理论只是帮凶而已。对于儒家重视的天下文明来讲，顾炎武讲匹夫有责，在越来越坏的国家中，匹夫不会自己成长起来，只有习得儒家真文明的匹夫才愿意承担这样的责任。而与这种真文明相适应的真学术在理学已经被边缘化了。程颢讲："礼者，理也，文也。"（同上，第 25 页）这个讲法与董仲舒的礼是摭于仁、文，质而成体的观念相近，但内容上又有退步，因为理是与私欲相对的。董仲舒的仁还讲一点仁爱，礼还具有生成的功能；程颢的这个礼除了塑造天理秩序的维护者外，并无更多意义，其已失去了塑造人的作用。

事实上，二程关于礼有一个很有趣的讲法，"礼乐无所不在，而未尝亡也"（《二程集》，第 1257 页），"推本而言，礼只是一个序，乐只是一个和，……天下无一物无礼乐"（《二程集》，第 225 页）。这个讲法与他们天地万物一体的宇宙观联系在一起。礼不再是可以长性之道，而是天地秩序的代称。礼者理也，在这里具有了新的内涵，其直接与作为本体的天理联系在一起。这本不难理解，前文讲过，理学的宇宙观取消了人为万物之灵的观念，礼本因人而制定，人消失了，礼也只能剩下理与文，而秩序观念也因此而凸显出来。

进入世俗时代的人性文明有其固有的弱点。同样是属地的政治服从，从法治文明的角度讲，是服从于法，服从于道，即属地的理性；但从人性文明出发，就成为人对人的服从，形成所谓人身依附关系。在古代中国官吏的任用法律中，有不少防范人身依附关系的规定，这是符合理性的。但无论如何防范，都不能解决朋党问题。从东汉开始，门生、故吏成为古代中国政治文化中一个景观，政治上的拉帮结派，成为中国政治的常态，成为政治顽疾。只有心智甚高的人才能克服自身人性的弱点。

从属地文明的要求看，政治要服从于法，为政者可以任用私人，但前提是被任用之人犯法，保举者负同等违法责任。秦人的政治实践即按此原则进行，所谓任人不善反坐之，以此兼顾人性文明与属地文明的优点。但董仲舒的综合天地，只综合进了属地的顺从特征，综合进了刑罚必要性的认识，却放弃了最根本的法治国家原则，转向以阴阳灾异制约国家的思想模式，其在实践中对于国家塑造没有实质意义。

理学家并不否定灾异说的功能，事实上，宋代政治实践中还有灾异的运用，只是其指向已不是以皇帝为代表的国家，而是以宰相为代表的政府。对于皇帝，理学家讲得最多的是正心，除非皇帝违背伦常，他们不会用天理来制约皇帝，但那已转向皇帝的家事，而不是国家。也就是说，理学家基本上没有可以制约国家行为的话语。这样去观察，由理学所叙述的民族精神其实就是维护皇帝专制统治的工具，根本不可能引领国家走向完善。

理学家的工作导致了另外一种结果，即与失去制约的国家权力被精神化、所谓权力崇拜相适应，出现了道德外在根源的"泛神论"。按照理学的思想模式，理与气相伴而生，而当这个理被心替代，决定心的已不是心本身，而是天地间的灵明。朱熹与门人间有一段问答：

> 问："或谓'虚灵不昧'是精灵底物事，'具众理'是精灵中有许多条理，'应万事'是那条理发见出来底。"
> 曰："不消如此解说。但要识得这明德是甚物事，便切身做工夫，去其气禀物欲之蔽。能存得自家个虚灵不昧之心，足以具众理，可以应万事，便是明白自家明德了。……"（《朱子语类》，第 265 页）

这里朱熹并不反对精灵的讲法，只是说不必这样去讲，他更愿意从心本身去讲。后来王阳明弟子就明确讲心"只是一个灵明"，王阳明接受这个说法，并讲"充天塞地中间，只有这个灵明"（《王阳明全集》，第 109 页）。这里的"精灵"与"灵明"，与《易传》综合天地人之后，讲的"幽赞于神明而生蓍"的"神明"，其实是一回事。所不同者，《易传》的神明是通过阴阳之理与天地人发生关联，而讲心学良知的灵明直接被心感应，从而引导行为主体服从尘世之理。

笔者认为，中国文化有萨满主义的基质，古代学术与萨满主义也存在着关联。理学论辩发展到诉诸天地间的灵明，从思想模式上看，与萨满主义很相近，只是其规定了灵明与人心感应的内容，即天理，并且以三纲为最大，本质与萨满主义不相同。但如果不考虑学术上的差异，而从民族精神变迁的角度去观察，中国文明似乎又退回到早期的萨满主义流行的阶段，只不过，这种萨满主义作用于文明的方式，已不是那个曾孕育了民族精神的方式。

从思维方式看，儒家的以灵魂作为人的规定性，与萨满主义的气生主义，本质上一致，都以气为存在的第一因。灵明虽具有泛神论之表象，但其主要内涵是天理，其实质是以形为存在的第一因。这种形所包含的理只能通过感应获得。感应的方式，实际上与道德的外在根源联系在一起。

中国文明的价值本体现在两种德性价值上，基于内在的善，与基于外在的公正。传统中国的政治与学术以专制告终，内的善被外在不公正的理代替，新学术的构建都是出于对政治统治的维护。作更深层次考察，王安石变法本身是要更好地维护已经法制化的圣学架构，理学家的入塔说相轮，说的其实也不是相轮,而是塔,他们把塔误作了相轮。他们与王安石的区别只是塔之内外的问题,均未触及相轮。而经过内外两方面的努力,塔越来越坚固,结果就是传统中国晚期的专制政体。

第五节 《内业》与儒家

从学理上看,古代学人始终未放弃沟通两种凭理性论辩难以沟通的文明价值,即便是理学,他们重视体会之心,也还是要实现儒学的内外贯通的理想。笔者判断,理学讲感应,是基于《易传》的神秘主义学说。这涉及古代哲学中的神秘主义的问题。而据陈来先生研究,宋明理学中确有神秘主义的论说。[①] 往前追溯,玄学家讲求几,讲独化于玄冥,其神秘色彩自不待言;而要理解董仲舒,也不能脱离神秘主义。

今天看,古代思想家想贯通的内外,本质是人性与理性如何贯通的问题。这个问题之有无可能,笔者判断,不完全是学术论辩的问题,而是文明实践的问题,只有在生产力高度发达的社会主义阶段,才有可能。社会治理对于人性成长的满足程度,本身是历史问题。传统中国学术的问题,在于他们将特定历史阶段所需要的社会治理的理性绝对化,反过来扭曲人性,以适应这种理性,其离实现有意义的内外会通,距离更远。或许可以认为,在缺乏真正的哲学论辩的古代中国,神秘主义具有打通两种德性学说的可能性。

早期中国学术中同样有神秘主义问题。不过,早期的神秘主义分为两派,它们基础虽相同,但论说却不一致。重实的一派讲心之心,主虚的一派讲中之衷。宋明理学是主虚的一派,周敦颐讲无极而太极,张载讲太虚,从这个意义上讲,理学的义理之性以及以是非为良知内容,都与中之衷属同一范畴类型。只不过,无论理学还是心学都强调纯粹知性,这是受《易传》崇知影响的结果。这种学术形态与孔、孟主实显然不能算是同一形态。

孔子既追求基于内在的德性,又追求基于外在的德性,从心所欲是重内,不逾矩是重外。据前章论,古代的礼也分两类,与两种德性分别对应,文为由内而发,制度由外而生。孔子晚年作《春秋》,说明他有重视外部秩序的倾向,但他没有处理好这个问题。当然,这个问题事实上也不好处理。

早期儒学有神秘主义,有神性自我,德性的内外统一于神性自我中,祛魅后就是孟子的良知。但问题同样没有解决。重实与主虚的两派神秘主义,应该是从有神性自我的圣学分化出来的,只不过,重实讲内在根源的一

① 陈来,《宋明儒学与神秘主义》,见其著《宋明儒学论》,上海:复旦大学出版社 2010 年版。

派所开出的心之心，依然是神性自我。这一节即讨论这一派的关键文本《内业》，看看其与儒家的关系。

《内业》是通常所讲的《管子》四篇中的一篇，《汉书·艺文志》将其归入诸子略儒家类。其所以如此归类，通常的认识是《内业》中讲到仁义，所谓"天仁地义"，还讲到诗、礼、乐，所谓"止怒莫若诗，去忧莫若乐，节乐莫若礼，守礼莫若敬"，这些内容都是典型的儒家学说内容。《汉志》将其归为儒家，当是合理的。然讲诗礼乐的文字也见于四篇中的《心术下》，所以，仅凭提到仁义这些文字，就断定其为儒家学说，似乎不能令人信服。这里拟从儒家道心的概念出发，探讨《内业》与儒家的关联。

如所周知，道心是儒家道统表述的关键概念之一，所谓十六字心诀，"人心惟危，道心惟微，惟精惟一，允执厥中"。其虽见于伪古文《尚书·大禹谟》，但其对于理学的儒家认同来讲，却是最为核心的内容。人心、道心之别还见于《荀子》所引《道经》，但没有后面两句。无论如何，道心是儒家的概念，应该没有问题。然就目前所见先秦儒家文献而言，没有关于道心的论述，什么是道心，其如何产生，完全没有阐释。儒家主流讲良心，不讲道心，良心与道心是否同一，也是很值得关注的问题。

《内业》也没有明确提到"道心"的概念，但其中有相关论述：

> 道满天下，普在民所，民不能知也。一言之解，上察于天，下极于地，蟠满九州。何谓解之？在于心安。我心治，官乃治；我心安，官乃安。治之者心也，安之者心也。心以藏心，心之中又有心焉。彼心之心，意以先言，意然后形，形然后言，言然后使，使然后治。不治必乱，乱乃死。

这里提到"心之中又有心""心以藏心"，明确提出两种"心"的问题。这两种"心"究竟如何划分，是否可以与"人心""道心"相比拟，则需要论证。就这段文字看，作者用了"我心"与"彼心"来划分，需要指出的是，"彼心之心"只是一种"心"，就是说的"彼心"，而不是指"彼心"之内还有"心"的意思。这与"心之中又有心"，表述结构不同，具体分析当是作为"彼心的心"的意思，后一个"心"是前面"彼心"的复指。

从引文看，"彼心"当在"我心"之中，将这个结构运用到上引文的解读中，"彼心之心"对应的就是灵知，只是这里的知的对象是本体道。

道在《内业》中具有本体地位，当无疑义。

> 彼道不远，民得以产。彼道不离，民得以知。
>
> 凡道，无根无茎，无叶无荣，万物以生，万物以成，命之曰道。

作为本体，其同样可以被感知。

> 夫道者，所以充形也，而人不能固，其往不复，其来不舍。谋乎莫闻其音，卒乎乃在于心，冥冥乎不见其形，淫淫乎与我俱生。不见其形，不闻其声，而序其成，谓之道。

这里讲，道虽无形无声，但却可以在心，与我俱生。那么承载着此道的心，谓之为"道心"，应该没有问题。但这个"心"究竟是"心之中又有心"的哪个呢？这比较容易判断，应该是"彼心之心"，也就是与"心"相区别的"意"。

> 彼道之情，恶音与声，修心静音，道乃可得。道也者，口之所不能言也，目之所不能见也，耳之所不能听也，所以修心而正形也。人之所失以死，所得以生也；事之所失以败，所得以成也。

道不能言、不能见、不能听，只能以意会。引文"修心静音"之"音"，清人王念孙已指出，当作"意"，其是可以感知道的"心"。这里要注意的是，"意"不一定就是"道心"，只有当它感知到道的时候，它才能成其为"道心"。而其所以将"心"划分"心"与"意"两个层次，也在于这样可以为"道心"的登场提供基础，从而解释圣人存在的合理性。"意"感知了道，成为"道心"，就可以修心正形，而心治则天下可治，所谓"治心在于中，治言出于口，治事加于人，然则天下治矣"。

讲到心、意分别，很容易联想到《大学》的诚意、正心。董氏、宋儒解释意为心之动，并没有将意说清楚。意为心之心，其与心的关系，主要不是发动之先后的区别，而带有深浅的差别。据前论，意当是介于性情与心之间的意识。所以《大学》用好好色、恶恶臭解释诚意，这里的好恶，情感与价值偏好都有，但更偏重自然情感。某种意义上可以认为，意之成与否，关系到心之正与否。《内业》的"心之心"的形成，是自生自成。

> 凡心之刑，自充自盈，自生自成。其所以失之，必以忧乐喜怒欲利；能去忧乐喜怒欲利，心乃反济。彼心之情，利安以宁，勿烦勿乱，和乃自

成。忻忻乎如在于侧，忽忽乎如将不得，渺渺乎如穷无极。此稽不远，
日用其德。

"心之刑"，篇中又作"心之形""心气之形"，刑、形通用。引文虽没有明
确说所形是内心，但从下文"心乃反济"看，所形之心是内心。"心乃反济"，
说明"心"中还有"心"，用今天的话讲，有所谓本心。从引文讲的"彼心之情"
看，与前文讲的道似乎存在对应关系，都具有神秘而难以把握的特点。

《内业》论道有这样一段文字：

> 凡道，必周必密，必宽必舒，必坚必固。守善勿舍，逐淫泽薄。既知
> 其极，反于道德。

这里先讲了道，后讲守善，反于道德，实际上讲的是心。《中庸》讲不明
乎善，不诚乎身，《大学》讲诚意，二者有对应关系。准此，守善，反于道德，也
是就意、内心立说的。前引文讲，彼心之情，如穷无极，这里讲既知其极，也
是相应关系。很显然，这里的心之形，是说的内心之形。

心之形，自充自盈，自生自成。这个理论与儒家的自觉担当意识切合。
孟子讲，豪杰之士，虽无文王犹兴。孟子能这样讲，与他的良知理论联系在
一起，良知也是自生自成。且不论良知与《内业》"心之心"的差别，从理论上
讲，两者在道德起源的认识上，基本相同，即道德非学习、教育的结果，也不
是因社会需要而产生，而是天赋的。

讲心之形，与马王堆帛书及郭店楚简的《五行》讲的五行形于内、不形于
内，可以联系起来。二者所言，其实是相同的，《五行》讲的仁形于内，就是仁
心、仁气形于内，《五行》有内心、外心的判分，形于内即为内心之形。

内心之形，《五行》谓之德之行，也就是说，内心道德意识的显现，是外部
德之流行的结果。《内业》也讲德：

> 形不正，德不来；中不静，心不治。正形摄德，天仁地义，则淫然而
> 自至神明之极，照乎知万物。

毫无疑问，《内业》之德也是外在的，通过正形获取。按照《五行》的理
论，内心之形是德流行的结果，这里的德之行，应该是指德于体内流行。尽
管从发生的角度讲，其来自于外部，但人若不能得到它，内心之形也不能实
现。《内业》也是这个理论。

> 人能正静,皮肤裕宽,耳目聪明,筋信而骨强。乃能戴大圜而履大方,鉴于大清,视于大明。敬慎无忒,日新其德,遍知天下,穷于四极。敬发其充,是谓内得。然而不反,此生之忒。

这里的内得是能够发其充的基础,充是充形之道,人的行为表现合乎道的要求,说明其有内得。内得系指内得于心,而德者得也,内心之形与内得实践上是同步的,二者只是逻辑上的先后关系,即德来在逻辑上先于心形。正因为如此,《内业》讲的德来与心治的前提条件部分是相同的。前引文讲,"中不静,心不治",篇中也讲,"不以物乱官,不以官乱心,是谓中得"。"中得"即"内得",其内涵就是中静不乱。

《五行》的内心之形与德之行也只是逻辑上的先后关系,实践中也是同步的。只是《五行》没有对此充分展开论说。

《五行》关于德有一个定义,"五行和之谓德",而"四行和之谓善",五行较四行,多一"圣",圣是成德的关键。《内业》也有关于成德的论述:

> 是故此气也,不可止以力,而可安以德;不可呼以声,而可迎以音,敬守勿失,是谓成德。德成而智出,万物果得。

儒家谈成德,讲圣人天德,但这个天德怎么来的,没有讨论。《内业》这里给出了具体的成德办法。这个办法就是获得神秘的精气。将这种精气,"藏于胸中,谓之圣人"。

关于精气,《内业》有不少论述:

> 精也者,气之精者也。气,道乃生,生乃思,思乃知,知乃止矣。凡心之形,过知失生。
>
> 有神自在身,一往一来,莫之能思。失之必乱,得之必治。敬除其舍,精将自来。精想思之,宁念治之,严容畏敬,精将至定。得之而勿舍,耳目不淫,心无他图。正心在中,万物得度。
>
> 精存自生,其外安荣。内藏以为泉原,浩然和平,以为气渊。渊之不涸,四体乃固;泉之不竭,九窍遂通。乃能穷天地,被四海,中无惑意,外无邪灾。心全于中,形全于外,不逢天灾,不遇人害,谓之圣人。

这些论述将圣人其所以能成为圣人的根据归于精气。但这里有一点特别值得留意,精是自来、自生,圣人天德,圣德乃生之自然之资。这与孟子的良知说，在理论上有相似之处。孟子只讲良知是天之固烁我，但究竟是什么产生了良知，他没有讲。

良知也是德，孟子与《五行》的差别在于，孟子将良知界定为四端，《五行》将德条分为五种德之行。更重要的区别在于，《五行》讲能为一，然后能为君子，而孟子不讲执一，从其反对子莫执中，讲执中犹执一看，他反对执一。这个差别的根据盖在于孟子的良知是对神秘五行的祛魅，《五行》还有神秘主义的背景。

《内业》也讲执一：

> 一物能化谓之神，一事能变谓之智。化不易气，变不易智，惟执一之君子能为此矣。执一不失，能君万物。君子使物，不为物使，得一之理。
>
> 抟气如神，万物备存。能抟乎？能一乎？能无卜筮而知吉凶乎？
>
> 四体既正，血气既静，一意抟心，耳目不淫，虽远若近。
>
> 大心而敢，宽气而广，其形安而不移，能守一而弃万苛。

执一、得一，一般认为是道家的学说主张，一与道紧密联系在一起，《老子》有"道生一"的讲法。《内业》讲"一言之解"，论者已指出，《黄帝四经·十大经·成法》有"一之解，察于天地；一之理，施于四海"。[①] "解"与"理"对应，其义当是"一"所具的逻辑内涵。《内业》解道的"一言"，其实就是"一"。

按照一般理解，《内业》似当归入道家，与《汉志》的儒家说正相反。但从前文的论述看，《内业》与《大学》《五行》、孟子的学说等若即若离，仅凭讲执一、得一就将其归入道家，同样根据不充分。

儒学中并非没有讲得一的，理学重《易传》，讲理一分殊，讲月映万川，讲万物各得一太极，其实都与得一之旨相通。得一之论本不足以区分儒、道。宋儒讲的内静外敬，实本于《内业》，所谓"内静外敬，能反其性，性将大定"。在《内业》中，这种修养论是与其道论结合在一起的，内不静，则心不治，道心难以养成；外不敬，则精不来，神明之知不可能出现。宋儒提倡此修养论，也与其学说的基础与成圣的追求相应。准此，《内业》与儒家的关联似乎又不限于早期的儒学。

只是，到了宋儒那里，《内业》的神秘主义的内容不见了。并且，返性的内容也发生了变化，《内业》的性就是基于内在的仁义德性，而宋儒返的是义

---

① 陈鼓应，《管子四篇诠释》，北京：中华书局 2015 年版，第 97 页。

理之性。宋儒复性是为了更好地适应名教，享受名教之乐；《内业》讲反性，应即是保持自身德性的完美。所谓存心，心本依赖于性而定，所谓身有所忿懥恐惧则不得其正，所谓身以为主心，性定则心定。

准上所论，《内业》虽为神秘主义哲学文本，但它所阐释的若干理论，与儒家的《大学》《五行》以及孟子的学说，存在着密切的亲缘关系。尽管早期儒家将其学说重心放在实践中，但儒家学说在理论上之能成立，实赖于神秘主义。这跟柏拉图以哲学论辩为其学重点，但也不舍弃神秘主义类似。哲学论辩只能无限接近本体，却不能直观本体，只有神秘主义可以实现对本体的灵魂照察。反观早期儒学，其实践只能不断接近圣人人格，而并不能真正成为圣人。通常认为孔子七十从心所欲不逾矩，是成圣的标志，但孔子显然不能算是圣人，真正的圣人同时是王。他晚年作《春秋》，或有成真圣的追求，但前文已论，《春秋》精神并不能与诗书礼乐精神相通，所谓真圣并不现实。

综上所述，传统中国学术的变迁主要基于《春秋》公羊学与《易传》而展开。从董仲舒新儒学到宋明理学，学术围绕东西学术德性内外根源问题的转移而展开，魏晋时期的法律儒家化的政治实践与玄学论说的展开，在其间发挥了关键性的作用。然学术的变迁主要围绕政治的变迁而展开，导致学术在传承文明的过程中，未能发挥积极作用，客观上反致文明渐渐丧失。所谓内在超越，实际上是将基于外在秩序需要的德性，转化为内在固有，与孟子讲的尽心知性知天，不能等同视之。由天下关切，蜕变为忠君报国，理学发挥了关键作用。

第七章 心性之辨:君子成德基础之研究

从文明传承的角度看,儒家将伦理与政治结合在一起的处理办法是不利的。对照古希腊学术,柏拉图《理想国》中伦理与政治也不分,但其晚年写出《法义》;到了亚里士多德《政治学》,一开始就将政治与伦理分开。政治对应于国家,伦理对应于社会与个人,文明主要体现在社会层面,在国家起源之前,文明就已经起源了。所谓文明传承,只是要保护社会文明的成果得以延续。国家形成后,国家高于社会,但又以社会为基础。

作为国家的问题与作为社会的问题是不一样的,或者说它们的存在目的不同。国家是生产力达到一定阶段,社会需求集体意志的上升的结果。但其只是原先社会文明部分功能的上升,这事实上要求国家与社会应当分别处理。如果生产力高度发展,国家可以取消。古希腊哲人以理性为学术的基础,所以将二者分开讨论,今天看是合理的。古代中国的儒家,因为以德性为学术的中心,这两个问题分不开,故有从伦理之政到伦理之治的变迁的问题。这个处理方式也影响了文明传承。

西洋文明以理性为中心,道德德性则是儒家关切的重点,如何养成德性则是历代儒者不断思考与实践的话题,这构成了中国文明的延续。如何养成德性,本是心性之学的话题,但在传统中国,其也是国家关切,董仲舒的新儒学、魏晋的法律儒家化,都是从国家层面关切德性问题。这看起来是一个好事情,实质却未必是好事情,其从一开始就扭曲了具有文明意义的心性之学。

早期儒学,人性成德是文明关切的核心,而心则是意愿与认同的载体。孟子虽讲良心固有,但又讲无恒产则无恒心,所以他有井田之论,这说明他意识到好的国家政治对于好文明具有基础作用。传统中国的儒家,一开始就将人心锁定,天意之下,人没有选择权利。宋明无论是理学还是心学,它们的心都没有选择权利,所谓内在超越,只是帮助解决锁心的问题。在锁心的内容中,包含了对于君主的绝对服从,这某种程度上纵容了政治之恶。社会与国家形成了复杂的关系,国家一定程度上支持社会文明意愿,而社会放弃了决定国家的权利。

今天讲文明传承,一方面固然要将政治与伦理分开,另一方面则要越过宋明心性之学,因为它们那里没有实质意义的成德问题。回到早期中国,看看那个时代儒家如何讲成德,应该是思考文明传承与再出发的一个径路。

本章讨论儒家关于成德基础的思想,同时关注非正统儒家的成性论说。成性论说所用概念与成德论说基本相同,并且这一派直接影响了后来的宋明理学,本章也将梳理其与成德论说的异同,以进一步认识儒学变迁的内在脉络。

首先要说明的是,儒家成德不纯粹是今天讲的道德问题。孟子讲四端,除了仁义道德,还有礼智;讲良知、良能,除了道德,还有能力,这或许是孟子讲"才"的根据。仅讨论道德的养成,不符合早期儒家关于成德的观念,儒家的德包含了亚里士多德讲的道德德性与理论德性两方面。

关于成德的标准,郭店简《五行》对于所谓"行"与"德之行"作了分疏,讲仁义礼智不形于内,谓之行;仁义礼智圣形于内,谓之德之行。成德显然是要成德于内,用今天的话讲,只有道德为个体生命所认同,成为其行为习惯,才能算是养成道德,所谓做一件好事并不难,难的是一辈子自觉地做好事,不做坏事。这个难的境界的达到,就是所谓成德。

《五行》对于成德还有一个分疏,所谓四行和谓之善,五行和谓之德,仅有仁义礼智四行,还不能算是德,只有圣的养成,才能称之为德。所以对于那个时代的儒者来说,成德同时即意味着成为圣人。

成为圣人,在早期儒家看来,与后来的朱、陆类似,也有两种路径,一种是孟子的反身而诚的路径;另一种是《中庸》的明则诚的路径,所谓博学、审问、慎思、明辨、笃行的路径。孟子讲人人皆可以成为圣人,因为人皆有良知良能,只要返回自身,找回放心,就可以成为圣人了。《中庸》关于圣人的认识与孟子不同,认为百世方见,普通的君子要达到圣人的境界,需要付出百倍的努力。

从《中庸》到孟子,表面上看是从性体向心体的转变,实际上是对圣人祛魅的结果,是对所谓神性自我祛魅的结果。《中庸》的尽性,所尽的不是单纯的性,其还有先验的"神性自我"在其中,因为只有至诚的圣人可以尽性。所谓成德,也是所谓神性自我的呈现。孟子讲由四端引发成德,其实也是神性自我的呈现。

在圣人祛魅之前,让神性自我呈现出来,即所谓成德,并非易事。《中庸》讲通过百倍于常人的努力,《大学》讲格物致知,目的都是要通过智慧之明达到自我之诚的境界。笔者理解,这里的格物致知,不是朱熹所理解的格物穷理,这个知是对于己之心知。郭店简《尊德义》讲,学非改伦也,学己也,致知就是获得对作为所学对象之己的知。这个己也可以视为是对神性自我的祛魅。获得了对于己之知，意诚就顺理成章了。

以上是思孟一派儒者关于成德的思考，从这些思考中，大致可以看出儒家成德所要达到的境界与目标。不过，这一派所倡导的成德路径未必可以视为孔子所提倡的君子成德的路径，所谓诚意、良知良能是他们建构出来的，本身带有神秘主义的色彩。孔子倡导的君子成德路径，是《论语》中讲的"兴于诗，立于礼，成于乐"，是以性情之感发为基础，在感发的过程中削去多余，弥补不足，最终达到天人和谐的境界。鉴于孔子时代的材料有限，下文的讨论依然建立在与后来的思、孟及神秘主义者相对待的基础上。

第一节　诗、礼、乐与成德

孔子关于成德的认识，最典型的表述是《泰伯》的"兴于诗，立于礼，成于乐"。对此，何晏《集解》引包咸曰："兴，起也，言修身当先学诗；礼者所以立身；乐所以成性。"邢昺疏则讲，"此章记人立身成德之法也"。这些理解，笔者以为基本可以接受。但值得注意的是，在儒家其他文献如《乐记》中讲成性，内涵不尽与此相同。严格地讲，两种文献所论存在差异，包咸的成性，应该是指成德。他没有注意到《乐记》所论与孔、孟的差异，成性之说应是受《乐记》的影响。

《易·系辞传》也讲成性，"知崇礼卑，崇效天，卑法地。天地设位，而易行乎其中矣。成性存存，道义之门"。这里明确强调了知的地位要高于礼，也就是说，在德性修养的论说中，早期儒家可能存在着成德与成性的分疏。与此相应，又有或重视礼、或重视知的不同，孔子显然更重视礼，《易传》显然更重视知。《说卦传》所谓"穷理尽性以至于命"，尽性前需先穷理（也可以理解为穷理即尽性，先只是逻辑上的先），而穷理则是知的任务。

重视礼的作用即是重视对人的性情进行规约，所谓礼因人之情而为之节文。《中庸》虽然取明则诚的路径，但其讲发而皆中节谓之和，在一整套的求知过程后讲笃行，都是其重视礼的表现。重视知，重视的是对人安身立命之理的认识。

今天讨论人性的构成，认为其由情性与知性组成。子贡讲夫子仁且智，可为圣人，符合今天对人性的认识。在孟子的四端中，这两个方面也是统一的。但二者统一并不意味着早期儒家对于成德成性路径的认识是一致的。知的指向很重要，是指向于善，还是指向于世间之理，对于儒家来说，善与理无法统一，不同派别所提出的成德成性路径自不相同。

《系辞传》除了前面讲的知崇礼卑的话外，还有"一阴一阳之谓道，继之者善也，成之者性也"。这里有性善论的意思，但更重要的，这里实际上点出了性中固有理的观念，一阴一阳便是所谓理。《乐记》中则有天理、人欲之辨。笔者判断宋儒性即理的观念是以《易传》为基础提出的，[①]他们因而也改变了对如何践履人性、如何成德的理解。如果人性中固有天理，实践天理就是践履人性。所谓成德，便成了对于天理的追求，其真实内涵是成性。不过，这并不符合早期儒家的正统观点。

尽管他们也讲善，但主张理在善之先，这也是《易传》特别强调知的根据。知主要指向知识，指向于理。善其实是人性自觉，并不需要刻苦求索。《中庸》讲尊德性而道问学，与《易传》的知崇显然不同。与《易传》除了讲理也讲善相似，《中庸》除了尊德性，也讲博学之知。但要注意的是，这个博学的指向仍然是为了德性之成。这其实就是前章提到的，圣德综合了道德德性与理论德性，但从知天的规定性看，其首先指向理论德性。这就是为什么作为祭司之学的《易传》《乐记》特别重视理、重视知的根据。

前面章节提到，荀子也特别重视学，重视知，但他的《劝学》与《中庸》的道问学指向显然不同。他虽讲积善成德，其所成之德恐怕不能简单理解为道德德性，虽然也是讲仁义，但他的仁义建立在等差秩序之上。孔孟的道德德性在现实制度安排上，更倾向于均平，只是他们的学术带有空想性质罢了。《中庸》讲明则诚，其道问学的指向当与之相应。其讲以人治人，讲为天下国家有九经，谈的都是人与人如何相处的问题。其道问学，就是通过博学审问慎思明辨笃行，实现尽己性、尽人性、尽物性的目标，这中间不排斥其对于性理的深入了解，如郭店简《语丛二》"名数"所论的内容。

更进一步，尽管都讲学以求理，各自对理的关切也有不同。就郭店简看，性理是性情之理，其并不排斥对欲的认识，其间讲贪、喧、浸、急都生于欲，但并没有将欲置于理的对立面，或者认同为恶，而是立足于礼转化欲。这种认知与《易传》等强调的理不同，《易传》的理是理论性的理，或者说是道理，服务于调节人与人的关系，如所谓阴阳尊卑之理。

基于这些差异，孔、孟正宗的儒学与荀子等儒学派别的成德应有不同。

孔子讲"不知命，无以为君子"（《尧曰》），《中庸》讲"天命之谓性"，孟子讲尽心知性知天，郭店简讲知人所以知命（《尊德义》）；《易传》也讲"至于命"。尽管都强调知命，但所知之命，其实也不同。前面的那些知命，更重视以德性作为命的基础，孟子讲修身以俟正命，修身成德是正命的基础，穷达

---

① 参拙文《〈易传〉〈中庸〉与宋明理学》，《古典研究》2015 年夏季卷（总第二十二期）。收入拙著《神秘主义与中国古代哲学研究论稿》，杭州：浙江大学出版社 2019 年版。

之达皆由此而生。对于《易传》讲的命来说，首先是合理，然后尽善性，才能及于命。就学理而论，《易传》的讲法本没有问题，但在具体历史实践中，加上其重和的哲学精神，实际上会导致首先选择服从不合理的秩序，再谈善的问题。前面提到儒家的善与理无法统一，郭店简的区别对待是理想选择。若是如传统中国首先服从尊卑贵贱之理，所谓的善根本不可能成立，内在超越，以性为理就是必然的。

早期儒家如孔子、子思讲的人性其实是情，本不存在独属于人的性，性是所有生命的本源，人与其它有血气心知之物的差别是在情的层面上，笔者称之为性一情殊。① 对人性的实践，便是所谓率性；对于成德的追求，便是对率性之道的讲求。

对于圣人来说，他能从容中道，不勉而中，因为他天性自足，是先验形式即道的获得者。对于普通人来说，率性却并非易事，如何激发性情，如何规约情性，如何实现天人交融，都是践履人性、追求成德需要考虑的问题。不考虑这些问题，现实社会中的生命个体，很难做到率性。只有退隐山林，完全不考虑人的社会属性，才有所谓率性的可能。

儒家讨论的人性，不纯粹是自然属性，就像他们讲的圣人所具有的先验形式，即所谓神性自我，也不是单纯的人格自我。人首先是自然人，践履人性的第一步，是要回到自然人的状态，"兴于诗"，所欲处理的就是这个问题。在等级性的社会中，人性通常情况下是处于被压抑的状态，实现人性成德，首先就要使其抒发出来，所谓兴是也。在诵诗的过程中，人情得以自然流露，儒家有关于这个过程的描述，《诗大序》：

> 情动于中，而形于言。言之不足，故嗟叹之；嗟叹之不足，故永歌之；永歌之不足，不知手之舞之，足之蹈之。

其它描述性情抒发过程的文字还有不少，不具引。这些文字，意味着早期儒家对于人的自然情感是充分尊重的，所谓率性，首先是使这些自然情感得到实现。没有这些，就是对人的异化。理学谈的人性，实际上是异化了的人性。

自然性不是人的唯一属性，人还有社会文化属性，这种社会文化属性也被儒家纳入到人性的构成中，纳入到自我的构成中，四端中的礼就指向这种

---

① 参拙著《思孟之间儒学与早期易学史新探》，天津：天津古籍出版社 2009 年版，上编第一章《郭店儒简的思想世界》。

属性。

不过,对于君子抒发情感来说,"立于礼"并不是与"兴于诗"相区别的第二阶段,人的社会文化属性的显示,在"兴于诗"的时候已经开始了。诗歌的形式本身就具有对性情的节文意义,单章的诗,只出现在颂的部分,风雅部分都是多章节。这种形式使人的情感的抒发变得有节奏,而不是忽喜忽悲,大起大落。至于孔子讲诗"思无邪",则从内容上保证了人的情感的抒发不至于偏离正常。如果再考虑诗中本有礼,那么"兴于诗",本身是人文化的情感表达。郭店简《性自命出》讲"诗,有为为之也",所谓"有为",就是有目的,这个目的就是使自然情感的表达带有社会文化属性,带有对心志的规范要求,所谓"诗言志"是也。

对于成德来说,有"兴于诗、立于礼"还不够,成德要求德必须形于内,必须根植于人心,才能算完成。如何让内心生德,儒家认为必须有音乐。按照《乐记》的讲法,"凡音之起,由人心生也",《性自命出》则讲"古乐龙心"。音乐可以作用于人心,儒家显然是有认知的。"成于乐"的意义即在于,使心灵对于带有社会文化属性的性情表达产生认同,从而对于人应该如何存在的问题产生认同。对于儒家来说,德性是人之所以为人的基础,孟子讲,没有四端,非人也。而音乐恰好是直通内心、助成灵魂自觉的重要媒介,谈修养成德,一定要"成于乐"。

其所以必须"成于乐",与中国哲学自身特点联系在一起。前面章节曾讨论认知的见与闻,圣字所从与听之所从相同(耳),圣知是通过听的方式实现的,而圣是成德之标志,所谓五行和谓之德,成德与成圣可以划等号。"成于乐",实际上是讲乐可以助成圣德,同时养成理论德性与道德德性,只有二者具备,道德立场才不会动摇,方可谓成德。

第二节　思、孟与感发

感发可以视为早期儒家成德的主要路径,但显然不是唯一路径,前面提到的思孟派也有自己的成德论说。从时间上看,思、孟晚于孔子,那么,他们的成德论说与感发路径相比,有没有关联,就是值得关注的话题。而思孟派与《乐记》《易传》成性论说之间的相互关系,则关涉到宋明儒学的来源问题。

感发路径与思孟派的论说具有关联性,关联的基础在于情。由诗而感发,其成德的基础显然是通过抒情而践履人道,最终借助于乐而作用于内心,获得对于人道的体认,达到生德于内的目的。

《中庸》的修道之谓教，其目的也是希望生德于内，即《性自命出》讲的"教所以生德于中"。在讲这句话前，《性自命出》还讲了圣人施教前的准备，所谓"比其类而论会之，观其先后而逆顺之，体其义而节文之，理其情而出入之"，这些话是针对前面的诗书礼乐讲的。诗、书、礼、乐是人道，其中讲的类，应该是前文讨论的刚柔之物，具体地讲应该是礼器；先后，应该是礼之实践的流程；义，应该是行礼所要实现的人文价值；情，应该是人之情。这几个方面都是为实现对人情的教化服务。礼器为辅助成情而设计，欲其刚强，则用刚物；欲其温良，则用柔物。先后是强调情之抒发的次序。义则是情得到教化后达到的价值体认。《性自命出》讲，"始者近情，终者近义"，这概括了成德教育的始末过程，其切入点是情，最终则是要实现道德德性的养成。

郭店简中还有不少关于情的论述，早已引起学者的热烈讨论。[1] 不过，对于情的讨论，应是对孔子时代成德教育路径的理论化的展开，而不是思孟派自身的特色，不是他们独创性的贡献。他们独创性的贡献，应该是对于心的重视。

孔子时代的成德论说，最后归结为成于乐，但成于乐本身无法理性复制。对于音乐也有不同嗜好的问题，有人好古乐，有人好今乐，什么样的乐龙心，什么样的乐龙指，并不具有确定性。并且，借助于乐所成之德，自身难以言说，沟通、分享都是难题，其最后所届境界的明确性很难被表述。

最终境界的明确性，就是《中庸》讲的"明"。"自诚明，天也；自明诚，人也"，诚指向的是情，明指向的是心知。因诚而明，为圣人；因明而诚，为君子。孔子的成德路径，遵循自诚而明的路径设计，因为圣人对于音乐的感知能力超越常人，循此路径，只有他们能最终达到明的境界。但对于常人或普通君子来说，循此路径，他们可能达不到明的境界。

这里有一个命题需要注意，如果不能达到明，也就不能实现真正的诚，前面的兴于诗、立于礼的工作，就不能说实现了其目的。这是儒家融自然情感与德性自觉于一体的人性论的必然结果。诚，并不仅仅是自然的真诚，所谓小人也率性，但小人反中庸，因为小人率性达不到德性自觉。诚是性体之成，是神性自我的确立。圣人是先验形式的获得者，只有他们可以自然成

---

① 关于郭店简的情的哲学的发现，从郭店简发表之初即引起强烈关注，李泽厚先生提出情本体的命题，彭林先生则据之讨论子思学派的礼学思想，还有学者据之提出文艺复兴的倡议。笔者以为，情本体不是郭店这批材料的贡献，因为孔子讲兴于诗，讲诗可以兴观群怨，都有一个情的基础在。郭店的贡献在于赋予情以理。

德,所谓圣人天德。

这样讲,并不意味着儒家是性善论者,只能说儒家是人性善论者,并且,这个人是典范的人。当然,这只是一个预设,由这个预设出发,为了达到成德,心的问题便凸显出来。

在感发的路径中,对实践者之心的活动不具有要求,因为诗书礼乐都是圣人用心创造出来,以圣人心为心,自己就不需要用心。但这只是理论上的论说,实践中并非如此。圣人并未将诗礼所承载的价值明确写出来,所以特别强调成于乐,他们相信乐具有打通人的心志的功能。这显然是以古代宗教祭祀文化为背景提出的,因为他们只赋予古乐这样的功能。

《性自命出》显然发现了这个问题,并将其明确提了出来。所谓"凡人虽有性,心无定志",又说"凡心有志也,无与不可",又说"凡学者逮其心为难"。因为心很难掌握,所以作者明确提出,"凡道,心术为主"。《礼记·孔子闲居》有一段孔子论"五至"的话,其中间三至为诗、礼、乐,与前面《泰伯》讲的三节相同,但在开始,又加了"志之所至"。《论语》中孔子也让学生各言其志,《孔子闲居》这段文字应该可信,这说明孔子也意识到了心志对于成德的重要性。

但问题并非那么简单,未经考验的心志不能算是有德的标志,否则《中庸》不会讲要以百倍的努力去学习。如何在学习修养过程中逮其心,事实上孔子并没有解决。《论语》中没有如何养心的论述,只提到孔子本人七十从心所欲不逾矩,显然孔子也没有找到好的办法,当然也不可能发展出类似孟子的四端的理论。思孟派毫无疑问发现了这个问题,并将其视为成德的关键。这个问题不解决,如何走向圣人,就不可能真正解决。

子思、孟子解决这个问题的办法不一样。《中庸》的对策是学习、思考、实践,孟子则提出良知说,一劳永逸地解决这个问题。也是从孟子开始,儒家有了明确的人性善论的观点。其前的人性善是先验的,都是以圣人为标准。而孟子讲的人性,包含了心与性两方面,重点在于心,并且这个心指向的是天生的良知良能,其内容则以圣人的德与才为模本,所谓"神性自我"。只有这样安排,找回放心后,才能成为成德、成为圣人。

关于孟子的四端的来历,前文已经提到,是对神性自我的祛魅,带有神秘主义背景。但孟子本人并不采用神秘主义的方法成德,就如《中庸》一样,其也有神秘主义的色彩,但不取神秘主义的路径成德。荀子批评思、孟五行,并不影响思、孟自身学说的儒家正统性。子思的百倍努力的方法无疑符合孔子的观念;孟子虽不太重视学,但他也没有整天讲找放心,他的方法其实是不动心。所谓不动心,就是心志集于义,培养浩然之气。为了不动心,他讲存心,讲寡欲。这说明他已经意识到情欲与德性自觉即心之间的冲突,意识到了性恶的一面。这也符合儒家的正统观念。

值得关注的是,孟子讲心之所好,包含了两方面的内容,义与理。后来理学家喜欢孟子,这或许是重要原因。心有对理的天然嗜好,就现有文献看,确实是从孟子开始讲的。孟子为什么这样讲,同样与前面提到的问题有关,即如何逮其心。

按照感发路径,礼是成德教化的必要组成部分。但一般讲的礼是行为规范,心志由诗来规定,礼讲的是如何行的问题。但当《性自命出》提出"凡道,心术为主"的主张时,礼如何作用于人心的问题就出现了。

礼要作用于人心,必须发掘其中精神性内涵,如果没有这些精神性内涵,只能成为"故"或者"习"。"故""习"对于性都有意义,但却不能作用于人心。在这种问题意识下,"礼者理也"(《礼记·仲尼燕居》)的论说就被提了出来。有了理的礼,就可以成为道,而这种道可以使性生长,所谓"长性者道也"。后来孟子揠苗助长的寓言,虽是从反面批评不恰当的修养方法,但从正面讲,性是可以生长的,否则浩然之气就出不来。使其长的办法是用精神性的东西来熏陶培育,孟子讲天下有道,以道殉身,就是以道长性。四端中有礼之端,心之天然嗜好中也就有了理。

严格地讲,这种讲法并不完善。[①] 后来儒家讲的理主要指向人的社会属性,这种属性同样被视为圣人先验形式的组成部分。从神性自我经神秘主义到四端,从学理上讲有一脉相承的关系,所以不能讲心有对理的天然嗜好不符合儒家的学理脉络。但问题不是这样简单。将制礼作为圣人先验形式的组成部分,只有在需要圣人的时代才是合理的,也就是说,在神道立教的时代中,讲圣人天生具有德才是合理的,因为那个时代文明的理性程度有限。到孟子的时代还这样讲,就不合理了,因为圣人本身已经被祛魅,天生哲人王之说已经失去意义。

天生哲人王也是一种天才,这个天才与我们今天讲的天才不是一个概念,今天讲的天才是指真理与艺术方面的天才,而前者是指在对人的社会属性方面具有超强领悟能力与实践智慧的天才,天生具备道德德性与理论德性。圣人不需要经过社会化的过程,就可以为社会各成员制定礼仪社会规

---

① 已有学者指出这一点,如崔丽萍即讲,"思孟学派的这种道德本性从另一个角度看实际上隶属于人的社会性","思孟学派通过将这种反映社会关系的道德性先天化,因而自然化,即人所本有的自然而然的天性,因而使思孟学派道德的社会性变得曲折幽暗",见其著《德性之用:思孟学派与亚里士多德的伦理学》,北京:中国社会科学出版社 2016 年版,第 74 页。

范。这在等级化的社会中,是绝对不可能的。

孟子对圣人进行了祛魅,却将圣人在制定社会规范方面的才能保留在了天生的德才中,这是其学说不完善的地方。当然,后来宋明理学的问题,不应该由孟子来承担。无论如何,古典的礼与德联系在一起,本身带有约束君主权威、保障个人权利的意识,还不是后来基于权力基于政治服从的纲常伦理,所以孟子还能以礼作为不见诸侯、藐视权贵的依据。在他那个时代这样讲,危害并不大,到了宋明时代,就完全是另外一回事了。

礼者理也观念的出现,与礼本身的变迁联系在一起,与古代政治从以正为中心向以治为中心的变迁联系在一起。孟子举齐虞人不见齐景公的例子中,他关注的礼的侧面是召虞人以旌的不合礼,而不是君召臣而臣不至的不合理。他讲的人皆可以为尧舜,也只是要人诵尧之言、服尧之服、行尧之行,就可以为尧。这都是古典政治中的礼。在世俗政治中,服从是首要原则,所谓"可杀而不可使不顺"。这与前文讲的知的两个面向具有对应关系。

从字词本义的角度讲,理是治玉之事。治玉以事神,从东西文明异制的角度看,其属东方文明范畴,东方文明政治本以治为核心追求。

这种观念兴起之时,礼中所蕴含的理的内涵本身就已发生了变化,一强调正,一强调治。春秋时代讲礼强调为仪之礼与为国之礼的区别,就是这种变迁的反映。讲正的理,追求的是德性价值,孔子讲的君君、臣臣、父父、子子,是对君臣父子四种角色的规范,是对他们提出的德性要求,郭店简《六德》就是这样的文字;讲治的理,追求的是秩序稳固,三纲五常讲的是纲常之治。讲正的时代其实不需要讲理,讲德就可以,成德最后则是成于乐。讲治的时代才需要讲理,社会秩序本身就表现为一种理,所以特别强调知性明理,朱熹讲格物致知就是即物求理。

理的观念反作用于成德论说,应该就是情理观念的出现。将社会治理的模式运用于治身,就是以礼治情。礼者理也,既可以用于社会治理之礼,也可以用于治身之礼。郭店简《语丛二》讨论名数,①其中心就是情理。这些内容应该就是圣人理其情的成果。《性自命出》中也有类似的理情的内容,所谓"喜斯陶,陶斯奋,奋斯咏,咏斯犹,犹斯舞。舞,喜之终也。愠斯忧,忧斯戚,戚斯叹,叹斯辟,辟斯踊。踊,愠之终也"。这里面不尽是情感词汇,有一些是身体动作,如舞、踊,这说明那个时代的儒者确实在从事将情理抒发

① 名数,应该是情之名与数的意思,数与理的内涵有相通之处,下文讨论的《乐记》《易传》,都重视理,而这两种东西的构建都是以数为基础的。

与礼仪动作相融合的工作。所谓礼者理也，首先当从此角度去理解，毕竟在儒家的论说逻辑中，治身先于治国。

除了促进对情理的认识，理还赋予礼以精神内涵。成于乐的成德论说，其中也有精神内涵，但不容易言说。《性自命出》讲"终者近义"，为成德指明方向，同时为修身之礼赋予价值内涵。《礼器》讲"义理，礼之文也"，以义理取代周旋升降，实即赋予了情理以精神内涵，所谓"德者，性之端也"。这里的"文"不是修饰之义，而是文采英华之义。

情理的精神性，只能从自我认同的角度去理解，当人的言行与内在的情感欲求一致，这其实就是所谓的诚。诚者成也，当遵循情理而发，成己的任务就完成了。《礼记·乡饮酒义》讲，"德也者，得于身也，故曰：古之学术道者，将以得身也。是故圣人务焉"。得于身，不应该是指满足情欲，而应该是践履情理，获得精神自觉。

必须说明的是，就感发的成德路径而论，由古典的礼而求理，并不会产生压抑情感的问题，礼因人之情而为之节文，圣人理其情而出入之，所求的是情理，并非尊卑秩序之理。

当然，成己不是儒家的唯一追求，己欲立而立人，己欲达而达人，成己只是儒家修养的第一步，后面还有成人、成物。关于社会规范以及自然万物的理是成德路径中次级的理。理论上讲，所有这些理都需要认识，自然万物、社会规范都是行礼过程中需要关切的问题，只是这些次级的理如何服从情理是一个问题。这里也涉及正与治的问题。

从正的角度讲，成德的基础原本就是人性的实现，所谓率性是也。脱离了情理，率性就是一句空话，率性之理应当服从情理。但事实没有这么简单，在社会治理中，公私冲突难以避免，孟子的舜窃负而逃就是对这个冲突的处理。在历史实践中，对于成德来讲是次级，但对于国家治理来讲居首位的理，逐渐超越情理，居于主导地位。孔孟的时代正是两种理渐渐换位的时期。孔子已有"君命召，不俟驾"的自我要求；孟子不见齐王，景丑氏也以此礼为据指责孟子，说明社会规范的理正在渐渐获得高于情理的地位认可，只不过还没有绝对化，孟子尚不认可这种理的绝对地位。但随着政治权力的逐渐集中，这种理取得了决定性的优势，君臣伦理成为所有伦理中最重要的伦理，以致于走向灭绝情理的极端，成为天理的代名词。

另一方面，因为斯文重建，情、理、法的纠葛成为传统中国后期司法实践的重要关切，这是二分的中国文明的必然结果。这是题外话。

第三节 《乐记》之理

《乐记》中也讲天理,其云:

> 人生而静,天之性也。感于物而动,性之欲也。物至知知,然后好恶形焉。好恶无节于内,知诱于外,不能反躬,天理灭矣。夫物之感人无穷,而人之好恶无节,则是物至而人化物也。人化物也者,灭天理而穷人欲者也。

这里讲的天理灭,直接原因是不能反躬,所谓反躬,就是反身而诚,最后人化于物。在这节文字后面,作者又讲:

> 是故先王之制礼乐,人为之节:衰麻哭泣,所以节丧纪也;钟鼓干戚,所以和安乐也;昏姻冠笄,所以别男女也;射乡食飨,所以正交接也。

从上下文看,这些礼是为了诚身服务的,可以推论,前面讲的天理所指的是服务于诚身的情理,而不是后来宋儒讲的天理。人生而静为天性,天同时还赋予了人内在的性之理,比照前文提出的规范自我的神性自我,这个天理就是《乐记》作者规范人的东西。在作者看来,人是天性与天理的复合,在物至化人的过程中,天理逐渐丧失,所以圣人要用礼乐来节制民心。从内涵上看,其显然不能与宋儒所理解的天理相提并论。

不过,《乐记》的天理,不是正统儒家所讲的先验形式或神性自我,天理中没有我。我与主体性联系在一起,与天人相分联系在一起,天理中没有主体性,是天人一的产物。从与性的关系结构上看,神性自我独立于性,而天理则与性结合在一起。天理大致相当于乐理,无理不成乐,无天理也不成性。与自我相联系的心知,是性接物后产生的,所谓"物至知知"。

这似乎与前面讨论的践履情理是成己的讲法相矛盾,但仔细辨析,二者并不矛盾。《乐记》的天理与人性伴生,犹如雪花六瓣,没有人规定它;前文讨论的情理,是依据礼赋予人的,礼是圣人制定的,圣人先验获得情理,后人践履礼就是践履情理。当然,在践履礼的过程中,君子要有意识活动,能够意识到情理的存在,诚己就实现了。《乐记》虽也讲"礼也者,理之不可易者也",但其只是说礼符合理,而不是说理据礼来定。前文讨论的是感发过程如何逮其心的问题,讲礼者理也,服务于在行理过程中逮其心。如果像《乐记》所论，人性天生已经蕴含了理，就不存在逮其心的问题。《乐记》除了提到心术，还提到"性术"。"声音、动静，性术之变尽于此矣"，声音、动静是乐的表现，听乐过程中性情会随之而变，这其实是讲性理与乐理相通。性之不能无理，犹乐之不能无理。

讲人天生蕴含天理，是将天理先天地嵌入了人性，类似于孟子的学理结构，以后的修养目标就是复性。而性本静，静坐等修养方法也因此盛行。孟子的四端包含良知良能，礼属于良能，是人后天培养的才能，他虽将其先天化，但并没有将其与先天之心混淆。心好理，不等于心即理。在神秘主义文本《五行》中，礼是以外心与人交的结果，孟子书中也有专门讨论何谓交际之心的章节，我们有理由相信，孟子并未将与秩序之理相关的礼作为良心的构成部分。

这里有一个自上古以来就存在的以何立教的学理分疏。正统儒家是从神性自我逐渐发展而来，其基础是神道立教，神道本是先验形式，从孔子到孟子一直在追求这个先验形式。这个形式包含两个组成部分，一是心，二是行，统一起来就是德。成德也包括行为的成。孟子对其进行祛魅后，四端依然是这两方面。在关于四端的先天性的证明中，孟子证明了两种，即仁之端与义之端，另两项他并未加以证明，事实上也无法证明。他讲治人不治反其智，智也是后天的问题，其先天性不可能证明。后天的问题都与外心联系在一起，而外心是在后天生产生活中成长发展起来的，不属于先天的范畴，孟子的四端在学理上原本就有问题。

《乐记》作者放大了乐的功能，其基于"乐通伦理"的观念，直接将天理赋予了人性之中，从立教的角度看，他抛弃了神道这种先验形式，希望通过乐，直接达到成德的目的。感发路径虽也讲成于乐，但这二者在本质上有差异。正统儒家是希望通过对礼的践履成德，成于乐，乐发挥的是点睛作用，成德的基础是行为本身，而不是乐，这与儒家重视实践紧密相关。

《乐记》带有神秘主义的色彩。其区分礼与乐，"乐由中出，礼自外作"，尽管不偏废礼，但其讲"大礼必简"，其更重视乐的作用很明显，正统儒家讲的那一套繁缛的礼节不是其所推崇的。

对于正统儒家来说，繁缛的礼节本身具有促进情、理交融的意义，认识礼中所蕴之理对于行礼者来说，可以使其情得到更好地抒发。《中庸》末章讲"君子之道，淡而不厌，简而文，温而理，知远之近，知风之自，知微之显，可与入德矣"，舒缓的节奏，为情理交融提供了可能，引文中的"温而理"，讲的是君子性情，后面用了三个"知"，笔者理解就是交融的体验，这种交融可以助君子入德。

对于《乐记》来讲，成德不与心联系在一起，其云"德者，性之端也"，表面上看与孟子的四端很相似，但内涵却有很大不同。孟子讲四心为四德之端，是讲德根植于人心，成德也必须形于内心方算完成。《乐记》以德为性之端，实际上是性善论的主张，这与其人性中固有天理的观念相通。[①] 性中有天理，其发用即表现为德，这里德与心也没有关联。

但这并不意味着《乐记》不重视心，其认为音起于人心，乐是音之所由生，致乐的目的是为了治心。心感于物而动，有使人化于物、天理丧失的危险，所以要治心。但心之生必须有物的参与，没有物，也就没有心，而只有性。《乐记》开篇不久有这样一段文字：

> 乐者，音之所由生也，其本在人心之感于物也。是故其哀心感者，其声噍以杀；其乐心感者，其声啴以缓；其喜心感者，其声发以散；其怒心感者，其声粗以厉；其敬心感者，其声直以廉；其爱心感者，其声和以柔。六者非性也，感于物而后动，是故先王慎所以感之者。

这里提到六组心声相感，但作者讲皆非性，将性与心作了明确的划分。心是人对物产生的好恶。而在人接物之先，性与天理就已经存在了，心动的无序构成了对天理的戕害。乐的功能不是使心中生德，而是使心动有序，从而使天理得以保存。孟子讲存心，对于《乐记》来讲则是存性，前引《系辞传》"成性存存，道义之门"，应该也是这个意思。

礼在《乐记》所论修养之术中的作用，与乐相同，也是作用于人心，所谓"礼节民心"。《乐记》又讲"淫乐慝礼不接心术"，"使耳目、鼻口、心知百体皆由顺正，以行其义"，反过来讲，好的礼乐可以促进正心行义。不过，礼作用于人心，是从外发生作用的，从内发生作用的是乐。尽管《乐记》也讲"礼也者，理之不可易者也"，但这个理不可能是情之理，因为其前讲"乐也者，情之不可变者也"，而礼又是从外作用于人心，所以这个理应该是社会之理与万物之理，与前面讲的天理不能一概而论。

既然成德不与德形于内心联系在一起，而修养的关键是静心存性，那么显然不能将《乐记》与正统儒家混为一谈。对于正统儒家来说，修正心术的关键在礼，赋予礼以理的内涵，是为了更好地实现自我认同，更好地入德。对于《乐记》来说，修正心术的关键是乐，赋予礼以理的内涵，是为了节制民

---

① 这里的天理还只是情理，德更接近于孔子讲的"骥不称其力，称其德也"的德，具体地讲，应该是指的勤奋、持之以恒等品质，而非仁义等善德。性善也不是孟子所道的有道德的性善。

心，这又包括两方面，一是对物的欲望，二是社会秩序。

简单地讲，《乐记》虽然礼乐并论，但其更重视乐。其云"乐由天作，礼以地制"，这与前文引《系辞传》的"知崇礼卑"很相似，因为"崇效天，卑法地"。《乐记》还讲"大乐必易，大礼必简"，易、简本是《易传》中描述乾坤之德的词汇；《乐记》又有"乐著大始，而礼居成物"，《系辞传》则讲"乾知大始，坤作成物"，二者之间的关联确实值得关注。乐与乾与天对应，礼与坤与地对应，其对二者的理解可以用乐崇礼卑来描述。笔者判断，两种文献虽皆为儒家，但都不是正统的儒家，在成德的观点上，他们之间更接近一些。当然，对于他们来说，用"成性"可能更准确些。

第四节　感发与感应

前文讨论了早期儒家的两派修养论，一派是正统儒家的修养成德，另一派是《乐记》与《易传》的修养成性。两种论说中，心的地位不完全相同。正统儒家重视心，《乐记》《易传》重视性。重视心成德的路径谓之感发，重视复归本性的路径则谓之感应。感的任务都是由心承担；感发之发指的是情性，感应之应指的也是性。从这个意义上讲，无论是感发，还是感应，都是心性之学。

同样是心性之学，二者关于心与性的地位与作用的认识不同。

对于正统儒家来说，自然情性的满足是成德的基础，但成德的关键不是情性的实现，而是灵魂的养成，所谓形于内心。没有灵魂，也就没有德性，充其量只是具有有道德的实践经历。如何形于内心，是早期儒家主要是思孟一派所要着力解决的问题。尽管孔子有成于乐的结论，但并不意味着心在其中没有发挥积极作用的余地，被动地等待乐来龙心，这恐不是早期儒家的态度。孟子曾提到孔子讲的一句话，"孔子曰：'操则存，舍则亡；出入无时，莫知其乡。'惟心之谓与？"（《告子上》）"惟心之谓"是孟子对孔子这句话的理解。引文中的"出入"，与前引《性自命出》讲的"理其情而出入之"的"出入"，所指是否相同，这是一个很有趣的问题。如果孟子的理解可靠，心何以出入？

笔者判断，孔子讲的出入与《性自命出》的出入所指相同，即孟子讲的心。[①] 但心通常情况下是只向外，不向内，即便所谓反省，也不能说是向内，

① 《性自命出》的"理其情而出入之"，出入也可以作损益讲，即损益其情的意思，《论语·子张》有"小德出入可也"，那个出入是对于小德规范的偏离。

反思也是有对象的,也是心向外活动。"入之"是怎么回事?这或许应该从神秘主义的角度来理解,而思孟之间出现神秘主义的根源或许即在于此。

按照神秘主义者的解释,神秘的体验有两种,一是内在的与本体合一的体验,二是外在的与天地万物融于一体的体验。对于儒家圣人来说,同样有两种境界,一种是成己,与天合一;另一种是成人成物,与天地万物合一。《中庸》在讲了"成己仁也,成物知也"的话后,说"性之德也,合内外之道也",过去,笔者从心通内外的角度理解这句话恐不妥,其主要指向的应是成己与成物这两个面向,是与神秘主义的两种体验相对应的。子贡讲夫子仁且智,面向的可能也是这两种境界。不过,用心通内外来理解性之德合内外之道,也不能讲完全错误,神秘主义的两种体验本身并非截然分开的,就像圣人的两种境界不能截然分开一样。

两种境界也罢,两种体验也罢,都有一个共同的基础,即孟子讲的心。只不过,这个心不是通常讲的可以感知的心,而是无法用清醒意识感知的心。不仅不能感知,并且其内涵有先验的设定。在儒家的《大学》中,其被称为"意";在《五行》中,其被称为"中心"。成己的基础在于它,成人成物的基础也在于它,所谓内包、外融。《大学》的修身以后的部分都是所谓外融,是通过修身齐家治国平天下,实现成人成物的目的。

这里要注意的是修身,表面上看其是成己,确实,己成德包含心与行两方面;但这里更主要的面向是要齐家,所谓刑于寡妻,至于兄弟,而这个过程不是完全的己的问题,也要考虑要影响的对象是谁。也就是说,儒家讲修身不是自己一个人的事情,同时关注对群体的影响,个人与他者是关联性整体。所以修身更重要的任务是外融。

《性自命出》讲"理其情而出入之",应该是为了更好地实现成己与成人成物的目的而讲,情是成德的基础,理其情可以更好地认识自己;而要达到"刑于寡妻,至于兄弟"的目标,基于理的礼也更便于人学习。但在具体实践中,早期儒家并没有采取神秘主义实践,这在前文已经交代了。孔子讲的"操则存,舍则亡",与《论语》中的"我欲仁,斯仁至矣"的内涵相近,中间虽有神秘的底影,但在工夫上依然是强调心志的力量。

前文讨论的情理交融,本身也带有神秘性,这或许是《中庸》末章以"《诗》曰'德辅如毛',毛犹有伦,'上天之载,无声无臭',至矣"作结的原因吧。情理交融本身也可以视为与天合一,但与《乐记》的存性则与天合一不同,正统儒家的情理交融是心出入的结果,而《乐记》之性是天然具有理,主要不是人心作用的结果。

对于《乐记》与《易传》来说,其成性的路径不是感发,而是感应。心有所感,以性应之。所以前引《乐记》讲"先王慎所以感之者",如果感的是邪气歪理,性则无应,久之,天理也会灭失。

《乐记》同样有神秘主义的背景,其云:

> 及夫礼乐之极乎天而蟠乎地,行乎阴阳而通乎鬼神,穷高极远而测深厚。乐著大始,而礼居成物。著不息者天也,著不动者地也。一动一静者,天地之间也。故圣人曰礼乐云。

又云:

> 易直子谅之心生则乐,乐则安,安则久,久则天,天则神。

这里同样有内与本体即太始合一,外与万物交融的两种境界,但这两种境界统一的基础与正统儒家并不完全相同。这里虽然也讲到心术,但这个心是好的自然之心,不是包含仁义等人文价值的心。《乐记》中讲仁义也是从自然的角度去讲,所谓"春作夏长,仁也;秋敛冬藏,义也。仁近于乐,义近于礼",可以认为天地之仁义与人心之仁义,在意象上具有一致性。但《乐记》并没有将仁义赋予人心,所以,人心虽为其两种境界的共同基础,但这个心并不构成主体性的自我。

另外,其与外物交融的方式,与正统儒家也不相同。礼的功能是节制人心,与正统儒家讲的欲达达人、欲立立人的模式不同,其在此的功能更像是荀子的礼,更强调对性恶一面的克制,只不过《乐记》谓之心之欲。

这种形式的外融,也许不能称为交融,用感应可能更合适一些。其虽然讲人可以成为神,成为圣人,但此神、此圣人,与正统儒家讲的神与圣人,内涵并不一致,二者所用以立教的基础不同。

从感应的角度讲,《乐记》与《易传》的模式相似,都是通过外在的媒介(乐与易象),与性中固有之理相贯通。连接外在媒介与性的中介则是心。只不过,《乐记》中是乐作用于心,心被动地反馈于性;《易传》则是心主动地穷理,然后与性理相通。

这里有一个难以理解的地方,《易传》一方面讲穷理,另一方面又讲洗心,退藏于密。这也必须从神秘主义的角度得到解释,否则就必须承认《易传》有两种修养路径。

洗心与穷理并不一定矛盾,因为洗心是洗外心,是让可感知的心静下来。而穷理也不一定运用可感知的意识。按《系辞传》的讲法,"圣人立象以尽意，设卦以尽情伪"，卦象与意联系在一起。考虑到易本身处理的是通神的问题，以及其与《大学》的关联，这个意应该也是指神秘主义中不可感知的意识。要通过卦象获得圣人之意，也得通过自身神秘之意与之相通，《系辞传》所谓鼓之舞之以尽神，实际上是讲通过昏迷术以通其象意；而讲退藏于密，则是冥想式的沟通。穷理不是讲要人直接用可感知的意识去求卦象之理，而是六十四卦穷尽了天下之理，学易者能感通六十四卦之象意，就可以实现穷理尽性的目标。《大象传》就是作者从易象中所感通的天下之理，君子做到那些事情，也就是尽性了。

与《乐记》区分天理与万物之理不同，《易传》的理包含了天地人三方面，《说卦传》所谓立天之道曰阴与阳，立地之道曰柔与刚，立人之道曰仁与义。也就是说，《易传》的理具有道德的善，也就是前面提到的"继之者善"。它更接近于正统儒家，只不过，其心性结构与其不同，修养路径与之也不同。与《乐记》相比，其内包的模式可以用感应来称谓，其外融的方式，也许不能用感应来称谓，而是儒家式的实践行动。但不论是哪种方式，结果都是将人道神化。

《中庸》虽也讲君子达到极致，圣人有所不至，但其讲的礼永远不脱离人情，这意味着礼应该随社会变迁而变迁，而不是天不变道也不变。道本为人服务，而《乐记》《易传》的理论则会使道与理脱离具体社会现实，成为绝对化的东西，当其与以治为中心的政治结合后，其反过来会戕害人。

这里顺便谈一下宋儒的问题。习惯上讲，二程奠定了理学的两个主要方向，其实这两个方向都不符合早期儒家的学说。从体贴天理的程颢到教人静坐的陆九渊，他们的学说本不相同，程颢的体贴天理说更接近于《乐记》性理观点，陆九渊则是从孟子来的。写《程氏易传》的程颐，则将穷天理理解为学习研究天理；朱熹因为以《易》为卜筮之书，转而以《大学》为基础讲格物穷理，本身又是对《大学》的误解。据前所论，这些学说多多少少都与神秘主义有一些瓜葛，《乐记》最少，但《乐记》的天理形式上不包含儒家的道德内涵。宋儒不了解神秘主义，对于正统儒家基于情性抒发的成圣路径认识得又不清楚，以为将心性中的理呈现出来，就可以成为圣人。这其实都是误读。

第五节　神性自我与独体一元

儒学发展到宋明，主要内容是谈心性，朱熹虽讲格物求理，也不能脱离心性求理。心性由两个概念构成，牟宗三先生有心体、性体之论。心性之判别自早期儒学即存在，只是早期的性体一路不讲格物求理，而是通过简捷的方式，如致乐、感应直接成圣。① 虽如此，性体论也不能脱离心，乐作用于心，圣人立象以尽意，成圣事实上不能没有心，只是强调性中有理。早期的心体也并非不讲理，孟子讲心之所好义理也，将理与心结合在一起，心之于性居主宰地位，然后讲寡欲，避免因穷人欲而遗失良知。心体与性体的主要差别，即在于义理如何安置，安置于心的谓之心体，安置于性的谓之性体。

理论上讲，在这两派之外，还应有一派，即义理既不在心，也不在性。人类文明之初没有那么多义理，而文明发展后，义理还可以通过文化习得。儒学史上事实上有这样的观点。义理通过文化获得，王阳明即是这种观点。阳明学属心学一派，但他讲的心之体无善无恶，他的心体存在于心与物相对待的主客感应的是非中，义理不在心中。他讲知善知恶是良知，但良知本身需要致，需要到实践中去感应是非，所以他讲知行合一，没有行也不可能有知。可是义理总要为其找到落脚点，阳明学不可能主张此亦一是非，彼亦一是非的相对主义，他自己讲最大的是非是三纲，也就是说，义理存在于现实政治社会文化中。尽管他特别强调自然灵明的意义，但这个自然本质上并非自然。

在早期文明中，圣人是义理的创造者，因之，在早期儒学中，圣人何以为圣人就成为一个重要命题，不同的派别有不同的圣人，有不同的成圣方式。不同派别的儒家，其圣人之根据在理论上实有冲突。求中的文明讲性情，性情只能开出道德德性，不能开出理论德性。但治国需要有理论德性。古代圣王有理论德性，应该没有问题。儒家的圣人同样是优秀的治国者，可他们在学说上没有深入辨析道德德性与理论德性的差异，前文分析孟子良知说的缺陷，可以说明这一点。宋明理学讲的义理，从前面章节的讨论看，实际上已经不完整，而偏向于服从外在的统治秩序，王阳明将义理安置于现实政治社会文化中，有他的道理。

这种缺陷有一种形式可以包容，即神秘主义，因为生成的过程神秘，可以避免理论论证的麻烦。早期儒家中确实有神秘主义，前面章节对《内业》的讨论，可为证明。以前的章节曾提到孔子的仁学，在神秘主义的表述中可以包含知性。不过，仁之知与圣之知当有区别，粗略地看，其区别可用道德

---

① 《中庸》未论心，看起来也是性体一路，但实质不可以将其称为性体，如果以之为体，需要承认其具有自发性，《中庸》只是保留这种具有自发性的圣人，但其重点是讲君子如何成德。当然，其也不能算是心体，孟子的心具有自发性，《中庸》未涉及心的问题。从与理学中理学与心学类比的角度看，《中庸》可以与理学相对应，其偏向于性体论，其博学、审问、慎思、明辨、笃行，则可以理解为工夫。考虑到早期儒学与传统中国儒学的区别，称其为性本论或许更恰当。

德性与理论德性来比拟，仁之知对应于前者，圣之知对应于后者。不过，不能绝对排斥仁之知中包含理论德性，比如前文讨论的性之理，某种意义上那也可以视为理论德性的体现。思孟之间的神秘主义文本《五行》将这两种知结合在一起。

神秘主义自然不能在实践中得到贯彻，不惟学理上很难讲清楚，实践中也不现实。当中国文明由偏重早期西方重个体德性的政治，转向东方重群体治理的政治，儒家学术出现了分离，有儒分为八的讲法。朱熹有道统与道学的分疏，道统是圣王传统，道学是孔子开创的儒学传统，而在儒学演进的过程中也出现了服务于圣王之治的学术，比如荀子之学。

严格地说，孔孟之学与传统中国出现的不同的新儒学，在宗旨上有差别。孔孟立足于个体成德，而董仲舒、宋明理学立足于群体之治，只是后者也追求成为圣人，在讲义理的基础上成为圣人。单纯讲义理当然成不了孔孟意义上的圣人，只能成为符合现实政治社会文化要求的存在。道貌岸然与块然独坐在形象上很相似，只是多一层儒道的外衣。当明代明确宣布太祖位同尧舜文武时，道的外衣就成为专制独裁的装饰。王阳明将义理根源交给外在文化，实是迫不得已。

前章已论，阳明学某种意义上完成了传统中国儒学发展的一个轮回。儒家义理原先植根于人性文明，其诉诸天，本是其理论自觉的结果。这个天的本质是对自身存在属性的规定，并不是说真存在一个外在对象。只是，对这个自身规定的认同本身不能脱离对天的信仰，因为现实国家形态并不能真正保障对这种自身规定的认同，这是中国古代文明所固有的，当然根本上讲是历史的局陷性所致。

中古儒学的变迁，内在德性根源转向外在德性根源，到了明代的政教完全合一，儒学这次不是基于对自身规定性的认同，而是基于对于权力秩序的认同，早期的精气论则被"泛神论"所替代。

然儒家之为儒家，在于它独立自主的特征，即便是服从于专制独裁，也要基于自主意识的决断。阳明学所实现的这种轮回一定程度上失去了儒家性格，其为人所讥讽并不足怪。早期孔孟之学与神秘主义虽有一定牵连，而其间也有基于神秘主义的派别，如《大学》《五行》，但正宗儒家与神秘主义派别总是存在区别，即不放弃自主意识。在这个意义上讲，阳明学的轮回并未完结，还缺一个凸显自主意识的理论，笔者以为，刘宗周的慎独、诚意之论，正弥补了这个缺环。

据张君劢先生提炼，黄宗羲发现刘宗周思想中有三个主要原则：（1）离开形而下的现实世界，便没有理；（2）只有从人情中可以显出人性之善；

(3)只有自制才可以得心之体,而对吾心之控制,又只能靠"慎独"。① 这三个原则确实是对先秦儒家的回归,第一条加上刘宗周弟子陈确讲的天理存在于人欲的合理实现中,很容易与荀子的物欲相持得其中的思想联系起来;第二条很容易与郭店简《性自命出》身以为主心的思想联系起来。但这两条与先秦的思想都只是类似,而不能等同,因为还有第三条,刘宗周强调心体在求理求善过程中的主宰作用。

荀子探求物欲之中,强调学习的作用,物欲之中的理不是个人德性问题,个人寡欲、灭欲固然是个人德性的彰显,但物欲之中的问题,根本上讲是群体之治是否公正合理的问题,其背后应由理论德性来支撑,所以荀子特重学习。在人情中求取人性之善,是道德德性问题,是人心自然认同的问题。而人心的情感认同,由吾之老幼推及人之老幼,并不容易,所以《性自命出》讲学者逮其心为难,不惟实现情理交融难,良心扩散也不易。而刘宗周将这两项都不易的工作,都交给了心体,即所谓第三条。这个第三条与作为神性自我的意很相似,而刘宗周的心体也正是意。

与一般宋明理学家将意理解为心之发动不同,刘宗周将意理解为心之主宰。他同样注意到了将意理解为心之发动与《大学》以诚意为正心之本的龃龉,认为是本末颠倒。只不过,他不了解《大学》有神秘主义背景,因而不得不同样诉诸未发之中,从而实现心性合一,强调独体,强调一元。在《中庸首章说》中,他说:

> 慎独而见独之妙焉。喜怒哀乐之未发谓之中,此独体也,亦隐且微矣。及夫发皆中节,而中即是和,所谓莫见乎隐,莫显乎微也。未发而常发,此独之所以妙也。中为天下之大本,非即所谓天命之性乎? 和为天下之达道,非即所谓率性之道乎? 君子由慎独以致吾中和,而天地万物无所不贯、无所不达矣。(《刘宗周全集》第三册,语类十,第270页)

在《读易图说》中,他说:

> 君子仰观于天,而得先天之易焉。维天之命,於穆不已,盖曰天之所以为天也。是故君子戒慎乎其所不睹,恐惧乎其所不闻,此慎独之说也。至哉,独乎,隐乎,微乎,穆穆乎不已者乎。盖曰心之所以为心也,则心一天也。独体不息之中,而一元常运,喜怒哀乐四气周流,存此之

---

① 张君劢,《新儒家思想史》,北京:中国人民大学出版社2006年版,第406页。

谓中，发此之谓和，阴阳之象也。（《刘宗周全集》第三册，语类四，第123页）

有了独体，有了一元，其学说最终归于诚意，就是水到渠成。在《学言下》中，他说：

> 意根最微，诚体本天。本天者，至善者也。以其至善，还之至微，乃见真止。定、静、安、虑，次第俱到，以归之得，得无所得，乃为真得。此处圆满，无处不圆满；此处亏欠，无处不亏欠。故君子起戒于微，以克完其天心焉。欺之为言欠也，所自者欠也。自处一动，便有夹杂。因无夹杂，故无亏欠。而端倪在好恶之地，性光呈露，善必好，恶必恶，彼此两关，乃呈至善。故谓之如好好色，如恶恶臭。此时浑然天体用事，不著人力丝毫。于此寻个下手工夫，惟有慎之一法，乃得还他本位，曰独。仍不许乱动手脚一毫，所谓诚之者也。此是尧舜以来相传心法，学者勿得草草放过。（《刘宗周全集》第三册，语类十二，第408—409页）

刘宗周解释慎独之慎，认为是主敬，而所谓诚之者，也是以敬为基础。这一点与神秘主义者讲的敬除其舍，意旨相同。在刘宗周这里，这个意根或独体，也有神秘色彩，只不过其指向的已经不是《大学》所欲开出的治国平天下的圣人的神性自我了，而是为阳明的心体在人心中寻找到根底。意根虽在人心，而规定意根的东西却在现实世界，确立此根底的目的也只是要凸显其儒学面目，在人生实践上，其并不能超脱灭人欲、穷天理的藩篱。

从意识是社会现实的反映看，早期的神性自我是早期天下国家结构的反映，神性自我中不仅包含着道德德性，还包含着理论德性。随着国家社会结构中的公正性逐渐丧失，刘宗周的意根中所包含的理论德性所剩无己。

这里有一个问题需要指出，即刘宗周学说第一条原则，讲不能脱离形而下的世界寻求理，看起来与西洋自然权利理论有相通之处，但其并不符合早期儒学讲的天理关切。导论中阐述了《乐记》天理与宋儒天理论的差别，天理指向于建设和谐社会，并不是为人欲满足制定规则，后者是荀子的理论。人人穷人欲，社会一定乱，一定不和谐，针对此的对策应是法治。法治是保护国家社会秩序的根本，所以荀子讲礼者法之大分也。天理虽然与人欲形成关联性，但存天理只能保证自己不纵欲，并不能起到保护国家与社会的作用。国家与社会的问题需要基于理论德性的学说来安排，而不是服务于构建和谐社会的天理所能解决的。《乐记》讲"治定而制礼"，治定是前提，有了治然后礼才有意义,社会和谐才有可能。而治定依赖于法。

宋明理学之前虽有法律儒家化,儒家的道德德性与国家社会所需的理论德性似乎结合在了一起,但此结合是以既损害道德德性又损害理论德性为代价实现的,是以文明两丧为代价来贯彻执行的。基于此国家秩序提出的意根,其内涵之不能与神性自我相提并论,自不待言。

早期文明,天下大于国家;传统中国,国家高于天下。理论德性在意根中应该重于道德德性,事实也是如此,三纲以君臣关系为最重要。刘宗周的弟子黄宗羲后来首先反思君的问题(《明夷待访录·原君》),应该说具有深刻的洞见,可惜刘宗周并未看到这一点,他的关切还在理学开山周敦颐讲的立人极上。

综上所述,早期儒家关于成德的主导思路,是以情性感发为基础,以礼为行为规约,最终落实到心理认同。在思孟派的承继过程中,又发展出借助情理交融,强化认同效果的论说。这种论说为神秘主义的出场打开了方便之门。孟子基于神秘主义提出"四端",其本身存在学理上的问题,尤其是在政治变迁之际,人们对礼的认识也发生改变之后。

早期儒学中还有一派追求成性的修养路径,他们认为性中固有理,修养的关键是不以心乱性,而使其与固有之理相应相通。与正统儒家强调心志不同,他们更重视外在的具有理的媒介,如乐与易。儒学发展到晚明,出现了刘宗周合心性于一的主张,提出了独体、意根等新的范畴。这些范畴与早期儒家中的神秘主义派别所讲的神性自我极为相似,其当是要在专制政体下,重新寻找能够统一道德德性与理论德性的根据。其提法与早期的作为神性自我的意重合,某种意义上讲,这表明儒学经历近两千年变迁,度过了一个轮回。其后,经学即理学,以礼代理,清代的儒学似乎回到了儒学前传的水平。

第八章　康德哲学与中国古代心性学说

　　基于前面章节的讨论,不难看出,中国古代心性学说十分复杂,颇难说清楚。理学的出现,使问题变得更加复杂。理学家以继承斯文为己任,认为自己是继承孔孟的学说,可是孔子明明讲"食不厌精,脍不厌细",此与"存天理,灭人欲"的主张,显然不是同一种心性学说。其所以出现这样的变迁,一是政治变迁的外因决定,二是前章提到的儒学伦理与政治不分的问题。从西洋学术的角度看中国学术,中国学术显然具有高度综合的特征。本章试图借助康德哲学的综合理念,[①]讨论中国古代心性学说所呈现出的形态特征。

　　在现代儒学研究中,援引康德的哲学架构,探讨古代心性学,已成基本共识,学者已做过不少工作,因为对康德哲学理解得并不透彻,笔者不敢妄加评论。[②] 因读到叶秀山先生的《"知己"的学问》,[③]笔者觉得康德哲学框架对于理解古代心性学说确实很有裨益,可以对笔者过去的困惑起到释解作用,故将其写出来,请专家批评。

第一节　情与理[④]

　　康德有三大批判,中心是理性,分为纯粹理性与实践理性两种,分别与

---

　　① 康德的综合判断是指"谓项的意义不包含在主项之中",其有先天、后天之别,区分的依据是是否依靠经验建立起这样的判断,独立于经验的是先天,依靠经验的是后天。参[英]安德鲁·沃德,《从康德出发》(陈明瑶、陈晓坤译),哈尔滨:黑龙江教育出版社2017年版,第18—19页。本文讨论的综合显然不是康德意义上的综合概念,这是不同民族文化在哲学上的差异问题,西洋是逻辑的,中国古代是象数的,但并不妨碍都用综合这个词来表述。
　　② 陈来先生就康德哲学对于诠释心学的问题讲过一段话,"康德提供的一系列范畴,如道德主体、道德法则、道德感情,以及自律与他律、自由与必然等,都对诠释心学哲学的立场有重要意义。特别是'意志自己颁定道德律'的提法,以道德法则源于道德主体,使我们得以了解心学的'自律'性格",这可以代表古代哲学研究学者的认识。参陈来,《有无之境:王阳明哲学的精神》,北京:生活·读书·新知三联书店2009年版,第14页。
　　③ 叶秀山,《"知己"的学问》,北京:中国社会科学出版社2013年版。
　　④ 西方情理二分,中国情理合一,是学术界的基本观点,代表性的著作是蒙培元先生的《情感与理性》,北京:中国人民大学出版社2009年版。

自然与自由相对应。人运用理性的能力，就是判断力。理学中心词也是理，这个理也可以从自然与实践两个角度来理解，王阳明格竹子，其所理解的理是自然物的理；朱熹讲的穷理，更多的是指事物当然之理与所以然之理，尤其是人伦纲常方面，可以将其理解为人生实践的理。① 而理在理学中又居于本体地位，看起来与康德的哲学框架确实很像。

要将康德哲学运用到古代心性学说，还要作进一步判分，康德的实践理性，处理的是自由问题，而理学的实践之理，处理的不是自由的问题，而是责任、义务的问题。严格地讲，两种理不能并列。责任义务的论说是从共同体出发，而自由是从个体出发。这样讲并不意味着无法进一步运用康德哲学去理解古代心性学说。责任、义务是由个体承担的，最终还是落实到个体上；而自由是共同体内实现的，没有脱离共同体的自由。事实上，早期儒家并非不讲个体，前面提到的孔子与理学家的区别，说明孔子也注重个体。笔者倾向于将早期儒家处理的问题理解为个体与责任如何结合的问题，而理学对于个体，除了基本需要外，不持别的权利。

除了自由与责任的差别外，援引康德哲学理解古代心性学说，还有一个差别必须指出，这与自由、责任的差别联系在一起，但可能更关键。即自由者排斥具体个体之间的情性交融，所谓真正有道德的人，没有一个私人的朋友；而早期儒家的学说则是建立在人的自然情感至上的基础上的，所谓"门内之治，恩也"。曾子讲"以友辅仁"，人与人的情感交流有助于促进道德的养成。产生这样的差别，根本在于对于人性主体认识的差异。康德的实践理性，是知性范畴，儒家讲的实践中的理则以情性为基础，或者说是情性与知性相结合，而以情性为主。

基于这些差别，可以看出中国古代哲学其实很复杂，不太容易讲清楚，但有了康德哲学的框架，讲清楚是有可能的，只不过要增加一个维度，即情性。

早期儒家讲理涉及三个方面，一是物理，郭店简《语丛三》有"天形成人，与物斯理"，《礼记·礼器》讲"大理物博"，也是物理；孟子讲"万物皆备于我"，也应是讲物有理。二是社会之理，《礼记·仲尼燕居》讲"礼也者，理也""君子无理不动"，这个理包含了社会之理，因为下文接着说，"制度在礼"，显然是在说国家制度中有理。第三个理就是讲的情理，《仲尼燕居》除了说"制度在礼"，又说"文为在礼"，文为是指礼中的节文，所谓周旋升降这些内容。

① 这一点学者早已指出，如陈来，《朱子哲学研究》，上海：华东师范大学出版社 2000 年版，第294—303 页。

礼是因人之情而为之节文，所以文为背后的理，也是为情服务。

如果与康德哲学对照，情理是康德哲学没有讨论的问题，但对理解中国哲学非常关键，尤其是理解孔孟与理学的差别。

理学很少讨论情，从灭人欲的主张看，他们与唐人李翱一样主张性善情恶。① 这个观念背离了孔孟的学说理路。早期儒学论礼讲因人情为之节文，礼基于人情发用而制定，如果没有人情欲望，礼就失去了其实际意义。

孔孟一系儒家对于礼，强调其蕴含的义，义者宜也，行礼到什么程度而止，是他们关切的问题。这中间原没有道德价值的预设，而是与情感联系在一起。亲疏远近，礼仪不同，原本人之常情。而道德跟每个个体结合在一起，与自我联系在一起。礼主交际，不同的人交际遵循不同的原则，所以《礼记·丧服四制》讲"理者，义也"。文为之理，有一个合时宜的问题，这由情决定，而与道德无关。事实上，儒家讲直情径行是戎狄之道，但并不能认为儒家以戎狄为非道德。孔子区分先进、后进，他本人从先进，他自己也曾欲居九夷。

然古代哲学又不是这样简单，同样是义，同时又指向公义，所谓"门外之治，义也"。"礼者理也"，谈的也是公义问题，但其意义指向与孔孟讲的基于情性的适宜问题显然有差别。谈情性，一定是老吾老，方及人之老，幼吾幼，方及人之幼，一定有亲疏远近之别。而公义问题，基于特定的时空条件提出，不同时代有不同的价值追求。就古代的政治共同体而论，君权的绝对性，是公义问题中最突出的内容，社会稳定有序，也是公义的大问题。

一般来说，所谓公义，是由强者制定的，古希腊人有正义是强者的利益的讲法。实践中这意味着交际的强势者可能占据优势，有时会与真正的公义相违背。比如前章多次提到的，孔子讲"君命召，不俟驾"，这是礼，但孟子有关不见诸侯的论述中，则指出了其与道义的违背。早期儒家的可贵，在于他们始终坚持以道事君、从道不从君的立场。理学以情为恶，又将事实上不公正的三纲五常视为绝对的理，掩盖了特定时代下的公义的有限性与真正公义的绝对性之间的矛盾。循着这个思路讲礼，礼必然会成为维护既定秩序的工具。如果基于《乐记》的认识，克己复礼为仁，即成为灭人欲而存理为仁，理学的认识与实践即是如此。

如果考虑早期中国东西文明的差异，问题会更复杂。习惯上讲欲望也是人情，情欲可以并称。而实践上，并不是都认同亚里士多德的观点，欲望

---

① 严格讲，对理学家来说，情也不一定恶，情本于性，性是天理，情自然不能恶。但情是性表现于实践中，有气质之性混杂，则是恶。但理学家对气质之性讨论不多，对于情恶的论述也很少。

必须经由性情转化为理性。就东方文明论，弗违于民之多欲，当是其重生产的内在动力；而其重视制度建设，强调法治，又是直接针对民之多欲提出的治理之道。多欲必争，争而无序必乱。如此，早期中国东西方的文明各有其一套情与理的认识。

前文提到，自唐开始，思想家开始明确讲性善情恶。这不是单一文明演进的结果，而是东西方文明交流求中的结果。早期中国西方文明中本没有情恶的认识，即便是小人肆无忌惮，也并不一定是恶，解决肆无忌惮的办法是养成德性。在处理欲望方面，前文已经指出，他们主张均平，这样可以解决因此而生的争与乱。

情恶显然来自于与早期中国东方文明与思想的交融。在早期交流中，像《乐记》这样的文本也不讲人欲为恶，只是指出循人欲会妨碍自身成神。而他讲的理只是服务于自身成神的理，即性情之理，循此理，人与人可以实现和谐相处。

情恶的观念，是在文明交流过程中，思想上转向以道家的虚无为本的时代以后出现的。不论是讲心，还是讲性，早期中国西方的理论中都有对人欲的自觉抵制的力量。即便董仲舒不讲人性或心善，他也不认为情是恶。他说贪仁两在于身，也是平衡关系。他讲"性情相与为一瞑，情亦性也，谓性已善，奈其情何？"（《深察名号》），很显然情与性一样，都是无善无恶。

以虚无为本才是情恶论在学理上的基础。取消了良知与天理，人性首先表现出的就是欲望。荀子讲人性恶，就是从这个角度讲的，荀子也属东方思想家行列。只是唐以后的儒家思想上接受了孔、孟包括《易传》《乐记》的观点，便不能同时接受荀子性恶论；在实践中，他们其实又认同荀子。宋儒的不少观点都从荀子来，比如对性的认识，生之自然之谓性，其实是荀子讲的，正宗儒家讲天命之谓性。这两种观点其实互相冲突，最直观的自然是人欲，是人性最基础的部分。而天命不论是理解为性理，还是良知，都要高于人欲。立足于人欲谈人性，其对策就是法制，所以荀子重法。立足于天命谈人性，其对策就是教化。

董仲舒的德主刑辅是两种理论交融初期的成果。随着交融继续深入，主虚无的道家成为思想家思想的基础，只有在这个基础上，性善情恶才可以获得统一。董仲舒虽然提出了兼顾两种文明的理论，但并没有实现人性论上的突破。其德主刑辅说在人性观上严格讲没有基础，无善恶的人性是非现实的人性，人性表现在现实中有善恶之别，而所以以德为主，是天意。

德主刑辅的政治实践在人性观上的基础其实是性善情恶论，只是在董仲舒的时代，他还不可能提出来。他讲的人性中为善的因子，指向孔孟的内在德性内容,其不可能与情恶并存。性善情恶之所以能够成立,性善已不是指向孔孟的内在德性,而是外在秩序对人提出的公德的内化,即理学之理。荀子以仁义为人性之伪,与《管子》讲的礼义廉耻国之四维,本质上都属于公德范畴,在东西文明交融演进中,这些公德因为《易传》的影响被内化。这种内化的性德与发于外的情欲,并不构成对应关系,所以它们能够同时存在,而这必须要建立在虚无之本的基础上。

这其实可以理解为东方思想范型。一方面既可以为人欲找到根据,只是儒家的立场将其界定为恶;另一方面可以为法制的实现提供道德基础,只是因为荀子的工作,这个法制秩序带有儒家色彩。当然,其内在道德基础在荀子那里还不成立,在董仲舒那里也不成立,到了理学,才算是真正成立。无论是情,还是理,从早期儒学到理学,其内涵都发生了很大变化。

第二节　善与慧

理学的产生,笔者以为是从《易传》发展来的,[①]运用康德哲学的框架,这个问题可以看得更清楚。康德将纯粹理性与实践理性作了判分,前者通向自然,后者通向自由。《易传》以及理学则混淆了这两种理。《说卦》讲,穷理尽性以至于命。毫无疑问,康德的两种理性也可以理解为人都可以获得,只不过,他认为只有神才可以同时具有至善与至慧。在这一点上,《易传》倒与其相似,因为《易传》所理解的圣人也是神,学易也可以帮助成为神,可是作者并没有像康德那样对两种理进行判分,而是作了综合。

易象是用易卦之形体表示或象征自然物,其蕴含之理原本是自然物理,所谓一阴一阳之谓道;而天下之故,则是当时人谈的性。从《大象传》看,天下之故中有性之理,如自强不息,同时也包含一部分社会之理,如议狱缓刑。《易传》在易象与天下之故间建立了联系,由易象可以通往天下之故,《大象传》讲的就是这个内容。在康德那里属于两种不同的理性,在《易传》中是统一的。穷理尽性以至于命,理与性原本属于两个领域的事情,现在统一了。理学的工作是提出统一的理的概念,朱熹讲太极即是理,表述上更进一步,体系更加明晰,但学说的具体内容并没有太大改变。

学理结构上与《易传》相似的是《乐记》。《乐记》是借助于音乐使人成神,成神是两种理综合的结果。音乐中的理,与易象类似,属于自然之理的

---

① 参拙文《〈易传〉〈中庸〉与宋明理学》,《古典研究》2015 年夏季卷(总第二十二期),收入拙著《神秘主义与中国古代哲学研究论稿》,杭州:浙江大学出版社 2019 年版。

范畴。人感知了乐,使固有的天理表现出来,"理发诸外,而民莫不承顺",人性中的天理对社会又发生了作用。《乐记》中,人最后也成为了神,他同时具有自然之理与人生社会之理。

《乐记》与《易传》有一点差异,即《乐记》不讲性善,而《易传》讲仁义。这恐怕与二者问题意识的差异有关。《乐记》要强调乐的重要性,乐是沟通天地的媒介。其主要面向于天,以与天沟通为主要目的,所以其成神阶段中,有一个状态就是"天";在礼的方面,其只讲"理之不可易者也",而不太多展开。而易从一开始就是面向于人的,成物也好,占卜也好,都是为人服务,通天下之故是《易传》作者的主要关切。既然主要面向于人,他自然不能回避善恶的问题。

二者间还有一个差异,二者的综合都运用到了心智,但发挥作用的心智层次有别。《乐记》用心,《易传》用感应。这个地方可以看出康德所揭示的问题的真实性,即两种理的沟通必须由神来完成。《乐记》虽然作了综合,也讲到了礼,但综合的层次比较低,他讲具有天理的人,更近于道家的自然人,对于社会的关切并不多,看起来是天人的综合,实际上仍然可以归入纯粹理性的范畴。《易传》讲到了仁义,讲了善的问题,要对这两种理进行综合,很困难。承认自然中有善,必须承认上帝的存在,承认合目的论的可靠性。对于《易传》来说,他没有预设上帝存在,而是预设了圣人,圣人将天下之故与易象结合在一起。学易者通过感应易象,获知圣人之意,进而付诸行动。而感应本身,必须在祛除了一切明晰意识——《易传》所谓洗心——所谓精白的状态下进行。

这里有一个问题很容易混淆,即我们会认为综合是在学易者这里发生的,这其实不对。综合在圣人作易象时就发生了,所谓圣人立象以尽意,因为儒家讲的意,其中蕴含着善,所以感应易象,就能够知道圣人之意,就能够理解天下之故,从而进行实践。但《易传》为学易者能成功感应圣人之意作了理论准备,即作者认为人性本身既包含了自然之理,又包含了善,所谓"一阴一阳之谓道,继之者善,成之者性"。没有这个先验综合的人性论基础,即便去感应,实际也无法像圣人一样行动。理学讲性即理,其所言之理综合了自然与善两方面。其后来能开出心学,讲心即理,基础也在于这个综合,只是将人心也归诸自然。

理论上讲,这里依然有一个难题,圣人的作易象,固然将易理与其意作了综合,但转变到学易者身上,却变成了性。这事实上形成圣人之意与人性对应的关系。不过,这并非不能理解。这样的不对称也见于孟子的思想中,他讲的明明是良心的问题,但他却道性善。他也将意识与人性混同了,而意识与人性，前文讲过本是相通的。

这里孟子与《易传》作者其实有一个共同的问题，即一般人如何成为圣人。孟子的方法笔者已有讨论，他将圣人祛魅，把圣人的意识转化为人皆有的良心四端。《易传》的作者选择了另外一种方式，即通过学易，感应圣人之意，从而自己也成为圣人。这里蕴含着一个更为复杂的问题。圣人之意，就是所谓神性自我。神性自我中包含了内外两方面的问题，所谓知与能。《易传》的乾以易知，坤以简能，即是圣人的德与慧；孟子则讲良知、良能。那么，同样是知与能，《易传》与孟子有无差异？这个问题对于理解理学至为关键。

康德讨论纯粹理性与实践理性，都离不开人的知性对理性的运用，因此，可以将他的知性与两种理性对应，一是对应于纯粹理性的知性，一是对应于实践理性的知性。而中国古代哲学还存在情感理性，只不过，这个理性不能上升到超越的层面，因为它属于人。只有将其赋予圣人，它才能获得超越性。圣人是人神之间的人，赋予给他，学理上可以同时满足超越与属人这两个要求。早期儒家思想家讲的知，更多的是对应于这种理性。孟子讲的良知所谓仁义之心，主要面向于此。

《易传》的问题要复杂一些。尽管《说卦传》也讲立人之道曰仁与义，但这不是其理的全部，其中还有立天之道阴与阳、立地之道柔与刚，学易者通过易去感应圣人之意，同时要感知易之理。我们无法理解易只是一个媒介，感通圣人之意、天下之故后，连易理也抛弃一边。古人讲可以不占筮，但却不讲将天地之理抛弃掉。如所周知，《象传》解易以卦德为主要依据，而卦德主要依据卦象而来。也就是说，因为《易传》的作者将圣人视为先天的综合者，所以他自己解释《易经》，也接受了先天综合的前提。易象对应的是自然之理，卦德、进而《易经》，则通向了人文之道。学易者感应之后，也应该能够达到这种综合。

这里，知的面向与孟子的良知就不完全相同。孟子虽讲万物皆备于我，说明他的知不排斥自然之理，[①]但他很少谈到自然之理，更不谈两种理的综合。而理学讲两种理的综合，讲人道也是自然的，名教即自然，这显然是《易传》的思路，与孔孟不是同一条路径。

《易传》《乐记》的理论都有神秘主义为其学说的基础，只不过与孔孟儒

---

① 这里要说的是，本文虽将古代物理与康德之理进行比照，并不意味着笔者认为二者可以等同，由古代的物理可以开出自然科学来。孟子讲万物皆备于我，反身而诚，乐莫大焉，这种物理恐怕还是与助益人性联系在一起的，指的是物的特性，如刚柔、动静这些内容。《易传》由易象推出的卦德，就是与此联系在一起的。这与讲形式的自然科学之理，是两个范畴。

学从神道立教引申出神性自我、再实现祛魅的路径不同，他们的理论是从与神合一的神秘主义引申出来。《易·文言传》论大人与日月合其明，与鬼神合其吉凶，这说明这一派思想者理想的圣人是与神明合一的人。这与《中庸》讲的圣人不同，《中庸》讲圣人参天地之化育，本身仍有作为人的独立性。《说卦传》虽讲尽性，但其所尽并非有七情六欲的人性，而是综合的天理。古代的神秘主义确实有一派专事贬黜欲望，与儒家所依据的神性自我不同。对此，笔者已有讨论，这里不再赘述。[①]

由单纯的神性自我开出的圣人，如果我们承认《中庸》讲的也是圣人境界的话，圣人是与天地并立的存在，不是与天地融为一体的存在。存在神性自我的宇宙论基础是天地可以相通，圣人居其间，但他并不负责日常的天地交流事务，也不是推天道以明人事，而是据此提升自身人性与权能的神圣性。《易传》在此基础上，加上天人合一的宇宙论，表面上看或许是在为这种神性自我寻找根据，实质上，却是要解决自然之理与实践之理如何沟通的问题，思考能否从自然之理契入理解实践之理。

颜渊没有解决这个问题，颜渊的闻一知十，很可能是表现在对纯粹的知性的认知上，但他却很难进入孔子教给他的文与礼。《易传》作者也没有真正解决，他的《易经》解读今天也很难真正读懂。没有感应，没有神秘主义，天下之故依然不好理解。理学的问题意识与通天下之故近似，所谓名教之乐，他们援引《易传》作为学理支撑，可谓找对了出路。

第三节　门内与门外

康德的实践理性指向的是自由，中国古代的实践之理比他要复杂一些。前面已经谈到，古人讲的义与理，都包含两个领域，即所谓门内与门外。孔孟的思路是要将两个领域贯通起来，所谓"己欲立而立人，己欲达而达人"；所谓"老吾老以及人之老，幼吾幼以及人之幼"。但这不是儒家的唯一思路，郭店简与告子则选择了另外一种思路，将门内与门外分隔开，门内主恩，门外主义，这中间存在两种理的冲突，所谓情理与公理的冲突。康德的实践理性对应的是公理。

与情理、公理相对应，知性也有两种面向，即内与外，对于情理的知是内向的，对于公理的知是外向的。我们熟知的孟子与告子关于义是内还是外

---

① 参拙文《萨满主义与早期中国哲学中的神秘主义》，《学术月刊》2016 年第 9 期，收入拙著《神秘主义与中国古代哲学研究论稿》，杭州：浙江大学出版社 2019 年版。

的争论,反映的就是这个问题。从这个争论中,大致可以看出,古人对公理的知的理解更接近于对自然之理的理解。这里有必要征引一下《孟子》的原文：

> 告子曰："食色,性也。仁,内也,非外也；义,外也,非内也。"孟子曰："何以谓仁内义外也？"曰："彼长而我长之,非有长于我也；犹彼白而我白之,从其白于外也,故谓之外也。"曰："异于白马之白也无以异于白人之白也,不识长马之长也无以异于长人之长欤？且谓长者义乎？长之者义乎？"曰："吾弟则爱之,秦人之弟则不爱也,是以我为悦者也,故谓之内。长楚人之长,亦长吾之长,是以长为悦者也,故谓之外也。"曰："耆秦人之炙,无以异于耆吾炙,夫物则亦有然者也,然则耆炙亦有外与？"(《告子上》)

这段文字中"异于白马"一节,向来以为难读,但要考虑到两种知的问题,就不难理解。白马之白与白人之白,是同一种知,面向的都是自然物,所以没有差别；但长马之长与长人之长,不是同一种知,前者面向于自然物,后者则是情感之知,所以孟子反问难道这两者也没有差别吗？事实上这两者有差别。告子讲门外主义,本身没有错误,但他举的例子不恰当,他将不同的问题放在一起去讨论。长人之长与长兄之长本身需要分疏,不引入别的概念,事实上讨论不清楚,尤其是基于情感去讨论公理,最终还是要回到孔孟的逻辑上来。

公理本不是一个情感问题,而是一个形式问题,就是白人之白的问题。或者说,它不是一个从个体出发的情感问题,而是从群体出发的情感问题。孔孟试图将二者统一,"四海之内皆兄弟",就是统一的结果。但事实上,没有形式的平等,人与人之间不可能达到情同手足的境地。所以从逻辑上讲,公理首先是一个形式问题。春秋战国时期,社会发展方向是编户齐民,形式上的平等逐渐发展起来,门内门外之辨,即在这个大背景下发展出来。基于这个背景与分疏,可以看出,孟子的四端说并未能够顺应时代发展的要求。

四端从神性自我中来,其中讲的礼与智,并不属于个体道德问题,而是属于良能问题,是修齐治平的问题。当然,如果良能也可以视为一种德,就像自由主义讲的一个真正有道德的人的道德,四端就全是德性问题。但其中应作分疏,一种是情理之德,另一种是公理、物理之德。以神性自我为圣王依据的时代依旧有公理问题,邦国的平等,就是公理问题。孔子讲的存亡继绝,就是那个时代的公理问题。当其进入编户齐民、世俗政治时代,对其进行祛魅,同样应该从两种德的角度去考量。孟子的论证只涉及仁义,而不涉及礼智。他对义内的论证,也不能完全包容公理的论域。义虽是情感,更是公理。

圣人的神道立教,不限于个体情感的道德,同时还包含着国与国、人与人的交往规范,以及做事情的价值尺度等,儒学在继承这个模式时,后两者也被视为自我的构成。或者说,儒家在继承神性自我模式时,没有对个人道德与社会公理进行很好的辨别。公共空间的交际、是非的准则是公理,不是基于人心的道德。基于人心的道德具有普世性、永恒性,而社会文明的公理则可能因时因地而不同,需要不断地交流、对话、论辩、发展。荀子讲的以仁心说,以公心辨,则对两者作了区分。

事实上,孟子不仅未开出公理的讨论,相反,他也不注重公理的优先地位。《孟子》中有一段他与万章讨论交际之心的文字:

> 万章问曰:"敢问交际何心也?"孟子曰:"恭也。"曰:"'却之却之为不恭',何哉?"曰:"尊者赐之,曰:'其所取之者义乎,不义乎?'而后受之,以是为不恭,故弗却也。"曰:"请无以辞却之,以心却之。曰:'其取诸民之不义也',而以他辞无受,不可乎?"曰:"其交也以道,其接也以礼,斯孔子受之矣。"
>
> 万章曰:"今有御人于国门之外者,其交也以道,其馈也以礼,斯可受御与?"曰:"不可;《康诰》曰:'杀越人于货,闵不畏死,凡民罔不譈。'是不待教而诛者也。殷受夏,周受殷,所不辞也;于今为烈,如之何其受之?"曰:"今之诸侯取之于民也,犹御也。苟善其礼际矣,斯君子受之,敢问何说也?"曰:"子以为有王者作,将比今之诸侯而诛之乎? 其教之不改而后诛之乎? 夫谓非其有而取之者盗也,充类至义之尽也。孔子之仕于鲁也,鲁人猎较,孔子亦猎较。猎较犹可,而况受其赐乎?"
>
> 曰:"然则孔子之仕也,非事道与?"曰:"事道也。""事道奚猎较也?"曰:"孔子先簿正祭器,不以四方之食供簿正。"曰:"奚不去也?"曰:"为之兆也。兆足以行矣,而不行,而后去,是以未尝有所终三年淹也。孔子有见行可之仕,有际可之仕,有公养之仕。于季桓子,见行可之仕也;于卫灵公,际可之仕也;于卫孝公,公养之仕也。"(《万章下》)

这里,孟子陷入了自身的矛盾中,对于有君臣名分的君之所赐,尽管知道所赐之物可能是不义的,但他认为可以接受,并且不用考虑所赐之物是否符合义的原则,所谓"却之不恭"。但如果没有君臣名分,则不能受。对于当时诸侯对他的赏赐，他认为不能受。表面上看，他是在为孔子辩护，事实上，这里涉及在被无知遮蔽的情况下，哪种原则优先的问题。他的主张很清楚，正义原则不是首先要考虑的，尽管在事实清楚的情况下，他选择了正义。

从这个意义上说，孟子的思想受古代的影响更多一些，对于那个时代的潮流没有很好地感知，没有能开出神性自我中所蕴含的公理一面的德。当然，从学理上讲，这不太可能实现。而将公理一面的德也理解为人心、人性的构成，从学理上看，不适合其发展。他的社会制度主张所谓井田，同样不适合那个时代的要求。

事实上，孔子的将两个领域贯通的思路，只有在神性自我的前提上才可能实现，这同样是康德揭示的那个问题，只有神可以做到至善与至慧的统一。圣人也可以理解为神，但他又是人，只有他可以将情理与公理做到完美地统一。而祛魅后的圣人，实践中不存在，孟子的四端自然也不能变成现实。

需要提示的是，儒家的圣人虽只是实践理性层面的存在，但儒家对实践领域作了区分，这种区分仍然可以用康德的框架来理解。虽然二者都是实践问题，但一个是门内，一个是门外，一主恩，一主义，分别对应情理与公理。从前面的孟子与告子的论辩中，可以看出对于门外原则的认知，属于形式方面，而对门内的认知则属于实体方面。孟子之所以能将敬长之义归为内，在于他抓住敬的情感由主体生发这个事实；而告子主张长长之义是门外，因为长幼本身是一个形式问题。二人的出发点不同，所以得出不同的结论。

前文说过，义本身兼具内外，将其认定为内或外，是以社会为基础的。宗法社会中，要求幼者长长，不仅是形式上的要求，还带有情感要求；编户齐民社会中，长长主要是形式问题，并不要求情感也要尊敬。因为长者本身是否值得尊敬，是首先要辨析的问题，越过"无知之幕"，盲目地尊敬，则会陷入非理性。按照康德的理性原则，这两者应该分别进行讨论。

门内与门外实践本是一个好的格局，但遗憾的是，儒家的这个方向没有得到充分展开。当然，即便展开，从学理上也很难贯通。从个人实践上看，孟子本人做到了这一点。他对无德之君与大人都是藐视的，在个人取与上也很谨慎，而他对舜的父亲犯罪，主张窃负而逃。实践中他分得很清楚，但他不甚了解"神性自我"的历史属性，对他所处的时代又未能很好地回应，依然接着孔子的一贯之论讲，所以他的学说依然属于早期的儒家学说范畴。

第四节　先天综合

对于门内与门外的分疏,不同于自然与实践的分疏,自然与实践的分疏,如果实践不包括门内的话,二者都首先属于形式方面的问题,实践中的门内则首先属于实体问题。① 如何将二者结合起来,是中国哲学的主要关切。不过,遗憾的是,中古中国的思想学说,大多是以近乎取消实体,满足不合理的形式来立说,理学也是如此。但在儒学的早期,尤其郭店简的时代,尽管最后没有取得理想成果,当时的学人对这个问题做了认真思考,门内门外的框架即是那个时代确立的。

郭店时代的思考是从理的角度契入的,他们认为主体之情也存在理,郭店简《语丛二》讨论的名数,其实就是这方面的内容:

> 情生于性,礼生于情,严生于礼,敬生于严,望生于敬,耻生于望,利生于耻,廉生于利。
>
> 欲生于性,虑生于欲,倍生于虑,争生于倍,党生于争。
>
> 爱生于性,亲生于爱,忠生于亲。

下面还有十二条类似的梳理,不具引。这个讨论的趣味在于,它从情的角度将门内门外联系了起来。忠、党、廉,都属于门外的问题,这些问题的根源都在于人性。这个讨论虽也认为门内门外可以一贯,但却是从行为主体出发,首先要尊重主体,然后才能做到内外一贯,这与中古学说的思路正好相反。

基于这样一个思考,他们建立了所谓天人之学。郭店简《尊德义》讲,"察者出,所以知己。知己所以知人,知人所以知命,知命而后知道,知道而后知行",其中的"命"不是个体之命运,而是群体之命,因为知己、知人之后方知命,这个命赋给所有人。知己、知人就是要了解人性,所谓"性自命出,命自天降"。这里的人性,至少包括性情与欲望两个层面,而不像孔子与《中庸》将对性的关切集中在性情上。而他讲的"知道""知行",应该就是郭店简中的政治教化思想。这些思想或本于天,或本于人;或本于内,或本于外。作者显然也想解决孔子未能解决的问题,即人性基础与外在秩序如何统一。

这里要注意一点,作者在天人关系上,比《中庸》、孟子都稍进一步。尽

---

① 实体问题意指生命主体的带入,如讲诚、讲诚之、讲真实生命。

管《性自命出》讲"性自命出，命自天降"，讲"四海之内，其性一也"，但讲人文之礼时，又提出了情。据前引《语丛二》，欲直接本于性，但礼则本于从性生出的情，不直接针对欲望，这说明作者同样有将情作为教化人文的基础的思想，人情教化成功，道德德性成立，欲望追求自然保持在适度的标准。

《中庸》没有提出情的概念，也没有对欲望的关切，这是其不及之处。孟子则走过了头，讲仁义礼智，命也，"有性焉，君子不谓命也"（《尽心下》），直接将德性理解为命，这使他同时需要直面欲望，故提出"养心莫善于寡欲"。不论是《中庸》，还是孟子，他们所认识的天人间的关系都显得比郭店简近。郭店简之所以能提出门内门外分治的思想，与他的天人略有疏离的认识联系在一起。只是，他还保留了圣人，在圣人这里，天人依然是一的关系。

《中庸》中的圣人与君子，一为诚者，一为诚之者。诚者终始，圣人自始至终都在道上，所谓道不可须臾离也。君子要成为圣人，则需要用慎独的工夫，保证喜怒哀悲之气发而皆中节。如何保证发而皆中节，本身就是一个问题，因为气质性格方面的差异，不同的人面对相同事件，表达形式不同。要想解决发而皆中节的问题，必须接受礼是因人之情而为之节文的理论。只有在这个理论基础上，才能实现率性之道与发而皆中节的统一。

这里产生一个问题，能够发而皆中节的性，是随机而有差异，还是先天即有定规？后来的理学的解决办法是讲性即理，其落在形气中会有偏差，需要工夫端正它。《中庸》、郭店简的方法有所不同，它们虽然讲性为天命，但没有讲天是否赋予了天理于其中；从慎独的工夫看，依然是依赖于"神性自我"，以达到发而皆中节。只有圣人，可以讲天性自诚。诚之则需要工夫。

更进一步，我们姑且认为圣人是诚者，但也并不必然能推出圣人之性就是天理，因为圣人具备"神性自我"，天然具有日常慎独的自觉。这样讲，并不意味着谓性为天命没有意义，相反，这是对敬天保民政治的理论阐释，古代圣人从事的就是这样的政治，君子要成为圣人，当然不能脱离这样的理论。践履自己的人性，再尽人之性，既是对天的尊重，又是对民的爱护。《中庸》讲"不诚无物"，如果不能尽性，世间一切都没有意义。这里也可以看出中西文化的差异，西洋人讲，思想不能没有内容，而没有思想，文化便失去意义，其指向于知性很明显；《中庸》的指向则是情性。

既然天命的意义不在于赋予性以天理，而在于尊天，前面讲的情之理又该如何理解？这个问题可以用《性自命出》中的一段话来解释，所谓圣人"理其情而出入之"。上引《语丛二》应该是所谓"理其情"，即对情进行梳理。这种梳理不一定反映客观真实，也就是说，其结果不能说是自然情感必然具有的，有些人或许真的是循序渐进地演变，但更多的人可能不是。前面提到戒狄的直情径行,这本是自然的。与直情径行相对,则是所谓"致曲",致曲应该是与理其情联系在一起。直情的表现是大喜大悲,不能自已;致曲应该是遵循理好的情感表达步骤,随礼而动,将每一个细节都表现出来,这也是尽性。

这里还有一个问题值得提出讨论,即礼者理也的命题。前面提到礼有制度、文为两个方面,礼者理也包含两个领域。我们也可以将这两个领域对应于形式与实体两个方面,制度是形式方面的问题,文为是实体情感表达的问题。

现在要问的是,同样的理,是否也可以作形式与实体的区分?尤其是文为之理,概念或是从东方思想中来,但其实质是否可以理解为形式方面的问题?

这个问题,孔子与他的学生曾经思考过。《论语》中子夏曾就"美目盼兮,巧笑倩兮,素以为绚兮"求教过孔子,孔子答以"绘事后素",子夏反问"礼后乎",孔子说"起予者商也,始可与言诗也"。"绘事后素",当从程子、杨时的解释,是绘事后于素的意思,[①]这样理解,子夏的反问才顺理成章。人性本素,礼相当于绘事,孔子说受到启发,实际上他意识到了礼与人性的关系问题。如果文为之为理解为伪,那么礼与人性就没有必然关联。《论语》中子贡与棘子成有一段关于文质的论辩,棘子成认为"君子质而已矣,何以文为",他显然持礼与人性分离说;子贡则答以"虎豹之鞟犹犬羊之鞟",言下之意,质也罢,文也罢,都是自然而生,不是伪装的。[②] 显然,儒家倾向于认为礼与人性不可分离。这也是《中庸》讲曲能有诚的根据。

这里也有一个综合,即将主观对情的理与客观的性之成结合在了一起。这也是基于圣人的综合,圣人是性与神性自我的综合,儒家对礼的践履则是后天的综合。这个综合同样是艰难的,康德没有讨论这个综合,他若讨论,他可能也会说只有神才能做到。《中庸》的君子要付出常人百倍的努力去实践,如果成功的话,最后也是如神。

孟子将礼之端视为天生固有,事实上进行了先天综合。《孟子》中也有成神的论说,"夫君子所过者化,所存者神,上下与天地同流,岂曰小补之哉"

---

① 程子有云:"'巧笑倩兮',美质待礼以成德,犹素待绘以成绚。子夏能谕,故曰'起予'。"(《二程集》,第 1136 页)。《论语集注》该章引杨氏曰:"甘受和,白受采。忠信之人,可以学礼。苟无其质,礼不虚行,此绘事后素之说也。孔子曰绘事后素,而子夏曰礼后乎?可谓能继其志矣。"(引文见《杨时集》,第 1221—1222 页)

② 子贡的譬喻并不恰当,人的好礼,说其是自然的,也只有在神性自我的语境下才能成立,否则就是后天养成的审美习惯,因习惯而自然,而虎豹之鞟则是天然如此。

（《尽心上》），又说"可欲之谓善，有诸己之谓信，充实之谓美，充实而有光辉之谓大，大而化之之谓圣，圣而不可知之之谓神"（《尽心下》）。所存是向内，圣而不可知之是向外，向内可以理解为先天综合的实现，向外可以理解是后天综合的实现。先天综合是礼智根于心，后天综合是万物皆备于我。后天综合以先天综合为基础，所谓性之德，合内外之道也。

这里要说明的是，陆九渊提出心即理，学者或将其溯源于孟子的万物皆备于我，这个讲法并不妥当。万物皆备于我是后天的综合，心即理是先天的综合，二者所言之理不完全相同。孟子的万物不能作万事讲，其当是礼仪中运用的物，只是礼仪模拟天地整体，包容天下万物；陆九渊的理主要是君臣父子等人伦之理。二者不能完全等同。陆九渊也许确实是从孟子这里得到灵感，但他讲的不是孟子的意思。

现在看，无论是《易传》，还是思、孟，都存在综合的问题。只不过，《易传》的综合元素要丰富一些，并且其都是先天综合。而对于思孟来说，有些是先天综合，如孟子将礼智根于心；有些是后天综合，《中庸》的通过百倍努力而成神，孟子的万物皆备于我，都是。

第五节　儒、法综合

古代的心性学说服务于人生实践，而人生实践包含两个部分，一是修身，二是齐家、治国、平天下。在宗法社会时代，家国一体，这个分疏能够成立；到编户齐民时代，家、国分离，遂有门内、门外之别。儒学的发展，也经历了从合并论说人生实践到门内、门外相分别的变化。然前文已指出，门内、门外分治的论说，历史上除了在秦有所实践，整体上讲并没有得到成功展开，根本上讲，当与儒家的宇宙论、与儒家倡导的神道立教的观念联系在一起。

儒家不是天人合一论者，而持天人一的观点，尽管他们对二者不作区分。张载讲"因明致诚，因诚致明，故天人合一"（《张载集》，第 65 页），这其实是天人一的表达。通过前面的论述，可以看出，这可能不是真正的宇宙论上的天人一的问题，[①]而是天人综合的问题。儒家离不开这样的综合，没有这个综合，神道立教就难以成立。神道立教要求存在一个综合人神的圣人，没有这个圣人，谁来替神立教？圣人是儒家的典范，这种综合始终是儒家的追求，无论是孔子，还是思、孟，他们都追求这样的综合。没有这样的综合，不

---

① 真正宇宙论意义上的天人一，实际不存在天人关系问题，如庄子的观点。

能成其为儒家。然随着时代的发展,圣人终将被祛魅,孟子的四端,就是祛魅的结果。不过,四端说中依然有综合,包括先天与后天的综合,实质上还是天人的综合。

在世俗政治年代,孟子的综合显得很苍白,以礼治国治民事实上已经破产,这是孟子未及深思的地方,也是儒家自身理论的困境所在。荀子试图摆脱先前理论的困境,在法治时代继续发展儒家,但他依然不能摆脱儒家的综合情结,他的礼法理论仍然存在着综合,依然是天人的综合。尽管他讲天自天,人自人,他的礼法的制定者还是圣人,这个圣人还是要届于神境界。《儒效》篇讲,"曷谓一? 曰:执神而固。曷谓神? 曰:尽善挟治之谓神。万物莫足以倾之之谓固。神固之谓圣人"。《儒效》还讲到调一天下的大儒,这种人跟神没有什么区别:

> 大儒者,善调一天下者也,无百里之地,则无所见其功。……用百里之地而不能以调一天下,制强暴,则非大儒也。彼大儒者,……齐一天下而莫能倾也,是大儒之征也。其言有类,其行有礼,其举事无悔,其持险应变曲当,与时迁徙,与世偃仰,千举万变,其道一也,是大儒之稽也。……通则一天下,穷则独立贵名,天不能死,地不能埋。
>
> 法先王,统礼义,一制度,以浅持博,以古持今,以一持万,……张法而度之,则晻然若合符节,是大儒者也。

前一节引文最后讲"天不能死,地不能埋",与《中庸》讲的与天地而为叁的圣人,没什么区别。只不过,《中庸》是从尽性的角度立论,荀子从制定制度调一天下的角度讲,一是由己及人,一是由外约内,舍不得放弃综合则一致。

从表面上看,荀子关于善与治,都是从形式的角度立论。"凡古今天下之所谓善者,正理平治也"(《性恶》),这里善与治是统一的。也就是说,这个善与孟子讲的性善不是一回事,而与亚里士多德的政治之善接近。仁义在孟子那里属于根植于人心的良知,在荀子这里则属于具有可知之理的行,所谓"仁义法正有可知可能之理"(《性恶》)。可以看出,荀子与孟子正处于相反的地位,将仁义划归到了后天认知与实践的范畴,划入他所谓"伪"的范畴。这样看,荀子就不存在综合的问题。

荀子的有些表述,显示他好像有综合,他说"性伪合,然后圣人之名一""性伪合而天下治"(《礼论》),他解释性为"生之所以然者""天之就也"(《正名》),又讲"人之性恶,其善者伪也"(《性恶》)。仅仅这样看,这里依然看不出所谓综合，性伪合可以理解为后天学习的追求。

真正的问题不在这里，荀子的综合，体现在他将对特定的伪即儒家的礼的认知能力，视为人天生所固有的。所谓"是非知能，材性然也"（《荣辱》），所谓"涂之人也，皆有可以知仁义法正之质，皆有可以能仁义法正之具"。这里他提出"材性"的概念，只要通过学习，涂之人皆可以为禹。

与早期儒家相比，荀子虽然祛除了性善的学说成分，但却将圣人基于性善所制定的礼先验地保存下来，"公输不能加于绳，圣人莫能加于礼"（《法行》）；而他也多次将礼与规矩权衡作类比，这显然是受了法治思潮的影响。问题是，儒家的礼不具有规矩权衡纯形式的特征，作这样的类比本身就带有了综合，其将尊卑贵贱等社会差别视为纯粹的公理，将实质性的差别归为形式的范畴。为了使礼得到实现，君子要努力学习，因为每个人都具有习得这种礼的能力。这里实际上进行了先验综合，只不过没有综合在情性中，而是综合在了知性里。儒家之礼本因人之情而为之节文，情性是基础，但荀子的人情是恶的，不能顺应其来制礼。相反，人性本身需要治理，诉诸知性是必然选择。

早期儒家基于心性构建他们的社会政治理论，其指向于正，这在政治社会发展尚未达到一体的时代是合理的。但当社会发展逐步走向一体，社会治理问题凸显出来，形式上的公平问题越来越受到重视，法家以规矩权衡作类比，它们在形式上都是公平的。在这样的背景下，早期儒家的由己及人的思路，现实中无法展开，这应该是荀子转向于由外约内的思路的社会根源；而法治思潮的兴起，则为他提供了思想动因。

然儒家的综合特征，决定了荀子不可能成为纯粹的法家，他的礼法也不完全是公理。如果笔者关于汉代《二年律令》是文法或礼法的判断可以成立的话，其立法基础是现实社会中有差别的人，其必然要赋予特殊的人以特权，这显然违背了基于自然人立法的公理。

从这个意义上讲，荀子思想是孟子之后儒学的新的发展。但问题是，为什么不能既保留孟子的良知说，而同时接受法治思潮的助力呢？这又回到了前文讨论的话题，即人性的构成不是单一的，良知说以情性为主体，法治思想是以公理为追求目标，而公理的获得基于知性，并且排斥情性。欲调和二者，门内、门外是最理想的建构。

一个人想要同时将情性与知性结合起来，本身就需要一个综合。这个结合实践中可以做到，因为实践只是选择问题，理性可以帮助判断门内与门外。然结合不等于综合，欲打通二者建构学说理论，则很困难。建构理论需要的是概念的明确性、逻辑的一致性，圣人究竟是建基于情性，还是建基于知性,或者说,圣人究竟是善者,还是智者,也需要界定。将善与智作综合,基于神性自我可以成立,因为其本是神与人的综合。祛魅后的圣人,要求其同时做到善与智,必然会有情性与公理的冲突。孟子讲的舜父犯罪,其选择窃负而逃,实践中没有问题,但其同时也失去治理的权能;没有位,便不能制礼,智便不能显示出来,儒家的圣人典范中没有这样的先例。所以,无论是孟子,还是荀子,他们只能选择一个方面作为圣人的基础,孟子选择了善,荀子选择了智。

《礼记·礼运》关于礼的理解与荀子很接近,其言:

> 故圣王修义之柄、礼之序,以治人情。故人情者,圣王之田也,修礼以耕之,陈义以种之,讲学以耨之,本仁以聚之,播乐以安之。故礼也者,义之实也。

所谓人情,即喜怒哀惧爱恶欲,其中欲恶又为心之大端,这与荀子的性恶论旨趣一致。其中还讲,"礼达而分定,故人皆爱其死而患其生",与荀子的"礼者,法之大分也",意思也相通。这里要注意的是,欲被视为人情的构成,与郭店简直接以欲生于性的认识有别。其所以有这个差别,在于这里作者并不以情之实践作为德性生成的基础。情之于礼在这里不是实体与表现形式的关系,而是材料与方圆规矩的关系。前一种关系旨在个体德性的养成,后一种关系旨在社会秩序的构建。前者需要先天综合,后者则需要后天综合。

《礼运》讲礼本于太一,荀子讲以归太一(《礼论》),都重视太一。太一高于天地,从形式上看二者似乎也可以归为天人综合,与正宗儒学的综合只是先天、后天的不同,然究其实则否。太一虽高于大地,似乎兼具天地特质,然以其强调分来看,实本于地。人的社会身份的差异,根源在于所从事的生产不同,所谓四民分治是也。而生产的不同,追根溯源,又是由不同的地理环境决定的。法治主分的思维,从宇宙论的角度看,是属地的。他们所以诉诸太一,当是因为天尊地卑已为传统,并且事实上他们也关注正宗儒家讲的礼,超越天地的太一,就成为他们学说的根源。太一是外在的,而正宗儒家的天经综合后是内在的。

这似乎是提示我们,同样是讲礼者理也,从制度与从文为的角度契入,实际上也会得出关于人性的不同认识。从文为的角度讲礼,君子就要理其情,以合于礼。而理其情要靠自我,所以必然要求良知的存在,由尽性的角度发展出去,孟子的良知说是必然结果。而良知,君子谓之性,就是性善论。

从制度的角度论礼，礼就是要确立边界，限制人情之欲恶的越轨，自然就是性恶论。前者解决的是情性实现的问题，后者解决的是公理问题。想要同时讲这两方面，冲突不可避免。

《礼运》作者应该已身处世俗政治年代，在古典的宗法社会中，社会治理同时也是门内问题，公理问题主要体现在族群之间的关系上。编户齐民时代，社会治理开始凸显。这个时代，讲礼者理也，应该是从制度、外王的角度进行立论。制礼本于天下公理，而非本于个体人情。

荀子从儒家的立场，讲礼法，讲圣人制礼，实现了一个新的综合，所谓文理与公理进行综合。这种综合的结果，必然是君主的权力愈来愈强。随着法律儒家化的完成，社会治理的公理色彩越来越淡薄，传统中国政治实践的基本轨迹大致如此。

理学的产生，很大程度上是与这种政治实践联系在一起的。当文理与公理混淆，三纲五常成为公理，《易传》的穷理尽性以至于命，自然成了对于天命之谓性的新的解读。性即理，通过格物穷理，强化道心，回复本性中的天理。格物的目的就是为了穷理，只有穷理方可实现内圣，做到尽性。这是朱熹的理论。这种穷理，在笔者看来，比讲感应的学说，后果还要严重，感应多少带有随机的特色，如果不能感应天理，也还无害；穷理的危害很大，它要求人主动去追求天理，而这个天理是经过三重综合的天理——情理、公理、自然之理，实际上构成了束缚人的情感、思想、灵魂的超级绳索。近代的反传统，就是这个超级绳索物极必反的结果。

综上所述，运用康德哲学的综合理念，可以更清晰地把握中国古代心性学理论与实践的特征，情与理、善与慧、门内与门外等原本有清晰分疏的论域，都被综合在一起。基于不同的文明，不同的思想家进行了不同的综合，有先天综合，有后天综合，先天综合体现在德性中，后天综合体现在知性中。不同类型的圣人，内含着不同的综合。不过，先天综合可以与后天综合并见于一种学说，孟子既讲良知固有，又讲万物皆备于我；荀子既讲涂之人可以为禹，又讲"文理情用，相为内外表里，并行而杂"（《礼论》），都是先天后天具备；而理学的情理、公理、自然之理的综合，实际上又进了一步，两种综合通过一个概念来体现。

结　语　礼法与哲学:东西方的比较

哲学与礼法的关系,无论是中国,还是西洋,在古典哲学中都是一个老问题。中国,正统儒家推崇孔、孟,贬抑荀子;西洋,大家讨论苏格拉底悲剧,关注柏拉图的《王制》与《法义》,反映的都是哲学与礼法的关系。但无论是研究中哲还是研究西哲的学人,都忽略了一个问题,即在中国,西洋哲学所表现出的哲学与礼法的冲突,在中国哲学中分属于不同的哲人。

第一节　向上与向下

首先要指出的是,苏格拉底悲剧与柏拉图从《王制》到《法义》的变化,反映的其实是同一个问题,即哲学与礼法的冲突。

关于苏格拉底悲剧,不在于苏格拉底之死,而在于按照他的哲学,他无法选择逃离。也就是说,其中呈现出的虽是哲学与礼法的冲突,但根本上讲,二者之间又是统一的关系。雅典人控告苏格拉底败坏青年,亵渎神灵(柏拉图《申辩篇》),因为苏格拉底希望通过哲学论辩,帮助别人获得真实意见。而苏格拉底自己认为知识属于神,人只有获得真实意见,才能接近知识,接近神。他并不贬低神,更谈不上亵渎,只是用他的方式帮助别人接近神。① 这当然是一个悲剧,因为雅典人并不理解苏格拉底哲学的真实用意。对于雅典人的无知,苏格拉底却没有选择逃离,因为他若逃离,则背离了他所信奉的哲学(柏拉图《克里托篇》)。他的哲学原本是服务于法律的,在宇宙观上,二者统一。这一点,后来的柏拉图与亚里士多德都明确讲了出来,所谓理性即法律。

哲学论辩,据苏格拉底或者柏拉图的理解,都类似于工匠造物,心中都存在着理念或范型(所谓回忆说),论辩的目的是将不真实的多余的部分去除掉,无法去除的、剩下的就是真实意见。这个理念或者范型就归属论是属

---

① 苏格拉底所欲接近的是作为典范、掌握真理的神,而雅典人控告他亵渎的神是受城邦祭祀的神。郭小凌先生指出,"引进新神"之新神,就是人自身的理性。说见刘家和主编,《中西古代历史、史学与理论比较研究》,北京:北京师范大学出版社2013年版,第491页。

神的,哲学论辩的过程,就是接近神的过程。这种接近神的方式,从宇宙观上讲,属于工正型的宇宙观,也就是通常说的,哲学是从思考工匠大神德穆革开始的。

法律的根源也是神,德穆革造物时,同时为这个世界立了法;规矩权衡是造物之具,同时又是造物之法。范型是造物的形上参考,同时又是法之根源,哲学与法具有同源性,只不过一个向上,一个向下。苏格拉底的悲剧在于,大家还不能理解向上的哲学,而用向下的法律罩住了苏格拉底。苏格拉底要摆脱悲剧的命运,他只能选择放弃神,放弃自己的哲学精神。他的理智的诚实,决定了他做不到这一点,只能接受悲剧的结局。

柏拉图的《王制》与《法义》同样是向上与向下的区别,《王制》中的哲人王,是向上与神合一的人,他能"看到"理念,从意见的世界中摆脱。哲人王的统治,不需要很多的法律,他能够为其他人分配好一切。[①]《法义》中,哲人王退出,柏拉图又回到现实世界中。理论上讲,法律源于神,合乎人内在的神性,立法的目标是德性。[②] 后来康德讲德性就是遵守法律的意愿,遵守法律就是养成德性。

今天研究儒学的西洋学者认为,西洋人认为遵守法律就可以了,不如儒家做人的要求高,其实遵守法律以培养德性是西洋学术的传统,德性即知识,与儒家讲的德性不是一回事。

儒家讲的德性,主要是指基于性情的善,即仁义,他跟西哲讲的以理性为核心的德性不同。在柏拉图与亚里士多德的观念中,性情低于理性高于欲望。儒家同样认为,遵守礼法是培养德性的途径,只不过,这里儒家体现出比西哲复杂的面向。早期儒家讲的遵守礼法培养德性,其对礼的理解是因人之情而为之节文,礼本服务于培养性情。儒家也认为,礼是基于人内在的德性,但这个德性不是理性,而是性情之德,即所谓"文德"。

但儒家还有另一种论述,即荀子关于礼法的认识。对于荀子来说,遵守礼法同样是培养德性,但这个德性不同于早期儒家的性情,而是善的积累。其与前者的区别在于,前者承认德性可以内在,是天赋,而荀子的德性是后天培养,所谓积善为德。但他与早期儒家又有共同点,其表现也是善,只是这个善更接近于西哲的共同体之善。

---

① 哲人王的政制,当即《政治家篇》中提到的第七种政制,但柏拉图未言明这第七种是什么,换句话说,柏拉图对于哲人王政制是否可为一种确定的政制类型,并不确定。

② 施特劳斯疏解《法义》,讲到"我们的整个立法必须着眼于一个目标,这个目标便是德性",见其著《柏拉图〈法义〉的论辩与情节》(程志敏、方旭译),北京:华夏出版社2011年版,第182页。

与西洋哲学相比，儒家的哲学与礼法也有向上与向下的路径分疏，但都有限。儒家以性情为德性之基，这决定了他不可能有属于神的知识问题。儒家圣德的典范是神与人的综合，无论如何向上，他不能脱离人。向下同样也有限，法律运用不是确定的，同样受人的制约，所谓八议，即是考虑人的特殊情况对违法者从宽从轻处罚。不论是向上还是向下，儒家讨论的出发点都是社会中具体的人。

礼法与哲学关系所体现出的西洋合一、中国二分，主要是在法律功能的理解上。西洋哲学将法律培养德性与法律治国结合在一起。苏格拉底的悲剧是后人的观察，这个悲剧所反映的其实是苏格拉底的德性，他不仅有哲学智慧，还有遵守法律的意愿。只不过他身处的是哲学刚刚开始觉醒的时期，是那个时代造成了他的悲剧，而不是他自己。柏拉图的《王制》与《法义》其实也是统一的，有的只是宇宙观上的不同，在对法律即理性的认知上则并无差异。

儒家哲人在对法律的培养德性与治国功能的认识上不统一。表面上看，在荀子的思想中，礼法既可以培养德，又可以治国，但这个德不能成为真正意义上的德，它不是内生的德性，而是以对外在秩序的服从为德性，是以实现合乎理性的欲望满足为德。根本上讲只是对自己的欲望的处理问题，而不是德性问题。在欲望的满足上，荀子认为只有一个人可以得欲，即君主或者圣人。君主与圣人可以得欲，并不是说君主或圣人可以无限制满足自己的私欲，而是说礼法的根本目的是为了治国，而国为君主所有，只有君主的个体追求可以做到与礼法在功能上的统一，这与德性也没有关系。

礼培养德性，前面已论，指的是早期儒家讲的礼，那个礼基于人的性情制定，习礼可以培养性情。但这种培养性情的礼，不适宜用来治国，而只适合用于治家治乡。对于早期儒家来说，家是培养德性的基础，所谓幼吾幼、老吾老，都是从家开始，没有这种对自己家人的爱，怎么可能会爱其他人。周人宗法制度，把治家的原则推广到治国，成为《大学》修齐治平的基础。这里的治国，并不是真正意义上的治理，更多是古典意义上的正。治家原则推广到治国，国不可能治好。荀子的礼法讲治国，他不重视家，应该说是合理的。

这里要注意一个问题，儒家对于礼有一种界定是礼者理也。这个理不能与西洋讲的理性完全等同，它首先在治理国家的意义上使用。对于儒家来说，国家的道理首先是尊卑长幼之序，所以荀子虽不重视家，但家庭成员如果状告家长，则要判处死刑，所谓可杀而不可使不顺。西哲讲的理性首先是个体灵魂所追求的理性，城邦的建构，也是从理性的意义出发，这或是西洋政治学将民主政治同样归为自然选择的理据。正是因为有这样的基础，西哲的礼法与哲学才获得了统一，法律既可以培养德性，又可以治国。

儒家则家国二分，对应的学术宗旨也不相同。尽管古代学人试图将二者统一起来，但统一的结果很不理想。以荀子而论，不仅是德性在他的理论中没有位置，社会治理需要的理性也没有得到应有的地位。他赋予君子齐法教不及的权力，表面上看，弥补了法律与理性之间可能的脱节，但实践中则预留了官吏徇私舞弊的空间，本身违反理性原则。

我们知道，柏拉图《法义》所讲的法律有很多风俗性质的内容，后来孟德斯鸠《论法的精神》也从风俗开始讲起，荀子的礼法观念，其中也有很多属于礼仪性质的内容。表面上看，二者很相似，但仔细辨析，其实有很大差别。风俗具有培养德性的作用，早期儒家也很重视风俗的意义，风俗入法并不违背西洋哲学与礼法统一的精神。荀子的礼仪入法，与此不能相提并论，荀子的礼仪并不为培养德性服务，其服务于构建尊卑长幼的为政之体。

礼仪仪表服务于政体构建，理论上讲，与早期儒家的以德性作为得正的基础不同，其是以形象作为得正的基础。这里的形象对应于治，对应于理，其中没有人性文明所倡导的积极灵魂。相反，人心需要从形象习得理，习得仁义法正。形本是生之充，德为形之基础，因为国家治理的需要，荀子对其进行了翻转，这是区别荀子之礼乐与孔子之礼乐的关键。

如果将哲学与礼法的关切分疏为灵魂、正、治三个层面，古代中国则存在分疏，早期儒家关注前两项，荀子关注后两项。法律儒家化以后，表面上看是三项都关注，实践中的效果只是中间一项。

第二节　宇宙观基础

从前文的讨论看，在礼法与哲学的关系问题上，存在着中国古代二分的现象。这种二分现象可以进一步追溯到宇宙论的层面上。

如果说早期儒家的礼是因人之情而为之节文，西洋的法律便是因人之理性而为之节文。[①] 法律不从人出发，因为人的理性来自于神。法律为城邦

---

① 摩根斯·赫尔曼·汉森在论雅典民主时有这样一段话，"雅典民主有一个原则，就是任何公民都不得在未经审判的情况下被判处死刑。这本是个非常好的原则，但由于有'十一人'不经审判就判死重罪犯人的做法，使得该原则多多少少被打了折扣；在这方面，雅典人的行为方式与其他许多社会的传统秩序一样，通常将小偷和强盗视为属于社会最低层，这些人只配得到最少的法律保护，因此他们受到的法律制裁往往也最为严厉"。见其著《德摩斯提尼时代的雅典民主：结构、原则与意识形态》(何世健、欧阳旭东译)，上海：华东师范大学出版社 2014 年版，第 257 页。

服务,城邦各有其神,这或即是最初的自然法。① 当然,自然法精神还表现在法律的公平公正性,在宇宙观上所对应的是负责不断生成的工匠大神德穆革。工匠处理的是物,人之于神也是物之一种,当用法律来界定人的边界时,人人都平等。

早期儒家的宇宙观没有"一",但在养成德性上则有"一"的问题,所谓一心、一意,所谓慎独,这不难理解。在向上的德性修养上,儒家是有限的,并不完全脱离人走向神,其所追求的典范是神与人的综合。这个综合转化到实践层面,也是"一",某种程度上也可以视为宇宙观中具有永恒性的存在,但它不是自然宇宙观,而是人本宇宙观。从这个"一",生成了早期儒家的德性规范。在这个宇宙观中,负责不断生成的不是工匠神,而是人自身,主要是圣人。

在重视向下的荀子中,有明显的宇宙观的痕迹,他讲"贵本之谓文,亲用之谓理,两者合而成文,以归大一"(《礼论》),这里他将成文与归太一联系在一起。太一是宇宙论词汇,相当于永恒性的存在。表面上看,这个宇宙观与早期儒家的人本宇宙观很相似。

前面讲的"一",也可以换成"文",所谓文德,原是其他一切德行的根源。柏拉图讲德性,认为有"一"与"多"的分疏,早期儒家的"文",就相当于"一"。当孔子讲"文王既没,文不在兹乎",他讲的"文"恐怕不是所有文化,而应该是作为"一"的"文"。但荀子使用"文",已经对其内涵作了重新理解,他说"贵本之谓文",所谓"本",也就是"礼三本"的"本",所谓"天地君亲师",也就是说他将早期儒家讲的具有本体意义的"文",转化成了人伦关系。这里顺便说一下,近世中国学人将中国文化的精髓理解为重人伦,其实不准确也不完整,当然也不能说错。视人伦为本,是荀子的思想,是与他对礼的认识联系在一起的。真正的本,应该是早期儒家讲的"文",重人伦只是"文"的表现。

荀子不仅改变了"文"的实质内涵,同时在宇宙论中又增加了"理"。理是亲用,与贵本结合,所谓"伦类以为理"(《臣道》)。理是礼法的生成依据,其与贵本之文结合,仍是"文",而其内涵进一步扩充,可以归于太一。这跟柏拉图宇宙观中一与德穆革的结合类似。但与柏拉图相比,荀子显然少了"善",柏拉图宇宙观的太一是三合一,荀子的是二合一。出现这样的差异也不难理解,因为善在荀子的理论没有地位,甚至可以认为,他的理论是无善开始的,解决的是欲望层面的问题。

---

① 古希腊的自然法与神法究竟有无区分,目前所知还很有限。

荀子在个人修为上也有"一"的判定，所谓尽善挟治谓之神，执神而固谓之一（《儒效》），这里的善不是先天的德性之善，而是实践追求的礼法之善，也就是物欲相持得其中。能解决所有人的物欲相持，实现天下大治，可谓神；能将这种状态保持并固定住，谓之"一"。达到"一"的状态，也就是归于太一。这在形式上与苏格拉底讲的能够将真实意见固定住，也就是知识，同时个人也成为神，十分相似，只不过荀子从礼法的意义上讲，而苏格拉底从德性的意义上讲。

在西哲中，向下的法律只有绝对服从，虽苏格拉底也不能例外，这是西洋文化自古以来的传统。面对法律，没有成神的问题。苏格拉底也没有突破法律的意思，他突破的其实是产生法律的方式。雅典人以民主的方式制定法律，苏格拉底提出应该用哲学论辩的形式制定法律。① 如果真存在柏拉图讲的哲人王，民主就不必要。荀子讲的圣人，类似哲人王，所以他有归于太一的问题。

这中间，中西学术存在着巨大的分野。西洋，或者由可以通神的哲人王来统治，或者取消哲人王的地位，选择法治。中国，不管是讲德性，还是讲礼法，都是圣人的统治。其所以出现这样的分野，根本上还在于向上与向下是统一还是脱节的问题。西洋，向上与向下统一，均以神为旨归，要么向上，要么向下，人没有多少选择的余地。中国向上与向下，说起来都是以人为中心，但向上与向下的出发点并不相同，向上为求德性，向下的着眼点则是欲望。因为这种脱节，事实上解决了向上与向下的内在理论上的冲突。

一般说来，能向上的总是少数人，而向下则要面对多数人，其间必然会发生冲突，苏格拉底就死于这种冲突，今天读《王制》与《法义》，也会觉得其中有冲突。这样讲，并不是说中国的理论就好。尽管向上向下选择了不同的立足点，消解了少数与多数的冲突，但君主制在理论上，无法摆脱圣人神性，不论向上还是向下，立法的圣人都要有神性才行。没有神性，立法不可能尽善。当然，荀子在圣人、大儒之外，还期待君子都能加入到统治队伍中来，以齐法教之所不及，但这只能是良好的愿望。

荀子的归于太一，并不意味着其与柏拉图哲学一样具有原子论的基础，其以人伦为一，意味着其关切的不是个体的人，而是达成伦理关系的

---

① William J. Prior ed. Socrates-Critical Assessments（Ⅱ）：Socratic citizenship，London and New York，pp. 69—70，转引自余友辉，《修辞学、哲学与古典政治——古典政治话语的修辞学研究》，北京：中国社会科学出版社 2010 年版，第 127 页。

群体。这里就可以理解古代法律的家族连坐、乡里连坐的规定。这种宇宙观同样也是后来的朋党政治与派系政治的基础,只不过后来的政治可以超越法制,已经背离了荀学的精神,这是宋以后政治文化的进一步变化造成的。

荀子的思想,与《礼运》讲的礼必本于太一,宇宙观相同,圣人不可以超越于礼之外。圣人所获得的只是制礼的智慧,但礼并不是由他所出,礼由天地四时而出。这里,圣人作为生成者,与早期儒家中作为礼的生成者的圣人不同。早期儒家的礼是规约人的情性的礼,是向上的礼;荀子的礼是规约人的欲望的礼,是向下的礼。早期儒家与荀子的思想学说的差异,可以在宇宙观的意义上体现出来。早期儒家是人本宇宙观,而荀子则近于自然宇宙观。前者对于人是向上的生成,后者对于人是向下的规约。规约人的情性的礼可以以己为尺度,而规约人的欲望的礼则不可以己为尺度。

人的情性走向德性的基础相同,而建构人的欲望秩序的基础则不相同,这是早期儒家的"一"在自身,而荀子的"一"在外部的根据。内在的"一"是引导情性向上为德性的基础,外在的"一"则是对各个个体提出规约欲望要求的根源,也是社会和谐的结果。正是因为太一是社会秩序的根源,也可以说是结果,所以荀子将"文"视为人伦,社会秩序某种意义上可以视为伦理秩序。而早期儒家以"文"为德性,所以他们讲的"一"在人自身。

中国的二分的宇宙观,虽然消解了少数与多数的内在冲突,但早期儒家向上的实践,永远只能是少数人的事情,而荀子向下的实践,也永远是少数人的事情,其中没有对个体德性的关切。向上的持续向上,最终发展出所谓内在超越的理学。向下的永远向下,最终是法制崩溃,社会革新必须以暴力推翻整个社会秩序来实现。而暴力之后的社会重建,依然不能走出这个怪圈。向下无法为向上提供保障,向上也无助于向下。

第三节　道家、法家与黄老

据前所论,在历史的发展中,中国礼法与哲学的二分,两者间的距离会越来越大。不过,儒家所表现出的二分不是中国古代礼法与哲学的唯一结构,中国古代还存在着另一种礼法与哲学的组合,即道家哲学与法家法律的组合,只不过这个组合存在的时间很短暂,加之材料有限,不易引起学者的注意。

如所周知,韩非有《解老》《喻老》,他显然是将自己的学说追溯到老子,这事实上构成了道家哲学与法家的结合。这个组合与儒家的向上与向下的结合比较，其相背离的特征不是十分明显。一般认为，法家对人性取性恶说，这是似是而非之论。在秦律中有将不仁其上、不仁其邑里视为犯罪的法律条文，有举孝廉的法律，也就是说，法家的法律并非没有对于人性的关切，这个关切也是偏向于向上。商鞅讲"法所以爱民，礼所以便事"，这个讲法也很有趣，法是为了爱民，联系"以法为教"的理据在于以法定名分，这与早期儒家的理论有一些类似。如果再联系秦刑徒制具有身份法的特征，名即是身份，那么秦人的法律确实也可以理解为是从个体出发，有对个体的关切。①

当然，这并不意味着秦人不考虑整体原则，前面提到法律的乡里连坐就是这种法律，这应该是他讲的礼所以便事的原则的体现。这里的礼，当从礼者理也的解释，而不是因人之情为之节文的礼。如果按照前文的分析框架，秦法中，儒家的向上与向下的原则都有反映，它既为有限向上立法，又考虑向下的目的。也就是说，秦法把儒家表现出的二分统一起来，把国家治理上的个人本位与国家本位统一起来。

但这种统一，其宇宙观的基础不甚明晰，它既需要内在的"一"，又需要外在的"一"。而老子哲学恰好具有这样的宇宙观。老子讲天得一以清，地得一以宁，侯王得一以为天下正；同时又讲道生一，一生二，二生三，三生万物。前者承认有内在的一，后者承认有外在的一。

按照前文的分析框架，老子讲的两种"一"，在内涵上应该有差异。内在的一应该从人格情性的角度去理解，外在的一应从理的角度去理解。从前引文看，也确实存在这种差别。清、宁、正，都属于事物性状范畴（都是基于人的认知）；而一生二、二生三、三生万物，讲的是生成之理。当然，与儒家的组合比较，这里的性状与理，与儒家讲的情性与理，在内涵上具有差别，这个差别就是儒与道的差别。这个差别，可以追溯到儒家重魂、道家重魄的差别上。重魂是积极的向上，而重魄则是消极的向上。秦法所谓不仁，是从消极的一面讲的。从生成之理上看，儒家也是积极的，"伦类以为理"，其重伦理的特点很明显；道家的生成之理更具自然色彩，当然也更消极。

与儒家具有二分现象相比，道家与法家的组合，不具有明显的二分，其宇宙观至少表面上看具有统一性。老子的道包含精与象两方面，象与形联系在一起，与现实的法制联系在一起；精与万物自生自为形名联系在一起。

---

① 秦人立法关切德性，与古希腊的全部立法活动都是旨在德性，仍有差距，这是因为各自对德性的理解有差异。简单地讲，因为人性与理性的分离，秦人的立法主要是在国家事务中表现出理性，其对人性关切的法律，形式上独立于国家事务法律之外。而又因为人性与理性强对称不可实现，秦人的人性关切限于基础人性。古希腊人将人性置于理性之下，以自由为核心关切，故其能做到立法指向于德性。

因为理性的不足，道法家虽试图将两者统一，但事实上不能统一。

　　但在道的统括下，二者又共生在一起，这对皇帝提出了很高的要求，国家理性几乎依赖于其一人之决断。这种模式很容易强，也很容易崩溃。以此观察秦法，虽然在立法上有民主精神，执法上也很严格，法治程度很高，但向上的问题则很突出，德性上消极，只追求基本人性；理性上则诉诸所谓朴。《商君书·定分》讲法吏（笔者判断是内史属官），"朴足以谓天下正"，将对于天下正理的认知建立在人性朴素的基础上，用今天的话讲，主要是建立在直觉的基础上，所谓性静动直。我们不排除形名之学中哲学论辩的内容，在司法实践中确实也存在类似哲学论辩的推理，但道家的宇宙观并没有为解决向上的问题提供基础。

　　柏拉图的宇宙观，特别重视制作、技艺这些内容，这些内容实际上构成了哲学论辩的宇宙观基础，哲学论辩本质上讲也是一种技艺，逻辑是其法则。墨家讲形名，法家也讲形名，但道家反形名。也就是说，实践中，哲学论辩得到了运用，但在对应的宇宙观中没有地位。最明显的讲形名的宇宙论文本上博楚简《恒先》，笔者判断也反形名。① 其所以如此，是与道家哲学在根本精神上的消极性联系在一起的。形名服务于认知，而道家哲学最终是要复返，并且复返的状态是非认知的，带有反智的特点。

　　毫无疑问，道家与法家构成的哲学与礼法组合，存在着理论与实践的脱节。尽管它解决了儒家的二分问题，但理论与实践的脱节同样无法实现社会文明的持续发展。性静动直的理论本身在逻辑上不能自洽，因为性静不必然导致动直，性静的立足点是情性，动直的基础则是理性，只是因为情性要求不强，容易与理性实现沟通罢了；再者，这里的动直是在社会治理的意义上讲的，所以在特定历史情境中两者可以实现统一。而当天下统一实现，皇帝要发展个人情性，其与理性的冲突就会暴露。秦之急法，以及量刑的加重，今天看都是非理性，而这个非理性的行动源于个人意志情性的膨胀。个人意志情性的膨胀，本身即背离了老学的宗旨。理论根基不在，实践自然会出问题。

　　早期儒家与荀子虽然二分，但他们在各自学说的逻辑基础上一致。早期儒家立足于情性向德性发展，荀子运用理性限制欲望，建构社会秩序。从这个意义上讲，儒家的学说比道家、法家的组合更合理。只不过，后来的法律儒家化，同样陷入了学理上的紊乱。

---

　　① 参拙文《〈恒先〉思想探微》，收入江林昌等主编，《中国古代文明研究与学术史》，保定：河北大学出版社 2006 年版。

从学理结构上看，道家自身不能构成向上与向下的完整链条。老子讲"失道而后德，失德而后仁，失仁而后义，失义而后礼"，礼即法，按照这个逻辑，遵守法并不能导致得道，守道也无须法。欲构成完整链条，必须有法家的参与。秦法惩治不仁，与孟子的礼是节文仁义二者的讲法可以联系起来，从而构成法辅助道德的环节。但前面讲过，这两个学派在形名认识上根本对立，从学理上讲，放在一起并不合适。

笔者曾提出，秦政的学派基础或主要是黄老学，汉初重视黄老是秦的延续。而从学理上看，黄老确实解决了道家与法家无法连结的问题。马王堆帛书《黄帝四经·经法·道法》开篇讲"道生法"，改变了老子从道到礼的渐次丧失的生成次序。将法与道联系在一起，实际上意味着遵守法律是道的要求。所以帛书讲，"执道者，生法弗敢犯也，法立而弗敢废也。□能自引以绳，然后见知天下而不惑矣"。执道者又是生法者，因为法本于道，而不是本于人，所以生法者自身也必须服从法，否则便不能说是执道者。秦代皇帝也要遵守法律，反映的正是这种学理主张。

既然将道与法建立了联系，那么黄老必然不会反形名，但他也不能像法家那样重视形名，所以他对于形名的主张就很值得注意。《道法》讲：

> 见知之道，唯虚无有。虚无有，秋毫成之，必有形名。形名立，则黑白之分已。故执道者之观于天下也，无执也，无处也，无为也，无私也。是故天下有事，无不自为形名声号矣。形名已立，声号已建，则无所逃迹匿正矣。

这里将形名理解为万物之自为，避免了偏向于道或偏向于法所必然导致的理论上的失衡。法主事，必须依赖于形名，所谓"天下有事，必审其名"（《道法·名理》），"欲知得失情，必审名察形"（《经·十大》）；而执道者的心智如果积极投入到形名之学，又必然坠入现象界之中，从而导致对于无形无名的虚无形世界的脱离，而虚无形，是现象界的根源。这个两难的结果，就是让物自为形名。只是，这样的推演，又与现实的"皇帝作始，端平法度，万物之纪"（秦始皇琅琊刻石）相冲突。这依然是一个不成熟的理论。①

---

① 柏拉图《克拉底鲁篇》讨论名称的正确性，讲到"事物拥有符合其本性的名称，并非每个人都是制造名称的工匠，而只有那些能够看出每样事物符合其本性的名称的人才是名称的制造者"，见《柏拉图全集》（增订版，王晓朝译），北京：人民出版社 2018 年版，上卷，第 564 页。与之对照，《黄帝书》关于形名产生的理解只讲对一半，形名要符合事物的本性，但遗漏了其应该有能够看出事物本性的人，所谓风俗的制定者。琅琊刻石讲了另外一半，即风俗的制定者。

道法结合之后相对于道家宇宙观的另一个变化，是宇宙观的基础发生了变化，其中加入了制度阴阳的观念。在积极的黄老学中，有比较明显的反映工匠精神的证据，在《道法·四度》中，提到所谓"八度"，即规矩悬水尺寸权衡斗石等，在《经·五正》阉冉回答黄帝既正既静，国家愈不定时，说"左执规，右执矩，何患天下"，又讲"左右执规，以待逆兵"。规矩权衡是工匠用具，又是天然的法则。《黄帝书》讲这些，当是与其主张积极的以法治天下联系在一起的。这些内容构成了道可以生法的基础。

老子哲学的精神，以魄为基础，本质上讲，仍然是人本宇宙观，只不过与自然比较接近。黄老的宇宙观，人本的特征不明显，相反，因为工匠的色彩很明显，其宇宙论更偏向于自然。这使得其与西哲的宇宙观更接近。这种非人本性，使得其整个论述中没有出现一个仁字。当然，这并不意味着其宇宙观中没有善的元素，就像柏拉图宇宙观中的 good，或译为善，或译为好，黄老的宇宙观虽不讲善，但不能说没有好，事实上，思想家所追求的是无往弗届的好，只是在理论上不能完全自洽。

第四节　和谐与冲突

据上所述，中国礼法与哲学的关系问题，不仅有儒、道的划分，在儒家内部又有早期儒家与荀子的区别。早期儒家与荀子的宇宙观不统一，所讲的礼法功能也不相同，早期儒家致力于向上的德性培养，荀子着眼于向下的秩序构建。两种学说基础、方法均不相同。道家与法家构成了另外一种哲学与礼法的组合。帛书《黄帝书》综合了道家与法家，使两种分离的学说，集成一个完整的链条，这种结合导致了宇宙观性质的变化。

黄老相对于老子与法家的结合，学理上更合理，但实践上会带来一个问题，过去的理论下，基于朴素的性情立法，在制度上依赖君王一个人是无法完成的，所以秦国有专门辅助立法的法官法吏；而在黄老理论下，老子的虚无不能推导出法律的问题消失了，皇帝只要得道，就能生法。而秦国可以看到的法官史审慎修订法律，亦为岳麓简中粗疏的法律修订活动代替，尽管没有足够的材料可以证明统一后的秦，法官已经消失，但从现有材料看，法律修订水平较秦国时代确有倒退。[①]

更重要的或不在这里，而是前文提到的急法与加重刑律以及焚书坑儒所体现出的文明对抗问题。秦二世而亡，根本上讲，在于秦代的文明选择了

---

① 这主要是从改令为律的律文粗疏状况，以及二世重新启用昭襄王时代的法律，得出的判断。

工正型文明强调对抗的精神。

前述《黄帝书》中引入不少工正意识，工正意识尚法治，这是其便于治国的优点。然强调法治的同时，其又重视控制。春秋以来，从管子在齐实行四民分治，推行作内政以寄军令，工正意识不断加强。这个意识发展到秦商鞅变法，连人们读什么书都要管。

据笔者考察，这种尚治的工正型文明意识，在中国文明中，自颛顼绝地天通后，就失去了统一的宇宙论根基，玄冥与禺强、重与黎，分主天地。这就有了前文讨论的老子与法家不能构成完整的向上与向下的链条的问题。这种理论上的断裂，某种意义上帮助秦国构建了好的制度。黄老学的学理上的完善，则使秦代面临因个人情性膨胀，而导致理性丧失的问题。其将原先不统一的两个"一"，统一了起来，皇帝就是那个"一"。

秦法本是基于质朴精神制定的法，所以商鞅有王子犯法与庶民同罪的命题。这样的法获得统一宇宙论的根基，权威强化的皇帝反而会出于私意损害公义。两个"一"的统一，使整个国家治理的责任归结到皇帝一人身上，皇帝能时时出巡，直接了解政治民情，或能弥补前述制度变迁带来的弊端。否则，只能滥用自身的权威，加重量刑，以实现控制。尽管秦代的材料还很有限，但因学说变迁而导致二世而亡的问题很值得关切。

从另一个角度看，秦的政制变迁，或为其向文法敞开提供了基础。荀子的思想也带有很强的工正文明的特点，如以礼为独立的范型，可杀不可使不顺，都是东方工正文明的特点。这都是其可以与秦法对接的基础，事实上我们知道，他有两个学生曾效力于秦。但他讲的法不是遵循质朴精神，而是依靠现实社会的君子来立法，当然，所有的立法要服从儒家经典的统类。当秦人改变基于质朴精神而制定的具有理性精神的制度，就政制类型看，与荀子的类型就比较接近了，毕竟古代中国的法首先是指向于做事，而非指向于政制，秦人一改制，儒法的最本质区别就消失了。而本质区别一消失，冲突与对抗意识也就消失了。

冲突本不具有价值设定，就像稳定本身也没有价值设定。真正的问题是用什么方式解决冲突或者达到稳定。采用舍弃公义的方式达到克制对方的目的，或者能达到稳定，但本身是不正义的。

秦二世而亡，就传统中国而论，在国家文明的意义上，商鞅变法后的秦是最高峰。

反过来看重视和谐的儒家文明，其在传统中国并未实现真正的和谐，传统中国逐步儒家化的政治实践的结果，不仅丧失了秦的基于质朴的法治精神；而且儒家与重治的政治结合，也使重性情的儒家文明逐渐消失。

从董仲舒开始,传统中国的儒家即在结合东西文明上作知性努力,但这个结合是在尚治的政治基础上展开的,其最终结果必然是理学的形态。正宗儒家强调德性追求,而儒家能为治理服务的,正如太史公所言,立君臣之义,列长幼之序,伦理纲常上升为天理,是必然结果,不如此,不足以显示儒家对于现实政治的助益。

东方重治的文明本不重视积极德性,反而强调欲望满足,对应的政治就是讲法治,不讲德治。一定要将德治引入到这样的政治中,提出所谓灭人欲,反而丧失了其固有的精神。欲望是人的自然权利,与这种权利伴生还有在政治上用法来治的平等权利。传统中国的儒家不仅丢失了自身固有的优良文明,同时使古代东方尚治重权利的文明同样丧失。

从学术上讲,荀子是集早期中国东西文明思想之大成的人,但他其实并未真正沟通两种学说。孔、孟的德性在他这里并无地位,只是强调尊卑贵贱之体,他也没有赋予权贵法律上以特权。尽管我们也称他为道法家,但他的道不是真正意义上的儒家之道,而是东方学术背景下的尚文之道。前面提到汉代以后尚官仪是以象得正,从理论上讲,以象为正,根据在于据象可以感应正理(实践中并不可行,因为感应需要进入特定状态,或者对人的智能要求特别高)。这是东方的学说,而重官仪则是尚文。

儒家重德性,旨在建立德性共同体,所以会有《大学》基于个人德性的政治理论。但严格讲,儒家的德性理论是不足以与古代东方尚治的政治结合的。追求欲望满足的东方政治,其政体选择必然是集权政体,只是强调即便君主皇帝也要接受法的约束。这与尚德性的贵族政体不能相容。儒家讲神性自我,但同时讲德性的相互性。神性自我只是强调个人的担当与责任,却并未因此放弃德性必须是交往双方共同认可的价值的立场,孟子对君臣关系的理解足以说明,德性的相互性要求与良知说并不矛盾。孔子批判女子、小人,说其难养,后面讲近之如何、远之如何,显然也是要通过交往使其养成德性意识。只是在缺乏公共之善的大环境中,使女子小人养成人性之善的意识是很难的。孔子又讲,鸟兽不可与同群,吾非斯人之徒与而谁与;又讲其理想是老者安之,朋友信之,少者怀之,他对社会交往对于养成德性的意义的认识,始终不变。这是他讲五达道,重视君臣父子等关系的理据。并且他同样承认交往中的自我认定的价值,所谓己所不欲,勿施于人,自己不能认同的事情不要强加给别人。这与他承认神性自我存在,也没有冲突。

亚里士多德讲共同体之善,讲善产生于交往中,交往中达成的相互认可就是善,所以他的伦理学与政治学处理的问题虽不同,但问题意识却是连贯的。伦理学讨论交往中如何产生善,政治学讨论如何立法规定交往,善是其中的连接点。基于这样的学说,随着文明的进展,随着科技与教育的发展,理想社会可以预期。

传统中国的儒家放弃了德性相互性的要求,所谓三纲不是基于先后关系,而是基于上下关系。尽管董仲舒并未讲君为臣纲,君就可以不修德,但这个理论所导致的结果是权力主宰道德要求,事实上成为非相互的道德关系。

从理论上讲,传统中国的儒家所倡的共同体之善,已不是真正意义上的善。以董仲舒而论,他将儒家的神性自我转变为天意,事实上取消了德性需要在交往中养成的基本理论。神性自我虽是德性天生的观点,但其并不排斥在交往中养成德性的基本立场。董仲舒讲天意,宋儒讲天理,就完全是另外一个问题了。德性不是交往中产生,也不以个人认同为标准,严格讲,这与德性已没有关系,本质上是天定之法。所谓儒术,所谓名教之法,都不是德性问题,而是法的问题。

独尊儒术是治术的创新,而不能算作儒家德性学说的胜利。其后的法律儒家化,不过是将两种法合流,目的是想实现两种善,但实践结果是同时放弃了两种善。

从法律上看,法律儒家化放弃了秦汉法律令不作功能区分的格局,律以定罪名,令以决事制,事与刑法实现了分离。从正义的角度讲,这是法律进程的倒退。改法为律,意味着为政依法,违法则要受刑法惩处,在没有独立司法体系的古代中国,这符合正义原则。律令分离后,在行政违法与如何惩处之间划出了一道鸿沟,官贵违法的特权因此出现。这意味着公共之善很容易被伤害,显然不合正义要求。

关于儒家化法律不能养成人性之善的问题,前文已有讨论,此不赘述。这里强调一点,道德德性养成不是国家制度问题,将其交给制度,只能带来虚伪的问题。当然这不排除少数有向上追求的人真正实现内在超越,毕竟人还是原来的人。

德性要在交往中产生。中国儒家文明也很重视交往,只不过,传统中国的交往文明呈现为倒置模式,官场上的交往盛于社会交往。社会交往为家庭所囿,法律儒家化的一个重要内容是凸显家的地位。好社会所需要的好德性,传统中国并没有培养起来,儒家的推及理论在传统中国并不具有现实性。官场上的交往之风,则进一步损害公共之善,具有生成意义的社会交往的缺乏,阻滞了人性之德的真正养成。用现象学话语表述,三纲的国家形式中,不可能产生主体间性或交互主体性,而德性则必须与主体性结合在一起才能生成。

　　真正在这种文明中获利的是以皇帝为首的统治阶级。儒学提供的理论从人心的角度教人认同秩序，这对于国家社会稳定有极大的帮助。而法律儒家化，法律不再是调节利益关系，帮助养成公共之善的工具，而成了维护人心，进而实现超稳定的工具。

　　今人喜讲再出发，这其中有一个最为基础的再出发，即中国文明的再出发。

跋　走出中世纪:理学之于
文明传承的理论反思

　　学术是文明的思想结晶,今天谈文明传承首先要从文明反思开始,而文明的反思则首先要从反思学术开始。五四以来的反传统以理学代儒学,尽管不可取,但他们以理学思想作为反对的对象则是正确的。理学扭曲了儒学,当然也扭曲了文明。中国文明要重放光芒,除了必须坚持马克思主义的引领外,还必须走出中世纪,走出理学的思维窠臼。只是被理学所表述的孔、孟已非真孔、孟,这需要从理论上讲清楚他们的区别。

　　理学与孔、孟之学在理论上主要有以下几点差异。

一、宇宙观不同

　　孔、孟之学的宇宙观以人之性心为本体,这是上古自文明形成以来的文明传统,中国文明的价值、儒学的价值就在于以人为本,以人自身为目的。理学的宇宙观则取消了人的中心地位,转而以天地万物为一体。这看起来与孔、孟儒学的参天地之化育的追求一致,但这种理念在各自学说中的地位有本质上差异。孔、孟儒家从人出发,以参天地之化育为追求目标,参天地之化育目的还是为了人。理学将天地万物为一体作为其学说的出发点,人的地位反而被降至与万物平齐的地位,这种一体观是为理的展开作铺垫,理的内涵却是坏东西。

　　从宇宙论的具体表述看,孔、孟儒家尊崇的天,是与地相对待的天;而理学讲的天,则是天地综合之后的天。二者的与人结合的方式不同,孔、孟儒家是天人一,理学是天人合一。天人一本质是强调人的精神性价值,灵魂属天,欲望属地。儒学理解的人是以精神性为其规定性,而非以欲望为其规定性。当然,他们并不排斥欲望存在的合法性。天人合一的本质是强调人的合秩序性。这里的天是综合天地的天,其间的内涵包括属天的精神与属地的法制,而以属地的法制精神居主导地位。属地的法制指向于对欲望的限制,对尊卑贵贱秩序的服从,这样,对人的规定便是存天理、灭人欲。前者是对理性的追求,后者服务于前者。只是前者的理性不是西洋文明讲的理性,而是传统中国纲常文明的理性。

纲常中的三纲不符合人本文明的要求，其构建是通过使卑贱者屈从于尊贵者来实现的，本是受属地的强调顺从的精神指导的结果。当这种纲常观念法制化以后，对人的精神成长，只能起到窒息的作用，其本质是反中国文明的。理学的天人合一，则是要人能在精神上接受这个令人窒息的治理体系，其末流出现"以理杀人"是必然的。

二、价值观不同

讲文明必须讲价值观，价值观引领着文明的方向。价值观不同，文明的性格也不相同。

价值观处理的是善恶是非的问题，没有善恶是非，也就没有文明。不同的善恶是非观念，塑造不同的文明。理学讲最大的天理是是非问题，也是看到了这一点。

孔、孟之学的价值观与其宇宙观一致，以人本身为最大价值，所谓杀一人而得天下，不为也。善恶是非的判断也紧紧围绕人性、人心展开。反人性、违背良知的便是恶，合乎良知、顺应人心的便是善。

理学的价值观与他们的宇宙观也是一致的。其以天地混融的秩序为判断是非善恶的价值依归，讲合乎天理的是善，过或不及都是恶。这里其实出现了问题转换。理学讲理性，以是否合乎理性作为善恶的标准本无不可，问题是理学的理性不是真理性，而是现实治理体系的概念表达，现实治理体系是历史合理性的存在，而不是真理性的问题。将不同阶段的合理性存在视为真理，其结果必然是成为维护专制统治的学说。

学说的使命本是要追求真理，人性学说有其真理性。国家治理学说同样有真理性，只是这个真理是在历史中逐步发展的，不存在永恒的国家治理的真理，当然，这是在秩序形式意义上讲的。理学显然混淆这个问题。将历史性合理存在视为永恒真理，理论上有问题。

孔、孟儒家并不讨论恶的问题，从理论上讲，恶另有来源，试图以一种标准统合善恶，在理论上本就有问题。理学其所以如此处理，与其要习得名教之乐即合乎天地秩序的问题意识，有很大关系，其结果是使其本身即成为一种恶。

三、人生观不同

文明是人创造的，不同的人生观，塑造了文明的不同精神面貌。

孔、孟的人生观与其宇宙观一样，强调人的主体地位，人性的发扬，指向于德性养成，指向于责任担当，追求天下有道。

理学家的人生观讲起来也有这些内容，但因为宇宙观变化，他们关切的首先是为天地立心，生民之命、往圣绝学、万世太平都必须在此天地之心之下展开。天地之心是确定的，即所谓名教的国家治理体系。基于这个前提，理学家事实上取消了孔、孟的个人成德的问题，也没有责任担当、追求道义的问题。他们所要做的只是自己首先合乎秩序、合乎体系，然后让别人也来合乎秩序、合乎体系，并且强调从生命深处体认这个秩序体系，如此方为有德，方为合道。这看起来是从理性出发的人生观，只是，这个理性是"无人身的理性"（侯外庐先生语），其消弭了人的个体性，使所有人都变成一种模式产品。

四、政治观不同

孔、孟对于政治有很强的关切，这个关切与他们的宇宙观一致，强调从人出发的政治，己身不正，不能正人。作为一种政治哲学，一种政治价值观，今天依然有其价值。

理学家也有政治关切，他们批评王安石变法是对塔说相轮，认为他们自己才是真地继承圣王政治理想。事实上，因为宇宙观的变化，除了强调天下之大公外，他们并没有提出有价值的政治理念。他们的廓然大公，主要关切不在人群社会，而在自然。比如他们爱讲窗前草不除，反对春天折柳枝，关切自然生机。但他们并不敢批评压抑人性生机的三纲，反而认为那个体系是自然的天理，需要用生命去践履。不能挑战专制，反而回避、维护专制。

从理论上讲，早期孔、孟没有讲天下为公，是一个不足，但他们有均平理想，说明他们在对现实政治的理解上已经注意到了这个问题。理学家虽讲天下大公，却转而又将固有的秩序视为当然，取消个人探索国家治理之真理的自由，与近现代革命家讲的天下为公不能相提并论。这与前文讲的他们的宇宙观、价值观、人生观是联系在一起的。

五、心性礼乐观不同

心性礼乐是中国文明最具规定性的内涵，也是古代儒学关注的最重要的问题，理学又被称为心性之学。

因为前述诸方面的差异，理学讲的心性礼乐，已不是孔、孟讲的心性礼乐。孟子将良知良能视为其学说展开的基础，所谓性善论，实为良心论，良心在其学说中居本体地位。理学因为宇宙观的不同，虽然名义上也是性善论，以性、理为本体，但这个性是扭曲的性，是以现实秩序之理为基础提出的合要求的人性，而非自然合天的人性。作为一种学说，这个本体对于改造现实世界不具有任何生成性功能，相反指向于扭曲人性。

礼乐在孔、孟那里指向于节制性情，关切人性的健康成长，其服务于构建和谐社会，本是好文明的体现。但在理学这里，因为前述诸多变化，礼只是一个秩序，乐只是一个和谐，而不考虑秩序内容的公正性、和谐内涵的实在性，于是，秩序被简化为规矩，和谐成为被和谐。这样的礼乐自然不是好文明的体现，而是坏文明的体现。

总结上文，从文明传承的角度看，从讲伦理之正的孔、孟儒学，到讲伦理之治的宋明理学，是古代儒学的巨大变革，这种变革带来的是古代文明的进一步蜕变。

理学本根植于文明中，继而反作用于文明。今天讲文明传承，不能立足于蜕变的文明，而应该走出中世纪，挣脱理学思维的桎梏，直接继承孔、孟之学的精神。不如此，难以使中国文明重焕生机与活力。

当然，文明传承必须建立在法治国家基础上，人性不仅仅只有道德精神内涵，道德精神只是心灵理性，此外还应有大脑理性。文明传承还必须立足于马克思主义与中国文明相结合。简单地讲，无论是孔、孟之学，还是理学，今天必须对它们进行解析，将伦理与政治分离，将个人、社会与国家分开讨论。尤其是要重视社会主义核心价值观在国家建构上的引领作用。不如此，建设法治国家，使马克思主义与中国文明相结合，都是空话。

中国古代文明在整个人类文明中曾是一道亮丽的风景，只是在世俗年代，这个风景的生成需要坚实的土壤，需要高明的智慧，法治国家与马克思主义便是这样的土壤与智慧。

参考文献

基本文献

1. 传世文献

《十三经注疏》，北京：中华书局影印本。

《诸子集成》，上海：上海书店影印本。

班固等，《汉书》，北京：中华书局标点本。

陈淳，《北溪字义》，北京：中华书局1983年版。

陈俊民辑校，《蓝田吕氏遗著辑校》，北京：中华书局1993年版。

陈立，《公羊义疏》，上海：中华书局四部备要本。

陈寿，《三国志》，北京：中华书局标点本。

陈献章，《陈献章集》，北京：中华书局1987年版。

程颢、程颐，《二程集》，北京：中华书局1981年版。

戴明扬校注，《嵇康集校注》，北京：人民文学出版社1962年版。

戴震，《孟子字义疏证》，北京：中华书局1961年版。

范晔，《后汉书》，北京：中华书局标点本。

房玄龄等，《晋书》，北京：中华书局标点本。

冯从吾，《关学编》，北京：中华书局1987年版。

韩婴，《韩诗外传》，《汉魏丛书》本，长春：吉林大学出版社1992年影印本。

胡宏，《胡宏集》，北京：中华书局1987年版。

黎靖德编，《朱子语类》，北京：中华书局1994年版。

李绂，《朱子晚年全论》，北京：中华书局2000年版。

陆九渊，《陆九渊集》，北京：中华书局1980年版。

罗钦顺，《困知记》，北京：中华书局1990年版。

邵雍，《邵雍集》，北京：中华书局2010年版。

司马迁，《史记》，北京：中华书局标点本。

苏舆,《春秋繁露义证》,北京:中华书局 1992 年版。

王阳明,《王阳明全集》,上海:上海古籍出版社 2015 年版。

杨时,《杨时集》,北京:中华书局 2018 年版。

张载,《张载集》,北京:中华书局 1978 年版。

周敦颐,《周敦颐集》,北京:中华书局 1990 年版。

朱杰人、严佐之、刘永翔主编,《朱子全书》(修订本),上海:上海古籍出版社 2010 年版。

2.出土文献

陈松长主编,《岳麓书院藏秦简》(伍),上海:上海辞书出版社 2017 年版。

荆门市博物馆编,《郭店楚墓竹简》,北京:文物出版社 1998 年版。

李零,《郭店楚简校读记》,北京:北京大学出版社 2002 年版。

李学勤主编,《清华大学藏战国竹简》(壹),上海:中西书局 2010 年版。

马承源主编,《上海博物馆藏战国楚竹书》(五),上海:上海古籍出版社 2005 年版。

睡虎地秦墓竹简整理小组编,《睡虎地秦墓竹简》,北京:文物出版社 1990 年版。

著作

1.中学

[美]桂思卓,《从编年史到经典:董仲舒的春秋诠释学》(朱腾译),北京:中国政法大学出版社 2010 年版。

[美]田浩,《朱熹的思维世界》(增订版),南京:江苏人民出版社 2009 年版。

[美]余纪元,《德性之镜:孔子与亚里士多德的伦理学》(林航译),北京:中国人民大学出版社 2009 年版。

[日]土田健次郎,《道学之形成》(朱刚译),上海:上海古籍出版社 2010 年版。

[日]小野泽精一、福永光司、山井涌编著,《气的思想——中国自然观和人的观念的发展》(李庆译),上海:上海人民出版社 1990 年版。

蔡方鹿,《中国经学与宋明理学研究》,北京:人民出版社 2011 年版。

晁乐红,《中庸与中道——先秦儒家与亚里士多德伦理思想比较研究》,

北京:人民出版社 2010 年版。

晁岳佩,《春秋三传义例研究》,北京:线装书局 2011 年版。

陈畅,《自然与政教:刘宗周慎独哲学研究》,上海:上海人民出版社 2016 年版。

陈鼓应,《管子四篇诠释》,北京:中华书局 2015 年版。

陈来,《诠释与重建:王船山的哲学精神》(第二版),北京:北京大学出版社 2013 年版。

陈来,《仁学本体论》,北京:生活·读书·新知三联书店 2014 年版。

陈来,《宋明理学》,上海:华东师范大学出版社 2004 年版。

陈来,《有无之境:王阳明哲学的精神》,北京:生活·读书·新知三联书店 2009 年版。

陈来,《朱子哲学研究》,上海:华东师范大学出版社 2000 年版。

陈苏镇,《〈春秋〉与"汉道":两汉政治与政治文化研究》,北京:中华书局 2011 年版。

程树德,《九朝律考》,北京:中华书局 2003 年版。

崔丽萍,《德性之用:思孟学派与亚里士多德的伦理学》,北京:中国社会科学出版社 2016 年版。

崔涛,《董仲舒的儒家政治哲学》,北京:光明日报出版社 2013 年版。

崔宜明,《先秦儒家哲学知识论体系研究》,上海:上海人民出版社 2014 年版。

邓艾民,《朱熹王守仁哲学研究》,上海:华东师范大学出版社 1989 年版。

冯契,《中国古代哲学的逻辑发展》,《冯契文集》(四—六卷),上海:华东师范大学出版社 2016 年版。

冯友兰,《中国哲学史》,重庆:重庆出版社 2009 年版。

冯友兰,《中国哲学史新编》,北京:人民出版社 1980 年修订本。

傅小凡,《宋明道学新论:本体论建构与主体性转向》,北京:社会科学文献出版社 2005 年版。

高晨阳,《儒道会通与正始玄学》,济南:齐鲁书社 2000 年版。

高海波,《慎独与诚意:刘蕺山哲学思想研究》,北京:生活·读书·新知三联书店 2016 年版。

葛兆光,《中国思想史》(第一卷),上海:复旦大学出版社 1998 年版。

龚鹏程,《晚明思潮》,北京:商务印书馆 2005 年版。

何善蒙,《魏晋情论》,北京:光明日报出版社 2007 年版。

侯外庐、邱汉生、张岂之主编,《宋明理学史》,北京:人民出版社 1984

年版。

侯外庐等，《中国思想通史》（第三卷），北京：人民出版社 1957 年版。

华友根，《董仲舒思想研究》，上海：上海社会科学院出版社 1992 年版。

黄朴民，《天人合一：董仲舒与汉代儒学思潮》，长沙：岳麓书社 1999 年版。

黄宗羲，《明儒学案》，北京：中华书局 2008 年版。

黄宗羲原著、全祖望补修，《宋元学案》，北京：中华书局 1986 年版。

江荣海，《玄学及其对政治影响之研究》，哈尔滨：黑龙江人民出版社 2010 年版。

金春峰，《汉代思想史》，北京：中国社会科学出版社 1997 年版。

康中乾，《有无之辨：魏晋玄学本体思想再解读》，北京：人民出版社 2003 年版。

李毅婷，《魏晋之际司马氏与礼法之士政治思想研究》，北京：社会科学文献出版社 2015 年版。

李昱东，《西汉前期政治思想的转变及其发展：从黄老思想向独尊儒术的演变》，台北：花木兰文化出版社 2009 年版。

栗玉仕，《儒术与王道：董仲舒伦理政治思想研究》，北京：中国社会科学出版社 2012 年版。

刘家和，《史学、经学与思想：在世界史背景下对于中国古代历史文化的思考》，北京：北京师范大学出版社 2005 年版。

马克垚，《古代专制制度考察》，北京：北京大学出版社 2017 年版。

马勇，《汉代春秋学研究》，成都：四川人民出版社 1992 年版。

蒙培元，《理学的演变：从朱熹到王夫之戴震》，北京：方志出版社 2007 年版。

蒙培元，《理学范畴系统》，北京：人民出版社 1989 年版。

蒙培元，《情感与理性》，北京：中国人民大学出版社 2009 年版。

牟宗三，《宋明儒学的问题与发展》，上海：华东师范大学出版社 2004 年版。

牟宗三，《心体与性体》，长春：吉林出版集团有限责任公司 2013 年版。

彭永捷，《朱陆之辩：朱熹陆九渊哲学比较研究》，北京：人民出版社 2002 年版。

平飞，《汉代公羊家政治哲学探微》，北京：中国社会科学出版社 2016 年版。

钱穆，《庄老通辨》，北京：生活·读书·新知三联书店 2002 年版。

秦跃宇,《六朝士大夫玄儒兼治研究》,扬州:广陵书社 2008 年版。

裘锡圭,《中国出土古文献十讲》,上海:复旦大学出版社 2004 年版。

任剑涛,《伦理王国的构造:现代性视野中的儒家伦理政治》,北京:中国社会科学出版社 2005 年版。

任剑涛,《伦理政治研究:从早期儒学视角的理论透视》,长春:吉林出版集团有限责任公司 2007 年版。

束景南,《朱子大传》,福州:福建教育出版社 1992 年版。

宋艳萍,《公羊学与汉代社会》,北京:学苑出版社 2010 年版。

汤一介、胡仲平编,《魏晋玄学研究》,武汉:湖北教育出版社 2008 年版。

汤用彤,《魏晋玄学论稿》(增订版),上海:上海人民出版社 2015 年版。

唐长孺,《唐长孺文存》,上海:上海古籍出版社 2006 年版。

陶磊,《德礼·道法·斯文重建:中国古代政治文化变迁之研究》,杭州:浙江大学出版社 2016 年版。

陶磊,《神秘主义与中国古代哲学研究论稿》,杭州:浙江大学出版社 2019 年版。

陶磊,《思孟之间儒学与早期易学史新探》,天津:天津古籍出版社 2009 年版。

陶磊,《斯文及其转型研究》,杭州:浙江大学出版社 2012 年版。

汪高鑫,《董仲舒与汉代历史思想研究》,北京:商务印书馆 2012 年版。

王葆玹,《今古文经学新论》,北京:中国社会科学出版社 1997 年版。

王森洋、范明生主编,《东西方哲学比较研究》,上海:上海教育出版社 1994 年版。

王绍光主编,《理想政治秩序:中西古今的探求》,北京:生活·读书·新知三联书店 2012 年版。

吴涛,《"术"、"学"纷争背景下的西汉〈春秋〉学:以〈谷梁传〉与〈公羊传〉的升降为例》,北京:中国社会科学出版社 2011 年版。

向世陵,《理气性心之间:宋明理学的分系与四系》,北京:人民出版社 2008 年版。

向世陵,《理学与易学》,长春:长春出版社 2011 年版。

熊铁基,《秦汉新道家》,上海:上海人民出版社 2001 年版。

熊铁基、马良怀、刘韶军,《中国老学史》,福州:福建人民出版社 2005 年版。

徐复观,《两汉思想史》,上海:华东师范大学出版社 2001 年版。

徐国荣编著,《魏晋玄学会要》,南京:江苏人民出版社 2014 年版。

许雪涛,《公羊学解经方法:从〈公羊传〉到董仲舒春秋学》,广州:广东人民出版社 2006 年版。

杨国荣,《心学之思:王阳明哲学的阐释》,北京:生活·读书·新知三联书店 1997 年版。

杨俊峰,《心理之间:朱子心性论研究》,北京:中国社会科学出版社 2014 年版。

杨生民,《战国秦汉治国思想新考》,北京:金城出版社 2011 年版。

杨柱才,《道学宗主:周敦颐哲学思想研究》,北京:人民出版社 2004 年版。

余敦康,《魏晋玄学史》(第二版),北京:北京大学出版社 2016 年版。

余治平,《董子春秋义法辞考论》,上海:上海书店出版社 2013 年版。

张君劢,《新儒家思想史》,北京:中国人民大学出版社 2006 年版。

张立文,《宋明理学研究》,北京:中国人民大学出版社 1985 年版。

张立文,《正学与开新——王船山哲学思想》,北京:人民出版社 2001 年版。

张立文,《中国哲学思潮发展史》,北京:人民出版社 2014 年版。

张立文,《朱熹思想研究》,北京:中国社会科学出版社 1981 年版。

张瑞涛,《心体与工夫:刘宗周〈人谱〉哲学思想研究》,北京:人民出版社 2014 版。

张实龙,《董仲舒学说内在理路探析》,杭州:浙江大学出版社 2007 年版。

张造群,《礼治之道:汉代名教研究》,北京:人民出版社 2011 年版。

赵友林,《〈春秋〉三传书法义例研究》,北京:人民出版社 2010 年版。

郑家栋,《断裂中的传统:信念与理性之间》,北京:中国社会科学出版社 2001 年版。

周桂钿,《董仲舒研究》,北京:人民出版社 2012 年版。

朱汉民,《玄学与理学的学术思想理路研究》,北京:中国社会科学出版社 2012 年版。

朱腾,《渗入皇帝政治的经典之学:汉代儒家法思想的形态与实践》,北京:中国政法大学出版社 2013 年版。

2. 西学

[丹麦]摩根斯·赫尔曼·汉森,《德摩斯提尼时代的雅典民主:结构、原则与意识形态》(何世健、欧阳旭东译),上海:华东师范大学出版社 2014 年版。

［德］奥特弗里德·赫费，《实践哲学：亚里士多德模式》（沈国琴、励洁丹译），杭州：浙江大学出版社 2011 年版。

［法］安若澜（Annick Jaulin），《亚里士多德的〈形而上学〉》（曾怡译），上海：华东师范大学出版社 2015 年版。

［古希腊］柏拉图，《柏拉图全集》（增订版，王晓朝译），北京：人民出版社 2018 年版。

［古希腊］亚里士多德，《尼各马可伦理学》（注释导读本，邓安庆译），北京：人民出版社 2010 年版。

［古希腊］亚里士多德，《亚里士多德全集》，北京：中国人民大学出版社 2016 年版。

［美］伯格编订、［美］施特劳斯讲疏，《修辞术与城邦——亚里士多德〈修辞术〉讲疏》（何博超译），上海：华东师范大学出版社 2016 年版。

［美］克里斯托弗·希尔兹，《亚里士多德》（余友辉译），北京：华夏出版社 2015 年版。

［美］施特劳斯，《柏拉图〈法义〉的论辩与情节》（程志敏、方旭译），北京：华夏出版社 2011 年版。

［美］托马斯·潘戈，《亚里士多德〈政治学〉中的教海》（李小均译），北京：华夏出版社 2017 年版。

［美］维斯，《洞穴中的德性——柏拉图〈美诺〉中的道德探究》（郭振华译），上海：华东师范大学出版社 2014 年版。

［美］沃格林，《政治观念史稿（第一卷）：希腊化、罗马和早期基督教》（谢华育译），上海：华东师范大学出版社 2007 年版。

［英］乔纳森·巴恩斯编，《剑桥亚里士多德研究指南》（廖申白等译），北京：北京师范大学出版社 2013 年版。

曹青云，《流变与持存：亚里士多德质料学说研究》，北京：北京大学出版社 2014 年版。

陈康，《陈康：论希腊哲学》，北京：商务印书馆 2011 年版。

黄显中，《公正德性论——亚里士多德公正思想研究》，北京：商务印书馆 2009 年版。

刘素民，《托马斯·阿奎那自然法思想研究》，北京：人民出版社 2007 年版。

刘小枫、陈少明主编，《政治生活的限度与满足》，北京：华夏出版社 2007 年版。

刘小枫编，《城邦与自然——亚里士多德与现代性》（柯常咏等译），北京:华夏出版社 2010 年版。

田道敏,《自然主义的政治:亚里士多德政治哲学研究》,北京:中国社会
科学出版社 2017 年版。

叶秀山,《"知己"的学问》,北京:中国社会科学出版社 2013 年版。

余友辉,《修辞学、哲学与古典政治——古典政治话语的修辞学研究》,
北京:中国社会科学出版社 2010 年版。

赵广明,《理念与神:柏拉图的理念思想及其神学意义》,南京:江苏人民
出版社 2008 年版。

论文

晁福林,《从"民本"到"君本"——试论先秦时期专制王权观念的形成》,
《中国史研究》2013 年第 4 期。

陈波,《西方"中华帝国"概念的起源(1516——1688)》,《四川大学学报
(哲学社会科学版)》2017 年第 5 期。

陈来,《论"道德的政治"——儒家政治哲学的特质》,《天津社会科学》
2010 年第 1 期。

陈来,《宋明儒学与神秘主义》,见其著《宋明儒学论》,上海:复旦大学出
版社 2010 年版。

陈来,《魏晋玄学的"有""无"范畴新探》,《哲学研究》1986 年第 9 期。

陈来,《中国早期政治哲学的三个主题》,《天津社会科学》2007 年第
2 期。

陈战国,《玄学不是门阀士族的官方哲学》,《文史哲》1985 年第 4 期。

丁为祥,《中国"大人合一"思想的形成与发展》,《唐都学刊》2015 年第
6 期。

方立天,《汉代经学与魏晋玄学——论我国前期封建社会中官方哲学的
演变》,《哲学研究》1980 年第 3 期。

房姗姗,《近 20 年来魏晋南北朝时期礼文化研究综述》,《鲁东大学学报
(哲学社会科学版)》2006 年第 4 期。

冯达文,《儒家系统的宇宙论及其变迁——董仲舒、张载、戴震之比较研
究》,《社会科学战线》2016 年第 10 期。

冯达文,《也谈汉唐宇宙论儒学的评价问题》,《中国哲学史》2011 年第
2 期。

冯达文,《重评中国古典哲学的宇宙论》,《孔学堂》2015 年第 4 期。

高晨阳,《论魏晋玄学派系之别与阶段之分》,《山东大学学报(哲学社会科学版)》1999 年第 4 期。

高晨阳,《玄学的本质及其对道家思想的继承和发展》,《中国哲学史》1996 年第 4 期。

高晨阳,《自然与名教关系的重建：玄学的主题及其路径》,《哲学研究》1994 年第 8 期。

郭齐勇,《再论儒家的政治哲学及其正义论》,《孔子研究》2010 年第 6 期。

韩星,《秦汉政治文化整合中儒家思想的变异》,《孔子研究》2006 年第 5 期。

何炳棣,《儒家宗法模式的宇宙本体论——从张载的〈西铭〉谈起》,《哲学研究》1998 年第 12 期。

胡金旺,《论儒学的内在超越性——兼与任剑涛先生商榷》,《学术界》2013 年第 12 期。

胡贤鑫,《从宇宙论寻找人性论的根据——中国古代人性学说的特点》,《武汉大学学报(人文科学版)》2003 年第 3 期。

胡贤鑫,《人性论与宇宙本体论的合——程朱人学理论的重要特点》,《中州学刊》2003 年第 5 期。

金春峰,《从比较联系中考察玄学》,《文史哲》1985 年第 4 期。

康中乾,《论王弼"无"本论的哲学实质》,《中国哲学史》2000 年第 4 期。

康中乾,《魏晋玄学关于宇宙本体思想的逻辑演进》,《哲学研究》2011 年第 5 期。

康中乾,《中国哲学中的本体思想及其义理——以魏晋玄学为例对"本体"的结构及建构逻辑的诠释》,《社会科学》2014 年第 7 期。

匡钊、王中江,《道家"心"观念的初期形态——〈老子〉中的"心"发微》,《天津社会科学》2012 年第 4 期。

李昌舒,《自然与自由——论郭象哲学之"性"》,《中国哲学史》2005 年第 3 期。

李存山,《对"三纲"之本义的辨析与评价——与方朝晖教授商榷》,《天津社会科学》2012 年第 1 期。

李存山,《析"天人合一"》,《传统文化与现代化》1994 年第 4 期。

李军,《论魏晋玄学生成的学术渊源与理论逻辑》,《杭州大学学报(哲学社会科学版)》1997 年第 3 期。

李磊,《释"达"——玄学的生命情态论》,《哲学研究》2018 年第 1 期。

梁启超,《儒家哲学》,附见其著《清代学术概论》,南京:江苏文艺出版社2007年版。

林乐昌,《张载两层结构的宇宙论哲学探微》,《中国哲学史》2008年第4期。

林晓希,《近三十年来"天人合一"问题研究综述》,《燕山大学学报(哲学社会科学版)》2014年第4期。

刘师培,《论古今学风变迁与政俗之关系》,见其著《刘申叔遗书》之《左庵外集》卷九。

刘伟杰,《汉武帝独尊儒术问题的研究现状与反思》,《南京社会科学》2007年第2期。

刘晓东,《论六朝时期的礼学研究及其历史意义》,《文史哲》1998年第5期。

陆建华、夏当英,《南北朝礼学盛因探析》,《孔子研究》2000年第3期。

吕锡琛,《郭象认为"名教"即"自然"吗?》,《哲学研究》1999年第7期。

罗安宪,《中国心性论第三种形态:道家心性论》,《人文杂志》2006年第1期。

罗彩,《"天人合一"问题研究三十年》,《东方论坛》2015年第4期。

马志冰,《从魏晋之际官僚贵族世袭特权的法律化制度化看士族门阀制度的确立与发展》,《中国文化研究》2000年春之卷。

蒙培元,《略谈儒家的正义观》,《孔子研究》2011年第1期。

乔清举,《朱子心性论的结构及其内在张力》,《哲学研究》2011年第2期。

任剑涛,《道德理想主义与伦理中心主义:儒家伦理的双旋结构》,《中山大学学报(社会科学版)》2002年第6期。

任剑涛,《给政治以伦理化解释－－孟子道德政治哲学主题分析》,《中国哲学史》1998年第3期。

任剑涛,《伦理与政治的双向涵摄－－董仲舒思想的再诠释》,《哲学研究》1999年第3期。

任剑涛,《内圣外王:早期儒家伦理政治构想的理想境界》,《齐鲁学刊》1999年第1期。

任剑涛,《内在超越与外在超越:宗教信仰、道德信念与秩序问题》,《中国社会科学》2012年第7期。

任剑涛,《人性诘问与早期儒家政治哲学》,《哲学研究》1998年第4期。

任蜜林,《纬书的宇宙图式与古代的宇宙论传统》,《中国哲学史》2008年第2期。

石峻、方立天，《论魏晋时代佛学和玄学的异同》，《哲学研究》1980 年第 10 期。

汤一介，《论"天人合一"》，《中国哲学史》2005 年第 2 期。

汤用彤、任继愈，《魏晋玄学中的社会政治思想和它的政治背景》，《历史研究》1954 年第 3 期。

陶磊，《〈恒先〉思想探微》，收入江林昌等主编，《中国古代文明研究与学术史：李学勤教授伉俪七十寿庆纪念文集》，保定：河北大学出版社 2006 年版。

陶磊，《东西异制：早期中国研究新范式论纲》，收入牛鹏涛、苏辉编，《中国古代文明研究论集》，北京：科学出版社 2018 年版。

陶磊，《宇宙论与古代学术》，《浙江社会科学》2018 年第 5 期。

陶磊，《早期儒学与古典政治》，《古典研究》2014 年春季卷（总第十七期）。

万里，《中国古代道儒二家宇宙论的异同及其意义》，《哲学研究》2011 年第 12 期。

王晓毅，《般若学对西晋玄学的影响》，《哲学研究》1996 年第 9 期。

王晓毅，《郭象"性"本体论初探》，《哲学研究》2001 年第 9 期。

王晓毅，《郭象历史哲学发微》，《文史哲》2002 年第 2 期。

王晓毅，《郭象圣人论与心性哲学》，《哲学研究》2003 年第 2 期。

王晓毅，《黄老复兴与魏晋玄学的诞生》，《东岳论丛》1994 年第 5 期。

王晓毅，《魏晋玄学研究的回顾与瞻望》，《哲学研究》2000 年第 2 期。

吴正岚，《六朝门阀制度对江东士族儒学的影响》，《南京大学学报（哲学·人文科学·社会科学）》2004 年第 6 期。

席泽宗，《中国传统文化里的科学方法》，见其著《古新星新表与科学史探索：席泽宗院士自选集》，西安：陕西师范大学出版社 2002 年版。

夏甄陶，《天人之分与天人合一》，《哲学研究》2002 年第 6 期。

徐国荣，《六朝名士的情礼之争》，《文史哲》2000 年第 3 期。

许抗生，《关于玄学哲学基本特征的再研讨》，《中国哲学史》2000 年第 1 期。

颜世安，《"性恶"说的实质及在诸子人性思想中的位置》，《中国哲学史》2018 年第 1 期。

颜世安，《肯定情欲：荀子人性观在儒家思想史上的意义》，《南京大学学报（哲学·人文科学·社会科学）》2015 年第 1 期。

颜世安，《荀子人性观非"性恶"说辨》，《历史研究》2013 年第 6 期。

杨建兵，《先秦墨家眼中的人性图景》，《中州学刊》2014 年第 5 期。

余敦康，《论中国思维发展史上的一次大变革――玄学思潮怎样代替了经学思潮》，《孔子研究》1986 年第 1 期。

余敦康，《玄学的基本性格》，《文史哲》1985 年第 4 期。

张岱年，《天人合一评议》，《社会科学战线》1998 年第 3 期。

张岱年，《中国哲学中"天人合一"思想的剖析》，《北京大学学报（哲学社会科学版）》1985 年第 1 期。

张海燕，《论魏晋玄学的名教思想》，《孔子研究》1988 年第 4 期。

张海燕，《南朝玄学向礼教的回归》，《朱子学刊》1995 年第 1 期。

张立文，《内圣外王新释》，《中共桂林市委党校学报》2001 年第 1 期。

张汝伦，《"轴心时代"的概念与中国哲学的诞生》，《哲学动态》2017 年第 5 期。

张汝伦，《论"内在超越"》，《哲学研究》2018 年第 3 期。

张汝伦，《什么是"自然"？》，《哲学研究》2011 年第 4 期。

张汝伦，《作为政治的教化》，《哲学研究》2012 年第 6 期。

张世英，《中国古代的"天人合一"思想》，《求是》2007 年第 7 期。

赵志浩，《从汉代经学到魏晋玄学转变的原因分析》，《晋中学院学报》2009 年第 6 期。

支振锋，《张家山汉简〈二年律令〉中的"诸侯"――历史笺释与法律考辨》，《华东政法大学学报》2010 年第 4 期。

钟肇鹏，《从经学思潮到玄学思潮》，《文史哲》1985 年第 4 期。

朱汉民，《从〈论语〉学看玄学、理学的学术理路》，《哲学研究》2008 年第 8 期。

博士学位论文

丁虎，《从"有无之辩"走向"自然"之境》，华东师范大学，2016 年。

洪千里，《普遍性的追寻》，华东师范大学，2013 年。

黄圣平，《郭象玄学研究》，北京大学，2003 年。

刘晨，《郭象政治思想研究》，陕西师范大学，2016 年。

肖能，《魏晋的自然主义》，复旦大学，2011 年。

张焕君，《魏晋南北朝丧服制度研究》，清华大学，2005 年。

张锦波，《名教与自然之辨初探――基于生存论层面的考察》，复旦大学，2012 年。

后　记

　　本书是我运用文明类型与宇宙论讨论古代学术的又一项成果,与前一本尽可能涉足古代学术的各个论域不同,本书重点讨论儒学的变迁。从讨论的结果看,其再一次坚信了我关于宇宙论思维是讨论中国文明形式的基本立足点的认识。前一本书的后记中,我提到有些中国学者思考问题的方式存在问题,这个问题其实就是缺乏真正的形式思维自觉。哲学作为智慧之学,在我看来,其任务就是要揭示有生命力的形式。

　　形式思维其实就是宇宙论思维,也是理论思维,囿于中国文明自身的类型与形式,一般将宇宙论理解为只关乎自然形成与结构的知识,抽象地讲就是时空。基于这种宇宙认知,就不会将文明的形式认知与宇宙论建立起联系。但如果不从宇宙论讲起,文明的形式从哪里来就不容易说清楚。体现在学术工作上,就是知性下沉的材料工作、茫无统属的自由阐发与形式理论上的依附西方的学术现状。虽有有识之士呼吁知识工作的本土化,强调中国文明的自身特点,但成果并不令人满意。症结其实还是在于那个瓶颈。

　　本书是国家社会科学基金后期资助成果,首先要感谢浙江大学出版社允许我从他们那里提出申请,进而要感谢参与评审的各位专家的支持。当然,最终要感谢国家社科基金,同意该书初稿立项并给予了经费支持。负责编辑本书的陈佩钰女士,是我多年的合作伙伴,我出版的著作有一半是她帮我做的,深情厚意,无以言表。此次,她与她的编辑团队为本书出版做了大量工作,是我要特别感谢的。

陶　磊

2022 年盛夏于杭州寓所

图书在版编目（CIP）数据

从伦理之政到伦理之治:古代儒学变迁之研究 / 陶
磊著. —杭州：浙江大学出版社，2022.12
ISBN 978-7-308-23111-4

Ⅰ.①从… Ⅱ.①陶… Ⅲ.①儒家—政治伦理学—研
究—中国—古代 Ⅳ.①B222.05 ②B82-051

中国版本图书馆 CIP 数据核字(2022)第 181360 号

从伦理之政到伦理之治:古代儒学变迁之研究

陶　磊　著

责任编辑	陈佩钰　马一萍　范洪法
责任校对	许艺涛
封面设计	周　灵
出版发行	浙江大学出版社
	（杭州市天目山路 148 号　邮政编码 310007）
	（网址:http://www.zjupress.com）
排　　版	杭州青翊图文设计有限公司
印　　刷	杭州钱江彩色印务有限公司
开　　本	710mm×1000mm　1/16
印　　张	18.5
字　　数	340 千
版 印 次	2022 年 12 月第 1 版　2022 年 12 月第 1 次印刷
书　　号	ISBN 978-7-308-23111-4
定　　价	79.00 元